변하는 것과
변하지 않는 것

성민엽 비평집
변하는 것과 변하지 않는 것──다시 진정한 문학을 찾아서

펴낸날/ 2004년 2월 13일

지은이/ 성민엽
펴낸이/ 채호기
펴낸곳/ ㈜**문학과지성사**
등록번호/ 제10-918호(1993. 12. 16)

서울 마포구 서교동 363-12호 무원빌딩(121-838)
편집/ 338)7224~5   FAX 323)4180
영업/ 338)7222~3   FAX 338)7221
홈페이지/ www.moonji.com

ⓒ 성민엽 2004. Printed in Seoul, Korea

ISBN 89-320-1477-9

* 지은이와 협의하여 인지는 생략합니다.
* 잘못된 책은 바꾸어드립니다.

변하는 것과 변하지 않는 것

성민엽 비평집

다시_
진정한_문학을_
찾아서

문학과
지성사
2004

책머리에

　두번째 비평집 『문학의 빈곤』을 낸 것이 1988년 11월이었으니 어느새 15년이 흘렀다. 첫 비평집과 두번째 비평집 사이의 시차가 불과 3년이었던 것에 비하면 참으로 긴 시간이었는데, 하지만 내게는 그 시간의 길이가 실감으로 다가오지 않는다. 바빴기 때문일까, 반대로 나태했기 때문일까. 두번째 비평집을 낼 당시 나는 그해 여름에 입은 교통 사고로 허리까지 깁스를 한 채 2차원의 평면만 허용된 삶을 살고 있었다. 비평집을 상자하고는 침대에 누운 채 컴퓨터 자판을 두드리며 중국 작가 왕멍(王蒙)의 장편 소설 『변신하는 인형』을 번역했다(이 번역이 워낙 엉터리여서 최근 대폭 수정을 가한 개정판을 준비 중인데 현재 그 교정쇄를 받아놓은 상태이니 우연치고는 묘한 우연이다). 깁스를 떼고 다시 걸음마를 시작한 것이 89년 5월이었는데 나는 무언가 전과는 달라진 나를 발견했다. 비평적 글쓰기에 대한 종래의 열정이 갑자기 의혹스럽게 느껴지기 시작한 것이다. 그 열정의 이면에 사실은 그다지 순수하지 못한(추악하다고까지 할 정도는 아니더라도) 욕망의 음험한 작동이 숨어 있는 것이 아닌가, 하는 의혹이었다. 마침 세계 정세에도 커다란 변화가 나타나 베를린 장벽이 철거되고 이듬해에는 독일이 통일되었으며 1991년에는 소련이 해체되고 92년에는 한중 수교가 이루어졌다. 국내적으로도 커다란 변화가 진행되었고 드디어 93년에 들어 이른바 문민 정부가 성립되었다. 이러한 변화 속에서 문단에는 전향 선언이 줄을 이었고 새로 등장하는 젊은 작가들과의 영혼의 공명은 나로서는 잘 이루어지지 않았다. 고뇌라는 말을 감히 사용해도 될지 자신은 없지만 그 사용이 허용된다면 나는 오랫동안 고뇌에 직면하지 않을 수 없었다. 나는 될 수 있는 한 비평적 글쓰기를 줄였고 대신 내 전공 학문인 중국 문학 연구에 몰두했다. 그래서 현대 중국의 리얼리즘 이론을 주제로 한 박사학위 논문이 씌어졌고 동시대 중국의 문학사 이론을 비판한 「'20세기 중국 문학론' 비판」이 씌어졌다. 이 논문들은 한국 문학에 대한 나의 고뇌가 중국 문학에 투영된 결과이다. 한국 문학과 중국 문학을 하나의 지평에 올려놓고 볼 수 있게 해주는 동아시아적 시각은 바로 이러한 투영에서 도출되었다. 그러나 여전히 나는 적어도 최소한 이상의 비평적 글쓰기를 하지 않을 수 없었다. 이미 비평은 내 삶의 떼어낼 수 없는 일부가 되어 있었던 것이다. 이 글쓰기는 확신에 찬 것이 아니고 반대로 반성과 모색의 서투른 사유로 이루어졌는데 그 반성과 모색이야말로 의혹과 고뇌에 대한 정직한 대면을 가능하게 해주었던 것 같다. 될 수 있는 한 적게 쓰고자 애썼지만 시간의 경과와 더불어 결국 한 권의 비평집 분량을 넘어서게 된 것은 당연한 일인바, 그럼에도 비평집 내기를 계속 미루어온 것은 자신의 작업에 대한 스스로의 불신을 떨쳐버리기 어려웠다는 데에 주된 이유가 있다(문학과지성사의 어려운 형편을 감안해서라고 말해왔던 것은 사실은 핑계에 지나지 않을 것이다). 그러다 보니 이제는 비평집 두 권의 분량을 훨씬 넘어서게 되었다. 그래, 이제 더 이상 미루지 말자. 아직 자기 불신을 다 극복한 것은 아니지만 지난 시간을 반성적으로 되돌아볼 필요는 있겠고 이 되돌아보기가 한국 문학에 나름대로 기여하는 몫이 없지는 않으리라. 적어도 타산지석으로라도 말이다. 이상이 지금 이 비평집을 내게 된 사연이다.

우선 이론 비평에 속하는 것들과 개별 소설가를 단위로 하고 신작을 대상으로 하거나 계기로 한 작가론·작품론 들 중에서 34편을 가려 뽑아 한데 묶고 여기에 '변하는 것과 변하지 않는 것'이라는 제목을 붙인다. 이는 나 자신이 이미 두 차례나 사용한 적이 있는 제목이다. 1984년에 서기원의 『왕조의 제단』과 홍성원의 『서울 즐거운 지옥』을 리뷰하면서 사용한 제목이 「변하지 않는 것과 변하는 것」이었다. 이 제목을 나는 1995년에 다시 한번 사용했다. 8명의 작가들의 '글쓰기, 어디로 가고 있는가'를 주제로 한 체험적 산문을 분석 종합하는 글을 쓰면서 여기에 「변하는 것과 변하지 않는 것」이라는 제목을 붙였던 것이다. 뿐만 아니라 '변하는 것과 변하지 않는 것'이라는 어구가 나의 글 곳곳에서 사용되어왔다는 사실을 이번에 나는 확실히 알 수 있었다. 그러니 그동안의 반성과 모색에 대해 이 어구로 제목을 붙여주는 것은 당연히 적절할 것이다. 다만, '다시 진정한 문학을 찾아서'라는 부제를 붙인 것은 아직도 내게 남아 있는 치기의 소산일는지 모른다. 하지만 어쩌랴. 나로서는 나의 비평 작업이 어떤 방식으로든 이 부제와 관련하여 진행되었음을 부인할 수 없는 것이다. 이 부제로 인해 내게 문학주의자라거나 그 비슷한 어떤 부정적 의미의 딱지가 붙는다 해도 나는 그것을 기꺼이 감수하겠다. 루쉰(魯迅)은 일찍이 이렇게 말한 적이 있다.

다만 하나 더 기억나는 것은 서양인들이 임종시에 다른 사람들에게 용서를 빌고 자신도 다른 사람들을 용서해주는 의식을 치르곤 한다는 이야기에 대해서 생각해보았다는 것이다. 나의 적은 많다고 할 수 있다. 만일 신식 사람이 내게 묻는다면 어떻게 대답할까? 나는 생각해보고 이렇게 결정했다. 계속 그대로 원망하시라, 나 또한 한 사람도 용서하지 않을 테니.

이 치열한 전투 정신에 비하면 나의 기꺼운 감수 정도야 조족지혈이지 않은가!

2004년 1월
성민엽

차 례

책머리에 5

제1부
열린 공간을 향한 전환 13
민족 문학, 그 전망을 위한 반성 30
문학에서의 민중주의, 그 반성과 전망 41
변하는 것과 변하지 않는 것 55
대화와 독백 사이 65
배타성의 반성과 타자의 목소리 81
포스트모더니즘 담론과 오해된 포스트모더니즘 88
21세기 작가란 무엇인가 113
기술-자본 시대의 문화와 문학, 그리고 시 140
한국 현대 문학에서의 문학과 정치 158

제 2부

반공 체제에의 감금과 역-감금을 넘어서_**이호철론**   167
겹의 삶, 겹의 문학_**이청준론**   176
폭력과 화해_**임철우론**   190
부패와 테러, 그리고 소설의 힘_**이순원론**   201
진정한 가치를 향한 소설적 탐구_**이창동론**   209
자전적 성장 소설의 실패와 성공_**박완서론**   218
침잠의 언어와 그 변주_**김유택론**   223
불온한 문학, 그리고 진실_**이승우론**   233
삶의 비의와 소설_**윤대녕론**   243
파괴적 시간과 존재의 비극_**오정희론**   251
성장 없는 성장의 시대_**배수아론**   256
문명의 야만, 야만의 문명_**백민석론**   265
금속성과 액체성의 대립_**임철우론**   275
추억의 형식으로서의 소설_**양순석론**   287
포스트모던 시대의 자아 탐구_**김연경론**   299
분단 소설과 복합 소설_**김원일론**   308
불의 체험과 그 기록_**임철우론**   320
공명의 소설과 감염_**신경숙론**   336
소설로서의 과학 소설_**듀나론**   341
가짜의 진실과 복화술의 소설_**박성원론**   351
이데올로기 너머의 화해와 그 원리_**황석영론**   361
변경과 중심의 변증법_**현기영론**   371
지금-여기에서 존재 탐구가 뜻하는 것_**정찬론**   388
사랑의 재신화화_**채영주론**   398

제 1 부

열린 공간을 향한 전환
——80년대의 문학사적 의미

　흔히 되풀이되는 이야기이지만, 시간의 흐름과 시대의 변천을 10년 단위로 파악하는 데는 수 개념에 있어서 십진법의 일반화라는 근거밖에 없고 그래서 그 파악은 자칫 본질적 내용이 결핍된 피상적인 것이 되거나 10년 단위로 재단하느라 본질적 내용을 왜곡하는 것이 되기 쉽다. 그러나 그 유일한 근거도 근거임에는 분명하며, 우리의 실제 감각은 그 10년 단위의 파악에 깊이 침윤되어 있다. 이 점을 존중하면 그 파악도, 그것이 본질론적 파악과의 비판적 교섭 속에서 이루어진다면, 무의미한 것만은 아닐 터이다.
　이제 80년대의 마지막 겨울이 눈앞에 다가왔고, 그리하여 우리의 실제 감각은 80년대의 문학사적 의미를 파악하고픈 욕망을 불러일으킨다. 사실상 80년대 문학에 대한 논의는 80년대 내내 이루어져왔다. 그런데 거기에는 80년대가 완결형이 아니라 진행형이라는 조건이 붙어 있었고, 그런 까닭에 그것은 단순히 해석의 문제에 그치지 않고 동시에 형성의 문제이기도 했다. 정확히 말하면, 거기서 해석과 실천적 형성은 한 평면 위에 겹쳐진다. 이 점이, 80년대 문학에 대한 논의가 이를테면 30년대나 60년대 혹은 70년대의 그것에 대한 논의보다 어려워지고 조심스러워지게 되었던 이유인데, 흔히 그 논의에서 열정적인 자기 주장이 주조를 이루고 그 주장이 때로 비타협적이고 배타적이며, 문학 현상의 실제를 무시 혹은 초월하는 이른바 주도 비평의 나쁜 측면으로 떨어져버리곤 한 것도 그 때문이다. 80년대의 마지막 겨울을 목전에 둔 지금, 우리는 그러한 어려움에서 어느 정도 풀려날 수 있을 것 같고, 실천적 차원이 가능케 해주었던 어떤 역동성이 약화되는 대신에 상대적으로 객관적인 거리두기가 가능해짐으로써 보다 차분하고 총체적이며 보다 거시적인 시각을 얻을 수 있을 것 같다. 물론 현재적 시점에서 보자면 어떤 본질적 수준에서의 형성 과정은 계속 진행 중인 것이지만, 지난 10년 간을 돌아보는 보다 총체적이고 보다 거시적인 시각은 그것까지도 어느 정도 객관화하는 긍정적 작용을 할 수 있을지 모른다.

80년 초봄 김현은, 이제야말로 문학 비평은 문학 비평이 문학 비평으로서 정말 할 수 있는 것은 무엇인가라는 질문을 스스로 제기하여야 할 때라는 요지의 발언을 한 바 있다. 여기서 문학 비평이라는 말은 좀 더 확대하여 문학이라는 말로 바꾸어도 되겠는데, 요컨대 유신 체제가 종말을 고하고 그 정치적 억압에 대한 저항이 당위적 명제로서 문학 비평 내지 문학에 압도적으로 요구되던 또 다른 억압이 사라진 시점에서 제기되었던 그 질문의 의미는 다음과 같이 파악된다. 종래의 그 또 다른 억압은 문학 비평 내지 문학을 정치와의 관계, 그것도 유신 체제에의 정치적 저항이라는 닫힌 공간 속에 가두었던바, '문학 비평(문학)이 정말 할 수 있는 것은 무엇인가'라는 질문은 그 닫힌 공간을 벗어난 문학 비평 내지 문학이 이루어가야 할 열린 공간에 대한 질문인 것이다. 그 질문에 대해 김현 자신은 '문학은 꿈이다'라는 명제로 하나의 답변을 제시했다. 그러나 그로부터 채 석 달도 안 되어 광주의 비극이 발생했고, 한국의 사회·문화는 유신 시대의 그것과 본질적으로 동일하면서 그 정도에 있어 한층 심각한 정치적 억압의 기제에 전면적으로 지배되기 시작했다. 한국 문학은 열린 공간을 향한 전환의 자리에서 다시 닫힌 공간으로 되돌아갔고 거기에 더욱 엄밀하게 갇혔다. 이것이 80년대 문학의 원초적 자리이다.

그 원초적 자리를 전형적으로 보여준 예가 임철우이다. 81년에 소설을 발표하기 시작한 임철우는 80년대의 막바지에 이렇게 말하고 있다. "막연하게 글을 써보겠다는 생각을 가지게 된 것은 물론 그보다는 여러 해 전이었으나, 실상 80년 5월을 내 고향에서 직접 겪고 난 직후부터서야 비로소 나는 세상과 내 자신을 향해 이제는 무엇인가를 얘기하지 않으면 안 되겠다는 어떤 구체적인 의무감이랄까 욕구 혹은 상당한 강박 관념 같은 것에 사로잡히게 되었고, 그리하여 나름대로 움켜쥔 것이 소설이었다." 80년대 들어 새로 글을 쓰기 시작한 젊은 세대는 거의 예외 없이 그들 문학의 밑자리에 80년 5월을 깔고 있었다. 그것은 그들에게 하나의 원초 체험이었으며 원죄였다. 그들의 문학 행위는 그것과의, 그리고 그것 이후의 세상과의 싸움싸우기였다. 그것 이후의 세상을 임철우는 이렇게 묘사하고 있다. "수백 명의 죽음과 수천수만 명의 고통과 절규가 유언비어와 거짓이라는 이름으로 이웃들에게 간단히 외면당하고, 그럴듯한 논리와 거짓 정보에 의해 너무도 쉽사리 합리화되었다. 진실을 알리려는 소수의 목소리는 철저히 차단 유린당하고, 폭력과 허위의 압도적인 위력 앞에 다수는 침묵한 채 등을 돌렸다. 지식도 양심도 도덕도 폭력의 아늑한 무대 뒤에서 길들여져가던 시절 〔……〕 그것이 80년대 초와 중반까지의 이 땅의 적나라한 현실이었다." 그러한 세상, 그러한 현실과 싸우면서 임철우는 데뷔작 「개도둑」에서부터 「그들의 새벽」 「동행」 「봄날」 「직선과 독가스」 「불임기」 「사산하는 여름」에 이르는 일련의 작품들을 썼다.

그러나 80년대적 현실이 70년대에 비해 긍정적으로든 부정적으로든 어떤 본질적인 변화를 수반한 것은 아니었다는 점을 중시하면, 80년 5월은 억압의 증폭의 계기였고 그에 대한 각성의 계기였지 거기에서부터 질적으로 다른 새로운 억압 시대가 열리는 어떤 신기원은 아니었음을 다시 확인할 필요가 있다. 폭력과 허위의 억압 구조는 유신 시대에서부터 80년대로 계승되며 한층 강화되어갔고, 80년 봄의 희망과 좌절의 경험은 그 억압 구조에 대한 인식을 한층 첨예하게 해주었던 것이다. 그래서 최승자는 "그 강도의 차이는 있을지라도 80년대는 본질적으로 70년대의 연장선상에 있으며, 나의 경우에 국한시키자면, 80년대에 발표된 시들 중의 만만찮은 숫자가 이미 70년대에 형성된 감성—사고 체계 내에서 씌어진 것들"이라고 말하는 것이다. 최승자에게 70년대와 80년대를 관통하는 현실의 정체는 '가위눌림'인데, 그것은 "우리의 외부 현실 속에서 우리를 압박"할 뿐만 아니라 "우리의 심리 속에서 그 심리의 움직임을 관리 감독 억제하는 자동 억압 조절 장치"로 변한 억압 구조이다. 이러한 70년대와 80년대의 연속성으로 인해, 예컨대 80년 10월에 출간된 이성복의 첫 시집『뒹구는 돌은 언제 잠깨는가』가 80년대적 현실 속에서 커다란 현실 관련성을 갖는 문화적 힘으로 작용할 수 있었던 것이다.

80년 광주 이후의 세상, 그 폭력과 허위의 억압 구조와의 문학적 싸움은 80년대 초 시 장르와 무크 운동에서부터 본격적으로 전개되기 시작했다. 그래서 한동안 '시의 시대' '무크의 시대'라는 말이 운위되었던 것인데, 80년대 중반에 문학계와 첫 대면한 조선희는 "아주 간편하게 80년대 전반기에 무크와 시의 시대라는 간판을 붙여놓고 나니 이미 10년 저편으로 물러나고 있는 80년대 벽두로부터 을씨년스럽고도 황량한 어떤 느낌이 전해져온다"라고 쓰고 있지만, 그러나 시 장르와 무크 매체를 통한 당시의 문학적 움직임은 그 침묵과 암흑의 시기에 그 침묵과 암흑을 깨뜨리며 처음으로 터져나온, 가열찬 문화적 대응의 함성이었고 광명이었다. 그것은 아직 미정형의 상태였지만 활력으로 충만해 있었다.『실천문학』『우리 세대의 문학』『언어의 세계』『삶의 문학』『지평』『문학의 시대』등의 무크와『시운동』『오월시』『시와 경제』『반시』등의 동인지, 그리고 김정환·황지우·이성복·최승자·박남철·하종오·최두석·곽재구 등의 젊은 시인들이 그 주역이었고, 여기에 이들보다 세대가 조금 앞선 이하석·이동순·정호승·고정희·김광규 등과 더 앞선 세대의 고은·신경림·김지하·황동규 등이 가세했다. 이들의 문학적 싸움의 내용은 다양하고 개성적이었는데, 대체로 보아 소시민적 갈등과 민중 지향, 외적 억압에 대한 저항과 그것의 내면화와의 자기 투쟁, 내용적 과격성과 형식적 과격성, 정치주의와 문학주의 등의 짝들이 아직 미정형의 상태로 뒤엉켜 있었다. 그 뒤엉킴은 근본주의적 부정 정신 위에, 그리고 광주 체험 위에 이루어진 일종의 문화적 통일 전선이었다고 할 수도 있겠다.

> 진달래꽃처럼 쓰러졌던 우리를
> 일으켜 세운 이 거리에서 우리는
> 만났으므로
> 그리워하다가 마주쳤으므로,
> 어느 길목에서나 서로 가슴을 읽고 곧
> 아파하며 그리고 따뜻해지므로,
> 그러므로 거리에 서면
> 만나는 것은 차라리
> 무등산, 감싸주며
> 우리를 덥히는 무등산, 언제나
> 슬픔과 화농 그리고 희망을 실어 나르는
> 영산강   ──나해철, 「광주」 부분

위 인용시는 좁게는 『오월시』 동인의 민중적 연대감 확보의 근거를 보여주는 것이지만, 확대하면 여기서 80년대 초반의 문학적 통일 전선 성립의 근거를 엿볼 수도 있다. 그 근거는 물론 다분히 심정적인 측면을 지닌 것이지만, 그 또한 하나의 정황 관련성으로 이해되어야 할 것이다. 여기서 우리가 주목할 것은, 이 문학적 통일 전선이 80년 5월 이후 문학이 닫힌 공간으로 되돌려지게 된 사실과 무관하지 않다는 것이다. 다시 말하면 80년대 초의 문학이 닫힌 공간 속에서 긍정적으로 이룰 수 있었던 성과의 거의 최대

치가 그 문학적 통일 전선이었다는 것이다. 그 통일 전선 속에서 문학 의식의 괄목할 만한 변화가 일어났다는 점도 지적되어야 한다. 어쩌면 이 부분이 80년대 초의 문학 공간의 가장 현저한 특색인지도 모른다. 그것은 문학과 사회의 문제(특히 문학의 사회적 기능의 문제)를 둘러싸고 이루어진 변화인데, 문학과 사회의 관계란 문학에 있어서 본질적인 것이라는 인식의 일반화를 그 내용으로 한다. 오래 전부터 어쩌면 지치지도 않고 줄기차게 이어져왔을까 싶은 이른바 순수 문학의 망령이 이로써 완전히 청산된 셈이고, 더불어 참여 문학이라는 말의 불필요성도 밝혀진 셈이다. 왜냐하면 모든 문학은 어떤 방식으로든 이미 현실에 참여되어 있는 것이므로! 참여 문학이라는 말은 오히려 비참여 문학도 있을 수 있다는 착각을 불러일으킨다. 그런데 위와 같은 인식은, 문학과 사회의 관계는 구체적으로 어떤 것이며 또 어떤 것이어야 하는가 하는 데서 다양한 편차를 보이기 시작한다. 바로 이 자리에서부터 80년대 초에 이루어진 통일 전선은 해체되기 시작했다. 동시에 문학이 갇힌 공간의 부정적 측면이 발현되기 시작했다. 그것은 대체로 1984, 85년경의 일이었다.

  그 부정적 측면은 비평 장르에서 현저히 나타났다. 문학은 민중적 변혁 운동에 복무하는 도구 내지 무기가 되어야 한다는 주장의 압도적 대두가 그것이다. 당시 그것은 '운동 문학으로서의 민중 문학'이라는 명제로 제기되었다. "단적으로 말하여 제3세계 리얼리즘이라는 용어는 리얼리즘에 종속되는 개념이 아니라 제3세계의 현실, 그 현실의 극복으로서의 제3세계 민중의 해방에 종속되는 개념일 때 성립되는 것이고 그런 만큼 리얼리즘적 규율보다는 해방 운동의 규율에 복무하는 것으로서 다양하고 이질적인 포괄성을 부여받는다"라는 채광석의 진술에서 엿볼 수 있듯, 운동 문학으로서의 민중 문학이란 곧 문학적 규율보다는 민중적 변혁 운동의 규율에 복무하는 문학인 것이고, 그것은 정직하게 말하면 선전·선동인 것이다. 선전·선동의 정치적·문화적 의미는 물론 인정되어야 하고, 변혁 운동의 입장에서 그것이 적극적으로 추구되어야 한다는 것, 그리고 문학을 선전·선동으로 끌어들여 활용하거나 문학이 선전·선동에 자발적으로 복무하는 일이 가능하다는 것은 말할 나위도 없는 것이지만, 그러나 문학과 선전·선동을 혼동하는 것은 범주 착오의 오류이며 문학을 포기하는 것에 다름 아니다. 이 오류가 극단화되면 "경우에 따라 시·소설 같은 정통 장르의 형식은 운동 장르·일상 장르로서의 문학을 문제삼을 때 오히려 장애 요인으로까지 작용한다"라는 주장까지 나오게 되는 것이다. 이 발언은 옳기도 하고 그르기도 하다. 변혁 운동과 선전·선동의 입장에서 보면 옳고 문학의 입장에서 보면 그른 것이다. 이러한 주장의 압도적 대두는 첫째, 그것이 문학을 가둔 닫힌 공간을 정치와의 관계라는 비교적 넓은 공간에서 변혁 운동에의 선동·선동적 복무라는 훨씬 좁은 공간으로 축소시켰고, 둘째 그 좁은 공간 밖에 있는 모든 문학 행위에 부르주아적이거나 소시민적인 문학주의라는 딱지를 붙이고 전면적으로 부정함으로써 닫힌 공간의 부정성을 극대화하였다. 이러한 비평의 흐름 속에서 창작이 비평 쪽으로부터의 압력을 감당하지 못한 결과가 80년대 중반에 양산된 몰개성적 민중시였다. 물론 개성적인 민중시의 성과도 적지 않았다. 한국 현대사 속의 개인들의 삶의 고통과 기쁨을 도저한 인간 중심주의와 거대한 낙관으로 끌어안는 고은의 달관의 시, 민족 정서의 저류를 관통하며 현실에의 응전력을 얻어낸 신경림의 민요시, 소시민적 자기 부정과 민중 지향에 역설이라는 육체를 부여한 도시적 감수성의 김정환, 자연과의 친화의 상상력의 힘으로 상실된 것의 회복을 노래함으로써 이른바 농민시에 새로운 서정의 지평을 연 김용택, 각성된 노동자 의식으로 노동자의 삶과 전체 사회의 현실에 대해 발언하며 그것을 비극적 미학으로 끌어올린 초기 박노해 등이 그 예이다. 그러나 다수의 민중시들은 몰개성적이었고 상투성, 피상적이고 진부한 세계 인식, 자기 세계의 부재, 반성의 결핍 등을 내용으로 하면서 문학적으로도 실패하고 선전·선동적으로도 비효과적인(심한 경우는 역효과적인) 어정쩡한 상태로 주저앉고 있었다.

그러나 닫힌 공간의 부정성이 극대화되는 바로 그 자리에서 닫힌 공간이 열린 공간으로 전환되는 역설적 과정이 일어난다. 아니, 사실 그 두 공간은 둘이 아니라 하나이다. 조금 맥락이 다르지만, "우리는 닫힌 체계가 여기 있고 열린 체계가 여기에 없다고 말하면 안 된다. 우리 시대의 닫힌 체계를 통하여 열린 체계가 드러난다. 닫힌 체계와 열린 체계가 하나의 세계 안에 있는 것이다"라는 김인환의 말을 기억해도 좋겠다.

그 전환의 배경은 변혁 운동 자체의 확산과 고조, 그리고 그 확산과 고조 위에서 이루어진 사회과학적 인식의 심화였다. 식민지 조선과 반식민지 중국, 그리고 제국주의 일본의 문학사가 보여주었다시피 정치적 억압이 극대화되고 변혁 운동이 침체되었을 때 문학은 좁은 의미의 정치주의라는 닫힌 공간 속으로 스스로를 가둔다. 그것은 시야를 넓혀보면 정치적 열정이 문학에서 그 분출의 통로를 찾는 것이라고도 할 수 있겠는데, 이때 문학 공간 속에서의 정치주의는 극도로 관념적인 급진성을 띠게 마련이다. 현실적으로 변혁 운동이 활발해지면 일종의 역승화가 이루어짐으로써 관념적인 급진성은 극복되고 문학 공간 속에서의 정치주의는 현실성을 회복한다. 바로 이 과정이 80년대 중반의 문학 공간 속에서 이루어졌던 것이다. 그 과정을 더욱 촉진시킨 것은 사회과학적 인식의 심화였다. 사회 구성체 논쟁에서부터 본격화된 그 심화는 한국 사회의 특수성에 대한 인식을 제고시켰다.

60년대 이래 한국 사회는 자본주의적 산업화의 길을 빠른 속도로 치달려 왔고, 그리하여 이제는 외견상 흔히 말하는 중진 자본주의의 대열에 들어선 것처럼 보이다. 그러나 실제에 있어서 사정은 그리 단순치 않다. 한국의 자본주의 발전의 파행성이 그런 단순한 파악을 허용치 않는다. 첫째, 외적으로는 자본주의적 산업화의 진전이라는 것 자체가 독자적 발전으로 이루어진 것이 아니고 종속적 발전으로 이루어졌다는 점, 둘째, 내적으로는 자본주의적 산업화의 진전에 따른 사회 구성원의 복잡한 계급·계층적 분화와 그에 따라 격화되는 게 당연한 계급·계층적 이해 관계의 대립과 갈등이라는, 자본주의 사회에 있어서 지극히 정상적인 사회 과정이 국가 권력에 의해 일방적으로 통제되고 억압되기만 해왔다는 점. 이 두 가지가 곧 한국 사회의 민족 모순과 계급 모순의 현재적인 실제 내용인 것이다. 20세기 초 이래 한국 사회의 과제는 민족 모순과 계급 모순을 근대적인 방향으로 극복함으로써 근대성을 획득하는 것이었던바, 해방 직후에 주어진 기회를 상실한 뒤로 한국은 아직까지 온전한 의미에서 그 극복과 획득을 이루지 못했다. 근대성은 아직 획득되지 못했거나 왜곡되어버린 것이다. 이렇게 되는 데 결정적으로 작용한 것이 이른바 분단 모순이다. 분단 모순 자체는 민족 모순의 특수한 발현 형태라 할 수 있겠으나 그것은 역으로 한국 사회의 민족 모순을 증폭시켰고, 또 거기서 구축된 한국 사회의 반공 체제는 계급 모순의 팽창을 통제·억압하는 핵심적 기제가 되었던 것이다. 이러한 심화된 인식과 결합하며 운동 문학으로서의 민중 문학은 막연한 제3세계론과 모호한 민중론을 넘어서서 보다 구체성과 현실성을 얻기 시작했다.

그 구체성과 현실성의 내용을 살피기에 앞서 분단 모순에 대한 문학적 인식과 대응이라는 국면을 먼저 검토해야겠다. 80년대 초부터 꾸준히 전개되어온 이른바 분단 문학의 전개 과정은 한마디로 반공 이데올로기 혹은 반공 체제의 극복을 향한 진전이라고 할 수 있다. 이문열의 『영웅시대』로부터 김원일의 『겨울골짜기』, 현길언의 일련의 중단편에 이르기까지 이데올로기(좌든 우든)와 개인적 삶의 진실을 대립적으로 파악하고 전자가 후자에 가한 파괴 작용을 폭로하며 개인적 삶의 진실을 옹호한 것들, 그리고 임철우의 「아버지의 땅」, 이창동의 「소지(燒紙)」 「친기(親忌)」 등 주로 젊은 작가들이 보여준 바 분단 시대 내의 과거와 현재의 관계, 그 연속성 및 억압의 동일성에 대해 탐구한 것, 조정래의 『태백산맥』처럼 좌익 빨치산의 삶을 가능한 한 객관적으로 그리려 한 것, 김성동의 「오막살이 집 한 채」 연작에서부터 시작된, 좌익 인물에 대한 적극적이고 긍정적인 의미 부여 등을 거쳐 반공 체제의 극복을 정면으로 문제삼는 이호철의 『문』에까지 이르고 있다. 지난 일 년 간 활발했던, 월북 작가들의 출판, 북한 문학의 소개·출판 등도 이 맥락에서 지적될 수 있겠다. 이 일련의 작업들은, 문학적으로 보자면, 반공 체제에 의해 문학에 강요되어온 닫힌 공간을 열어가려는 노력이며 그 성과이다.

이 노력의 옆에서 문학은 민족 해방과 민족 통일을 위한 투쟁의 도구가 되어야 하고 무기가 되어야 한다는 주장이 제출되고 그 창작적 실천이 수행되었다. 이 움직임은 한국 사회가 아직 근대성을 획득하지 못했다고 보며 자본주의적 발전은 한낱 외양일 뿐 그 본질은 식민지성과 반(半)봉건성이라고 파악한다. 이 움직임이 극단화되면 이념적으로 주체 사상에, 문학 이론적으로 주체 문예 이론에 적극적으로 접근한다. 4·3 사태를 민족 해방 투쟁을 향한 반미 민중 항쟁으로 묘사한 이산하의 장시 「한라산」에서부터 현저히 대두된 이 움직임은, 예컨대 집단 창작단 진군나팔의 장시 「피 어린 산하」에서 보듯 6·25를 민족 해방 전쟁으로 파악하고 오늘의 현실을 그 전쟁 상황의 연속으로, 양자 사이에 질적 차별성이 없는 것으로 파악함으로써 민족 해방과 조국 통일을 절대적인 명제로 세우고 있다.

동시에 이 움직임의 다른 한쪽에서 문학은 노동 해방 혹은 노동자 해방을 위한 투쟁의 도구 내지 무기가 되어야 한다는 주장이 제출되고 그 창작적 실천이 수행되었다. 이 움직임은 한국 사회가 그 근대성을 왜곡당했다고 보며 자본주의적 발전을 신식민지 국가 독점 자본주의로 파악한다. '종속 심화·독점 강화'로 요약되는 이 시각은 계급 모순을 주요 모순으로 보며 민중적 변혁 운동에 있어서 노동자 계급 헤게모니의 중요성을 압도적으로 강조한다. 대표적인 노동자 시인 박노해와 백무산의 최근 시편들이 보여주듯, 이 움직임은 노동자 계급의 확고한 자기 긍정과 계급의 적에 대한 증오와 투쟁 의지를 중심축으로 하고 있다.

이 두 움직임은 80년대 중반의 운동 문학으로서의 민중 문학보다 닫힌 공간을 한층 더 좁힌 것이라고 볼 수 있다. 그러나 그 좁힘이 극대화되는 곳에서 일종의 열림이 이루어진다. 그것을 가능케 하는 것은 민족 해방과 노동 해방이라는 전망이 한국 사회의 모순의 현실성 위에 구체적으로 세워졌다는 점, 그리고 이 문학적 움직임들이 실제적 투쟁과 긴밀하게 연계되어 있다는 점이다. 그럼으로써 도구 내지 무기로서의 문학이라는 것이 한편으로 실제적으로 현실의 어느 부분에 대한 문학적 대응의 지평을, 다른 한편으로 독자적인 미학적 지평을 새롭게 열게 된다. 이 열림은 닫힌 공간의 어느 한 모서리를 확대해가는 그러한 열림이다.

그러나 이 열림은 정황에 따라, 그리고 주관적 태도에 따라 언제든지 다시 닫힘으로 역전될 수 있는 그러한 열림이다. 역설적인 열림이기 때문이다. 민족 해방의 전망은 40년대 말 50년대 초와 80년대 말 사이의 결코 짧지 않은 시간적 거리와 그동안의 변화의 현실성을 무시하고 있다. 한 사회학자(임영일)의 적절한 진술을 옮기면, "오늘날의 한국 사회는 이제 더 이상 사회 구성원의 대다수가 미분화된 산업 구조 속에서 명확한 계급·계층적 집단으로 나뉘어 있지 못하였던, 그럼으로써 민족 문제와 계급 문제의 제기가 어디까지나 식민지적 상황의 연장 위에서 자연스레 하나로 어우러져 이루어질 수 있었던 해방 정국의 사회와 동일한 구성을 갖는 것이 아니다. 〔……〕게다가 사회 구성원의 계급·계층적 분화의 진전은 이제 상이한 계급·계층적 이해 관계의 복잡한 중층적 상호 관계의 스펙트럼을 통하지 않고서는 민족 문제에의 올바른 접근이 거의 불가능한 상황에 다달아 있기도 하다." 그러므로 이 움직임에는 일종의 시대착오가 포함되어 있는 것인데, 닫힌 공간의 한 모서리를 최대한 확대하고 난 뒤에는 그 시대착오가 그것을 다시 닫힘으로 역전시킬 것이다. 한편, 노동 해방의 전망은 편협한 노동자주의에 갇힐 위험을 안고 있다. 주체로서의 확고한 자기 긍정은 노동자주의의 힘이자 한계이다. 첫째, 그것은 여타의 계급·계층 들의 독자성과 그들이 인간 해방의 주체로서 자기를 정립할 가능성을 전면적으로 부정하고 있다. 둘째, 그것은 노동 자체가 소외되어 있고 자본주의 사회의 물신 숭배가 그 사회의 모든 구성원의 삶과 의식에 보편적으로 내면화되어 있다는 점을 간과하거나 경시함으로써 인간 해방이라는 궁극적 비전에 비추어 반성적 자기 성찰을 결하고 있다. 가령 목표로 하는 변혁을 실현했을 때 그것은 인간 해방에 반하는, 그 관계가 뒤집어진 새로운 권력, 새로운 억압으로 변하는 게 아닐까. 그렇다면 그것이 긍정적 의미를 갖는 것은 그것이 현실에 대한 비판성으로 작용하는 상대적인 시·공간대로 제한될 것이다. 이는 도구나 무기로서의 문학 일반이 갖는 한계이기도 하다. (이 맥락에서 80년대의 김지하는 자못 의미 깊은 시사를 던져주었다. 우선 김지하의 민중은 열려 있는 개념이다. 전략적 개념으로서의 민중이 배제해가는 개념인 데 반해 이 민중은 포괄해가는 개념이다. 이 민중은 인간 해방의 주체가 아니라 인간 해방의 장소이다. 이러한 포괄성이 김지하 시의 내용과 형식에 열림을 가능케 해주었다. 서정시의 깊이와 대설의 폭이 그것이다. 김지하는 세계의 부정성의 내면화와 싸우며 문학의 주체적 가능성을 향해 스스로를 열어놓는다.)

좀 더 근원적으로 살피자면, 정말 중요한 문제는 사실상 한국 사회의 모순이 앞에 말한 민족 모순과 계급 모순, 그리고 분단 모순만으로 평면적으로 이루어져 있지 않다는 데서 주어진다. 한국 사회의 모순은 복합적일 뿐만 아니라 중층적이다. 그 중층성을 결정짓는 것은 파행적인 대로 진행되어 온 사회의 물질적 기반의 지속적 변화이다. 즉 자본주의적 산업화의 고도의 발전인 것이다. 한국 사회는 이미 포스트모던한 현실 회로로 들어선 것으로 보인다. 한국 사회의 지배 이데올로기는 반공 이데올로기를 핵심으로 하고 그 주위를 가족주의, 온정주의, 물신주의, 이기적 개인주의, 시장 논리에 근거한 맹목적 경쟁주의, 도덕적 윤리주의, 가부장적 이데올로기, 종교적 맹신주의 등의 온갖 봉건적·반봉건적, 혹은 천민 자본주의적 관념의 요소들로 에워싼 낡은 것(이는 사회학자 임영일의 진술에서 따온 것이다)에 더 이상 머무르지 않는다. 그것들은 표면적 양상일 따름이다. 심층에 있으면서 그 외피를 입은 채 그 외피를 적절히 활용하며 때로는 필요에 따라 그 외피를 변화시키기도 하는 산업 사회의 제도 관리의 메커니즘이 지배 이데올로기의 본질적 양상이다. 그 제도 관리의 메커니즘은 복합적인 모순을 중층화하며 그것들을 통합적으로 관리한다. 이 메커니즘의 지배에는 안팎이 없다. 외적 사물은 물론이고 그 사회의 모든 구성원들의 일상적 삶과 그들의 내면 깊은 곳까지를 지배하며 인간을 사물화하고, 그 사회의 모순에 저항하는, 예컨대 민족 해방 운동이나 노동 해방 운동 같은 움직임 속으로까지 침투하여 그것들을 제도 안으로 수렴한다. 문제는 이 메커니즘의 작용이 자연스러운 것으로 인식된다는 데, 아니 인식의 바깥에 남아 있다는 데 있다. 어쩌면 인식이 그 메커니즘 속에 갇혀 있다고 말하는 편이 더 적합할지도 모르겠다. 바로 의식의 자동화이다. 도구나 무기로서의 문학은 그 메커니즘 속에 갇힌다.

당겨 말하면, 그 인식은 총체적이고 전복적인 사유에 의해 가능하다. 문학은 그것이 갖는 상대적 자율성에 힘입어 비판성을 얻으며 총체적이고 전복적인 사유로 나아갈 수 있다. 이것이 오늘날 요청되는 문학의 열린 공간이다. 진정한 근본적인 변혁의 전망은 그 열린 공간 속에서 형성될 수 있을지 모른다.

80년대 초반의 문학적 통일 전선이 해체되면서 민중적 변혁 운동에의 복무를 지향하는 방향과 문학의 상대적 자율성과 주체적 가능성을 추구하는 방향으로의 분화가 뚜렷해지기 시작했다. 후자의 방향은 정치적 억압과 닫힌 문학 공간의 억압을 이중으로 감당하면서, 일상적 생활 세계 속의 삶과 의식, 그리고 거기에 나타나는 지배 이데올로기의 작용을 드러내는 다양한 성찰의 언어를 생산해냈다.

80년대 중반부터 활발해지기 시작한 소설이 그 생산의 주역이었고, 그 가장 전형적인 작가가 양귀자였다. 양귀자의 『원미동 사람들』 연작은 현대

한국인의 평균적인 일상적 삶의 꼴과 결을 치밀하게 관찰·묘사해냈다는 점에서, 그리고 한국 사회의 중심부와 주변부의 균질화 과정을, 즉 산업 사회의 메커니즘의 전일적 작동 양상을 포착했다는 점에서 주목받았다. 여기에 등장하는 사무직 봉급 생활자, 소상인, 그 물적 토대를 잃어버린 농민, 노동자, 가내 수공업 규모의 경영자 등 계층적으로 다양한 인물들은 저마다 다른 형태로 파편화되고 손상된 삶을 살아가고 있다. 그들은 자동화된 일상과 낡은 지배 이데올로기에 갇혀 있다. 작가는 그들 사이의 차별성과 갈등을 예리하게 포착하면서 거기서 더 나아가 그들을 하나의 동질성으로 파악한다. 작가의 말을 옮기면, "원미동은 마구 헝클어져 나뒹구는 욕망의 실꾸러미로 짜여진 동네이다. 그 한쪽 끝을 따라가다 보면 각각의 복잡한 관계가 개인의 차원을 이미 벗어나 깊은 역사성을 띠고 있음을 깨닫게 하곤 하였다." 그 역사성이라는 것은 곧 산업 사회의 메커니즘의 전일적 작동인 것이다. 김향숙의 중편 「수레바퀴 속에서」는 병원이라는 하나의 집단 혹은 조직 속의 개인들이 복잡한 갈등 구조에 어떻게 편입되어 있는가를 그 개인들의 심리적 사실을 통해 그리면서 그들이 파편화되고 사물화된 인간으로 존재한다는 것을 냉혹하게 드러내고 있다. 비교적 사실주의적 방법에 충실한 양귀자·김향숙에서부터, 타락한 가치의 지배 속에서의 진정한 가치의 훼손, 자동화된 사회 체제 속에서의 주체성의 상실을 특유의 저작(咀嚼)의 방법으로 반성하는 김원우, 그 훼손과 상실을 반(反)소설적 수법으로 드러내며 그 훼손과 상실에서 언어 자체도 자유롭지 못함을 통찰, 언어 이전을 탐구하는 최수철 등에까지 이르는 이 성찰의 언어의 폭은 내용적으로나 형식적으로 퍽 넓다.

  이 성찰의 언어는 대체로 고통의 언어, 부정의 언어라는 양상을 띠었다. 소설의 경우 그 성찰을 실존적 문제로까지 끌고 가 존재의 진실을 고통스럽게 탐구하며 근원적 현실 부정을 수행한 오정희가 극단적인 예이다. 그러나 보다 강렬한 고통의 언어, 부정의 언어는 주로 시에서 산출되었다. 80년대 초 이래의 이성복·황지우·김광규·최승자·박남철·정인섭·이하석·최승호, 80년대 후반 들어서의 권혁진·이승하·기형도, 그리고 그 밖의 많은 시인들이 그러했다. 예컨대 80년대의 앞자리에서 이성복은 우상 파괴적인 상상력으로 기성 시의 체제를 충격하며 우리의 삶이 병든 세계에서의 고통스러운 삶이라는 것을 깊이 있게 드러냈고, 이성복과 더불어 한국 시의 위선적 교양주의를 파괴하는 데 결정적으로 기여한 황지우는 형태 파괴의 방법으로 거둘 수 있었던 시적 성과의 거의 최대치를 보여주면서 80년대적 정치 의식의 민감성 속에서 고통의 제스처, 낭만주의적 선언, 자학의 포즈, 냉소, 풍자, 비극적 서정 등 다채로운 문체로 고통과 부정의 언어를 꽃피워냈고, 80년대의 끝자리에서 이 세계의 부정성에 대한 예민한 감수를 지닌 기형도는 그 부정성에 대한 도저한 절망과 공포에 관해 섬뜩하게 읊조렸다.

그러나 이러한 성찰의 언어 역시 또 다른 닫힌 공간에 갇혀버릴 위험을 안고 있다. 그것의 근거라 할 자율성 자체가 제도화되어버릴 때가 그렇다. 우리가 자율성이라고 믿는 내용 중 많은 부분이 실제로는 제도 관리의 메커니즘에 수렴되어 이미 제도화된 것으로 보인다. 이 제도화가 진행되어 그것이 전면화됨에도 불구하고 이를 인식하지 못하면 자율성 개념은 그 자체 이데올로기로 변해버린다. 여기서 비판적 작업이 필요해진다. 이 작업은 작품과 독자 사이를 매개하는 사회적 장치들이라는 외적 측면뿐만 아니라 문학에 내재화된 양상으로 나타나는 측면에 대해서도 수행되어야 한다. 사회학적으로 접근이 가능한 전자의 측면은 비교적 쉽게 인식되지만, 미학적 접근을 통해야 할 후자의 측면은 그 인식이 쉽지 않은데 실은 이것이 문학에 있어서 본질적인 것이다. 소재·내용·기법·형태 등 문학의 전체 영역이 이 문제에 걸린다. 이 문제는 80년대 초에 이미 김치수에 의해 누보로망과 관련하여 부분적으로 제기되었으나 깊이 있는 이론적 탐구가 거의 후속되지 못하고 서구의 유관한 이론적 작업들이 단편적으로 소개되는 데에 그쳤고, 이 문제의 주체적 접근은 88년에 들어서야 홍정선의 「문학 제도와 문학」,

정과리의 「제도로서의 문학」 등으로 비로소 시작되었다. 이런 상황에 비추어보면 이인성의 소설은 대단히 중요한 의미를 갖는다. 83년에 간행된 첫 소설집 『낯선 시간 속으로』는 종래의 전통적 소설 관념 ─ 정과리는 그것을 1) 소설의 주인공은 주체성과 능동성을 갖춘 변별적 인물들이다, 2) 소설은 주인공이 다른 인물들과 대결하고 화합하면서 세계의 뜻을 성취해내는 연대기이다, 3) 소설은 인과론적 연관 관계로 이어진 일관된 줄거리를 형성한다라는 세 항목으로 요약했다 ─ 을 해체하면서 새로운 복합적 구조를 형성함으로써 전통적 소설 관념과 거기에 내재된 이데올로기적 사유와 삶의 방식을 전면적인 의혹의 대상으로 떠올리고 비판적 인식의 지평으로 끌어들였다. 두번째 소설집 『한없이 낮은 숨결』(1989)은 한 걸음 더 나아가 소설적 언술 행위의 이데올로기적 성격에 대한 자기 반성과 리얼리티의 현존과 부재에 대한 인식론적 성찰을 치밀하게 수행하고 있다. 이러한 이인성의 작업은 문학을 진정으로 열린 공간으로 만들려는 기도가 가장 집중적이고 전위적으로 추구된 경우이거니와, 상대적 자율성의 문학이 열린 공간을 지속적으로 확보하기 위해서는 이러한 비판적 작업과 내적으로 맞물리지 않으면 안 된다. 실제로 최수철, 「달궁」 연작의 서정인, 박인홍·김원우 등의 소설과 이성복·황지우·박남철 등의 형태 파괴적 시는 정도의 차이가 있고 방향의 차별이 있는 대로 그 맞물림 속에서 씌어져왔다. 물론 그 맞물림은, 사실주의의 방법에 무반성적으로 기대고 있거나 안주하고 있는 도구나 무기로서의 문학에도 강력히 요청된다. 도구·무기에 이적성(利敵性)이 있다면 그것은 이미 도구나 무기로서 비효과적이며 부적절하기 때문이다.

열린 공간으로의 전환은 일과성의 것이 아니라 항상적인 것이다. 닫힘과 열림에는 일종의 변증법적 과정이 항존하는 것이다. 열린 공간을 향한 전환의 자리에서 다시 닫힌 공간으로 되돌아갔고 거기에 더욱 엄밀하게 갇히는 데서 시작된 80년대 문학은 그 변증법적 과정을 부단히 수행해왔고 이제 80

년대의 끝자리에 도달했다. 그 과정은 90년대 문학으로 계속 이어져갈 것이다. 우리 시대는 열린 문학 공간으로부터 문학의 진정한 현실 응전력이 확보된다는 명제가 그 어느 때보다도 더 절실하며 점점 더 절실해져가는 시대이다. 80년대의 끝자리에서 나는 90년대 문학의 열린 공간에 대해 가만히 점쳐본다. (1989)

민족 문학, 그 전망을 위한 반성

현 단계 한국 문학의 상황은 여러 측면들의 복합으로 이루어져 있지만, 70년대 이래의 민족 문학 운동을 입각점으로 하여 바라볼 때 그것들은 민족 문학의 위기라는 것으로 집약될 수 있을 것이다. 이 위기가 초래된 외적 맥락은 자못 분명해 보인다. 사회주의권의 세계적인 붕괴와 더불어 자본주의 세계 시장화가 전면적으로 진행되면서 국가나 민족의 경계가 빠른 속도로 지워져가고 있다는 점을 우선 들 수 있다. 그 지워져감은 종래의 제도로서의 국민 문학의 정체성과 운동으로서의 민족 문학의 정체성을 현격히 약화시킨다. 한국사 내부에서는 이른바 문민 정부의 성립으로 민주화의 일정한 진전이 이루어지고 급속한 경제 발전의 결과 경제적 풍요가 상당한 정도로까지 이루어졌다. 이는 정치적 및 사회 경제적 모순의 극복에 초점을 맞추어온 민족 문학으로부터 그 절실성을 현저히 박탈해갔다. 내적 맥락을 보자면, 80년대 후반 극단적 좌편향으로 나아갔던 민족 문학이 새로운 90년대적 상황을 맞이하여 자신을 적절히 조정하는 데 그다지 성공적이지 못했다는 점이 지적될 수 있다. 센티멘털하고 허무주의적인 전향 선언들이 성급히 행해졌을 뿐, 정작 민족 문학 주체의 조정의 행보는 너무 완만했고 끌어안아야 할 새로운 문제들에 적극적으로, 치열하게 맞서지 못했다. 현금의 민족 문학의 위기는 대체로 위와 같은 외적 및 내적 맥락에서 비롯된 것이라 할 수 있다.

이러한 위기 상황 속에서 엮어진 『민족 문학사 강좌』와 『민족 문학과 근대성』의 두 책은 단연 눈길을 끈다. 이 책들이 민족 문학의 위기를 극복하기 위한 초석적 작업을 시도하고 있기 때문이다. 이 책들을 엮어낸 민족문학사연구소는 1990년에 한국 문학을 '민족 문학적 시각에서 연구해보자'는 취지에서 국문학계의 상대적으로 진보적인 학자들을 회원으로 하여 발족되었던바, 말하자면 민족 문학 운동과 국문학 연구 사이의 적극적 만남의 결과라 할 수 있다. 그 만남은 아주 바람 직한 만남이다. 민족 문학 운동으로부터 민족 문학적 시각을 제공받은 국문학 연구가 이제 민족 문학 운동의 미래 전망이 불투명해진 지점에서 새로운 전망을 위한 디딤돌로서 폭넓은 반성의 자리를 마련하고 있는 것이다.

이 반성은 무엇보다도 먼저 근대성에 대한 새로운 인식을 겨냥한다. 『민족 문학과 근대성』은 그 「머리말」에서 이선영이 밝히고 있는 것처럼 "각종의 '탈근대'론이 유행하고 있는 지금이야말로 오히려 한국 문학의 근대성에 대한 근본적이고도 역사적인 조망이 긴요한 때라고 판단하여 그 문제를 여러 분야에서 공동으로 점검"하고자 한 데서 낳아졌다. 90년대 들어 갑자기 무성해진 탈근대의 담론들은 한결같이 근대를 비판하고 부정한다. 여기서 근대는 이성 중심주의 · 근대 중심주의 · 서구 중심주의 등으로 파악되는 근대인바 이러한 파악에는 분명 존중할 만한 일면의 진실이 담겨 있다. 무엇보다도 서구인에 의한 서구적 근대성의 자기 부정으로 제출되었다는 점에서 그것은 충분히 존중되어야 한다. 그러나 그것을 존중한다는 것과 그것을 우리의 경우에도 그대로 적용한다는 것 사이에는 커다란 차이가 있다. 우선 우리의 근대는 결코 서구의 근대와 같지 않다는 점. 서구적 근대성의 이성 중심주의, 근대 중심주의, 서구 중심주의에 의해 피해를 입고 상처를 받는 맥락 속에 우리의 근대가 존재해왔으므로, 근대를 반성하는 입장에도 말하자면 가해자와 피해자만큼의 차이가 있게 되는 것이다. 그리고 탈근대론 자체에 걸리는 혐의. 탈근대란, 문자 그대로 근대에서 벗어나 근대 이후의 새로운 역사 단계로 진입한다는 뜻이지만, 사실에 있어서 과연 그러한가. 사실로서 확인되는 것은 세계 시장의 전면적 실현과 더불은 자본주의의 고도의 발전이라는 현실이다. 그 발전의 정도는 자본주의의 역사에 하나의 획기를 이루었다고 할 정도이지만 필경은 자본주의의 연속인 것이다. 탈근대론은 이 후기 자본주의가 바라 마지않는 새로운 지배 이데올로기로서의 면모를 다분히 띠고 있다. 마치, 식민지에 대한 제국주의의 효율적인 자본주의적 경영을 위해 일정한 정도로 봉건적인 것을 해체하고 근대적인 것을 구축할 필요가 있었던 것처럼 후기 자본주의는 자기 실현을 위해 일정한 정도로 '근대'적인 것을 해체하고 '탈근대'적인 것을 구축할 필요가 있는 것이다. 전기 자본주의와 후기 자본주의가 다 같이 자본주의이듯이 근대와 '탈근대'도 다 같이 근대일 수밖에 없다. 바로 이런 맥락에서 근대성에 대한 포괄적인 재성찰이 긴요해지는바, 민족문학사연구소의 근대성에 대한 관심은 우선 여기서 비롯된다.

그런데 주목되는 것은 그 관심이 민족 문학의 자기 반성과 깊이 결부되어 있다는 점이다. 이 점은 "일찍이 '근대 이후'를 자처했던 현존 사회주의의 붕괴로 근대성이 다시 문제적 범주로 떠올랐다"라는 명쾌한 진술로 시작되는 최원식의 글에서 명료하게 드러나고 있다. '현존 사회주의의 붕괴'와 더불어 탈근대론의 급격한 확산이 이루어진 것은 우연한 일이 아니다. 자본주의적 근대의 철폐 혹은 극복을 기획했던 사회주의가 붕괴하자, 그것이 지향하던 '근대 이후'를 후기 자본주의로 대체하면서, 사회주의적 담론이 퇴각해버린 빈 공간으로 탈근대의 담론이 급격히 밀려 들어온 것이다. 그러나 최원식이 근대성을 문제삼는 시각은 탈근대론의 시각과는 아주 다르다. 그의 문제 제기는 "근대성에 대한 안이한 성찰에 기초한 레닌주의 모델은 낭만적 근대 부정을 에네르기로 하여 실제로는 근대 따라잡기에 탈진한 형국인 것"이라는 데에서 시작된다. 현존 사회주의의 근대 극복의 노력이 기껏해야 근대 따라잡기, 그것도 필경 자기 붕괴로 귀결되고 만 실패한 따라잡기에 지나지 않았던 근본적인 이유는 애당초 근대성에 대한 인식 혹은 성찰의 안이함에 있다는 것이다. 따라서 지금 우리에게 필요한 것은 근대성에 대한 진지한 재성찰이다. 근대성에 대한 인식 혹은 성찰의 안이함이 문학 분야에서는 '근대 부르주아 문학/현대 프롤레타리아트 문학'이라는, 일견 명쾌하지만 단순하기 짝이 없는 도식을 낳는다. 최원식은 그 도식이 20세기의 우리 민족 문학을 직간접적으로 규제해왔음을(20, 30년대가 그러했고 80년대가 또한 그러했다) 날카롭게 지적하고, 이제 민족 문학은 그 도식의 규제에서 벗어나, "맹목적 근대 추종과 낭만적 근대 부정을 넘어서, 자본주의와 일국 사회주의를 넘어서, 근대성의 쟁취와 근대의 철폐를 자기 안에 통일할 것"에 대한 모색을 치열하게 전개해야 한다고 강조한다.

근대성에 대한 포괄적인 재성찰은 근대의 시작부터 탈근대가 운위되는 바로 지금까지를 하나의 전체로서 인식하는 통관적 조망을 필요로 한다. 이때 필연적 문제로 떠오르는 것이 근대의 기점 문제이다. 사실상 기점 문제는 그 자체로서는 그렇게 중요한 의미를 갖는 것이 아니고, 오히려 그것에 집착하면 비생산적인 형식 논리에 함몰될 위험을 초래할 뿐이다. 그러나 지금 이 장면에서의 기점 문제는 그것을 어떻게 파악하느냐에 따라 근대성의 내용을 달리 파악하게 되는 하나의 관건이 되고 있다. 기점 논의를 비생산적이라고 회피하기만 하는 것이 능사가 아니라 그 논의를 근대성에 대한 본질적 논의의 수준으로 끌어올리는 일이 필요한 것이다. 『민족 문학과 근대성』은 물론이고 『민족 문학사 강좌』 역시, 근대성에 대한 본질적 논의의 일환으로서의 기점론을 그 구성의 핵으로 하고 있다.

사실상, 우리의 근대 문학 기점에 대한 논의는 결코 결핍되었거나 빈곤했던 것이 아니어서 적지 않은 견해들이 제출되어온 터이다. 문제는 그 견해들이 근대성에 대한 본질적 논의와 유기적으로 결합되어 있느냐 하는 데 있다. 『민족 문학사 강좌』 하권의 첫 글에서 최원식은 기왕의 여러 가지 기점론을 일목요연하게 정리하고 있다. 기점으로 설정된 연대의 시간순에 따라 적으면 그것들은 18세기설, 1866년설, 1894년설, 1905년설, 1919년설로 정리될 수 있다. 김현·김윤식의 18세기설은 기점 끌어올리기의 대표적인 예가 되는데, 봉건 사회 내부에서 그 사회의 "구조적 모순을 문자로 표현하고 그것을 극복하려 한 체계적인 노력"을 발견, 전경화시켰다는 점에서 주목되지만, 그러나 그것이 예로 드는 작가와 작품은 봉건적인 것 내부의 반봉건적 요소이지 그 자체로 근대 문학으로의 전환을 이루었거나 그 계기를 마련한 것은 아니다. 북한 학계의 1866년설은 제너럴 셔먼호 사건과 병인양요에 주목하여 정치적 관점에서, 더 정확하게는 주체 사상의 정치적 입장에서 도출된 것인바, 다른 것은 차치하더라도 문학 내적인 것과 거의 연관을 갖지 못한다. 1894년설은 아주 다양해서 같은 1894년설이라 해도 그 내용이 저마다 다르다. 갑오경장에 초점을 맞추는 입장, 갑오 농민 전쟁에 주목하는 입장, 이 두 가지를, 혹은 거기에 청일 전쟁까지를 함께 고려하는 입장 등으로 나누어볼 수 있겠는데, 그러나 공통적인 것은 문학 자체가 아니라 문학 외적인 것(설사 그것이 근대 문학 형성의 결정적 계기였다 하더라도)을 가지고 기점을 잡는다는 점이다. 1905년설은 애국 계몽기 문학에서 근대 문학 형성의 단초를 발견하는데, 이 설은 1894년과의 사이의 공백, 1910년 이후의 퇴조, 그리고 그 문학형에 있어서의 근대성의 구체를 해명해야 한다는 과제를 남긴다. 1919년설은 3·1 운동에 주목하고 그 전 시대 문학과 1920년대 문학 사이에 엄연히 존재하는 날카로운 단층에 주목함으로써 상식적으로는 가장 설득력 있게 느껴질 수 있겠지만, 그러나 애국 계몽기 문학을 도외시한다는 점과 어느 의미에서는 근대 문학의 형태를 서구의 그것으로 좁히는 결과를 낳을 수 있다는 점이 문제로 남는다. 이상의 여러 설 이외에도 일종의 절충설도 있다. 조동일의 이행기설이 그 대표적인 예이다. "근대 문학의 기점은 중세 문학에서 근대 문학으로의 이행기가 시작되면서 나타났다. 그러나 근대 문학의 성립은 이 이행기가 끝나야 가능했다"라는 진술이 이행기설의 요체를 잘 드러내주거니와, 그에 따르면 기점은 임진왜란 직후이고 성립은 3·1 운동 이후이다. 이 설의 최대의 약점은 이행기의 설정을 위해 300년이라는 기나긴 시간을 필요로 한다는 점이다.

『민족 문학과 근대성』과 『민족 문학사 강좌』는 이 다양한 기점론 중 애국 계몽기설과 1894년설을 특히 주목하며 그 논의를 더욱 발전시키고자 한다. 애국 계몽기설은 최원식에 의해, 1894년설은 임형택에 의해 지지되고 있는데, 그러나 이 두 입장은 배타적 경쟁의 관계가 아니라 상호 보완의 관계에서 추구되고 있다. 임형택은 근대 문학 기점 문제에 있어서 1894년을 '매우 전략적인 지점'으로서 제기하는데, 민중 주체의 강화, 동아시아의 중국 중심적 체제의 붕괴를 강조하면서 애국 계몽기 문학의 근대적 지향의 뿌리를 1894년에서 찾는다. 최원식은 문학적으로 볼 때 애국 계몽기 문학이 출발점이 될 수밖에 없음을 논증하면서도 그것이 가능했던 것은 1894년에 있다는 점을 인정하며 "1894년과 1905년 사이의 운동과 문학에 대한 더욱 정밀한 검토"의 필요성을 제기한다. 상호 보완적인 이 두 가지 기점론에 입각하여 보면, 『민족 문학과 근대성』의 소설론·시론·비평론으로 나뉘어 묶인 각론들은 주로 애국 계몽기설이 내포하는, 근대성에 대한 본질적 성찰을 구체화하고 있다고 하겠다. 가령 소설론 중 김종철의 글과 이상경의 글은 이인직의 「은세계」를, 전통 문학과의 연속과 새로운 문학형의 생성이라는 서로 다른 각도에서 접근하여 애국 계몽기 문학의 근대적 성격을 구체적으로 살핀다. 시론 중 고미숙의 「애국 계몽기 시운동과 그 근대적 성격」은 특히 '계몽적 이념과 시적 발전'의 결합에 대한 과감한 해석을 통해, 적극적으로 혹은 소극적으로 적지 않은 성찰의 계기를 제공해준다. 『민족 문학사 강좌』는 임형택의 총론 「민족 문학의 개념과 그 사적 전개」를 필두로 민족 신화 연구에서부터 19세기 반봉건 항쟁과 문학적 대응에 대한 연구에 이르기까지로 상권을 구성하고, 최원식의 「민족 문학의 근대적 전환」을 필두로 애국 계몽기의 서사 문학 연구에서부터 1980년대의 노동 문학 연구에 이르기까지로 하권을 구성했다. 말하자면 1894년설의 구체화라 할 「19세기 반봉건 항쟁과 문학적 대응」과 애국 계몽기설의 구체화라 할 「애국 계몽기의 서사 문학」 사이에 근대 문학 기점에 대한 상론을 배치한 것이고, 그 앞뒤로, 전 근대의 민족 문학과 근대적 민족 문학의 전개에 있어서 대체로 진보적인 흐름에 속하는 주요 주제를 다룬 글들을 각각 배열한 것이다. 시대적으로 멀리 떨어져 있어도 그것들 사이에는 계기적 연관이 존재하며 그것을 통관적으로 조망할 때 우리 민족 문학의, 고대로부터 오늘날까지 이어지는 정체성을 파악할 수 있고 그 연장선에서 민족 문학의 내일을 전망할 수 있다는 주장이 편집 의도 속에 숨어 있다 하겠다.

그런데 여기서 이야기되는 근대 문학 기점론은 한 가지 단서를 전제하는 것이다. 그것은 기점 이후 바로 지금까지를 하나의 전체로서 파악한다는 것이다. 위에서 살펴본 각종 기점론들 중에는 근대의 기점 이후 오늘날까지를 다시 둘로 나누어 각각 근대·현대로 부르는 것들이 있다. 북한 학계의 1866년설은 1926년 이전을 반침략 투쟁의 단계로서 근대, 1926년 이후를 반제 반봉건 민주주의 혁명의 단계로서 현대로 각각 구분한다. 백철의 갑오경장설은 1920년대의 신경향파 등장을 경계로 이전을 근대 문학, 이후를 현대 문학으로 구분했고, 조연현의 갑오경장설은 1935년경의 문단 재편성을 경계로 근대 문학과 현대 문학을 구분했다. 『민족 문학과 근대성』의 비평론 중에도 근대 문학과 현대 문학의 구분에 주목하는 글들이 포함되어 있다. 오현주의 안함광론은 안함광의 근대와 현대에 대한 인식의 불철저성을 비판하되 근대 문학과 현대 문학의 구분이라는 틀을 전제한 가운데 그리하고 있고, 최재서와 김기림의 근대·현대 구분론을 검토하는 김윤재의 글 역시 그러하다. 그러나 『민족 문학과 근대성』과 『민족 문학사 강좌』의 편자들은 근대·현대의 구분에 찬성하지 않는다. 가령 이선영은 '민족 문학적 단계' 이후를 위한 준비 작업의 문제를 제기하면서도 기점 이후의 근대적 민족 문학을 하나의 전체로서 상정하고 있고, 임형택은 아주 분명하게 다음과 같이 기술하고 있는 것이다.

신문학은 발생기의 과도적 상태를 거쳐서 3·1 운동 이후에 형식이 갖추어졌다. 신문학을 아주 국한해보면 이 기간으로 한정될 것이다. 그런데 그때 형성된 신문학의 형식(시·소설·희곡·평론)은 큰 변형이 없이 오늘에 이르기까지 계속 이어져왔다. 신문학의 전개 과정은 바로 지금의 문학에 닿아 있다. 신문학의 발생·발전의 과정은 곧 우리의 당대 문학사이니, 근대적 의미의 민족 문학은 여기서 찾아야 할 것이다.

여기서 우리는 근대라든지 현대라는 용어와 그 적용 문제를 다시금 검토해볼 필요가 있겠다. 근대와 현대는 모두 서양어 modern의 한자 번역어이다. modern은 절대적 가치 개념과 상대적 시간 개념을 다 포괄하는 말인 바, 원래 근대는 그중 가치 개념을 나타낼 때, 현대는 시간 개념을 나타낼 때 사용된다(중국의 경우에는 우리와 반대로 사용한다. 즉 근대를 시간 개념으로, 현대를 가치 개념으로 사용하는 것이다). 그러니까 엄격히 말하면 근대와 현대는 같은 것이다. 다만 현대라는 말은 어차피 상대적 시간 개념이니만큼 경우에 따라 동시대라는 상대적 실감을 축소하여 근대보다 짧게 잡을 수도 있다. 그렇지만 그것이 근대와 현대를 별개의 시대로 구분할 수 있는 근거가 되지는 못한다. 현대는 근대와 같거나 근대의 일부인 것이다. 근대와 현대를 구분하여 시간적 전후 관계로 파악하는 경우를 보면 크게 두 가지 맥락이 있다. 하나는 지극히 통속적인 것인바, 동시대성으로 파악되는 시간대를 현대라 하고 그보다 상대적으로 오래된 시간대를 근대라 하는 것이다. 다른 하나는 근대는 이미 지나갔고 근대 이후가 새로운 역사적 시간으로서 도래했다고 보아 이 새로운 역사적 시간을 현대라고 부르는 것이다. 사회주의 시대를 현대라고 부르며 그 이전의 자본주의 시대와 구분하는 것은 후자의 예가 될 것이고, 탈근대론에서 탈근대를 현대라고 부른다면 그 역시 후자의 예가 될 것이다. 제1차 세계 대전을 경계로 근대와 현대를 나눈다든지 제2차 세계 대전을 경계로 나누는 것은 전자의 맥락일 수도 있고 후자의 맥락일 수도 있겠다. 그러나 오늘날 탈근대론이 후기 자본주의의 이데올로기로서 공격적 담론을 펼치고 있다는 상황 인식은 근대와 현대의 구분을 인정하지 않게 한다. 오히려 근대 기점 이후 오늘날까지를 하나의 전체로서의 근대=현대로 포괄적으로 파악함으로써, 『민족 문학과 근대성』의 비평론 중에 임화론을 쓴 이훈의 말처럼 "근대의 극복을 근원적 차원에서 문제삼아야" 하고, 최원식의 미묘한 지적처럼 "근대성의 쟁취와 근대의 철폐라는 이중의 과제"에 부딪혀가야 하는 것이다.

이 장면에서 중국 쪽 형편을 살펴보는 것이 도움이 될 법하다. 근대사에 있어서 중국은 우리와 많은 공통적 경험을 가졌고 그러면서도 적지 않은 차이도 나타냈던바, 전근대의 그 밀접한 관계(긍정적이든 부정적이든)에 비해 볼 때 근대에는 직접적 영향 관계가 기이할 정도로 희박하지만, 오히려 그렇기 때문에 영향 없는 유사성(그리고 차이)이라는 각도에서의 비교가 유효할 수 있다. 중국의 근대 문학 시대 구분은 1949년의 신중국 성립 이후 근대(1840년부터 1917년까지)—현대(1917년부터 1949년까지)—당대(1949년부터 지금까지)라는 3분법을 공식적으로 사용해왔다. 상론할 여유가 없지만, 상론의 필요도 없이 이 3분법에 많은 문제가 포함되어 있음을 짐작할 수 있을 것이다. 중국에서 이 3분법에 대한 문제 제기가 시작된 것은 1985년부터였다. 이후 시대 구분에 대한 많은 논의들이 나오는데, 그 중 우리에게 특히 주목되는 것은 '20세기 중국 문학론'이다. 북경 대학 쪽의 치엔리췬·천핑위엔·황즈핑 등에 의해 제출된 이 견해는 1898년부터 현재까지의 중국 문학을 하나의 유기적 전체로 파악하고 그것에 '20세기 중국 문학'이라는 이름을 붙인다. 근대나 현대라는 말을 사용하지는 않았지만 이것은 실제로 근대 문학론이다. 1898년은 정치적으로는 변법자강의 유신 운동이 좌절되고 대신 량치차오를 필두로 한 문학 개량 운동(시계 혁명, 소설계 혁명,

신민체 산문 운동 등을 내용으로 하는)이 시작되는 해이다. 이것을 근대 문학의 기점으로 파악하고, 이때부터 신문학 운동이 시작되는 1917년까지를 근대 문학의 준비기로, 1917년을 근대 문학의 성립으로 파악한다. 종래의 3분법과 비교해볼 때 가장 큰 변화는 1949년 이전과 이후의 구분을 없앴다는 점과 1898년을 기점으로 설정했다는 점이다. 이는 종래의 사회주의 노선의 실패에 대한 인정으로부터 근대성에 대한 포괄적 성찰로 나아가는 데서 비롯되었음이 분명하다. '20세기 중국 문학론'과 유사하면서도 다른 것으로는 복단 대학의 천쓰허의 견해가 있다. 그는 1917년부터 현재까지를 '신문학'이라고 부르며 유기적 전체로 파악할 것을 주장하는데, 그가 특히 강조하는 것은 1949년의 구분을 철폐하는 것이다. 중국 문학자로서의 필자의 입장은 천쓰허의 그것에 가까운데 그것은 1898년의 문학 개량 운동이, 이후의 문학사나 정치사의 전개가 입증해주듯, 철저히 사대부 계급의 한계에 갇혀 있는 것이었기 때문이다. 이렇게 보는 것은 반침략보다 반봉건을 더욱 중시하는 관점과 관계된다(필자로서는, 1917년 이전으로 올라간다면, 1907년경의 청년 루쉰의 문화 운동 시대로 올려잡을 수는 있겠다고 본다). 그런데 우리가 주의 깊게 살펴야 할 것은 이 '20세기 중국 문학론'의 정당한 문제 의식이 1989년 이후로 알게 모르게 변질되어간다는 점이다. 그것은 중국 문학이 탈근대론과 만나는 방식의 특수성에서 비롯된다. 탈근대론의 서구 중심주의 비판이 묘하게도 신중화주의와 만나면서 근대성에 대한 해석과 근대 이후에 대한 전망에 국수주의적 색채를 부여하고 있는 것이다. 조금 과장하면, 40년대 일본에서 나왔던 아시아적 입장에서의 근대의 초극이라는 것을 연상시키기까지 한다.

　지금 우리의 민족 문학은 그런 국수주의와는 거리가 멀지만, 그러나 근대성의 포괄적 성찰이 탈근대론과 어떻게 관계를 맺느냐에 따라, 경우에 따라서는 백지 한 장의 차이로 뒤집힐 수도 있는 것이다. 『민족 문학과 근대성』과 『민족 문학사 강좌』의 진지하고 포괄적인 성찰이 우리 민족 문학의 건강한 전망 형성으로 이어지기 위해서는 탈근대론에 대한, 치열한 적극적 대응이 요청된다고 필자는 생각한다. (1995)

문학에서의 민중주의, 그 반성과 전망

1

　민중 문학과 관련하여 80년대 문학을 돌이켜볼 때 필자는 금석지감을 갖지 않을 수 없다. 80년대 문학이 그것만으로 이루어졌던 것은 아니지만, 적어도 민중 문학은 80년대 문학의 한 중심적 흐름으로 활동하였고 그 역장을 다른 흐름들에 두루 미쳤다. 80년대 문학으로서 민중 문학과 전혀 무관한 곳에 있을 수 있었던 것은 없었다고 해도 과언이 아니다. 심지어 민중 문학에 반대하는 입장조차도 그 반대의 입장 자체가 그것의 정체성의 일부를 이루었던 것이다. 그러나 지금은 오직 적막뿐이다. 아무도 민중 문학에 대해 이야기하지 않는다. 한 소설가는, 그 자신 80년대에 민중 문학 계열의 대표적 작가 중의 하나였음에도 불구하고, 자신의 새로운 소설집이 민중이라는 말과 관련하여 해석되는 것을 극구 거절했고, 민중 문학의 전위를 자처했던 한 비평가는 공공연하게 민중 문학의 소멸을 선언했다. 때로는 80년대의 민중 문학이 과연 존재하였던 것인지가 의심스러워질 정도이다. 여기에는 80년대의 민중 문학을 기억에서 지워버리고 싶어 하는, 일종의 집단 무의식이 있는 것일까. 그런 것이 있다면 그것은 왜, 어떻게 생겨났으며 지금의 현실 속에서 어떤 맥락으로 작용하는 것일까. 이 글은 이러한 의문에서 출발한다.

필자의 생각으로는, 80년대의 민중 문학은 그 나름의 시대적 필연성의 문학적 구현이었으며, 그 구현은 단지 특수한 시공간 속에서만 의미를 갖는 것이 아니라 일정한 시대적 이월 가치와 함께 보편적 의미도 갖는 것이었다. 따라서 그것을 망각하고자 하거나 외면하고자 하는 것은 무비판적이고 무반성적인 태도일 따름이다. 80년대에 민중 문학의 흐름에 맹목적으로 몰입되어갔던 일부 경향이 그러했듯이 말이다. 필요한 것은 깊은 의미에서의 반성일 것이다.

2

80년대 민중 문학의 전개를 돌이켜보기에 앞서 그 전사(前史)를 짚어볼 필요가 있겠다. 80년대 민중 문학이 어느 날 갑자기 평지돌출한 것은 아니기 때문이다. 그 전사는 가까이는 70년대의 민족 문학으로, 멀리는 20년대의 프로 문학으로까지 이어지는바, 이것들을 연결짓고 보면 20년대의 프로 문학, 70년대의 민족 문학, 그리고 80년대의 민중 문학을 관통하는 공통된 경향이 눈에 띈다. 그것은 문학과 정치의 상관 관계에 대한 인식의 고조이다.

주지하듯, 문학이라는 하나의 체계는 그 자체로 상대적인 자율성을 가지면서 다른 체계들, 예컨대 다른 예술들에서부터 사회·정치·경제 심지어는 기술 등과 상관 관계를 갖는다. 그러니까 총체로서의 문학은 이 내적·외적 규정 속에서 생성하고 운동하는 것이다. 그 외적 규정 가운데 정치와의 상관 관계가 실질적인 문제로 인식되기 시작한 것은 근대 이후의 일이다. 근대 이전의 문학 역시 정치와의 상관 관계를 가졌지만, 그 관계는 중국·한국 등의 유교 사회에서 문학이 지배 계급의 피지배 계급에 대한 이데올로기 지배의 한 수단이었던 데서 보듯 일방적이고 단순한 것이었다. 또 거기서의 정치라는 것, 문학이라는 것 자체가 근대적 의미의 그것과는 다른 것이었다. 문학과 정치의 근대적 생성과 인식은 그 전근대적인 것에 대한 역사주의적 해석을 동반하며 이루어졌다. 문학과 정치의 상관 관계를 변형의 개념으로 파악하고 보면, 정치라는 체계는 문학이라는 체계에 대해 변형 작용을 하며, 동시에 그 역의 변형 작용도 이루어진다. 이 상호적인 두 방향의 작용은 마치 안과 밖처럼 하나를 이룬다. 이를테면 이렇다. 근대 이후 문학은 종래의 후원자를 상실하고 자본주의 시장에 자신을 상품으로 내놓게 됨으로써 자기 소외의 위험에 처하게 되었는데, 그럼으로써 지배 계급에의 직접적 종속을 벗어나 자율성을 얻게 되었고 그리하여 자기가 속한 사회에 대한 비판적 이해와 그 표출을 행할 수 있게 되었다. 이러한 근대적 형태의 문학은 이중성 속에 존재하게 된다. 체제는 문학을 체제 내로 수렴하여 문화 산업이나 제도 예술로 만들려 하고, 문학은 그 수렴 작용을 이겨내며 비판성을 확보하려 하는 것이다. 이 이중성은 기술의 발전과도 관련된다. 벤야민이 지적했듯이 산업화의 진전과 더불어 대량 복제의 기술이 발전하고 그 기술은 문학·예술로부터 아우라를 박탈하는데, 문학·예술은 아우라를 박탈당하는 대신 정치성을 얻게 되는 것이다. 그 비판성과 정치성의 발현 양태는 크게 보면 두 가지로 나눌 수 있다. 소극적·부정적 양태와 적극적·긍정적 양태가 그것이다.

프로 문학·민족 문학, 그리고 민중 문학에서의 문학과 정치는 자본주의 체제에 대한 비판, 그리고 그것의 극복에 대한 탐색이라는 문맥으로 요약될 수 있다. 프로 문학은 식민지 현실 속에서 현실의 정체를 자본주의 체제로 파악하고 그것을 비판할 뿐만 아니라 자본주의를 극복하고 사회주의를 성립시킬 것을 탐색하였다. 그 비판과 탐색은 단일한 방향만을 갖는 것은 아니었다. 당시의 세계 문학에서의 프로 문학과 사회주의 문학이 그러했듯이 식민지 조선의 프로 문학도 여러 가지 방향의 복합으로 이루어졌던 것인데, 그러나 실제에 있어서 그것은 프롤레타리아트 헤게모니하의 정치 운동으로서의 문학이라는 방향으로 수렴되어갔다. 프로 문학을 1) 문학과 현실의 관계에 대한 인식과 탐구, 2) 마르크스주의의 선택, 3) 정치 운동으로서의 문학의 추구라는 세 가지 층위로 파악할 때, 1)이 꼭 정치에 한정되는 것이 아니라 사회·역사적인 여러 체계들과 문학의 상관 관계에 대한 근대적 인식의 초보적 열림을 내용으로 한다면, 프로 문학은 2)를 매개로 하여 1)로부터 곧장 3)으로 치달려간 것이다. 3)은 문학과 정치의 상관 관계에서 문학이 적극적·긍정적 양태의 정치성을 획득할 것을 추구했고, 거기서 얻어진 전망이 프롤레타리아트에 의한 사회주의 혁명의 도구·무기로서의 프로 문학이었다. 이 프로 문학은 식민지 시대 말기의 침체기(혹은 잠복기)를 거쳐 해방 공간을 맞이하게 되자 프롤레타리아트 헤게모니하의 민족 해방 민중 민주주의 혁명이라는 정치 운동과 맞물리며 민족 문학이라는 새로운 이름 아래 적극적·긍정적 정치성을 계속 추구하고자 했다. 이것이 남한에 반공 체제가 확립되면서 단절되었음은 주지의 사실이다.

한국 전쟁 이후 한국 문학에서 다시 문학과 정치가 문제로 대두되기 시작한 것은 60년대 초였다. 참여라는 말이 거기서 핵심적인 역할을 하였다. 이 때 참여라는 말은 한국 전쟁 이후 문학이 삶의 실제로부터 분리될 것을 강요받아온 데 대해 이제 삶의 실제와 밀착을 이루어야 한다는 문학의 자기 요구를 내포하고 있었다. 거기에는 4·19의 체험이 긍정적으로 작용하고 있었는데, 문학의 사회 참여에 대한 주장은 작가가 비판적으로 현실에 참여해야 한다는 정도에 머물렀을 뿐이고, 작가의 차원에서가 아니라 문학 그 자체의 차원에서 문학과 현실, 문학과 정치의 문제는 거의 성찰되지 못했다. 참여라는 말을 사르트르의 앙가주망에서 차용했으면서, 앙가주망이라는 말이 원래 변혁의 문학이 비문학이기는커녕 문학에서 본래적인 것임을 이론적으로 개념화하는 데서 나왔다는 사실을 거의 이해하지 못하는 데에서도 그 한계는 잘 드러난다. 문학이 비판적으로 현실에 참여해야 하느냐 하지 않아야 하느냐의 문제는 잘못 제기된 문제이고, 진정한 문제는 문학과 현실의 관계란 구체적으로 어떤 것이며 어떤 것이어야 하느냐에 있다는 깨달음과 그 구체적 관계에 대한 탐구는 60년대 후반에 4·19 세대에 의해 획득되고 수행되기 시작했다. 70년대에 그 탐구는 한층 진전되어, 현실에 대한 반성적 질문으로서의 문학에 대한 추구와 현실 변혁을 위한 실천으로서의 문학에 대한 추구라는 두 방향으로 나뉘며 문학 의식의 심화에 기여했다. 문학과 현실의 상관 관계와 거기서 문학이 갖는 현실적 기능을 전자가 소극적·부정적으로 파악하고 있다면 후자는 적극적·긍정적으로 파악하고 있다고 할 수 있겠는데, 그 중 후자의 흐름에서 70년대의 민족 문학이 생성되었다.

70년대의 민족 문학은 급속한 근대화의 추진과 유신 체제의 성립이라는 현실 속에서 그것을 천민 자본주의의 독재 정치 체제로 파악하고, 그것을 비판하며 그것의 극복을 추구하는 민주화 운동과 자신을 결합시키고자 하였다. 민족 문학의 이론적 차원에 초석적 역할을 한 것은 비평가 백낙청이었다. 이 민족 문학은 시민 혁명의 달성과 시민 문학의 형성을 과제로 삼는 데서부터 민주 회복과 인간 해방을 과제로 삼는 데로 변모해가며 그 과제를 수행할 주체를 민중에게서 발견한다. 80년대의 민중 문학은 바로 70년대 민족 문학의 민중론을 계승하면서 대두되는 것인데, 그 계승은 연속과 단절이 뒤엉킨 복합적 양상의 계승이었다. 그것은 현실 변혁을 위한 실천으로서의 문학에 대한 추구라는 흐름을 계승하면서(연속성), 그 시민적 속성을 부정하고 민중성을 획득하려는 가운데(단절성), 그리고 변혁 운동의 실제와 긴밀히 관련되는 가운데 자신을 형성시켰다.

80년대의 민중 문학을 주도한 것은 채광석을 필두로 한 80년대의 새로운 비평가들이었다. 그들은 보다 철저한 민중성의 확보를 겨냥하며 여러 가지 이론적 탐색을 시도했다. 민중적 현실의 문학적 형상화로는 미흡하고 민중 자신이 생산 주체인 문학이라야 진정한 민중 문학일 수 있다는 명제, 민중 운동의 규율에 복무하는 운동 개념으로서의 민중 문학이라는 명제, 운동 문학으로서의 효율성을 확보하기 위해 장르 확산이 필요하다는 명제 등이 제출되었다. 이 명제들은 대체로 단편적이고 자의적이고 관념적이어서 지속적인 설득력과 이론적 발전 가능성을 갖지 못했고, 그리하여 백낙청을 비롯한 여러 사람들에게 이곳저곳에서 비판을 받았다. 백낙청은 새로운 민중 문학의 거센 도전 속에서 자신의 민족 문학론을 일정하게 수정했다. 민족 운동의 주도 세력으로서의 민중에 대한 과학적이고도 구체적인 인식을 제고하고, 민족 문학 운동의 이론이나 조직 그리고 작품 생산에서 민중의 주도성을 올바르게 반영함으로써 70년대 민족 문학론을 넘어설 새로운 민족 문학론을 세우고자 한 것이다. 그것은 민중 운동의 발전이라는 객관적 조건에 대한 이론적 대응이면서 새로이 대두된 민중 문학론에 대해 그것을 수렴할 포괄적 이론으로 자기를 재정립하려는 시도였다. 여기까지가 80년대 민중 문학의 첫번째 단계라면 그 두번째 단계는 1987년에 시작되었다.

　두번째 단계의 첫 움직임은 김명인·김진경·신승엽 등에 의해 주장된 민중적 민족 문학이다. 그것은 1987년 7~9월 노동자 투쟁과 그것을 통해 현재화된 노동자 계급의 성장을 배경으로 종래의 민중 문학의 채광석적 경향을 계승·발전시키며 제출되었다. 김명인의 「지식인 문학의 위기와 새로운 민족 문학의 구상」이 민중적 민족 문학의 체계를 포괄적으로 보여주는 글인데, 이는 가히 충격적이라 할 수 있는 주장을 담고 있었다. 그에 따르면, 80년대의 현실은 역사적으로 의미 있는 계급으로서의 소시민의 사실상의 소멸과 스스로 역사의 주체임을 선언하고 나오는 생산 대중의 힘으로 특징지어지며, 따라서 민족 운동의 헤게모니는 더 이상 소시민 계급에 있지 않고 소시민 계급 운동은 이제 보다 확장된 민중적 민족 운동의 여러 부문 운동의 하나로 재조정되어야 한다. 이러한 민족 운동의 상황과 마찬가지로 민족 문학 역시 종래의 시민적 헤게모니를 청산하고 생산 대중의 헤게모니 아래 재편성되어야 하며, 따라서 지식인 문학은 그 소시민성을 자기 부정하고 생산 대중을 향한 존재 전이를 행함으로써 새로운 민중 문학의 일부가 되어야 한다. 새로운 민족 문학에서 주축이 되어야 할 것은 현장에서 활동하는 생산 대중의 글쓰기이다.

　이러한 민중적 민족 문학에 대한 반론의 형태로 제기된 것이 「80년대 문화 운동의 새로운 전망」을 필두로 한 조정환의 민주주의 민족 문학이었다. 조정환의 논거는 한국 사회의 성격에 대한 사회과학 쪽의 연구 성과 가운데 다수파인 신식민지 국가 독점 자본주의론, 변혁 운동의 노선 중 CA와 PD 노선이다. 그러므로 한국 사회의 기본 모순은 계급 모순이며 현 단계의 주요 모순은 제국주의 및 신식민지 독점 자본과 민중 간의 모순이라고 파악하고, 따라서 변혁 운동의 전망은 노동자 계급 당파성의 관철을 통해 민중 전선을 질적으로 강화하고 노동자 계급의 헤게모니 아래 민중 민주주의적 변혁을 이루는 것이라고 설정한다. 민주주의 민족 문학은 그 민중 전선의 강화와 민중 민주주의적 변혁에 복무한다. 그러나 조정환은 곧 자신의 민주주의 민족 문학을 자기 비판하고 노동 해방 문학으로 나아간다. 사실상 양자는 같은 것의 연속인데, 그 강조점에 차이가 있다. 전자가 상대적으로 민중 전선을, 즉 통일 전선의 개념을 강조한 데 비해 후자는 상대적으로 노동자 계급의 당파성과 헤게모니를 강조하는 것이다. 조정환이 중시하는 것은 문학에서 노동자 계급 당파성의 구현과 노동자 계급의 실제적 투쟁에의 현실적 복무이다.

　민중적 민족 문학과 민주주의 민족 문학 및 노동 해방 문학의 차이를 살피면 다음과 같이 요약할 수 있다. 민중적 민족 문학이 중점을 두는 것은 노동자 대중이라는 주체이다. 문학 운동의 실천은 노동자 대중을 주체로 하며 따라서 그 방법이나 조직화는 노동자 대중의 현실적 상황에 맞게 설정되어야 하고 여기에 지식인 작가의 합류를 고무한다는 것이다. 한편 민주주의 민족 문학 및 노동 해방 문학이 중점을 두는 것은 노동자 계급 당파성이다. 주체가 노동자냐 지식인이냐는 중요하지 않고 중요한 것은 그 문학이 노동자 계급 당파성을 구현하느냐이며, 따라서 그 방법이나 조직화는 노동자 계급 투쟁에의 복무와 그 당파성에 충실한 노동자문학가동맹의 건설로 설정된다. 한쪽이 대중 노선이라면 다른 한쪽은 전위 노선이다.

　이 논쟁의 또 한편에서 백진기·김형수 등에 의해 제기된 것이 민족 해방 문학이다. 이들의 논거는 사회 성격론 중 식민지 반봉건 사회론 내지 식민지 반자본주의론, 변혁 운동의 노선 중 NL과 주체 사상의 노선이다. 그러므로 계급 혁명적 변혁의 물적 토대인 자본주의적 발전이 아직 이루어지지 않았다고 판단하고, 현 단계의 우선적 과제는 노동자 계급의 주도 아래 계급·계층적으로 광범한 통일 전선을 형성하여 제국주의의 침탈을 축출하고 민족 해방을 성취하는 것이라고 설정한다. 민족 해방 문학은 이러한 민족 해방 투쟁에 복무한다. 문학 운동의 실천에서 방법과 조직화는 노동자 계급의 주도 아래 광범한 문예 통일 전선을 이루는 것으로 설정된다.

　80년대 민중 문학은 이 세 입장 간의 민족 문학 논쟁에서 그 정점을 맞이했다. 이 세 입장은 그 이론적 내용에서 보인 적지 않은 차이와 그 논쟁 양상에서 보인 적지 않은 분파주의적 태도에도 불구하고, 몇 가지 점에서 중요한 공통점을 갖고 있다. 우선 그들의 관심은 종전에 비해 문학과 정치의 문제에 훨씬 더 집중되었다. 또 그들의 논점은 문학과 정치의 상관 관계와 거기서 문학이 갖는 정치적 기능을 적극적이고 긍정적인 양태로 파악하는 데로 집중되었다. 또 그들은 변혁 운동과 그 노선에 깊이 관여하는 가운데 자기 체계를 마련하였다. 이러한 공통된 모습에서 우리는 많은 문제점들을 지적할 수 있다. 우선, 그들이 각각 관여하는 변혁 운동의 노선이 오류를 포함하고 있을 때 그들의 문학은 그 오류를 스스로 타개할 여지를 갖지 못한다는 점이 지적될 수 있다. 다른 각도에서 보면 변혁 운동의 노선이 바뀔 때 그들의 문학은 이월 가치를 생산해내지 못한다. 그 주된 이유는 그들의 논의가 외적인 것에 한정되어 있다는 데 있다. '어떤 노선의 변혁 운동이 올바르다, 문학은 그 노선의 변혁 운동에 잘 복무할 수 있게 스스로를 개편해야 하고 그리하여 잘 복무해야 한다'는 식으로 폐쇄되어버리면, 지배 체제든 변혁 운동이든 간에 정치라는 체계가 문학이라는 체계에 가하는 변형,

말하자면 문학에 내적으로 새겨지는 정치는 관심 밖의 것이 되거나 없는 것으로 치부되고, 그 자체로는 투명한 존재인 문학을, 무기로서 어떻게 구사할 것인가만 문제가 되기 때문이다. 또 지적될 것은, 적극적이고 긍정적인 양태의 정치성을 추구하는 것 자체는 의미 있는 일이지만, 그 추구가 문학과 정치의 관계를 지나치게 좁게 파악할 때 그것은 문학에 대해 부정적으로 작용하게 된다는 점이다. 소극적이고 부정적인 양태의 정치성을 소시민적인 것으로 단칼에 낙인찍어버리는 데서 그 점은 잘 나타난다. 좀 더 깊게, 그리고 좀 더 거시적으로 보면, 적극적인 것이 오히려 소극적이고 소극적인 것이 오히려 적극적일는지도 모른다. 이 말이 몹시 이상하게 들릴지도 모르므로 덧붙이자면, 변혁의 물적 토대가 지금 갖추어져 있고 그리하여 변혁을 통해 단지 소유만을 바꾼다면(독점 자본가의 소유를 노동자의 소유로 말이다) 문제는 해결될까? 많은 문제들이 해결되겠지만 적지 않은 보다 근본적인 문제들이 여전히 그 해결책 바깥에 남아 있을 것이다. 또 변혁 이후를 가정한다면 그 적극적이고 긍정적인 정치성은 어떤 역할을 실제로 하게 될까? 세계 문학사는 우리에게 그 실례를 적잖이 보여주었다.

그러나 이러한 많은 문제점들에도 불구하고, 80년대 민중 문학은 중요하다. 우선 그것은 80년대라는 한 의미 깊은 시대의 필연적 산물이다. 80년대는 4·19의 좌절 이후 누적되고 팽창되어온 한국 사회의 모순이 일종의 폭발을 일으킨 시대이다. 우선 그것은 광주 사태라는 비극적 체험과 함께 시작된, 유례 없는 폭력의 시대였으며, 70년대 이래의 자본주의적 발전이 급격히 가속화되면서 노자 간의 모순이 극대화된 시대였다. 그리하여 한국 전쟁이래 금기시되어 의식의 표층에서는 물론 그 심층에서까지 거세당해온 반(反)자본주의가 맹렬한 기세로 불타오른 시대였다. 그런 시대에 민중 문학은 우리 현대 문학사에서 폭력적 정치 권력에 정면으로 맞서 싸우는 문학의 광범한 확산을 최초로 이루었다. 이는 하나의 국민 문학(혹은 민족 문학)에 있어서 대단히 중요한 경험이다. 이 경험을 가진 문학과 갖지 못한 문학 사이에는 커다란 질적인 차이가 존재할 수밖에 없다. 반자본주의라는 측면에서 보면, 80년대 민중 문학은 식민지 시대 프로 문학과 해방 직후 민족 문학 이래 오랜 공백을 뛰어넘어, 단절되었던 흐름을 이은 중요한 고리이다. 이 흐름은 자본주의적 근대를 사회주의적 근대(혹은 탈근대)로 극복하려 한 20세기 세계사의 흐름과 만난다. 이런 맥락에서 80년대 민중 문학은, 비록 세부적으로는 많은 문제들을 안고 있었지만, 우리 문학에 결핍되었던 부분을 충전시키는 중대한 역할을 수행했던 것이다.

그 민중 문학이 90년대 들어 돌연 썰물 빠지듯 사라져버린 것은 무엇 때문인가. 이는 민중 문학이 80년대라는 시대의 필연적 산물임을 다시 한번 입증해준다. 우리는 세 가지 점에 주목할 수 있다. 첫째, 90년대에 들면서 우리 사회의 정치적 모순이 크게 완화되었다는 점. 아직 멀었지만, 그러나 민주화의 상당한 진전이 이루어진 것이다. 둘째, 한국 경제가 더욱 높은 단계로 발전하면서 자본주의적 모순을 크게 완화시켰다는 점. 한국 자본주의는 이제 자기 모순을 관리하는 능력을 상당히 키운 것으로 보인다(사실상 첫번째의 정치적 측면은 두번째의 경제적 측면과 상응한다. 그 상응을 소설가 복거일은 "발전된 경제가 마침내 그것에 걸맞는 정치 체제를 부르자, 우리는 자유화와 민주화를 이뤘다"라고 명쾌하게 풀이한 바 있다). 셋째, 세계사적 변화가 자본주의적 근대를 사회주의적 근대(혹은 탈근대)로 극복하려는 기획의 좌절의 운명을 입증했다는 점. 사회주의는 이제 더 이상 자본주의 이후의 새로운 시대의 도래를 뜻하는 것이 아니라 오히려 자본주의적 근대의 한 양상이 되고 말았다. 요컨대 90년대는 80년대와는 아주 다른 시대가 되어버린 것이고, 민중 문학은 80년대라는 시대를 전제로 한 문학적 기획이었던 것이다. 물론 80년대에 이미 90년대의 싹이 있었던 것은 인정되어야 한다. 한국 사회에는 이미 후기 자본주의적 징후들이 나타나고 있었고 세계적으로는 현실 사회주의의 위기의 징후들이 나타나고 있었던 것이다. 민중 문학의 진정한 한계는 그 징후들을 민감하게 포착하고 그것들을 자기 문제로 끌어안는 자세, 혹은 시각을 결핍하고 있었다는 데 있다. 이 점이 치열하게 반성되어야 한다.

  그러나 그렇다고 해서 민중 문학이 이제 과거사로만 남았을 뿐 현재적으로는 난센스가 되어버린 것은 결코 아니다. 민중 문학에는 시대를 뛰어넘는 귀중한 통찰이 포함되어 있다. 다른 곳에가 아니라 바로 그 80년대적인 발현의 특수성 속에 그 통찰이 숨어 있는 것이다. 우리가 할 일은 그것에 보편적 모습을 부여하는 것이다.

3

  먼저 강조되어야 할 것은 민중 문학이 가지고 있던, 자본주의에 대한 강렬한 비판 정신이다. 사회주의권의 몰락과 자본주의 세계 시장의 전면적 실현이라는 현실에 직면하여 그에 압도당한 나머지 그 비판 정신이 실종되어버린 게 오늘의 세계적인 지적 상황이다. 자본주의의 자기 관리 능력은 훨씬 더 고도화되었고 개인들은 의식은 물론 무의식 깊은 곳까지 자본의 논리를 내면화하고 있다. 싸움은 전보다 더욱 어려워졌고 더욱 복잡해졌다. 낡은 싸움 방식은 이제 포기되어야겠지만 민중 문학의 그 강렬한 비판 정신은 올바르게 계승되어 새로운 싸움의 방식을 찾아내며 그 새로운 방식으로 치열하게 싸워나가야 한다.

  다음은 민중주의의 문제이다. 민중 문학은 달리 말하면 문학에서의 민중주의라고 할 수 있다. 이 민중주의는 단순히 시대착오적인 것으로 치부되어도 좋은 것일까. 그렇지 않다. 오늘날의 자본주의 체제는 우리를 후기 자본주의적 현실 속의 대중으로서 존재하게 하고자 한다. 개별적으로는 완벽하게 고립된, 원자화된 개인이면서 동시에 무차별한 익명의 소비 대중 속에서만 존재하는 것이 오늘날 우리의 실존적 상황인 것이다. 비판과 저항의 주체의 이름이 민중이라면 민중주의를 시대착오적인 것으로 치부하는 것이야말로 오늘의 체제가 바라 마지않는 바일 것이다.

  돌이켜보면 민중 문학에서의 민중은 참으로 의미가 명료하지 않은 말이었다. 원래 민중이라는 한자말은 고대부터 있었던 말이고 그것이 뜻하는 것은 고대 사회에서의 피지배층 일반이었다. 그런 의미에서의 민중은 전근대적 농촌 공동체의 해체와 더불어 더 이상 존재하지 않게 되었다. 70년대에 사용되던 민중이라는 말은 시민과 대응해서 쓰이거나 대중과 대응해서 쓰였다. 백낙청이 처음 민중이라는 말을 썼을 때 그것이 가리키는 것은 "어느 시기에건 민족 구성원의 대다수를 이루는 민중," 즉 피지배층 일반으로서의 민중이었다. 그 민중은 의식을 시민 의식으로 발전시킴으로써 시민 혁명의 주체가 되어야 하고 또 될 수 있는 사람들이다. 김주연은 '산업 사회의 수동적 향수층'인 대중과 '역사 개혁의 능동적 의지를 위한 적극적 가치'인 민중이 실체상으로 다르지 않으며, 대중이 '올바른 지향점'을 갖는 순간 민중이 되고, 그러므로 "민중을 실체 아닌 방법 정신으로 인식함으로써 문학의 민주화를 향한 정직한 방법론을 개발할 수 있을 것"이라고 보았다. 80년대에 들어 민중은 여러 계급들의 구성체라는 의미로 사용되기 시작한다. 시대에 따라 구성 내용이 달라지기는 하지만 이러한 의미의 민중은 실체로서의 민중이다. 농민, 노동자 계급, 도시 빈민을 오늘날의 민중 구성으로 파악한 박현채가 대표적 예이다. 이 민중이 80년대 후반에는 계급 동맹의 의미로 사용되기 시작했다. 이때의 민중은 명백히 정치적 개념이다. 따라서 농민, 노동자 계급, 도시 빈민 외에 소시민, 지식인, 학생 등이 포함되기도 하고 배제되기도 한다. 계급 동맹으로서의 민중은 혁명의 주체이다. 여기서 헤게모니의 문제가 등장한다. 민중 안에서 어느 계급이 헤게모니를 갖느냐 하는 것이다. 그리고 프롤레타리아트 헤게모니가 강조된다. 이때도 노동자 대중을 중시하느냐 노동자 계급 당파성을 중시하느냐에 따라 입장이 달라진다.

사회주의 혁명의 고조기에 계급 동맹으로서의 민중 개념은 현실적 의의가 있다. 그러나 90년대는 이미 사회주의 혁명의 고조기가 아니다. 계급적으로 보자면 중간층뿐만이 아니라 노동자 계급까지도 물질적 풍요의 적절한 배분에 의해 체제 속으로 편입되었다. 어떤 계급, 어떤 계층을 막론하고 소비 대중 속으로 무차별하게 흡수되어버린 것이다. 종래의 민중주의는 그 자체로 체제에 의해 관리당하고 있다. 가령 문학에서의 민중주의가 제출했던, 민중 자신이 생산 주체가 되는 문학은 이제 수많은 아마추어 시집이나 문집이 서점의 서가를 채우는 식으로 나타나고 있다. 그것은 작품 생산의 행위가 아니라 작품 생산 자체를 소비하는, 일종의 소비 행위인 것으로 보인다. 이것이 문학의 민주화가 아님은 두말할 나위도 없다. 민중주의를 엘리트주의에 대립되는 어떤 것으로 변조하고 그것을 허위 의식으로 채워주고 그리하여 상대적으로 비판 의식을 희석화시키고자 하는 것이다. 이제 민중이라는 말을 애써 사용하려는 사람도 보기 힘들지만, 실제로 80년대적 의미에서의, 계급적·계층적 실체로서의 민중은 더 이상 존재하지 않는 것이다. 이런 맥락에서 민중주의라는 말은 은연중 경멸적인 의미로 사용되기 시작했다.

그러나 바로 그렇기 때문에, 80년대 민중주의의 본뜻을 참답게 계승하기 위해 민중 그리고 민중주의의 뜻을 새롭게 파악할 필요가 있을 것이다. 여기서 우리는 70년대 말의 김주연의 발언을 돌이켜보게 된다.

> 그 실체를 대중의 일부로 하고 있는 민중이지만 그것은 사실상 지식인의 관념──올바른 삶을 지향하고자 하는 지식인의 자기 반성의 그림자임을 인정하지 않을 수 없다. 이것이 민중이라는 개념의 이중성이다. 〔……〕 참다운 민중은 대중 속에 뿌리를 박고 지식인다운 고뇌를 통해 성립되는 그 어떤 깨어 있는 정신일 것이다.

이 발언은 그것이 제출되었던 당시의 시대 속에서는, "사회적 존재로서의 민중 대신 일종의 엘리트주의적 관념만이 남게 되는 것"이라는 식의 비판을 받았다. 필자 자신이 그런 비판을 행한 적이 있거니와, 당시의 시대적 현실이라는 틀 속에서 보면 그 비판에는 일리가 있다. 그러나 지금은? 말하자면 김주연의 그 발언은 다소 시대를 앞서갔던 듯하다. 지금이야말로 그 발언에 담긴 통찰이 숙고되어야 할 때인 것이다. 비판과 저항의 주체로서의 민중은 무차별한 소비 대중과 실체상으로 다르지 않고, 대중이 비판과 저항의 의식을 생성하는 순간 민중이 된다. 이 민중은 선험적이거나 실체적으로 규정되는 것이 아니다. 그것은 열려 있는 생성의 민중이다. (1995)

변하는 것과 변하지 않는 것

1

"눈먼 세월 잘도 간다"라는, 10년 전의 황지우 시의 한 구절이 생각난다. 그 시적 진술은 지금도 유효하다. 원래 그 진술은 주로 정치적 삶과 관련하여 행하여졌던 것이고 그 진술의 현재적 유효성은 보다 포괄적인 사회 문화적 관련에서 주어지는 것이기는 하지만 그런 차별이 그 진술의 현재적 유효성에 조금도 손상을 주지는 않는다. 오히려 그 진술은 지금 더욱 절실하게 울려온다. 그뒤 황지우는 다시 "아아 이놈의 세월 똥구멍이 보이는구나"라는 시적 진술을 보태었다. 1986년 원단에 발송한 그의 판화 연하장 속의 한 구절인데, 그것은 한편으로는 체제의 속내가 훤히 들여다보인다는 뜻으로, 다른 한편으로는 체제의 종말이 눈앞에 다가온다는 뜻으로 읽힐 수 있다. 이 진술은 지금은 유효하지 않다. 지금의 사정은 급격한 변화 속의 혼돈이기 때문이다. 속내가 들여다보이지 않는 것은 물론이고 종말의 예감은 차안에 부재하는 것이다. 지금 '이놈의 세월'은 끝없는 창자 속에서 부글부글 끓고 있는 것이 아닐지……

90년대에 들어선 뒤로 우리 삶의 환경은 급격한 변화의 흐름 속에 놓였다. 그 변화는 우선 속도가 빠르다. 그리고 그 범위가 엄청나게 넓다. 80년대의 중심어였던 상황이라는 말을 더 이상 쓰지 못하고 환경이라는 말을 쓰게 되는 것은 그 때문이다. 우리는 그 변화의 몇 가지 주요한 측면을 세계 정치 구도의 개편, 생태계의 파괴와 환경에 대한 의식의 대두, 한국의 경제 성장과 소위 문민 정부의 등장, 정치적인 것의 퇴색과 더불어서 진행된 문화적인 것의 팽창, 그리고 문학적 글쓰기의 주도권 상실과 영상 문화와 통신 문화의 부상 등등으로 꼽아보고, 그러한 환경의 변화가 작가의 글쓰기에 어떤 영향을 미치고 작가들은 그 도전을 어떻게 수용하고 있는지, 혹은 그 도전에 어떻게 응전하고 있는지를 작가들의 직접적인 목소리를 통해 알아보고자 하였다. 이 글은 그 알아보기의 보고서이다.

2

가장 흥미로운 답변은 송경아의 그것이었다. 이른바 신세대 문학의 대표적 주자 중의 하나인 그는 '새로운 환경'이라는 것 자체에 대해, '과연 새로운 환경이란 존재할까'라고 의문을 던진다. "나는 아직도 성장 도중에 있기 때문에, 지금까지도 새로운 환경이란 그때그때의 성장에 따른 새로운 옷처럼 자연스러워서, 새롭다는 생각을 하는 것이 이상할 정도"라는 것이다. 송경아의 답변은 뜻밖이면서도 우리 사고의 한 맹점을 드러내주었다. 송경아는 1971년생이며 1994년에 등단했다. 다시 말해 우리가 환경의 변화라고 생각하는 것 속에서 그는 성장을 했고 따라서 그에게 그 변화는 낯선 것이 아니라 친숙하고 자연스러운 것이었으며, 그의 글쓰기는 이미 그러한 환경의 변화라는 주어진 조건 속에서 시작된 것이었다. 그러니까 이 점이야말로 이른바 신세대 문학의 가장 중요한 특징이 될 수 있겠다.

3

 글쓰기와 관련하여 환경의 변화를 심각하게 인식하는 것은 송경아의 선배 세대들에게 공통적으로 나타난다. 그 중 몇몇은 이념의 와해를 먼저 지적한다. 이념은 80년대 문학의 한 기둥이었다. 80년대적 상황 속에서 문학은 무엇보다도 권력에 대한 저항의 장치였고 그런 방향에서 나름대로의 성과를 이루었다. 그러나 그 성과는 동시에 한계를 수반했다. 함성호에 따르면 80년대 문학은 "문학이 반권력의 장치로 작용하는 모습과 권력의 반대쪽에서 스스로 키워나가고 있는 억압의 모습을 동시적으로 보여주고 있었다." 그러니까 이념의 와해에 대한 지적은 이념으로의 복귀를 꿈꾸는 데서 비롯되는 것이 아니고 단지 사실에 대한 객관적 지적일 뿐이다. 채호기 역시 이념의 와해를 지적하며 80년대 문학을 되돌아본다. 그러나 그가 보기에 80년대 시의 융성은 이념의 힘에 의해 지탱되고 있었던 것이 아니고 '단순성의 위력'과 관계가 깊다. 80년대 시는 단순했기 때문에 융성할 수 있었다는 것(왜냐하면 독자들은 단순함의 편안함을 선호하므로)이다. 물론 그 단순함이 이념 지향과 등을 맞대고 있었던 것이므로 80년대 시의 융성이 이념과 전혀 무관했던 것은 아니지만, 채호기가 말하고자 하는 것은 시의 융성의 이유가 이념 자체가 아니라 이념이 빚어낸 단순성에 있었다는 점이다. 이념의 와해는 시를 단순성의 세계로부터 이탈하도록 만들었고 그리하여 시는 급격히 독자를 잃어갔다. 이념이 와해된 자리에 새로이 대두된 것은 정보화 사회의 영상 문화의 확산이다. 이 점에서 대부분의 응답자들은 시각을 같이 했다. 채호기에 따르면 영상 문화의 단순성이 시의 독자들을 빼앗아갔고 그리하여 시의 위기가 도래했다. 이인성 또한 정보화 사회의 중심 문화 양식으로서의 영상 문화의 위력에 주목한다. 가장 연장인 정현종 역시 통신 문화와 영상 문화의 확산에 주목하며 문학의, 그리고 시의 주변화를 안타까워

한다. 이렇게 보면 작가들은 영상 문화의 확산에 심대한 압박감을 느끼고 있음이 분명하다. 말하자면 영상 문화의 위력에 놀라고, 그 놀라운 발전에 비추어볼 때 분명해지는 문학의 상대적 정체를 걱정하는 것이다. 독자를 빼앗기고 문화의 주변부로 밀려나 마침내 소멸하는 것이 아닐까, 하는 식의 우려가, 정도의 차이는 있으나 대체로 공통적으로 나타난다.

영상 문화와의 경쟁에서 살아남기 위해, 혹은 승리하기 위해 그들이 추구하는 방향은 여러 가지이지만 그것들은 궁극적으로 하나의 길로 합류된다. 채호기는 유하를 예로 들어, 영상을 시와 경쟁해야 할 예술 장르가 아니라 시가 다루어야 할 또 하나의 현실로 보고 "영상에 맞서기보다 영상까지 요리하여 먹는 대식성"으로 시의 자기 변형을 꾀하는 길을, 그리고 오규원을 예로 들어, 렌즈가 대상을 촬영하듯 언어라는 렌즈로 그대로 촬영하되 그럼으로써 오히려 양자의 차이를 극명히 하고 영상에 맞서 시의 본질을 명료히 드러내려 하는 길을 제시하고, 나아가서는 '몸의 발견'을 중심으로 하는, 언어에 철저하게 기대는, 말하자면 시의 본성으로 더 깊이 들어가는 길을 제시한다. 이인성 또한 똑같은 생각을 하고 있다. 영화의 시대니까 소설은 더 소설만의 소설이 되어야 한다. 영화는 물론이고, "쌍방이나 다수가 동시에 참여하여 일구어내는 전혀 새로운 동적인 문화 예술의 미래"가 열린다 하더라도 "소설이 죽지는 않을 것"이다. 이인성은 "소설만의 남는 몫"에 자기를 건다. "미래의 문화에 대한 의식마저도 〔……〕 끝내 소설의 차원에서 소설적으로 써낼 뿐"이라는 것이다.

그렇다면 영상 문화와 긴밀한 관계가 있는, 혹은 그 속에 일부로 포함되는 글쓰기의 경우는 어떠한가. 방송극 작가 최연지의 답변은 영상 문화의 일부로서의 자신의 글쓰기의 고뇌를 절실히 드러내보이고 있다. 최연지는 특히 흥미로운 점을 이야기해주는데, 그것은 영상 문화 내부에서의 이야기성과 영상성의 대립이라는 문제이다. 그에 따르면 영상의 시대라는 것은 영상 문화와 문학(혹은 비영상 문화) 사이의 경쟁 관계로서만 파악되는 것이 아니라 영상 문화 내부의 문제로서도 파악된다. "드라마 속의 이야기는 어찌 되었든, 혹은 이야기가 있든 없든, 시청각적인 만족을 주는 영상 자체만이 문제가 되고 화제에 오르"는 저간의 사정이 그 점을 잘 시사해준다. 그것은 마치, 최근 신세대 작가들의 소설에서 "간결한 문체, 빠른 전개, 얼른 화면이 머리에 떠오르는 소설"이 대두되고 있는 것과 흡사하다. 최연지는 소설의 영상화 경향에 대해서는 긍정적인 반면, 영상 문화 내부의 영상 중심주의에 대해서는 비판적이다. 그는 영상의 소설화가 필요하다고 역설한다. 그가 가르쳐주는 것은 영상 문화가 문학과 대체 관계에 있거나 경쟁 관계에 있는 것이 결코 아니라는 점이다. 그것들은 오히려 각각의 고유성을 가지면서 상호 보완하는 관계에 있다.

4

오늘날의 글쓰기와 관련되는 환경의 변화가 영상 문화의 확산이라는 데에만 있는 것이 아님은 두말할 나위도 없다. 우리는 상업주의와 대중 문학의 문제에 대한 답변도 기대했는데 그러나 그 점에 대해 언급한 경우는 복거일이 유일했다. 그 점뿐만 아니라 복거일의 답변은 기본적인 시각에서부터 아주 독특하다. "근년에 글쓰기의 환경엔 여러 가지 변화들이 빠르게 나왔다"는 것을 잘 알면서도 그는 그런 사정 때문에 문학이나 글쓰기에 관한 자신의 태도나 습관을 바꾸어야 한다고는 생각지 않는다. 가령 상업주의라든지 출판 시장의 자유화라든지 영상 매체의 득세가 어째서 문학에 좋은 영향을(나쁜 영향이 아니라) 미치는가를 설명하는 그의 논리를 보면 때로는 감탄스럽기까지 한 것이다. 영상 매체의 위협에 대해 그는 단 두 문장으로 답변한다. "근본적으로, 언어를 쓰는 예술 형식들은 다른 예술 형식들의 확장에 맞서서 자신들의 자리를 지킬 수 있다. 언어를 쓰는 것은 사람의 본질적 특질이며 언어는 어떤 것으로도 대체될 수 없는 도구이다." 오히려 그가 걱정하는 것은, 아니 예측하는 것은 한국어가 영어로 대체될 언어적 미래이다.

5

환경이라는 말에는 고유의 뉘앙스가 붙어 있는 모양이다. 상황이라는 말의 폭이 좁은 데 대해 환경은 한결 포괄적인 말이지만 그러나 그 포괄성이 상황적 측면을 지나치게 탈색시켜버리는 게 아닌가 싶다. 새로운 환경의 상황적 측면에 대해서는 육상효와 함성호의 대조적 진술이 흥미롭다.

육상효는 말한다. "글쎄, 나는 모든 게 대단히 변했다고 생각하지 않는다." 그는 이야기되는 이러저러한 변화에도 불구하고 그것과 글쓰기의 관계가 크다고는 생각지 않는다. 오히려 다음과 같이 날카롭게 지적한다.

> 그래 변했다. 그러나 무엇인가를 쓰는 데 있어서 그 변화를 너무 빠르게 인정하고, 혹은 변화 자체를 소리 높여 외치는 것에는 어떤 다른 의도가 있지 않은가. 그것은 우리 모두 지난 시대를 빠르게 잊어서, 그것들을 보다 객관적인 입장에서 역사적으로 대상화하고 그럼으로써 회고조의 감상을 손쉽게 끌어내자는 청산주의적 이점일 수도 있고, 아니면 변화를 인정함으로써 그야말로 빠르게 변화해가면서 문화 시장에서 막강한 영향력을 행사하는 신세대 문화 소비층을 향한 시장 전략일 수도 있지 않은가.

육상효가 보기에 변화는 떠들어대는 담론 속에 있는 게 아니라 평범한 사람들의 삶 속에, 삶의 내부에, 일상 속에 있다. 그는 거대한 것들에 의해 변해가는 일상의 작은 것들, 그 조금씩 변하는 일상의 모습들이 그를 쓰게 자극한다고 말한다.

함성호는 80년대적 이념의 와해와 그 이후의 변화의 상황적 측면을 '거대한 권력에서 미세한 억압으로'의 변화로 파악한다. 서구 이성주의, 자본주의적 욕망의 극한, 거대 권력의 지배——이런 낡은 것들이 정보 사회로의 이행과 더불어 해체되어가고 중심의 해체, 부분의 확산이라는 외관 속에서 실제로는 미세한 억압이 새로이 대두되고 있다는 것이다. 함성호에 따르면 우리는 지금 "거대 억압의 끄트머리와 미세한 억압의 처음에서 이중적 억압을 당하고 있다." 여기서 중요한 것은 그 변화, 혹은 이행의 계기가 정보 사회화로부터 주어지고 있다는 점인데, 문제는 그 정보 사회화라는 것이 그렇게 긍정적인 것만은 아니라는 데 있다. "정보 고속도로의 방대한 작업들은 그것을 이용하는 개체들의 무례한 파괴에 손상받을 수도 있지만, 그것을 제공하는 거대한 권력에 의해서 각개로 지배당할 수도 있는 것"이다. 함성호는 군수 산업의 자본이 정보 산업으로 업종 변환을 꾀하고 있다는 사실에 주목하며 우리는 기껏해야 그들이 버린 정보 쓰레기 더미 속에서 헤매는 것에 지나지 않을지도 모른다고 경고한다. 어떻든 이 변화는 엄청난 것인데, 이 변화 속에서 문학적 글쓰기는 정치적 전체에 대한 집단적 흥몽에서 극히 사소한 개인적 악몽으로 변화되고 있다는 것이 함성호의 견해이다. 거기서 함성호는 절제되지 않은 언어로 세계의 설계도를 그릴 것을 꿈꾼다.

6

육상효의 경고를 충분히 존중하더라도 근년에 일어났고 지금도 계속 진행되고 있는 우리 삶의 환경의 변화는 폭넓고 급속한 것임에 분명하다. 그 변화는 글쓰기와 직접·간접으로 관련을 맺는다. 우선 글쓰기의 대상의 변화라는 점에서 그것은 거꾸로 글쓰기에 영향을 미친다. 우선 정치적인 것의 퇴조와 이념의 와해는 80년대식 글쓰기를 무의미하거나 진부한 것으로 만들어버렸다고 흔히들 이야기한다. 그러나 과연 그럴까. 정치적인 것의 퇴조는 단지 외양일 뿐이고 더욱 음험한 정치적 억압이 작동하고 있는 것이 아닐까. 이인성이 프랑스에서 자유로움을 느끼는 것은 무엇 때문일까. 이인성으로 하여금 "분명한 것은, 민주화 시대가 되었다는 말은 풍성한데도 하나도 민주적이지 못한 사회와 생활 구조 속에서 살아온 내가 이처럼 지긋지긋한 적이 이전엔 없었다는 점이다"라고 말하게 하는 이 땅의 비민주적 억압을 왜 우리가 더 이상 문제시하지 말아야 한다는 말인가. 후끈 달았던 냄비가 싹 식어버렸으니 다시 달구어보았자 헛일이라는 자포자기인가. 80년대식 글쓰기(그렇게 부르는 것이 허용된다면)에 자기 모순이 있었다는 점에는 의심의 여지가 없으나 그 모순을 넘어서는, 그 글쓰기의 자기 갱신의 길은 계속 추구되어야 한다. 이념의 와해라는 것도 그렇다. 그것은 지배 이네올로기가 열심히 선전하고 있는 문구가 아닌가. 물론 세상은 80년대와는 많이 달라졌다. 그러나 완전히 다른 세상이 된 것은 아니다. 함성호의 지적처럼 우리는 거대 권력의 억압의 끄트머리와 미세한 억압의 처음이 겹쳐지는 곳에서 이중의 억압을 앓고 있는 것이다. 새로운 억압에 대응하는 새로운 글쓰기를 모색해야 할 뿐만 아니라 동시에 종래의 글쓰기를 자기 갱신하는 힘든 작업도 추진되어야 하는 이유가 거기에 있다.

다음으로 다른 문화적 양식의 확산으로 인한 문학의 상대적 위축이라는 문제가 생겨나고 있다. 이 문제에 대해 우리는 세 가지 다른 방식으로 접근해볼 수 있다. 그 하나는 다른 문화적 양식의 확산 자체도 문학적 글쓰기의 대상이므로 그것을 대상으로서 다루는 것이다. 그 둘은 문학의 고유성 속으로 깊이 파고드는 일이다. 다른 어떤 것도 언어를 대체할 수 없는 것처럼 시도 소설도 다른 어떤 것으로도 대체되지 않는 자기만의 몫이 있다. 그 몫을 스스로 포기하는 어리석음을 저질러서는 안 된다. 그 고유한 세계는 깊이로 무한히 열려 있다. 채호기의 지적처럼 그것은 몸의 세계일 수도 있고 이인성의 지적처럼 그것은 실존의 질감과 질감의 언어의 세계일 수도 있다. 그리고 그 셋은 문학이 다른 문화적 양식과 만남으로써 적극적으로 자기 변형을 꾀하는 길이다. 이를테면 멀티미디어와 만나 스스로를 멀티미디어 문학으로 변형시킨다는 식으로 말이다. 이것은 조금도 이상한 일이 아니다. 원래의 구비 문학이 문자와 만나 기록 문학으로 변하고, 또 인쇄를 만나 대량 생산의 책의 형태로 변해온 문학의 변형사의 한 연장일 뿐인 것이다. 이 세 가지 길은 서로 병존하며 함께 추구되어야 하는 것이지 서로 배타적이거나 적대적인 관계에 있는 것이 아니다.

이렇게 보면 우리는 그동안 지나치게 엄살을 부렸거나 호들갑을 떨었던 게 아닐까. 과장은 사태를 강조하는 데는 도움이 되지만 사태를 올바르게 수습하는 데는 도움이 되지 않는다. 응답자들에게서 별다른 반응을 볼 수는 없었지만 상업주의와 대중 문학의 문제에 대해서도 우리는 그동안 과민했던 것이 아닐까. "쓰레기인 90퍼센트가 없다면 좋은 작품들인 10퍼센트도 나오기 어렵다"라는 복거일의 낙관론에 귀를 기울일 필요가 있을 것이다. 낙관론이 오히려 의연하지 않은가. 과민 때문에 소비될 시간과 에너지를 가지고 좋은 문학의 가능성을 탐색하고 추구해가는 것이 생산적이지 않겠는가.

이인성은 그의 글 마지막에서 다음과 같이 쓰고 있다. "어쩌면 아무것도 변화하지 않았는데, 모든 것이 처음부터 변화하고 있었고 지금도 변화하고 있다. 변화하듯 변화하지 않고, 변화하지 않듯 변화하는……" 그렇다. 변화 속에 불변이 있고 불변 속에 변화가 있다. 변화만 보거나 불변만 볼 때 우리는 미망에 빠진다. 환경의 변화에 따라 문학적 글쓰기도 변화하지만 그러나 문학적 글쓰기의 본성은 변하지 않는다. 그 본성은 변화 속에서 불변을 구현하는 그러한 본성이다. 그 불변하는 본성의 한 측면을 정현종이 잘 지적하고 있다. "시가 꿈꾸는 세계는, 과학 기술이며 도시며 제도며 이념 따위들이 만들어온 인위적·인공적 세계를, 그러한 방향으로 흘러왔고 흘러가고 있는 시간을 역전시켜, 그 거대한 흐름 속의 한 작은 섬이라고 하더라도,

우리의 원초적 상태가 회복되는 '인공 자연'의 세계이다."

더욱이 고무적인 것은 근년의 변화 속에서 성장하여 그 변화를 자연스러운 것으로 느끼는 젊은 송경아가 추구하는 문학의 태도이다. 송경아의 문학에 대한 믿음은 확고하다. 송경아는 말한다. "그것[문학에 대한 믿음: 인용자]이 있는 한 문학은 불변의, 그러면서도 변하는 가치를 가지고 있다. 그 불변과 변화의 영역을 탐구하는 것이야말로 아무리 환경이 변화한다 해도 내가 놓칠 수 없는 어떤 것이다." 이 진술 뒤에 '아니, 환경이 변화하기 때문에 더욱'이라는 말을 덧붙이고 싶지만, 아무튼 여기서 우리는 정현종에서 이인성을 거쳐 송경아에까지 이어지는 한 줄기 선을 발견한다. 그것은 문학의 본성에 대한 믿음이다. (1995)

대화와 독백 사이
── 제4차 한일 문학 심포지엄 참관기

1

문학은 언어 없이는 성립하지 않는다. 물론 그렇다. 그러나 그렇게 말할 때의 문학과 언어는 구체적으로 어떤 문학이고 어떤 언어인가. 실제로 존재하는 것은 개별 민족어들과 특정 민족어로 이루어진 개별 국민 문학들이다. 개별 민족어들을 포괄하는 언어의 보편적 차원과 개별 국민 문학들을 포괄하는 문학의 보편적 차원을 상정하는 것은 물론 가능하고 필요한 일이겠지만, 그러한 상정이 개별 국민 문학들 사이의 정체성(正體性)의 차이를 은폐하거나 왜곡하는 쪽으로 작용해서는 안 될 것이다. 보편적 문학의 상정이 그 실제 내용을 특정한 국민 문학(혹은 몇몇 국민 문학들의 집합)으로 하면서 다른 개별 국민 문학들을 억압하는 경우를 우리는 흔히 보아오지 않았는가. 실제로 존재하는 것에 초점을 맞춘다면, 국민 문학은 민족어 없이는 성립하지 않는다, 라고 말해야 할 것이다.

이번 한일 문학 심포지엄을 참관하면서 필자는 국민 문학의 개별성, 국민 문학들 간의 차이를 더욱 실감했다. 한국과 일본 사이의 민간 차원의 문학 교류를 위해 조직된 이 심포지엄에서 필자는 역설적으로 교류의 어려움을 본 것이다. 필자에게는 양측의 발언이 상호간에 대화를 이루지 못하고 독백으로 그치고 마는 것으로 들렸다. 물론 한국측 참가자들 사이에도 커다란 견해차가 있었고 일본측 참가자들 사이에도 적지 않은 견해차가 있었지만 그 차이들은 대화가 가능한 차이들이었다. 전체적으로 한국측과 일본측 사이에 나타난 어떤 막막한 격절(隔絶)은 그런 견해차와는 애당초 종류가 다른 것으로 생각되었다. 필자로서는 1992년 이래 네 차례 개최된 이 심포지엄에 이번에 처음 참가한 것이고 꼭 한일 간이 아니더라도 이런 종류의 모임에 참가해본 적이 없기 때문에 이런저런 낯섦에 지나치게 민감하게 반응했는지도 모르겠다. 아마도 필자의 반응은 필자 자신의, 중국 문학 연구자로서의 외국 학자들과의 교류 경험을 암암리에 비교 기준으로 삼은 것이리라 여겨진다. 한·중·일 3개국의 중국 문학 연구자들이 모이는 학술 회의에서는 서로간의 입장이나 방법의 차이에도 불구하고 대화가 가능하며 말의 참뜻에서의 교류가 이루어지는 것이다. 그것은 중국 문학이라는 특정한 국민 문학을 연구 대상으로 공유한다는 동질성 때문이리라. 그에 반해 한국 문학과 일본 문학이라는 식의, 서로 다른 국민 문학들 사이에는 그런 동질성이 없기 때문에 대화와 교류가 어려운 것일까. 그럴지도 모르겠다. 그러나 한편으로 한국 문학 평론가이면서 동시에 중국 문학 연구자이기도 한 필자의 내면에서는 한국 문학과 중국 문학 사이의 대화가 이루어진다. 이로 보면 서로 다른 국민 문학들 사이의 대화가 본래적으로 불가능한 것은 아닐 것이다. 상대 국민 문학에 대한 충분한 이해가 깔려 있다는 전제 아래서 말이다. 이번 심포지엄에서 나타난 격절은 아마도 양측 모두 상대 국민 문학에 대한 충분한 이해를 결핍하고 있는 데서 비롯된 것이라고 보는 게 온당할 것이다.

이번 한일 문학 심포지엄의 문학 교류는 여러 가지 의도들의 복합으로 이루어졌다고 말할 수 있겠다. 상대 국민 문학에 영향을 미치고자 한다든지 심지어는 상대국의 번역 문학 출판 시장에 자신을 홍보하고자 한다든지 하는, 긍정적으로 보기 어려운 의도들도 전혀 없었다고 말할 수는 없을 것이다. 물론 우리가 주목해야 할 것은 긍정적이고 생산적인 의도 쪽이다. 제3

차 한일 문학 심포지엄에 참가할 때의 평론가 이광호씨가 그러했듯이 타자에 대한 인식을 통해 자기를 재발견하고자 하는 의도를 먼저 꼽을 수 있다. 이러한 자기 재발견은 꼭 한일 간이 아니더라도 자국 문학과 외국 문학 사이의 만남에서 일반적으로 기대될 수 있는 것이지만, 한국과 일본은 전(前)근대의 오랜 관계는 차치하더라도 식민지/제국주의라는 대립적 관계로 근대사를 공유했고 오늘날까지도 그 불행했던 경험에서 자유롭지 못하다는 점에서 다른 어떤 국민 문학들 사이의 만남보다 더욱 의미 있는 만남이 가능한 것이다. 좀 더 적극적인 쪽으로 말하자면, 근대 초부터 오늘날까지의 세계 문학사를 지배해온 서양 중심주의를 극복하는 데 유효한 어떤 계기를 한일 간의 만남에서 발견해내려는 의도를 들 수 있다. 동양 혹은 동아시아 각국의 근대 문학은 항상 자국 문학과 세계 문학으로서의 서양 문학 사이의 관계에만 관심을 집중했지 동양 혹은 동아시아 내부의 다른 국민 문학들에 대해서는 무관심했다. 그 결과 자국 문학과 서양 문학 사이에서는 동일성 내지 유사성을 기대하거나 발견하고 자국 문학과 동양 혹은 동아시아 내부의 다른 국민 문학들 사이에서는 차이를 기대하거나 발견하는 경우가 대부분이었던 것이다. 한일 간의 만남은 동양적인 것 혹은 동아시아적인 것의 문학적 정체성을 탐색하는 데 기여할 수 있다. 그 탐색은 한편으로는 일제의 아시아주의나 중국의 중화주의 같은 패권주의와 싸우고 다른 한편으로는 국민 국가의 자국 중심주의 및 국민 국가 내부의 억압 구조와 싸우는 간(間)국민 문학적인 것의 형성을 꿈꾸는바, 그것이 한낱 꿈에 불과하다 하더라도 국민 문학의 부단한 자기 성찰을 위한 비판적 기제로서의 의의는 충분히 인정될 수 있다. 그러나 이 두 가지 주요한 긍정적 의도는 이번 심포지엄에서 별로 성과를 거두지 못한 것으로 보인다. 그것은 앞에서 말했듯이 상호 이해의 부족과 대화의 빈곤 때문이었다. 그런 의미에서 다음부터는 소수가 참석하는 집중적인 워크숍 형태로 바꾸기로 한 것은 잘한 결정인 것으로 생각된다.

이번 심포지엄은 1997년 11월 3일부터 6일까지 나흘에 걸쳐 경주 힐튼 호텔 회의실에서 개최되었다. 전체 주제는 '세기말: 변화하는 시대에서의 문학'이었고 그것을 다시 언어 변화, 윤리 변화, 미디어 변화의 세 가지로 나누어 각 주제별로 한국측 1명, 일본측 1명이 발제하고 그 발제에 대해 비교적 자유로운 토론을 가졌다. 발제자로는 한국측에서 시인 이성복, 작가 김원우, 시인 하재봉 제씨가, 일본측에서는 평론가 가라타니 고진, 작가 시마다 마사히코, 작가 오시로 다쓰히로 제씨가 나섰다. 발제자 이외에 한국측에서는 시인 이태수·이하석·채호기, 작가 김영하·김원일·김주영·오정희·이문열·이순원·홍성원, 평론가 김병익·김주연·김치수·우찬제·홍정선·황종연 등 제씨와 필자, 그리고 국내의 주요 신문사 및 통신사의 문학 담당 기자들이 참가했고, 일본측에서는 시인 기타 에이이치(그는 한국 출신으로 귀화한 일본인이다), 작가 구로쓰 기이치로, 고하마 기요시, 나카자와 케이, 무라카미 마사히코, 평론가 가와무라 미나토, 다케다 노부아키, 편집자 다카기 다모쓰, 다카하시 이타루, 다키가와 오사무 등 제씨와 재일 교포 평론가 안우식씨가 참가했다. 한국측 참가자들 중에는 필자가 그러하듯 이번에 처음으로 참가한 사람들이 적지 않은 데 반해 일본측 참가자들은 대부분 이미 참가 경험이 있는 사람들이어서 낯설지 않다.

2

첫번째 주제인 '언어 변화와 문학'에 대한 발제는 가라타니 고진 씨와 이성복 씨가 맡았다. 두 사람의 발제 내용은 사뭇 대조적인 데가 있었다. 가라타니 씨의 발제문 「문자의 문제」는 『고지키(古事記)』에서부터 현대에 이르기까지의 일본어 서기법을 통해 일본 정신 분석을 시도했고, 이성복 씨의 발제문 「인터넷의 '인,' 참을 '인,' 어질 '인'」은 컴퓨터 시대의 언어 변화 속에서 문학은 어떻게 변화하고 있는지에 대해 성찰했다. '언어 변화와 문학'이라는 주어진 주제에 비추어보면 이성복 씨의 발제는 주제에 부합되는 데 반해 가라타니 씨의 발제는 사실상 주제와는 동떨어진 것이라 할 것이다. 가라타니 씨는 오히려 변화하지 않은 언어를 대상으로 불변의 의미를 읽어내고 있으니까 말이다. 그렇기는 하나 씨의 해석은 참신할 뿐만 아니라 충격적인 점까지 있었고 그래서 공식 토론 시간 이외에도 한국측 참가자들 사이에서 많은 논란을 불러일으켰다. 더욱이 씨는 지난 여름 민족문학작가회의의 초청으로 내한하여 주목할 만한 내용의 강연을 하고 자신의 대표적 저서인 『일본 근대 문학의 기원』의 한국어 판을 출판한 뒤로 바야흐로 한국 지식 사회에서 관심의 대상이 되어 있었던 것이다.

가라타니 씨의 일본 정신 분석이 겨냥하는 것은 일찍이 마루야마 마사오 씨가 '무책임의 체계'라고 부른 바 있는 천황제 구조에 대한 비판이다. 양씨는 파시즘의 일본적 형태라 할 천황제 구조의 기원을 밝히기 위해 메이지 이후뿐만 아니라 고대로까지 거슬러 올라간다는 점에서 공통되는데, 가라타니 씨의 독특한 점은 서기법(에크뤼튀르)을 문제삼는다는 데 있다. 씨는 일본에서는 한자를 음으로도 읽고 훈으로도 읽는다는 데 주목한다. 씨에 따르면 한자를 훈으로 읽는다는 것은 우선 외래적인 한자를 내면화한다는 것을 의미한다. 그러나 씨가 보기에 더욱 중요한 것은 한자는 훈독에 의해 일본어의 내부로 흡수되면서도 동시에 여전히 한자로 씌어짐으로써 외부적인 차원에 계속 머물고 있다는 점이다. 씨는 메이지 이후 가타가나로 서양 개념을 표기하는 것 역시 같은 맥락에 있다고 본다. 그리하여 "외래적인 관념은 그것이 어떤 것이건 간에 일단은 일본어로 내면화되기 때문에 거의 저항 없이 수용된다. 그러나 그것들이 표기적 측면에서 한자나 가타가나로 구별되어 있는 이상에는, 본질적으로 내면화되는 일 없이, 또한 그것에 대한 싸움도 없이, 그저 단순히 외래적인 것으로서 옆에 붙어 있게 되는 것이다"라는 결론이 도출된다. 이는 외래 사상의 공간적 잡거(雜居)라는 마루야마 씨의 명제를 서기법 차원에서 입증한 것이라 할 수 있다. 씨는 여기에 정신 분석적 해석을 덧붙여, 라캉이 일본어의 한자 훈독을 억압의 부재로 파악한 것에 반대하고 그것을 억압의 배제(이 역시 라캉의 개념이지만)로 파악한다. 한자를 받아들일 때, 그리고 여러 외래 사상을 받아들일 때 가령 한국의 경우에는 거세가 발생했지만 일본에서는 거세의 배제가 일어났다는 것이다. 그리고 억압이 오이디푸스적 권력을 초래한다면 배제는 그것과는 다른 종류의 권력을 초래하는바, 그것이 바로 천황제 구조라고 씨는 주장한다.

가라타니 씨의 발제는 우선 그 치열한 비판 정신이 돋보였다. 예리한 통찰과 명석한 논리 또한 발군의 것이었다. 그러나 그 대담한 논지는 적지 않은 문제들도 포함하고 있는 것으로 보인다. 일부 문제들은 씨의 글쓰기에 생략과 비약이 많고 전체적으로 정합성이 충분치 못한 데서 유발되는 듯한데 이는 상대적으로 지엽적인 것일 수 있다. 한국측 참가자들은 그러한 지엽적인 문제보다는 보다 근본적인 문제에 대해 집중적으로 의문을 제기했다. 그것은 주로 가라타니 씨가 한국과 일본의 차이를 지정학적으로 설명한 데 대한 반박으로 나타났다. 씨는 반도인 한국과는 달리 일본은 중국 대륙과의 사이에 반도 한국을 완충 지대로 갖는 섬이기 때문에 억압의 배제라는 것이 가능했고 천황제 구조가 가능했다고 설명했던 것이다. 지정학적 숙명론이 식민사관의 중심 이론이었음을 너무도 잘 아는 한국측 참가자들로서는 가라타니 씨의 그러한 지정학적 설명이 당연히 혐의의 대상이 될 수밖에 없다. 우리가 오랜 분투를 통해 극복했다고 믿는 지정학적 모델을 가라타니 씨는 별다른 회의 없이 사용하고 있는바, 우리가 보기에 그것은 씨의 치열한 일본 비판과 심한 괴리를 일으킨다. 숙명론이 아니라 객관적 현상에 대한 인식일 뿐이라는 씨의 답변 또한 여전히 한국측 참가자들의 의혹을 불식시키기에는 미흡한 것이었다. 한일 간의 대화의 어려움을 보여주는 극명한 장면이었다.

주어진 주제에 충실했던 이성복 씨의 발제는 극심한 언어 변화 속에서 오히려 변하지 않는 문학의 본질을 재확인하는, 어느 의미에서는 의표를 찌르는 논의를 펼쳤다. 씨는 후기 산업 사회의 언어 변화의 대표적 예로 인터넷과 컴퓨터 화면 속의 가상 공간에서의 그것을 들면서 그 변화의 엄청남을 인정한다. 제목에서의 '인터넷의 인'이라는 것은 바로 그 변화를 가리킨다. 씨는 말한다. "세상에 변하지 않는 것은 없다. 언어도, 언어를 매개로 욕망이 엮어내는 삶도, 삶에 기생하면서 그것을 해체하는 문학도 변화한다." 그러나 씨는 곧바로 그 말을 뒤집어 "그런데 변하는 것들은 모두 변하지 않는 것을 몸체로 삼는다"라고 다시 말한다. 씨가 보기에 변하지 않는 것은 욕망이 언어를 따라 흐른다는 사실, 문학이 욕망이 언어를 통해 엮어가는 텍스트(즉 삶)에 대한 관찰 혹은 연구라는 사실, 그 관찰 혹은 연구가 다시 언어를 통해 이루어진다는 점에서 메타 텍스트이되 다른 메타 텍스트들과는 달리 '살신성인(殺身成仁)'하는 것이 문학이라는 사실 등이다. 제목에서의 '참을 인'은 인터넷 작동이 너무 느려서 참을성이 필요하다는 뜻에서 나온 말이지만 여기서는 욕망의 끝없는 지연을 가리키고 있고, '어질 인'은 '살신성인'하는 문학을 가리키고 있다. 따라서 인터넷의 '인'은 참을 '인'이고 어질 '인'이다라는 진술은 후기 산업 사회의 엄청난 언어 변화 속에서 문학도 변화하고 있지만 문학의 본질(본질이라는 말이 적합하지만은 않을 것 같지만 편의상 그대로 사용한다) 자체는 변하지 않는다라는 뜻이 된다. 오히려 변화 속에서 불변이 더 잘 드러난다고 씨는 생각하는 것이다.

이성복 씨의 발제는 시적 진술을 많이 포함하고 있고 한국어로만 이해가 가능한 말장난을 사용하고 있어서인지 일본 참가자들에게 의사 전달이 충분히 이루어지지 않은 것 같았다. 컴퓨터의 가상 공간과 관련한 사이버 문학론이 이미 일본에서 많이 거론되었는데 이성복 씨의 발제 역시 그런 사이버 문학론과 별다를 것이 없다고 생각한 것일까. 그러나 이성복 씨의 발제는 일반적인 사이버 문학론과는 정반대의 입장에 서 있다. 씨는 자신의 '살신성인' 문학론으로 사이버 문학까지를 포용하고자 하는 것이다. 한국측 참가자 중 김주연 씨가 발제자의 욕망 일원론에 대해 그 지나친 편향의 과격성을 지적한 것은 발제의 요점과는 다소 거리가 있지만 삶의 본질에 대한 성찰의 다양화를 의도했다는 점에서 의미 있는 토론이었다.

두번째 주제 '윤리 변화와 문학'에 대한 한일 양측의 발제는 서로 초점을 달리하고는 있지만 세 주제 중 가장 공통 부분이 많았다. 작가 김원우 씨의 「문학, 진화하는 성윤리의 감식자」는 제목에서 성윤리를 내세우고 있지만 그 성윤리는 풍속의 일부로서의 성윤리이다. 씨가 말하는 풍속은 "사상성과 사회성의 상대적 미흡"을 특징으로 하는 풍속이 아니라 "사회성의 본질을 추구하며 그 본질의 추상성을 보완"하는 풍속이다. 씨가 보기에 근대로 들어선 이후의 풍속 현장의 대종은 "일부일처제의 모범적 준수와 그것으로부터의 끊임없는 일탈이라는 미묘한 균형 내지는 작위적인 말썽의 총체"인 바 오늘날 성윤리의 척도는 "이 막강한 제도로서의 일부일처제에 대한 나름의 가치 판단에서 비롯"한다. 물론 풍속은 변화(혹은 진화)하며 성윤리도 변화(혹은 진화)하는바 문학은 그 풍속과 성윤리의 감식자이다. 씨는 변화하는 성윤리의 감식의 예로 한국 작가 염상섭과 일본 작가 다니자키 준이치로를 들고 있다. 씨에 따르면 두 작가는 여러 가지 차이에도 불구하고 성윤리적 차원에서의 여성 화자의 능동적 개성화와 주체적 개인화라는 공통점을 갖는데, 그들은 강제로서의 혼인제로부터 일탈해가는 성윤리의 변화 추세를 한 발 앞서 감식해낸 좋은 예가 되는 것이다. 씨의 발제는 논지의 핵심과는 다소 빗나간 질문들을 받았다. 주로 일본측 참가자들이 씨가 파악한 다니자키 준이치로는 이 작가의 주된 모습이 아니라는 점을 지적했던 것이다. 프리섹스라든지 동성애, 사디즘/마조히즘, 그리고 포르노그라피의 문제 등이 거론될 법도 했으나 별다른 토론은 이루어지지 못했다.

한편, 작가 시마다 마사히코 씨는 동기도 없고 죄의식도 없는 살인의 급속한 증가라는 사회 현상을 윤리 문제로서 제기했다. 사전에 제출된 씨의 발제문 「가족의 환상」은 씨의 소설 『애를 살려내』의 일부로서 아내와 자식

둘을 살해한 의사의 이야기인데, 이는 단지 자료로서 제시된 것일 뿐이고 시마다 씨는 구두로만 발표를 진행했다. 씨는 재판관의 해석(즉 상식에 입각해 합리적으로 설명하려고 하는 살인 동기)과 살인자의 심리(살인 이전과 살인시, 그리고 살인 이후의 심리) 사이에 존재하는 건너뛸 수 없는 심연을 지적하고, 자신의 작품이 살인자의 심리와 그 밖에 살인의 책임 소재라든지 사실의 문제 등 그 모든 것들에 대한 상상이라고 밝혔다. 그 상상을 통해 씨가 본 것은 에로스(삶의 본능)의 '마모'에서 타나토스(죽음의 본능)가 발현되는 과정이었다(김병익 씨는 시마다 씨의 표현 중 '에로스의 마모'라는 것에 깊은 관심과 공감을 표명했다). 거기에는 아무런 합리적 동기도 없다. 그냥 그렇게 되는 것이다. 말하자면 씨의 소설은 비합리적 타나토스의 세계에 대한 상상적 탐색이라고 할 수 있겠다. 그런데 극도의 비관주의로 보이는 시마다 씨 자신의 자기 설명과는 달리「가족의 환상」은 에로스의 마모에서 타나토스에의 함몰로, 거기에서 다시 에로스/타나토스를 넘어선 상태로 나아가는 서사 구조를 이루고 있다. 작중 인물 도조가 마지막에 도달하는 '금욕과 내성(內省)의 일상'은 에로스/타나토스를 넘어선 상태의 알레고리로 읽힌다. 거기에 도달하기까지 도조는 끊임없이 살인 이전과 살인시, 그리고 살인 이후의 자신의 심리를 반추하는데 이는 무의식적 진실과의 대면 과정인 셈이다. 그리고 보면 이 작품은 전체적으로 하나의 알레고리로서 구원에 대한 이야기로 읽힐 수도 있다. 그리고 말, 소설, 문학의 역할이 바로 여기에 있다는 전언을 감추고 있는 것으로도 보인다. 대학에서 러시아 문학을 전공한 젊은 작가 시마다 씨는 그런 점에서 도스토예프스키를 알게 모르게 계승하고 있다는 생각이 들었다.

세번째 주제 '미디어 변화와 문학'에 대한 발제는 작가 오시로 다쓰히로 씨와 시인이자 작가이며 영화 평론가이기도 한 하재봉 씨가 맡았다. 오시로 씨의 발제「근대 오키나와 문학과 방언」은 문학에서의 민족어와 방언의 문제를 제기했고 하재봉 씨의「미디어 문학」은 전자 미디어의 보급과 새로운 미디어 문학의 출현 문제를 제기했다. 하재봉 씨의 발제는 주어진 주제에 정확히 부합되는 것이었는데 씨의 주장은 첫번째 주제에서의 이성복 씨의 주장과 상반되는 것이어서 양 씨 사이의 토론이 볼 만하리라는 기대를 불러일으켰다(아쉽게도 이성복 씨가 세번째 주제 발표에 참가하지 않아 양 씨 사이의 토론은 이루어지지 못했다). 오시로 씨의 발제는 '미디어 변화'라는 말에서 일반적으로 기대되는 것과는 다소 다른 내용이었고 세기말의 변화를 지목하기보다는 지난 한 세기 동안의 변화의 경험을 성찰하는 데 중점을 두는 것이었지만, 오키나와라는 특수한 지역에서의 특수한 문학적 고뇌가 충만해 있을 뿐만 아니라 그 고뇌가 민족어와 국민 문학이라는 근대 문학의 기본틀에 대해 근본적인 반성을 촉구한다는 점에서 매우 인상적이었다.

오시로 다쓰히로 씨는 1925년 오키나와에서 출생한 오키나와 사람으로서 1967년에 아쿠타가와 상을, 1993년에 히라바야시다이코 상을 수상한 원로 작가이다. 씨에 따르면, 오키나와 근대 문학은 오키나와 방언(우치나 구치)과 일본 표준어(야마토 구치) 사이에서 격투를 벌여왔다. 오키나와 방언은 일본 표준어와 비교해볼 때 거의 외국어에 가깝다고 할 만한 거리를 갖고 있고, 오키나와 문학은 문학적 이미지는 오키나와 방언으로 발상하고 표현은 일본 표준어로 해야 하는 모순 속에 있었기 때문이다. 그러나 오키나와 근대 문학사에 오키나와 방언에 의한 문학이 전혀 없었던 것은 아니다. 전전(戰前)에는 야마시로 마사타다의 소설과 야마노구치 바쿠의 시가 있었고, 전후(戰後)에는 발제자 자신의 소설과 히가시 미네오, 아카 세이이치로의 소설이 있다. 그 중에는 '생 방언'을 사용하는 경우도 있고 오키나와식 일본 표준어를 사용하는 경우도 있다. 여기서 두 가지 새로운 언어가 등장한다. 하나는 우치나 야마토 구치(오키나와인 나름으로는 올바른 일본어를 쓴다고 생각하면서 구사하고 있는 형편없는 공통어)이고 다른 하나는 야마토 우치나 구치(방언을 대부분 잊어버린 세대가 무리하게 방언을 구사한 결과로 이상하게 변해버린 언어)이다. 오키나와 문학은 우치나 구치와 야마토 우치나 구치, 그리고 야마토 구치와 우치나 야마토 구치라는 네 가지 언어 사이에서 찢겨 있는 셈이다. 오시로 씨는 오키나와 문학에서 '우치나의 마음'을, 혹은 '민족의 호흡'을 표현해야 한다고 생각한다. 그리고 그 복잡한 언어 환경 속에서 우치나 야마토 구치의 문학어로서의 가능성에 방점을 찍는다.

　오시로 씨의 발제는 발제자의 절제된 표현 너머에 깊은 고뇌가 숨어 있는 것으로 느껴졌다. 근본적인 문제는 오키나와어가 일본어의 한 방언이냐 아니면 일본어에 대해 그 자체 하나의 외국어(민족어)냐 하는 데 있을 것이다. 우찬제 씨에 의해 이 문제가 예리하게 지적되었다. 일본의 언어학자들 사이에는 오키나와어를 일본어의 한 방언으로 보는 것이 다수 견해라 하고 오시로 씨 자신도 개별 민족어로서의 오키나와어의 정체성에 대해서는 침묵했지만, 그러나 '우치나의 마음'이라든지 '민족의 호흡'이라는 말은 씨의 내면 깊숙한 곳에 은밀히 숨어 있는 개별 민족으로서의 오키나와인, 개별 민족어로서의 오키나와어, 개별 민족 문학 혹은 국민 문학으로서의 오키나와 문학에 대한 열망을 엿보게 해준다. 일단 개별 민족어로서의 오키나와어의 당위성을 인정하고 본다면, 오키나와 문학의 문제는 오키나와어가 근대적 발전이 결여되었거나 너무 부족하다는 데 있다고 하겠다. 그것은 물론 야마토 구치의 지배 탓이다. 우치나 야마토 구치는 야마토 구치의 지배 아래 오키나와에서 생성된 근대적 언어라 할 수 있겠는데, 이는 분명 일본어의 한 방언이 될 것이다. 야마토 구치의 지배를 수락할 수밖에 없고 일본 문학의 일부일 수밖에 없으면서 오키나와 문학이 '우치나의 마음'과 '민족의 호흡'을 표현하고자 한다면 우치나 야마토 구치에서 그 표현 가능성을 찾을 수밖에 없을 것이다. 오시로 씨는 바로 이 자리에 서 있는 것 같다. 이때 우치나 야마토 구치와 야마토 구치 사이에는 한 민족어 내부에서의 주변과 중심의 관계가 성립된다. 그러나 야마토 구치의 지배를 거부하고 일본 문학의 일부가 아니라 독자적 민족 문학으로서의 오키나와 문학을 지향한다면 야마토 우치나 구치와 우치나 구치 사이의 단절을 극복하고 근대적 우치나 구치를 추구하는 일이 요구된다. 물론 이는 오키나와라는 개별 국민 국가의 성립과 함께가 아니면 현실적으로 지난한 것이다. 여기에 오시로 씨의 고뇌의 비밀이 있는 게 아닐까. "방언을 문학 작품 속에 사용할 때에는, 그것을 통해 일본어의 표현 영역을 넓히는 데 공헌한다, 는 표현 의식을 가져야 한다고 생각합니다"라고 말할 수밖에 없는 씨의 고뇌가 일제 강점기에 한국어 말살의 역사적 경험을 겪은 우리의 마음을 아프게 공명시킨다.

하재봉 씨의 발제는 전자 미디어의 압도적 발전과 보급 속에서 우리가 지금까지 당연하고 자연스러운 것으로 여겨온 근대 문학의 존재 방식이 붕괴되고 있음을 보고하고 문학의 새로운 존재 방식이 나타날 것임을, 이미 나타나기 시작했고 점점 더 확산되고 있으며 머지않아 근대 문학의 낡은 존재 방식을 대체해버릴 것임을 예언한다. 그 새로운 형태의 문학을 씨는 '미디어 문학'이라고 부른다. 물론 여기서 미디어는 말의 일반적 의미에서의 미디어가 아니라 전자 미디어라는 뉴 미디어를 가리킨다. 씨의 발제는 전자 미디어의 발전과 관련하여 현금의 문학이 처하게 된 새로운 환경과 실제로 나타나고 있는 새로운 문학 현상에 대해 상당히 구체적인 보고를 행하고 있다. 그러나 씨의 예언은 일본측과 한국측을 불문하고 참가자들의 적지 않은 반발을 불러일으켰다. 어떤 환경의 변화 속에서도 문자로 이루어진 언어 예술로서의 문학의 존재와 효용은 소멸되지 않으리라는 완강한 믿음이 참가자들 다수에게 공유되고 있는 것으로 보였다. 사실 필자 자신도 그런 믿음을 가지고 있는 것이다. 미디어 환경의 변화에서 한층 더 나아가 있으리라 생각되는 일본에서 어떤 주목할 만한 문학적 현상들이 나타나고 있는지, 그리고 그에 대한 일본측 참가자들의 생각은 어떠한지가 궁금했지만 그런 얘기들이 상세히 개진되기에는 주어진 토론 시간이 너무 짧았다.

3

 아무래도 이번 심포지엄에서 가장 주목되는 발제는 가라타니 고진 씨의 그것이었다. 일본 문학의 평론가로서 자신의 비평을 일본 바깥에서 일본을 바라보는 자리에 두고자 노력했으며 그 치열한 비판 정신으로 스스로 일본과 일본 문학을 비추는 비판적 거울이 되어온 씨이기에 국민 문학의 자기 중심주의를 넘어서는 간(間)국민 문학적 형성을 위한 대화가 다른 누구보다도 더 가능하리라 여겨지는 것이며 실제로 이번 발제문은 그런 대화의 가능성을 충분히 암시하고 있는 것이다. 그러나 역설적이게도 대화의 어려움의 진정한 소재(所在)가 어디인지도 씨에게서 더 잘 드러난다. 이성복 씨가 암시한 바처럼 변화 속에서 불변이 더 잘 드러나는 것과 같은 이치로 말이다.
 가라타니 씨의 발제에서 흥미로운 것 중의 하나로 한자의 훈독에 대한 논의를 들 수 있다. 이를 『일본 근대 문학의 기원』에서의 씨 자신의 말과 함께 살펴볼 필요가 있다고 생각된다. 『일본 근대 문학의 기원』에서 씨는 근대의 언문일치의 성립과 관련하여 한자의 표음주의적(음성 중심주의적)인 사용이라는 주목할 만한 관점을 제출한 바 있다. 그런데 여기서 씨는 한자를 전적으로 표의 문자로 보는 오류를 범하고 있다. 이 오류는 씨뿐만 아니라 음성 중심주의자 헤겔은 물론이고 음성 중심주의를 비판하는 데리다나 푸코에게도 공통되는 오류이다. 데리다는 헤겔이 한자를 격하하는 것과는 반대로 한자에서 "모든 로고스 중심주의의 바깥으로 발전하는 문명의 강력한 운동의 증거"를 본다. 그러나 그렇게 보는 근거는 한자가 표의 문자라고 보는 데 있고 이러한 표의 문자로서의 한자 인식은 헤겔과 동일하다. 이 점에서 데리다는 헤겔의 전도에 가깝다. 한편 푸코는 로고스의 재현 가능성 자체를 부정함으로써 로고스 중심주의를 해체하는데, 그가 보는 실상은, 모든 글쓰기는 사유 속에 원래 담겨 있던 것에 도달하지 못하고 단지 끝없는 자기 증식만을 하는바 그것은 음성적 문자가 사물이 아니라 말을 지칭하는 것이라는 데에 근본적 이유가 있다는 것이다. 그러면서 푸코는 사물을 직접적으로 재현하는 문자를 사용하는 문화에서는 그런 글쓰기의 끝없는 자기 증식이 나타나지 않는다고 주장한다. 여기서 사물을 직접적으로 재현하는 문자의 예로 푸코가 한자를 상정했을 것임은 쉽게 추측할 수 있다. 그러나 한자는 "형상이 직접 의미로 존재"하는 표의 문자가 아니다. 한자는 표의적인 동시에 표음적인 문자인 것이다. 이번 발제문에서 가라타니 씨는 그 오류를 수정하고 있다. "물론 한자는 형상 문자가 아니다. 그것은 표의적인 동시에 표음적이다"라고 옳게 말하고 있는 것이다. 이렇게 말하면서 씨는 한자가 순수하게 표의 문자로 사용되는 유일한 예외를 일본의 서기법에서 찾아낸다. 일본에서는 한자를 음으로도 읽고 훈으로도 읽는데 그 중 훈독에서의 한자는 뜻으로 읽는 문자이다. 한국은 물론 중국에서의 한자 읽기도 음독이므로 일본의 훈독은 세계적으로 유일한 예외가 된다. 여기서 씨는 자신이 전에 세웠던 표음주의적 사용이라는 개념을 떠나고 있는 것처럼 보인다. 훈독과 대립되는 것으로서의 음독이라는 개념은 근대의 표음주의적 한자 사용과 전(前)근대의 표의주의적 한자 사용의 구분을 다시 무화시키기 때문이다. 여기서는 대신 한자의 표의주의적(혹은 표의적) 사용의 순수성만이 특권화된다. 순수하게 표의적으로 사용되는 한자는, 푸코식으로 말하면, 사물을 직접적으로 재현하는 문자이다. 헤겔의 눈으로 보면 이는 일본어 서기법의 후진성을 뜻하는 것이 되겠지만, 데리다나 푸코의 눈으로 보면 "모든 로고스 중심주의의 바깥으로 발전하는 문명의 강력한 운동의 증거"를 뜻하는 것이 될 수 있다. 그러고 보면, 표음주의적 한자 사용을 이야기할 때의 씨는 전(前)근대와 구분되는 근대의 해명(그 해명이 비판적인 것이든 아니든 간에)을 목표로 하고 있었는 데 반해, 한자 사용의 표의적 순수성을 이야기하는 씨는 주로 '근대 너머'에 착목하고 있는 것이다. 그런데 이 '근대 너머'는 결코 탈(脫)근대가 아니다. 그것은 탈역사적이라는 성격을 갖는 비

(非)근대이다. 일본에서 한자의 훈독은 천년 이상 된 것이다. 그것은 전근대·근대·탈근대 등의 시간성 너머의 것이다. 이 탈역사적 비근대의 존재를 가라타니 씨는 일본의 특수성이라고 본다. 씨는 이를 긍정적 가치가 아니라 부정적 가치라고 보지만, 긍정·부정을 떠나서 보면 그것은 근대 세계 속에서 일본만이 갖는 예외적이고 특권적인 위치를 입증해주는 것과 다르지 않다. 말하자면 이렇다. 훈독을 설명하기 위해 씨는 데리다나 푸코의 눈 대신에 라캉의 눈을 갖다 댔다. 라캉은 자신의 저서 『에크리』의 일본어 판 「서문」에서 일본어의 한자 훈독을 무의식의 직접적 노출이고 억압의 부재라고 설명했는데, 씨는 라캉을 인용하면서 억압의 부재라는 설명에 반대하고, 역시 라캉의 개념을 차용한 것이기는 하지만 억압의 배제라는 설명을 제기한 것이다(여기서 자세히 살펴볼 여유는 없지만, 억압의 부재든 억압의 배제든 한자 훈독을 무의식의 직접적 노출로 보는 것은 한자에 대한 몰이해에서 비롯되는 오류이다. 한자는 그 생성에서부터 이미 권력의 신화가 새겨져 있다. 억압 속에서 한자는 생성된 것이다. 이에 대해 자세히 고찰한 논문으로 김근 씨의 「한자의 신화」가 있다). 한국의 고대 이두문(吏讀文)에서도 음독과 훈독을 혼용했다는 것은 주지의 사실이다. 이것이 일본으로 전해졌으리라 추측되지만, 라캉식으로 말하면 이두문의 훈독이야말로 억압의 부재에 해당할 것이다. 억압이 근대라면 억압의 부재는 전(前)근대일 것이니까. 가라타니 씨가 일본어의 훈독을 억압의 부재로 본 라캉에 반대하고 대신 억압의 배제라는 설명을 택한 것은 일본어의 훈독을 탈역사적인 비(非)근대로 보았기 때문이다. 억압의 배제라는 개념으로 씨가 의도하는 것은 일본 비판이다. 그러나 그 비판을 전도시켜서 보면 그는 근대 세계 속에서 일본만이 갖는 예외적이고 특권적인 위치를 주장하고 있는 셈이다.

한마디로 말해 '일본은 다르다'라는 생각이(달라서 좋건 나쁘건 간에) 가라타니 씨의 언술 밑바닥에 숨어 있다는 증거는 다른 곳에서도 찾아볼 수 있다. 이번 발제문에서 씨가 지적한바 "마음과 사상과 문화를 본질적인 것으로 상정해버리고 마는——특히 외적인 것과의 관계를 사상(捨象)하고 하나의 자기 동일성을 상정해버리고 마는——관념론"은 기실 일본만의 것이 아니다. 이것은 민족주의의 일반적 성격이 아닌가. 특히 한국이나 중국의 경우 어김없이 그러하다. 한국이나 중국에서 그러한 관념론이 서구적 근대의 수용과 더불어 억압되었다는 얘기를 필자는 들어본 바 없다. 일본만의 문제가 아닌 것을 일본만의 문제라고 볼 때 나타날 수 있는 오류와 왜곡이 있을 것이다. 왜냐하면 진짜로 일본만의 문제인 것이 은폐되기 때문이다. 이 점은 가라타니 씨만의 문제가 아닐 것이다. 한국측 참가자들 역시 암묵리에 한국은 일본과 다르다는 전제를 가지고 있고 그 전제 위에서 이런저런 생각들을 하고 얘기들을 한 것이 아니겠는가. 국경을 초월한 세계 자본의 활동 아래 국민 경제가 점점 그 정체성을 상실해가고 있는 지금, 정당한 차이를 존중하되 다름의 신화에는 함몰되지 않는 열린 자세로 간(間)국민 문학적 형성을 추구할 때 비로소 세계 자본이 지배하는 현실에 올바르게 문학적으로 맞설 수 있는 길이 열릴 것이다. (1998)

배타성의 반성과 타자의 목소리
— 박유하 교수의 반론에 답하여

　박유하 교수의「한국적 경계 의식의 '기원'」은 필자의 제4차 한일 문학 심포지엄 참관기「대화와 독백 사이」(『문학과사회』, 1998년 봄호)에 대한 반론이다. 이 반론이 강조하고 있는 배타성의 반성은 실로 중요한 문제 제기라고 생각된다. 한국의 민족주의가 갖는 배타적 성격이 유별나게 강하다는 것은 분명한 사실이다. 그 배타성은 대내적으로는 국수주의적이거나 우익 민족주의적 성향의 좋은 토양이 되어주고 있고, 대외적으로는 다른 민족에 대한 침략주의적 이데올로기를 정당화하는 데 이용되고 있다('IMF 사태'로 상황이 상당히 달라졌지만, 최근 10년 사이 한국 경제가 중진 자본주의적 내지 아류 제국주의적인 모습을 띠게 되면서 그러한 현상은 뚜렷하게 나타났다). 이는 의당 경계되어야 한다. 그러나 더욱 곤혹스러운 것은 그 배타성이 그것에 대해 반성적이고 비판적인 입장 속에서도 무의식적인 차원에서 은밀히 작동하곤 한다는 점이다. 필자 자신, 중국 방문시 그 점을 깨닫고 뜨끔한 적이 한두 번이 아니었다. 그런 의미에서 박유하 교수의 문제 제기는 기본적으로 정당하며 필요한 것이라고 본다.
　그러나 그 문제 제기가 구체적으로 일본 문제와 관련되면서는 다소의 점검의 여지가 있는 것으로 여겨진다. 박유하 교수는 그 배타성을 "'타자'에 대한 뿌리 깊은 경계 의식"이라고 풀이하면서 그 경계 의식이 대일 관계에서 특히 강하게 발동된다는 점을 지적하고, 그 경계 의식의 '기원'이 "잦은 외세 침략"과 "주체성 신화" 및 "동일성 신화"임을 밝힌 뒤, "타자와의 '대화'를 불가능하게 만들어버리는 우리의 '경험'과 그에 따른 경계 의식으로부터 자유로워"짐으로써 "자신의 상처를 들이대는 일 없이는 타자와 대등한 관계를 맺을 수 없는 유아적 수준"을 벗어날 것을 촉구한다. 이러한 주장에 필자는 기본적으로 공감하지만, 그러나 그 기본적 공감 너머에 미묘한 문제들이 개입되어 있음을 간과할 수 없는데, 필자의 참관기가 배타성의 구체적 예로 읽혔고, 가라타니 고진의 글에 대한 해석이 주된 논점이 되었으므로 이에 대한 해명이 선행되어야겠다.

박유하 교수가 필자의 참관기를 직접 거론한 대목들을 하나하나 짚어보면, 대체로 다음과 같다.

1) "상대 국민 문학에 영향을 끼치고자 한다든지 심지어는 상대국의 번역 문학 출판 시장에 자신을 홍보하고자 한다든지 하는, 긍정적으로 보기 어려운 의도들도 전혀 없었다고 말할 수는 없을 것"이라고 필자가 혐의를 둔 것은 사실이고, 그런 혐의를 불러일으킬 만한 모습들이 군데군데서 드러났던 것도 사실이다. 그러나 필자가 중시한 것은 그런 혐의가 아니라, 그 혐의의 진술 바로 다음에 이어지는 문장에서 명시적으로 제시했듯이 "긍정적이고 생산적인 의도 쪽"이다. 본래 모든 사물은 복합적이고 다면적인 것이 아닌가. 정작 문제는 그 긍정적이고 생산적인 의도라는 측면에서 만족스럽지 못했다는 데 있었던 것이다. 필자가 말한 "상호 이해의 부족과 대화의 빈곤"은 한국측 참가자들만의 문제가 아니라 일본측 참가자들에게도 똑같이 나타난(터놓고 말하면 정도가 더 심하게 나타난) 문제였다. 간단히 말해 한국측 참가자들의 일본 문학에 대한 이해는 다소나마 구비되어 있는 데 반해 일본측 참가자들의 한국 문학에 대한 이해는 거의 무의 상태에 가까웠던 것이다. 필자로서는 '교류의 어려움'과 '막막한 격절'을 느끼지 않을 수 없었고, 필자가 그렇다고 말한 것은 그러니 대화를 하지 말자는 것이 아니라 앞으로의 진정한 대화를 위해 그러한 문제들을 극복하고자 노력하자는 것

이었다.

2) 가라타니가 일본적 '특수성'을 말하는 것에 대해 그가 일본의 "특권적인 위치를 주장"하고 있다고 필자가 말한 것은 사실이지만 그 뉘앙스는 이렇게 단장취의(斷章取義)할 때와는 상당히 다르다. 게다가 가라타니가 '특수성'의 강조를 오히려 비판하는 위치에 서 있다는 것을 필자는 결코 무시하지 않았다. 필자가 주목한 것은 다음 두 가지이다. 하나는 일본어의 한자 훈독 문제에 대한 해석이다. 가라타니는 일본어의 훈독을 억압의 부재로 본 라캉을 원용해, 억압의 배제라는 설명을 택함으로써 그것을 탈역사적인 비(非)근대로 보았다. 그 억압의 배제는 근대의 오이디푸스적 권력이 아니라 탈역사적 비근대의 천황제 권력을 낳았다는 것이다. 이것이 가라타니의 일본 정신 분석에서 밝혀진 일본의 '특수성'이다(『창작과비평』, 1998년 가을호〔여름호가 아니라〕에 게재 예정인 가라타니의 「일본 정신 분석 재고」를 필자는 읽어보지 못했다. 그러나 심포지엄의 발제〔절반은 발제문으로 제시되었고 절반은 구두 발표였는데, 제시된 발제문에 훈독 문제는 충분히 논의되고 있다〕상으로 보면 그 점은 분명하다). 이에 대해 필자는 다음과 같이 썼다. "억압의 배제라는 개념으로 씨가 의도하는 것은 일본 비판이다. 그러나 그 비판을 전도시켜서 보면 그는 근대 세계 속에서 일본만이 갖는 예외적이고 특권적인 위치를 주장하고 있는 셈이다." 이 '전도'라는 것이야말로 가라타니 비평의 핵심어 중의 하나가 아닌가. 부르디외식으로 말하면, 자기 비판은 자신을 차별화하기 위한 하나의 무의식적 전략일 수 있다. 아마도 이 훈독 문제와 억압의 배제라는 해석은 보다 깊고 치밀한 논의를 필요로 할 것이다. 다음은 민족주의의 일반적 성격인 것을 일본만의 문제로 보는 가라타니의 부분적 오류이다. 이것은 부분적 오류이지만 전체의 결론에 영향을 미치며, 거꾸로 어떤 전제된 성향이 그 부분적 오류를 자발적으로 택하게 한다는 점에서 경시될 수 없는 문제이다. 가라타니는 이 대목에서 한국과 중국에 대한 이해의 불충분을 드러냈고, 결과적으로 일본의 '특수성'을 성급하게 구성하

고 말았다. 지금 필자는 가라타니의 일본 비판의 의도를 부정하는 것이 아니다. 그 의도를 충분히 존중하며, 오히려 그러한 비판의 태도를 우리도 우리 자신에 대해 가져야 한다는 촉구를 가라타니에게서 발견한다. 필자의 가라타니 비판은 그의 일본 비판을 보다 타당한 것으로 진전시켜야 한다는 일종의 동지적 비판인 것이다.

3) 박유하 교수가 가라타니를 읽는 방식이 필자의 방식과 다르다는 점이 주목된다. 그것은 억압과 억압의 배제의 문제를 어떻게 이해하느냐 하는 데서 나타난다. 박유하 교수에 따르면, 억압은 "서구라고 하는 타자에 대한 '억압'(배척)"이다. 일본은 "서구라고 하는 타자에 대한 억압"을 배제했는데 반해 한국과 중국은 그 타자를 억압(배척)했다는 것이다. 그러나 필자가 읽은 가라타니는 그렇지 않다. 인용이 필요하겠다.

> 한국에서는 사람들이 한자를 수용했을 때 거세가 발생한 것이다. 일본에서는 그런 것이 없었다. 한국에서 일어난 것은, 오히려 선진적인 문명 국가에 접촉했을 때에 일어나는 보편적인 현상이다. 그 점에서 한국인은 일본인보다도 까마득히 서양인에 가깝다고 해도 무방할 것이다. 그러나 일본에서 일어난 것은 그러한 거세의 배제이다. (제4차 한일 문학 심포지엄 발제문, 「문자의 문제: 일본 정신 분석」에서 인용)

거세란 무엇인가. 그것은 억압을 받아들일 때 생겨난다. 한자라고 하는 타자와 서구라고 하는 타자가 억압이다. 그것을 받아들일 때 거세가 발생하고, 근대적인 주체(신경증적인 주체)가 형성된다. 반면 일본에서는 거세가 배제되었다. 즉 억압이 배제된 것이다. 타자를 받아들이되 그것을 억압으로서 받아들이는 것이 아니라, 억압은 배제하고 타자를 받아들이는 것이다. "일본어의 내부로 흡수되면서도 이와 동시에 외부적인 차원에 계속 머물고 있"는 한자는 억압이 배제된 타자의 극명한 예가 된다. 어떻게 그럴 수 있는가 하면, "확고한 주체와 원리적인 기축이 존재하지 않"기 때문이다. 그렇기 때문에 타자가 억압으로 느껴지지 않을 수 있다. 이와 달리 한국과 중국에서는 타자가 억압으로 느껴지고 따라서 그 억압에 대한 저항이 나온다. 억압이 배제된 곳에서는 저항도 나오지 않는다. 일본에서는 억압도 저항도 없었다. 그리고 억압도 저항도 없는 주체는 "신경증적인 것은 아니지만, 거의 분열병적이다." 이상이 필자가 읽은 가라타니다. 만약 필자가 옳게 읽은 것이라면, "그러한 특성〔일본의 유연성・잡식성: 인용자〕이 새로운 것에 대한 근원적 억압을 가하지 않는 '억압의 배제' 구조에 따른 것이라는 가라타니의 비판은 경청할 만하지만, 동시에 일본과는 정반대로 새로운 것을(또는 기존의 것을) 철저히 '억압'하는 주체 의식(동일성 의식, 또는 동일성에 대한 환상)이 필요 이상으로 강했던 한국에 대해 생각하지 않을 수 없다"라는 박유하 교수의 진술은 가라타니의 의도와는 거리가 멀다고 할 것이다. 한마디로, 가라타니가 제기한 문제는 배타성의 문제가 아니라 주체 형성의 문제이다.

4) 가라타니의 지정학적 설명을 두고 그것이 "'식민지 사관'과 다름없다"고 비판한 것은 필자가 아니다. 그 비판은, 아니 비판이라기보다는 의혹은, 토론시 한국측 참가자들에게서 제기되었고 필자는 단지 그랬다는 것을 보고했을 뿐이다. 더구나 한국측 참가자들에게서 "'식민지 사관'과 다름없다"는 식의 발언은 필자가 기억하는 한 나오지 않았다. 필자는 "지정학적 숙명론이 식민사관의 중심 이론이었음을 너무도 잘 아는 한국측 참가자들로서는 가라타니 씨의 그러한 지정학적 설명이 당연히 혐의의 대상이 될 수밖에 없다. 우리가 오랜 분투를 통해 극복했다고 믿는 지정학적 모델을 가라타니 씨는 별다른 회의 없이 사용하고 있는바, 우리가 보기에 그것은 씨의 치열한 일본 비판과 심한 괴리를 일으킨다"라고 보고했다. 가라타니의 객관적 현상에 대한 인식으로서의 지정학적 모델과 한국측 참가자들의 숙명론으로서의 그것 사이에 존재하는 거리에서 필자는 한일 간의 대화의 어려움을 보았을

뿐이다. 가라타니의 지정학적 설명에 대한 필자의 느낌은, 참관기에 쓰지는 않았지만, 그것이 너무 단순한 환원론적인 것이 아닌가 하는 정도였다.

5) 필자가 사용한 '국민 문학'이라는 말과 '간(間)국민 문학'이라는 말, 그리고 필자가 제기한 "동아시아적인 것의 문학적 정체성 탐색"이라는 작업에 대해 박유하 교수는 "'정체성' 찾기의 이데올로기와 무관하지 않다"고 지적했다. '국민 문학'이라는 말을 사용하면서 필자는 문학의 구체적 존재 방식의 실존적 조건이라고 할까 하는 것을 염두에 두었다. 그 조건은 그 정체(正體)에의 폐쇄와 끊임없이 싸워야 할 그러한 이율배반적인 조건이다. '간(間)국민 문학'이라는 것은 필자의 조어인데, 국민 문학들 간의 대화를 지칭하기 위한 것이었다. 다만, "동아시아적인 것의 문학적 정체성 탐색"이라는 것에 대해서는 박유하 교수가 지적한 "'정체성' 찾기의 이데올로기"의 위험이 인정된다. 필자 역시 그 위험을 늘 경계하고 있거니와, 박유하 교수의 지적에 다시 한번 스스로를 돌아보게 된다.

앞에서 말한 바의 미묘한 문제들로 돌아가자. 무엇보다도 민족주의가 문제이다. 근자에 들어 민족주의를 무조건 폄하하는 담론이 널리 유포되고 있다. 그러나 필자의 소견으로는, 민족주의에 대해서 우리는 그 안의 차이를 인식해야 한다. 쉽게 말하자면, 식민지와 제3세계에서의 민족주의는 그 긍정성이 충분히 존중되어야 하고, 발전된 자본주의 국가에서의 민족주의는 회의와 부정의 대상이 되어야 한다. 양자를 혼동해서는 안 된다. 양자를 혼동해서 제3세계의 민족주의까지를 부정하는 것은, 꼭 탈식민주의의 입장을 끌어들이지 않더라도, 부당하다. 제3세계에서 타자를 경계한다는 것은 자연스러운 일이고 정당한 일이다. 타자에 대한 경계를 말하기 이전에, 이미 타자의 목소리에 깊숙이 침윤되어 있는 것이 제3세계의 실정이 아닌가. 필자의 개인적 경험을 고백하자면, 필자가 학술 발표 관계로 중국의 베이징 대학과 일본의 도쿄 대학을 방문했을 때 그 느낌이 아주 판이했다. 중국에서는 한국의 민족주의에 대한 반성이, 일본에서는 한국의 민족주의에 대한 어떤 열정이 일어났던 것이다. 한국은 최근 10년 사이에 두 가지 민족주의의 경계에 서 있는 상태가 된 것 같다. 이 점에서 한국의 민족주의는 고뇌해야 한다.

한일 관계에 있어서는 더욱더 고뇌가 따를 것이다. 한국의 대중과 일본의 대중이 각각 피해 의식과 우월 의식을 가지고 있다는 것은 눈을 감는다고 없어지는 일이 아니다. 피해 의식도 우월 의식도 다 병이다. 이 병을 어떻게 치유할 것인가. 이런 상황에서 일본을 비판하며 한국과의 대화를 시도하는 소수의 일본 지식인들의 존재는 귀중하다. 필자의 참관기가 그들과의 대화에 대한 거부, 피해 의식에서 나오는 거부로 읽혔다면 그것은 오해이다. 그들의 대화의 자세나 그들의 사유 방식에 의식적으로건 무의식적으로건 문제가 있다면 그 점을 지적하는 것이 올바른 태도이지, 그 점을 접어두고 이른바 전략적 태도로 임한다는 것은 옳지 않다고 필자는 생각한다. 물론 그러한 비판이 대화 상대만이 아니라 우리 자신에게도 치열하게 행해져야 한다는 것은 두말할 나위도 없다. 박유하 교수의 반론에 대한 답변을 마치면서 필자는 필자 자신의 내면을 가만히 들여다본다. 어둡다. 아직 나 자신에 대한 반성이 깊지 못한 것이리라. 반성의 계기를 주신 박유하 교수에게 감사 드린다. (1998)

포스트모더니즘 담론과 오해된 포스트모더니즘

1. 무엇이 문제인가

 1981년 10월 프랑스의 저명한 일간 신문 『르 몽드』에 실린 한 칼럼에서 "포스트모더니즘이라는 유령이 지금 유럽에 출몰하고 있다"라고 말한 지 10여 년 만에 그 '유령'은 자신의 '출몰' 범위를 거의 전세계로 넓혔다. 동아시아 지역도 예외는 아니어서, 한국에서는 80년대 말부터, 중국에서는 90년대 초부터 그런 현상이 나타났다. 그러나 이 '유령'은 수명이 길지는 않았는지 90년대 중반에 들면서 급격히 사라지기 시작했다. 출몰의 흔적만을 남긴 채 말이다(곳에 따라서는 아직도 왕성하게 출몰하기도 하지만). 그런데 그 '유령'은 그것이 처음 나타났을 때부터 거의 사라져버린 지금까지 그 정체를 드러내지 않았다. 그 '유령'은 정체가 밝혀져서 사라진 것이 아니다. 그저 한때의 유행처럼 덧없이 나타났다가 덧없이 사라져버린 것이다. 그렇기 때문에 남겨진 흔적 속에서 그것은 끈질기게 되살아나고 남의 몸을 빌려 거듭 자신의 존재를 확인시키고 권위와 영향력을 발휘한다. 그 '유령'의 정체를 밝히는 일을 지금이라도 수행하지 않으면 안 되는 이유이다.
 당겨 말하면, 포스트모던의 인식 구조(혹은 세계관)로서의 포스트모더니즘이라는 그 '유령'은 실체가 아니라 가상이다. 1848년 마르크스와 엥겔스가 "지금 유럽에 유령이 출몰하고 있다. 그 유령은 다름 아닌 코뮤니즘이다"라고 했을 때 그 유령이 코뮤니즘이라는 사상적, 혹은 정치 운동적 실체였던 것과는 사정이 아주 다르다. 포스트모더니즘이라는 것은 포스트모더니즘 담론에서 산출된, 조작된 가상일 뿐이다. 그 가상은 실제 대상이 없는 것이라는 점에서 보드리야르적 의미에서의 시뮬라크르의 한 예가 된다. 포스트모더니즘이라는 가상을 제작하기 위해 여러 가지 실제 현상들이 원료로서 채용되는데, 여기서 실제 현상들은 왜곡되는 것은 물론이고, 근본적으로 가상 안으로 함몰되어버린다. 그 가상은 분쇄되어야 하고, 가상 안으로 함몰되는 실제 현상들은 그 함몰에서 구출되어야 한다.

포스트모더니즘 담론의 주역 중 한 사람인 이합 핫산의 경우를 보자. 1982년 이합 핫산은 자신의 저서 『오르페우스의 절단』 제2판 후기에서 포스트모더니즘의 개념 정립에 관련된 네 가지 질문을 제기하는데, 그중 첫 번째 질문은 다음과 같다.

포스트모더니즘이라고 이름붙일 만한 현상을 우리가 실제로 감지하고 있는가? 다시 말해서 넓게는 서구 사회 전반에, 그리고 좁게는 서구 문학의 특정 분야에 팽배해 있는 이 현상을 꼭 모더니즘과 구별지어 모더니즘이 아닌 새로운 용어로 설명해야 할 필요성을 절실하게 느끼고 있는가?[1]

이 질문은 수사적 질문이다. 다시 말해 전제되어 있는 '그렇다'라는 답변의 정당성을 강화하기 위한 질문이다. 이 질문은 하나의 확고한 사실 판단 위에 세워져 있다. "넓게는 서구 사회 전반에, 그리고 좁게는 서구 문학의 특정 분야에 팽배해 있는 이 현상"이라는 진술은 그 사실 판단에서 나온다. '이 현상'이 실제로 감지되는 사실이라는 점은 이합 핫산이 보기에 의심의 여지가 없다. 그는 '이 현상'의 예로 철학, 역사, 정신분석학, 정치철학, 과

---

[1] 이합 핫산, 「포스트모더니즘의 개념 정립을 위하여」, 김욱동 편, 『포스트모더니즘의 이해』, 문학과지성사, 1990, p. 54.

학철학, 문학 이론, 무용, 음악, 미술, 건축, 작가 등 여러 분야의 많은 이름들을 든다. "너무나도 이질적인 이들 이름들을 하나의 운동이나 패러다임 혹은 학파로 규정짓는 것은 불가능한 일"[2]임을 인정하면서도 이합 핫산은 "이러한 모든 다양한 것들을 지칭"[3]하여 '포스트모더니즘'이라고 부르는 데 동의하는 것인데, 여기에는 두 가지 전제가 들어 있다. 하나는 '이 현상'이 종전에는 없던 새로운 현상으로서 종전의 현상과는 근본적으로 구별되는 것이라고 보는 것이고, 다른 하나는 종전의 현상을 '모더니즘'이라고 보는 것이다. 이 두 가지 전제는 '이 현상'에 포스트모더니즘이라는 이름을 붙이는 것을 자연스럽고 당연한 것으로 만든다. 그러나 우리는 그 두 가지 전제에 대해 의문을 품지 않을 수 없다. 이합 핫산이 제기한 '이 현상'의 존재에 대해서는 동의하지만 '이 현상'이 과연 종전의 현상과 근본적으로 구별되는 것인지는 분명치 않으며, 구별이 되든 안 되든 종전의 현상을 '모더니즘'이라고 부르는 게 적절한 것인지도 의심스럽다(이 두 가지 전제를 지우고 보면 남는 것은 '이 현상'이라는 실체와 '이 현상'을 '포스트모더니즘'이라고 명명하고자 하는 자의적인 의도뿐이다). 이합 핫산은 이 두 가지 의심스러운 전제 위에서 포스트모더니즘이라는 것을 실체화하고, 그런 다음 이미 실체화된 포스트모더니즘을 다시 개념 규정하려고 한다. 그러니 개념의 정립이 온갖 문제들을 유발시킬 수밖에 없고, 그 문제들을 해결하는 논의는 이미 실체화된 포스트모더니즘을 정당화하는 방향으로 진행될 수밖에 없다(실체로서의 포스트모더니즘을 포기하지 않는 한 이는 불가피하다). 원래의 출발점이었던 전제가 이 대목에서 부정되거나 수정된다(예를 들면, "모더니즘과 포스트모더니즘 사이에는 철의 장막이나 중국의 만리장성과 같은 확실한 경계선이 없다"[4]라든지 "어느 한 '시대'를 연속성과 단속성의 관점에서 이해하지 않으면

---

2) 같은 책, p. 56.
3) 같은 책, p. 56.
4) 같은 책, pp. 62~63.

안 된다"⁵⁾ 같은 진술을 보라). 그러나 이미 실체화된 포스트모더니즘은 끝내 포기되지 않는다. 이러한 논리의 더 깊은 곳으로 내려가 보면, 미증유의 낯선 사회 현상에 대한 당혹이 숨어 있다. 이합 핫산은 그 당혹을 다음과 같은 의문문의 나열로 표현하고 있다.

우리가 살고 있는 이 이상스런 시대를 도대체 무엇이라고 불러야만 좋은가? 핵 시대? 우주 시대? 아니면 텔레비전 시대?⁶⁾

'이 이상스런 시대'란 바로 후기 산업 사회, 후기 자본주의, 다국적 자본주의, 소비 사회, 정보 사회, 미디어 사회 등 여러 가지 이름으로 불리는 새로운 유형의 사회를 가리킨다. 이러한 사회는 이미 모던 시대를 벗어난 것일까, 모던 시대를 벗어난 것이라면 이 새로운 시대는 무엇인가, 아직 잘 모르겠지만 모던 시대를 벗어난 것만은 분명하지 않은가, 이런 일련의 생각의 움직임이 포스트모던 시대라는 개념을 불러낸다. 포스트모던 시대라는 개념이 과연 정당한지에 대해서는 논쟁의 여지가 많은 것이지만, 일단 이 개념을 받아들이고 보면 모던 시대의 모더니즘과 포스트모던 시대의 포스트모더니즘이라는 도식이 자연스럽게 생겨나게 된다. 이는 속류 마르크시스트들만큼이나 심한 기계적 결정론의 도식이 아닌가. 이합 핫산의 논리 밑에는 바로 이 도식이 숨어 있다. 포스트모던 시대를 인정한다고 해서 반드시 포스트모더니즘을 실체로서 인정하는 것은 아니다. 기실, 모던 시대를 인정한다고 해서 반드시 모더니즘을 실체로서 인정하는 것은 아니지 않은가. 왜냐하면 모던 시대나 포스트모던 시대는 실체일 수도 있지만 모더니즘이나 포스트모더니즘은 실체가 아니기 때문이다(공연히 이즘이라는 말이 붙었겠는가).

---

5) 같은 책, p. 63.
6) 같은 책, pp. 60~61.

포스트모더니즘 담론이 산출해낸 '포스트모더니즘'이라는 가상은 하나의 기표로서 이합 핫산이 지적한 '이 현상'이라는 기의와 결합하고 있는데, 이 결합은 '이 현상'의 이질적인 다양성을 일정한 틀로 전체화하면서 그 틀에서 벗어나는 것들을 왜곡해서 포함시키거나 아니면 아예 배제해버린다. 포스트모더니즘론자마다 전체화의 틀이 다름으로 해서 그 왜곡과 배제의 양상도 다 달라진다(보다 교묘한 경우는 모순이라는 개념으로 이질적인 것들을 다 포함시키는 것이다). 그런데 프레드릭 제임슨은 아주 독특한 모습을 보여준다. 그는 포스트모던 시대를 인정하는 데 인색하다. 그에게는 포스트모던 시대보다는 후기 자본주의가 있는 것으로 보이고, 포스트모더니즘은 후기 자본주의의 문화적 논리일 따름이다. 그는 포스트모더니즘을 옹호하지 않고 오히려 그것에 반대한다. 그러나 그는 이합 핫산과 마찬가지로 포스트모더니즘을 하나의 실체로서 상정하고 있고, 따라서 이합 핫산이 지적한 '이 현상'의 이질적인 다양성을 일정한 틀로 전체화한다. 그러고 보면, 문제는 이 전체화에 있다. 포스트모더니즘을 실체로서 전제하고 이합 핫산이 지적한 '이 현상'을 거기에 맞추어 전체화하는 한 우리는 미혹을 벗어날 수가 없다(그 실체화와 전체화는 포스트모더니즘 담론의 오류라기보다는 오히려 전략이라고 할 수 있다). 이 전도된 본말을 바로잡는 일이 필요할 것이다.

2. 포스트모더니즘이라는 말의 역사
— 토인비에서 하버마스/료타르까지

'포스트모던'이라는 말은 아놀드 토인비가 자신의 저서 『역사의 연구』(1933/1939)에서 처음 사용한 것으로 알려져 있다. 토인비는 서구 문명의 역사를 초기 모던 시대와 후기 모던 시대, 그리고 포스트모던 시대Post-Modern Period로 삼분했는데, 초기 모던 시대는 르네상스 전기와 그 이후,

후기 모던 시대는 17세기와 18세기를 정점으로 한 기간과 좀 더 넓혀서 계몽주의가 풍미했던 19세기까지이고, 1870년대를 기점으로 전환적인 국면에 접어든, 사회적 불안과 전쟁, 혁명의 시대가 포스트모던 시대라는 것이다.[7] 이때의 포스트모던은 역사철학적 개념이다. 모던이라는 말은 흔히 이중적 의미로 사용되어왔다. 우리말로는 각각 근대와 현대로 번역되어온 그 이중적 의미로 보자면, 흔히 현대로서의 모던은 19세기 어딘가에서 시작되는 것으로 여겨져왔다. 가령, 아놀드 하우저는 1951년에 출판한 『문학과 예술의 사회사』에서 그것을 1830년경으로 보았다. "19세기의 토대와 윤곽── 즉 우리 자신이 소속해 있는 사회 질서, 그 여러 원리와 모순이 여전히 계속되는 경제 체제, 그리고 대체로 오늘날에도 우리가 자신을 표현하는 형식으로 가지고 있는 문학──들이 형성된 것은 겨우 칠월 왕조 기간 중이다."[8] 문학사의 시대 구분에서 보면, 현대 문학을 보들레르의 『악의 꽃』과 플로베르의 『보바리 부인』이 나온 1857년부터 시작되는 것으로 보는 통설이 그러하다(가령, 1940년에 출판된 마르셀 레몽의 『보들레르에서 초현실주의까지』는 보들레르부터 초현실주의까지를 현대시라는 하나의 총체로 본다). 바르트도 1850년경에 현대 문학이 시작한다고 본다. 푸코가 『말과 사물』(1966)에서 서구 문화의 역사를 네 개의 '에피스테메'의 단계적 변환으로 파악했을 때 그중 세번째의 것인 모던 에피스테메는 19세기 초부터 20세기 중엽까지이다(네번째 에피스테메에 대한 푸코의 발언은 애매모호하다. 세번째 에피스테메의 시대가 "약 150여 년 전에 시작되어 지금은 종언을 고해가고 있"다고 말하면서[9] 네번째 에피스테메에 대해서는 "새벽에 낮게 드리운 최초의 빛이나 미처 다가오지 않은 낮은 신호에 불과한 것일까"[10]라는 의문문으로 그치는 것이

---

7) 김성기, 『포스트모더니즘과 비판사회과학』, 문학과지성사, 1991, p. 12 참조.
8) 아놀드 하우저(백낙청·염무웅 공역), 『문학과 예술의 사회사: 현대 편』, 창작과비평사, 1974, p. 5.
9) 미셸 푸코(이광래 역), 『말과 사물』, 민음사, 1987, p. 440.
10) 같은 책, p. 352.

다). 그러고 보면, 토인비의 포스트모던은 그 표현이 포스트모던일 뿐이지 내용상으로는 현대로서의 모던과 다르지 않다고 하겠다.

이합 핫산에 따르면 포스트모더니즘이라는 말은 1934년에 마드리드에서 출간된 『스페인 및 라틴 아메리카 시선집, 1882~1932』라는 책 속에서 페드리코 드 오니스가 처음 사용했고('포스트모데리니시모'), 1942년에 더들리 피츠가 자신이 엮은 『현대 라틴 아메리카 시선집』 속에서 그 용어를 다시 한번 사용했다.[11] 여기서 포스트모더니즘은 문예 사조적 개념이다. 1950년대에 들어와서 이 용어는 미국에서 자주 사용되기 시작했다. 건축 분야에서 시작된 그 용어의 사용은 그 사용 범위가 대폭 확장되어 거의 문화 사조적 개념이 되었다. 그러나 포스트모더니즘이 체계적 이론화를 이루는 것은 주로 문학과 관련한 문예 사조적 개념에서였다. 그 체계적 이론화는 어빙 하우의 「대중 사회와 포스트모던 소설」(1959), 해리 레빈의 「모더니즘은 무엇이었는가」(1960)에서 시작되었는데, 모더니즘 문예 사조로서의 이탈이 주된 방향이었다. 어빙 하우는 "그러나 누구든지 지난 15년 동안에 미국에서 씌어진 소설 가운데 몇몇 작품들을——매우 흥미있는 소수를——돌이켜 검토해보면, 이들 작품들에서 우리가 일반적으로 모던이라고 부르는 작품들과는 현저히 다른, 그래서 그들을 '포스트모던'이라고 구별해야 하는 충분한 이유를 발견하게 될 것"[12]이라고 전제하는 데서부터 논의를 시작한다. 여기서 제시되는 작가들은 버너드 맬러머드, 허버트 골드, 샐린저, 넬슨 앨그린, 라이트 모리스, 솔 벨로우 등인데, 어빙 하우는 "고정된 사회적 범주로부터의 거리감, 그리고 이 거리감의 형이상학적 의미에 대한 관심에 있어서 이들 작품들은 내가 '포스트모던 소설'이라고 규정한 소설을 구성하고 있다"[13]라고 말한다. 또 10년 뒤 이 글에 붙인 보유에서 어빙 하우는 미

---

11) 이합 핫산, 「포스트모더니즘의 개념 정립을 위하여」, 김욱동 편, 앞의 책, pp. 56~57.
12) 어빙 하우, 「대중 사회와 포스트모던 소설」, 같은 책, p. 32.
13) 같은 책, p. 48.

국 소설의 스타일이 크게 바뀌었다는 점을 인정하면서 버너드 맬러머드 등의 소설과 새로운 유형의 소설 사이에 몇 가지 본질적인 공통점이 있음을 다음과 같이 지적했다. "그것들은 모두 문학적 모더니즘의 위대한 성과 다음에 나타났고, 또한 그것들이 벗어나고자 하는 전통에 의존해 있으며, 그리고 모더니즘적인 충동의 점진적인 와해의 징표로 간주될 수 있다."[14] 요컨대 모더니즘 문예 사조로부터의 이탈, 그리고 그것과의 차이를 통해 포스트모더니즘을 규정하는 이러한 방식은 80년대에 씌어진 필립 스티빅의「포스트모더니즘 문학」에 이르기까지 포스트모더니즘 문학론에 거의 일관되게 나타난다. 필립 스티빅은 모더니즘 소설을 어떻게 파악하느냐에 따라 포스트모더니즘 소설에 대한 파악이 달라진다는 문제점을 지적하고 모더니즘 소설과 포스트모더니즘 소설 사이의 단절이 그렇게 분명한 것이 아님을 염두에 두면서도 여전히 양자 사이의 차이를 발견하려고 애쓴다. 그는 "지난 20년 동안 소설 문학에 무언가 결정적인 변화가 일어났다"[15]는 것을 입증하고자 하면서, 그 변화의 대표적 인물들로 존 바드, 도널드 바슬미, 로버트 쿠퍼, 토머스 핀천 등의 이름을 들고(어빙 하우가 포스트모던 소설로 꼽았던 솔 벨로우나 버너드 맬러머드가 여기서는 비포스트모더니즘 계열로 분류된다), 그들에게 보르헤스, 베케트, 나보코프, 마르케스 등의 영향이 크다고 지적하며, 포스트모더니즘 소설의 출발점을 1965년 정도("핀천의 『브이』가 발표된 지 2년 후, 바슬미의 『돌아와요, 캘리거리 박사』가 나온 지 1년 뒤, 그리고 바드의 『연초 도매상』이 출간된 지 5년 뒤인"[16])로 잡는다. 좀 더 사려 깊은 80년대의 린다 허천은 "포스트모더니즘에 관한 글에서 흔히 이루어지고 있는 이항 대립(과거와 현재의, 모던과 포스트모던의)은, 아마 의문시되지 않으면 안 될 것"[17]이라고 문제를 제기하지만, 단순 이항 대립을 의존/독립의

---

14) 같은 책, p. 53.
15) 필립 스티빅,「포스트모더니즘 문학」, 같은 책, p. 145.
16) 같은 책, p. 146.

모순 관계로 바꾸었을 뿐 여전히 모더니즘과의 관계 속에서 포스트모더니즘을 파악한다.

 포스트모더니즘이라는 말이 '포스트모던'의 인식 구조(혹은 세계관)라는 포괄적 개념으로 사용되면서 이런 의미에서의 포스트모더니즘에 대한 논의(이 글에서 말하는 포스트모더니즘 담론은 바로 여기에서 나온다)가 성행하게 되는 것은 1980년대 들어서의 일이다. 흔히 이런 의미에서의 포스트모더니즘 논의의 효시가 된 것이 료타르의 「포스트모던의 조건」(1979)이라고들 하지만, 실제로 료타르가 이 글에서 포스트모더니즘이라는 말을 사용한 것은 아니다. 이 글에서 료타르가 하고자 한 일은 "가장 고도로 발전한 사회에서의 지식의 조건"[18]을 밝히는 것이었다. 그 조건을 기술하기 위해 '포스트모던'이라는 말이 사용되었는데, 훗날 료타르는 "의도적으로 애매한 그 용어〔포스트모던: 인용자〕는 미국 비평 및 이합 핫산에게서 빌려왔"으며 "부르주아 자본주의의 모순들을 '명명'하기 위해 그 개념을 사용했다"고 밝힌다.[19] 「포스트모던의 조건」에서 료타르는, 과학이 생산하는 스스로의 지위에 관한 정당화의 담론(즉 철학이라고 불리는 메타 담론)에 근거해서 스스로를 정당화시키고 모종의 큰 이야기 grand récit[20]에 공공연히 호소하는 모든 과학을 지칭하기 위해 '모던'이라는 말을 사용하고, '포스트모던'을 '모던'의 메타 담론과 큰 이야기에 대한 불신과 회의라고 정의한다. 이 '포스트모던'은 배리 paralogy에 의한 정당화와 작은 이야기들 petits récits을 지지

---

17) 린다 허천, 「포스트모더니즘 시학」, 같은 책, p. 179.
18) 장 프랑소와 료타르(유정완 외 공역), 『포스트모던의 조건』, 민음사, 1992, p. 33.
19) 리처드 커니와의 대담(1994), 「정의란 무엇인가」, 리처드 커니(김재인 외 옮김), 『현대 사상가들과의 대화』, 한나래, 1998, p. 390.
20) 영문 번역에서는 grand narrative라고 옮기고 있다. 그러나 내러티브는 적절한 역어로 생각되지 않는다. 우리말로 옮길 때 내러티브를 흔히 서사라고 옮기지만 내러티브는 오히려 서술 방법이라는 의미에 가깝다. récit는 이야기라는 뜻이다. 불문학자 정명교 교수의 의견으로는 이것을 담론이라는 말로 바꾸어 큰 이야기를 거대 담론으로, 작은 이야기를 미시 담론으로 옮기는 편이 흔히 사용되고 있는 대서사, 소서사라는 역어보다는 나을 것이라고 한다.

한다. 여기서 '포스트모던'은 명백히 철학적 개념이다. 그런데 료타르의 이 글은 하버마스에 대한 명시적 비판을 포함하고 있다("정당성은 하버마스가 생각하는 것처럼 토론을 통해 얻어진 합의 속에서 발견될 수 있는가? 그런 합의는 언어 게임의 이질성에 위배될 뿐이다. 게다가 어떤 새로운 것의 발명은 합의에서 나오는 것이 아니라 언제나 불찬성, 이의, 반대에서 나온다"[21]). 이 비판이 하버마스의 반비판을 불렀다. 1980년 9월 하버마스는 아도르노 상 수상 연설문「모더니티: 미완의 기획」(「모더니티와 포스트모더니티」라는 제목으로 활자화된 것은 1981년이다)에서 모더니티를 부정하는 입장들을 다음과 같이 세 가지로 구별하고 그것들을 각각 비판했다. 1) '소장 보수주의자들'의 반(反)모더니즘, 2) '노장 보수주의자들'의 프리 모더니즘, 3) 신보수주의자들의 포스트모더니즘. 하버마스는 바타이유, 미셸 푸코, 자크 데리다 들을 1)에, 레오 스트라우스, 한스 요나스, 로베르트 스패만 들을 2)에 포함시켰다. 3)에 대해서는 구체적 거명을 하지 않고 있는데 여기서 료타르를 염두에 두고 있음을, 그리고 글의 전반부에서 거론했던 미국의 신보수주의자 다니엘 벨과 료타르를 동류로 묶고 있음을 짐작할 수 있다. 하버마스의 이 글은 포스트모더니즘 논의를 광범위하게 불러일으켰다. 료타르의 재반론도 그 중 하나이다. 료타르는「'포스트모더니즘이란 무엇인가'의 질문에 답하여」(1982)에서 "하버마스가 예술과 예술적 경험에 요구하는 것은 인식적·윤리적·정치적 담론 사이의 틈을 메워주고 그렇게 함으로써 경험의 통일성에 이르는 길을 열어주는 것"[22]이라고 하며 그 통일성이 '어떤 형태의 통일성'인지를 묻는다. 요컨대 하버마스는 '역사의 단일한 목적'과 '단일한 주체'라는 '계몽주의의 이념'에 갇혀 있다는 것이다. 포스트모더니즘은 하버마스와는 반대로 '총체성에 전쟁을 선포'하고 '표상할 수 없는 것의 증인'이 되면서 '차이들을 활성화'하는 것이라는 게 이 글의 결론이다. 포스트

---

21) 료타르, 앞의 책, p. 35.
22) 같은 책, p. 167.

모더니즘이라는 말이 포스트모던의 인식 구조(혹은 세계관)라는 포괄적 개념으로 정착되는 데는 하버마스/료타르 논쟁이 결정적인 역할을 하였다.

3. 오해된 포스트모더니즘

포스트모더니즘 담론은 실질적으로 하버마스/료타르 논쟁에서 시작되었다고 말할 수 있겠다. 그런데 포스트모더니즘 담론의 문제점은 이미 이 논쟁에서부터 잘 나타나고 있다. 하버마스도 료타르도 문학과 예술에서의 모더니즘 사조에 대한 논의를 담론의 중심부에 놓고 있고, 그 논의와 철학적 개념으로서의 모더니즘/포스트모더니즘에 대한 논의를 아무런 비판적 조정 작업 없이 결합하고 있는 것이다. 이것이 어떤 문제를 내포하고 있는지는 뒤에서 상론하기로 하고(지나는 길에 지적하자면, 하버마스는 1984년에 탈고한 『현대성의 철학적 담론』의 「서문」에서 "현대성의 철학적 담론은 여러 면에서 심미적 담론과 만나며 중첩된다. 그럼에도 불구하고 나는 주제를 제한할 수밖에 없었다. 나의 강의들은 예술과 문학에서의 모더니즘을 다루지 않을 것이다"[23]라고 밝히고 있는데, 왜 다루지 않는지에 대해서는 언급이 없지만, 어쩌면 우리가 지적하는 문제점에 대한 인식 때문이었는지도 모르겠다), 포스트모더니즘 담론에 대한 우리의 검토는 일단 철학적 개념과 문학 예술의 사조를 구분하는 데서부터 시작한다.

철학적 개념으로서의 모더니즘/포스트모더니즘에 대한 논의에서 모더니즘은 위로는 데카르트(1596~1650)에서부터 18세기의 계몽주의와 칸트(1724~1804), 헤겔(1770~1831)을 거쳐 하버마스에 이르기까지(마르크스와 프로이트까지도 포함되는)에 나타나는 철학적 사유 방식의 동질성을 가

---

23) 위르겐 하버마스(이진우 역), 『현대성의 철학적 담론』, 문예출판사, 1994, p. 13.

리키고 포스트모더니즘은 니체와 하이데거를 선구자로 하고 바르트, 라캉, 푸코, 데리다, 그리고 료타르, 보드리야르, 들뢰즈 등에게 나타나는 철학적 사유 방식의 동질성을 가리키는 것이 일반적이다. 일반적으로 이런 식으로 말하고 있지만 우리에게 필요한 것은 그런 방식에 대해 이의를 제기하는 것이다. 료타르 말마따나 새로운 현대적 의식의 핵심 가치는 이의dissent적인 것이 아닌가. 우선, 여기서 모더니즘이라는 것은 사실상 복잡하고 다양한 차이를 내용으로 하고 있는 것인바 동질성의 추출이라는 명분 아래 그 차이들이 억압되고 폭력적으로 단순화된다. 푸코만 보더라도, 그는 『말과 사물』에서 르네상스 이래 서구 문화의 역사를 네 개의 에피스테메의 단계적 변환으로 파악하고 있다. 그에 따르면, 전(前)고전주의적 에피스테메(중세 말에서 16세기 말까지)는 "유사성이 주춧돌 역할"을 하는 에피스테메이고, 고전주의적 에피스테메(17세기에서 18세기 말까지)는 "재현이 그것의 넋"이며, 모던 에피스테메(19세기 초부터 20세기 중엽까지)는 "질서가 역사로 대치된 것"이 특징인데 경험적이면서 초월적 존재인 '인간'이 나타났고, 네번째 에피스테메는 시작되었는지 아니면 '아직 다가오지 않은 낮은 신호'에 불과한지 불분명하다(포스트모더니즘론자로서는 이 네번째 에피스테메를 포스트모던으로 규정하고 싶을 것이다). 이와 견주어보면, 포스트모더니즘 담론에서의 모더니즘은 적어도 고전주의적 에피스테메와 모던 에피스테메의 차이를 무화시키고 있다. 그러니 모더니즘/포스트모더니즘의 대립 구도는 철학적 사유의 역사에서 포스트모더니즘을 하나의 신기원으로 세우려는 의도에서 나온 전략적인 것이라고 의심받을 만하다. 그런데 더욱 난처한 것은 그러한 폭력적 단순화가 포스트모더니즘에 대해서도 마찬가지로 행해진다는 점이다. 모더니즘의 전체주의를 거부한다고 하면서 포스트모더니즘 내의 이질적인 차이들을 재-전체화하는 것이다. 게다가 그 재-전체화는 흔히 특정한 모형을 중심으로 자의적으로 구성되곤 한다. 하버마스/료타르 논쟁의 파급 효과 때문인지 료타르가 중심이 되는 경우가 많은데, 이러한 자의적 구성이 더더욱 문제가 되는 것은 가령 료타르를 중심으로 했을 때 그 논의의 긍정적이거나 부정적인 결론을 가령 푸코나 데리다에게까지 무리하게 확장시키는 일이 흔하기 때문이다. 포스트모더니즘 내의 이질적인 차이가 어느 정도냐 하면, 가령 스코트 라슈 같은 경우 바르트, 라캉, 데리다 등을 다분히 소쉬르적 전통에 기반한 모던 및 구조주의로, 푸코, 들뢰즈, 료타르, 보드리야르 등을 신니체주의의 경향을 띤 포스트모더니스트로 볼 정도이다.[24] 하버마스의 경우에는, 앞에서도 이야기되었듯이, 바타이유, 푸코, 데리다를 한데 묶고 료타르 등을 따로 묶었다. 아마도 차이는 더욱 세분화될 수 있을 것이다. 사실을 말하자면, "동질적이고 유일한 텍스트로서의 포스트모더니즘이란 '없다'."[25] 주체의 분산과 텍스트의 분산을 최소한의 동질성이라고 할 수도 있겠으나 이때 정작 중요한 것은 그 동질성 위에 세워지는 다양하고 이질적인 차이들이다. 그 차이들을 굳이 한데 묶어 명명해야 한다면 그 이름은 차라리 포스트구조주의 정도가 적절할 것이라 생각된다. 포스트구조주의는 모더니즘이 아니라 구조주의와의 계승/단절이라는 점에 착목한 명명이니만큼 데카르트 이래의 그 모든 철학적 사유들을 단일한 텍스트로 단순화하지 않으며, 옛부터 면면히 이어져온 비합리주의 전통과의 접맥을 거부하지도 않고, 그 자신을 철학적 사유의 역사에서 신기원으로 설정하거나 현재의 전체적 지배권을 주장하거나 하지 않는다. 실제로 철학적 개념으로서의 포스트모더니즘에 대한 논의에서 거명되는 프랑스 쪽 이론가들 중 스스로 포스트모더니즘이라는 말을 사용하는 경우는 료타르가 거의 유일하다(1983년 이후의 보드리야르를 덧붙일 수는 있겠다). 아마도 그것은 포스트구조주의 중의 한 입장 정도로 위치지어질 수 있을 것이다. 그러나 포스트모더니즘이든 포스트구조주의든 지금으로서는 그런 명명이 중요한 것이 아니다. 시급한 것은 그 속의 여러 이질적인 차이들을 치밀하게 살피

---

24) 김성기, 앞의 책, p. 16 참조.
25) 김진석, 「에피모더니즘으로서의 포스트모더니즘」, 『문학과사회』, 1991년 겨울호, p. 1573.

는 일이다.

　문학·예술의 사조로서의 모더니즘/포스트모더니즘에 대한 논의에서 포스트모더니즘은 앞장에서 살펴본 바와 같이 주로 60년대 미국 소설을 중심으로 여기에 나타나는 문학적 경향들을 종래의 문학적 모더니즘과 차별화하면서 생겨난 사조를 가리킨다. 포스트모더니즘 문학론은 19세기의 리얼리즘, 20세기 전반의 모더니즘, 20세기 후반의 포스트모더니즘이라는 식의 문예 사조사 내지 예술 양식사의 시대 구분을 기본틀로 삼는다. 원래 문학 개념으로서의 모더니즘은 영미권에서 통용되던 것이고, 유럽에서는 대체로 아방가르드라는 개념을 사용했다. 예컨대 루카치가 모더니즘이라는 말을 피하고 아방가르드를 고집했던 것은 잘 알려진 사실이다. 실제로 모더니즘이라는 말은 방법, 양식, 사조 등 어떤 측면에서나 내용이 없는 말이다. 그러나 아방가르드라는 말이 20세기 들어 나타난 각종 문학 경향들(특히 영미권의 그것들)을 다 포괄하기에는 말 자체의 의미가 다소 협소하기 때문에 내용 없는 말인 모더니즘이 오히려 포괄적인 의미로 사용되기에는 편리한 점이 있었고, 그래서 유럽과 달리 아방가르드 운동이 취약했던 영미권에서는 주로 모더니즘이라는 말을 사용했던 것이다. 포스트모더니즘이란 개념은 모더니즘 개념을 전제했을 때만 성립되는 것이니만큼 포스트모더니즘 문학론이 주로 미국 쪽에서 번성한 것은 자연스러운 일이다(포스트모더니즘 문학론과 더불어 문학론에서의 미국의 대두는 압도적인 현상으로 나타나고 있다). 그런데 여기서 고려해야 할 것은 미국의 50년대 반(反)문화 운동이 제도권에 안주하는 모더니스트를 비판하기 위해 1920년대 유럽의 아방가르드 운동을 뒤늦게 받아들였다는 점이다. 이렇게 해서 생긴 것이 소위 네오아방가르드이다(그러면서 유럽의 아방가르드 운동은 역사적 아방가르드라고 불려 따로 구분된다). 미국의 포스트모더니즘은 이 네오아방가르드에서 비롯되었다고 할 수도 있다. 미국 이론가들 중 포스트모더니즘이라는 말을 아방가르드 내지 네오아방가르드와 동일한 의미로 사용하는 경우가 나타나는 것은 그 때문이다. 그러니까 미국 문학의 지형으로 보자면, '미국 모더니즘'과 그에 대한 반대로 나타난 네오아방가르드, 그리고 네오아방가르드에서 비롯된 포스트모더니즘, 이렇게 세 가지를 변별해볼 수 있다. 이합 핫산은 그 셋을 명시적으로 구분하는데, 모더니즘에 대해서는 "아방가르드에 비해서는 보다 안정적이며 보다 냉담한 편이었기 때문에 그들의 실험적인 시도들조차도 권위가 있는 것처럼 느껴지기도 하였다"고 하면서 "엄숙하고 수직적이며 형식주의적"인 점을 비판하지만, 아방가르드에 대해서는 "한때 활기와 화려함으로 가득 넘쳐 흐르던 이 아방가르드 운동들은 이제 거의 사라져버린 채, 속절없으며 동시에 모범적인 그들의 이야기만을 우리에게 남겨놓았던 것"이라고 호의를 표하고 포스트모더니즘과의 친연성 내지 유사성을 인정한다.[26] 물론, 양자 사이의 차이에 대한 언급을 잊지 않고 있지만, 그 차이라는 게 포스트모더니즘이 보다 냉정한 편이고 "대중적 전자 사회에 대해 덜 도당적〔무슨 뜻인지?: 인용자〕이고 훨씬 덜 반감적인 입장을 보이며 따라서 '키치'에 대해서도 한결 호의적"이라는 정도이고 보면 궁색하다 하지 않을 수 없다. 미국 문학의 특수성에 갇히지 않고 세계 문학의 지평에서 바라보면, '미국 모더니즘'이나 네오아방가르드나 포스트모더니즘이나 전부 모더니즘에 속하는 것으로 보인다는 게 필자의 솔직한 느낌이다(문학에서의 모더니즘이란 용어가 애당초 여러 이질적인 경향들을 다 포괄하는 개념으로 생겨나지 않았는가). 지나친 단순화일까봐 걱정스러우면서도 그 느낌을 지울 수 없다. 이 느낌은 포스트모더니즘 문학론에서 포스트모더니즘과 모더니즘의 특징을 대비하는 것을 보면 더욱 분명해진다. 이합 핫산이 제시한 도식이 대표적인 예가 되겠는데, 여기서 포스트모더니즘의 특징으로 든 33개 항목 중 다수는 실제에 있어서 모더니즘의 특징이기도 한 것들이다. 게다가 모더니즘의 특징으로 든 33개 항목 중 다수는 실제로는 리얼

---

26) 이합 핫산, 「포스트모더니즘의 개념 정립을 위하여」, 김욱동 편, 앞의 책, pp. 68~69.

리즘의 특징인 것들이다. 그러니까 이 도식의 이항 대립의 경계에는 모더니즘이 둘로 찢긴 채 걸쳐져 있고, 모더니즘 항목에는 리얼리즘이, 심지어는 낭만주의까지도 들어와 있는 것이다. 결과적으로 이합 핫산에게는 낭만주의에서부터 리얼리즘을 거쳐 모더니즘에 이르는 근대 문학 전체(포스트모더니즘 이전의)가 모더니즘이 되고, 모더니즘의 일부(아방가르드와 모더니즘을 구별하는 이합 핫산식으로 말하면 아방가르드)부터가 포스트모더니즘이 된다. 사실 이렇게 되면 이합 핫산의 도식의 실제 내용은 오히려 리얼리즘 대 포스트모더니즘의 대립 구도에 더 가까워진다. 그렇다면 모더니즘은 어디로 증발해버렸는가. 리얼리즘이 이제 모더니즘이라는 이름으로 불리고, 모더니즘은 그 존재를 박탈당하고 포스트모더니즘 속으로 흡수되어버린 것이 아닌가. 이렇게 됨으로써 문학에 있어서의 모더니즘/포스트모더니즘의 대립 구도는 철학적 사유 방식에 있어서의 그것과 흡사해진다. 그리고 포스트모더니즘은 20세기 전반의 모더니즘과 자신 사이의 진짜 구별이라는 문제를 덮어둔 채로 자신을 정당화하는 데 성공한다. 포스트모더니즘과 20세기 전반의 모더니즘 사이에 이질적 차이가 있다는 점을 부정할 수는 없지만, 과연 그 차이가 패러다임상의 차이인지는 몹시 의심스러운 것이고, 그렇기 때문에 오히려 더 그 차이는 치밀하게 검토되어야 할 것이다. 미국의 포스트모더니즘 문학론은 그 차이를 패러다임상의 차이로 과장하면서 유럽의 포스트구조주의 철학을 흡수하여 자신의 철학적 배경으로 삼고(그 놀라운 실용적 흡수력!) 유럽의 문학적 모더니즘의 존재를 증발시켜버린다(그 놀라운 공격성!).

실제로 포스트구조주의 철학과의 관계에서 중시되어야 할 것은 20세기 후반의 포스트모더니즘이 아니라 포스트모더니즘 문학론에 의해 그 존재를 박탈당하고 있는 20세기 전반의 모더니즘이다. 푸코가 말라르메를 어떻게 보는지, 들뢰즈가 카프카를 어떻게 읽고 프루스트를 어떻게 읽는지를[27] 상기하라. 정신사적으로 볼 때 말라르메와 카프카, 프루스트는 푸코, 들뢰즈의 철학에 상응하는 선행자이다. 예컨대, 『말과 사물』(1966)에서 푸코는 '문학의 탄생'에 대해 말하고 있다. 여기서 푸코는 말라르메를 (니체와 더불어) 든다. "누가 말하고 있는가, 라는 니체의 질문에 말라르메는 〔……〕 말하고 있는 것은 〔……〕 말의 수수께끼 같은 불확실한 존재 자체라고 대답"한다고 푸코는 쓰고 있다. 탄생된 문학(혹은 "문학이라고 불리는 언어")은 "그 어떤 통일성이 회복될 수 없는 복합적인 존재 양식을 취하는 언어"이며, "다만 홀로 말하고 자신의 존재의 섬광 속에서 빛을 발하는 일 이외에 어떠한 할 일도 지니고 있지 않"은 언어이다. 또한 그것은 "담론의 여타의 모든 형태와 대립"하며 "담론에서 분리되어 근원적인 자기 완결성으로 자신을 감싼다." 푸코는 이 문학에서 새로운 에피스테메의 징후를 감지하고, 그 점을 "새벽에 낮게 드리운 최초의 빛이나 미처 다가오지 않은 낮은 신호에 불과한 것일까"라는 의문문을 통해 조심스럽게 언급한다. 말라르메에서 발견되는 문학의 탄생은 문학사적으로 보자면 모더니즘 문학인데, 푸코는 "말라르메가 죽는 순간까지 헌신했던 위대한 과업이야말로 오늘날의 우리를 지배하고 있는 과업"이라고 말하는 것이다.[28] 그러니 푸코 철학은 모더니즘 문학으로부터 태동한 것이라고 해도 지나친 말이 아닐 것이다(푸코의 문학적 관심은 말라르메 이외에도 18세기 말 19세기 초의 사드, 횔덜린, 아르토로부터 시작하여 20세기의 아방가르드에까지 미친다. 그것들에 공통되는 것은 위반의 언어라는 점이다. 가령 사드의 위반의 언어가 고전주의적 에피스테메에서 모던 에피스테메로 넘어가는 문턱에 서 있었다면 말라르메나 아방가르드는 모던 에피스테메에서 아직 시작되지 않은 새로운 에피스테메로의 문턱에 서 있는 것이라 할 수 있다). 들뢰즈는 『차이와 반복』(1968)에서 칸트 연

---

27) 들뢰즈/가타리 공저, 『카프카: 소수 집단의 문학을 위하여』(1975)와 들뢰즈, 『프루스트와 기호들』(1964~1973)을 보라.
28) 이상은 미셸 푸코(이광래 역), 『말과 사물』, 민음사, 1987, pp. 347~53 이곳저곳에서 인용. 이 역본에 따르되 몇 개의 번역 용어를 많이 사용되는 것으로 고쳤음.

구를 수행하며 칸트의 『판단력 비판』에서 임의적으로 규정된 능력들의 재인식 활동을 벗어나 상상력의 자유로운 발생적 활동을 가능케 해주는 것으로서의 숭고das Erhabene[29]를 발견한다(이것은 푸코가 말하는 담론적 규칙과 그것으로부터의 벗어남과도 상통한다. 포스트모더니즘 예술에 대해 말하면서 료타르가 이와 비슷한 말을 하고 있는 점에 주목할 필요가 있겠다. "포스트모더니즘 예술가와 작가들은 철학자의 입장에 있다. 포스트모더니즘 작가와 예술가의 텍스트나 작품은 원칙적으로 기존 규칙의 지배를 받지 않는다. 그것은 규정적 판단에 따라 판단될 수도 없고 낯익은 범주들을 텍스트와 작품에 적용하는 것으로써 판단될 수도 없다. 예술 작품 스스로가 규칙과 범주를 찾아낸다. 예술가와 작가들은 미래에 만들어질 규칙을 만들기 위해 아무런 규칙도 없이 작업하고 있다."[30] 료타르의 포스트모더니즘이나 푸코, 들뢰즈의 모더니즘이나 다를 바가 없지 않은가. 이 점에 대해서는 바로 뒤에서 논의될 것이다). 들뢰즈의 프루스트에서는 바로 그 발생적 활동이, 기호 해독과 관련된 능력들의 발생적 활동이라는 형태로 나타난다. 들뢰즈가 보기에, 프루스트 속에는 통일성의 지반이 되어줄 주체는 없고 오로지 기호를 해독하는 사유만이 있다.[31] 그러니 프루스트야말로 들뢰즈 철학의 선행자인 것이다.

하버마스/료타르 논쟁에서 두 사람의 입장이 상반됨에도 불구하고 사실상 동일한 파악을 보여주는 대목이 있다. 모더니즘 문학과 예술에 대한 파악이 그것이다. 적지 않은 분량을 할애한 모더니즘 문학과 예술에 대한 평가에 있어서 하버마스는 포스트구조주의 철학자들과 기본적으로 다르지 않

---

[29] 칸트가 이 말을 사용했을 때는 장엄이라는 뜻에 가까웠다('장엄한 자연 경관'이라는 식으로). 그러나 이 말에 대한 한자어 번역으로는 흔히 숭고를 많이 쓰고, 때로 숭엄이라고도 한다. 장엄은 엄숙·위엄의 뉘앙스가 강하고, 숭고는 거룩함이라는 뉘앙스가 강하다.
[30] 료타르, 「'포스트모더니즘이란 무엇인가'의 질문에 답하여」(1982), 유정완 등 역, 『포스트모던의 조건』, 민음사, 1992, p. 180.
[31] 이상 들뢰즈에 관한 것은, 들뢰즈(서동욱 역), 『프루스트와 기호들』, 민음사, 1997에 수록된 서동욱의 「사유의 이미지와 발생의 문제: 재인식 대 기호 해독」 참조.

다. 그 평가에 이어서, 하버마스는 "이제 이러한 심미적 모더니티의 정신이 최근에 들어와서 시들기 시작"했음을 인정하고서 "그것은 모더니티에 대한 결별의 신호인가"라고 반어적으로 묻는다.[32] 물론 이 반어적인 물음이 뜻하는 것은 심미적 모더니티는 계속적으로 추구되어야 한다는 것이다. 그런데 하버마스가 모더니티로부터 포스트모더니티로의 이행에 반대할 때 적수로 끌어들이는 것은 료타르가 아니라 다니엘 벨이다. 다니엘 벨은 명백히 신보수주의적 입장에서 심미적 모더니티를 부정하고 있기 때문에 하버마스에게는 아주 만만한 적수가 되는 것이다(그리고 여기서 포스트모더니티는 다니엘 벨적인 것으로 제한된다). 그러나 료타르는 다르다. 료타르는 자신을 다니엘 벨과 동류로 취급하는 하버마스에 대한 반론에서 자신이 다르다는 것을 분명하게 보여준다. 료타르는 먼저 리얼리즘을 비판하는데, 다니엘 벨적인 포스트모더니티는 여기서 절충주의적 리얼리즘(심지어는 '돈의 리얼리즘')이라고 불린다. 그리고서 료타르는 아방가르드에 대한 긍정적 평가에 적지 않은 분량을 할애한다. 설명 방식과 뉘앙스에 다소 차이가 있기는 하나 이 대목에서 하버마스와 료타르 두 사람은 모더니즘 문학과 예술에 대해 기본적으로 동일한 입장에 있는 것이다. 료타르가 하버마스와 달라지는 것은 그 심미적 모더니티와 심미적 포스트모더니티를 구별하는 장면에서이다. 료타르는 프루스트와 조이스를 대비시킨다. 료타르에 따르면, 모더니즘은 "표상할 수 없는 것을 상실된 내용으로써만 드러내지만 형식은 인식 가능한 일관성을 가지고 있기 때문에 계속해서 독자나 관객들에게 위안과 기쁨을 제공"해주는데, 그에 반해 포스트모더니즘은 "모더니즘에서라면 표상할 수 없는 것을 표상 그 자체로 드러내"며 "훌륭한 형식이 주는 위안, 획득할 수 없는 것에 대한 향수"를 거부한다.[33] 이런 의미에서 프루스트는 모더니즘의 예가 되고 조이스는 포스트모더니즘의 예가 된다. 이 대비의 근거는 료타르

---

32) 위르겐 하버마스, 「모더니티와 포스트모더니티」, 김욱동 편, 앞의 책, p. 285~86.
33) 료타르, 앞의 책, pp. 179~80의 이곳저곳. 번역문을 약간 수정했음.

특유의 숭고 미학이다. 둘 다 칸트 해석에서 나온 것이지만 들뢰즈의 숭고와 료타르의 숭고는 다르다. 료타르의 숭고는 "원리상으로는 개념에 일치하는 대상을 상상력이 표상하지 못할 때 발생"[34]하는 것이다. 숭고 미학은 "표상 불가능한 것을 표상 그 자체로 드러내는 것"[35]을 추구하며, 그것이 바로 심미적 포스트모더니티라는 것이다. 좀 더 살펴보자면, 료타르의 숭고는 쾌 · 불쾌의 결합으로 특징지어지고, 조이스에게는 쾌 · 불쾌의 결합이 나타나지만 프루스트에게는 쾌만 있고 쾌와 불쾌의 내재적 결합이 없기 때문에 진정한 숭고 감정이 형성되지 않는 것이 된다. 료타르의 숭고 미학은 인식론적인 들뢰즈의 숭고론과 어느 의미에서는 상반된다고 할 수 있다. 전자의 경우 숭고 앞에서 상상력이 무력해지는 데 반해, 후자의 경우 숭고 앞에서 상상력은 자유로운 발생적 활동을 하는 것이다. 숭고 미학에 입각한 심미적 모더니티와 심미적 포스트모더니티의 료타르식 구분은 충분한 설득력을 갖지 못하는 것으로 보인다. 게다가 료타르는 아방가르드에서 숭고 미학을 발견하고 있는바 그 논리적 귀결은 아방가르드와 포스트모더니즘을 동일시하면서 비(非)아방가르드적 모더니즘은 평가 절하하는 것이다. 이렇게 되면 미국의 포스트모더니즘 문학론과 아주 흡사해진다. 실제로 료타르의 「'포스트모더니즘이란 무엇인가'의 질문에 답하여」는 크게 두 부분—— '리얼리즘'이라는 소제목이 붙은 부분과 '포스트모더니즘'이라는 소제목이 붙은 부분——으로 이루어져 있다.

하버마스와 료타르는 공히 동일한 오류를 범하고 있는 것으로 보인다. 기표로서의 말에 대한 집착이 그것이다. 문학에서의 모더니즘/포스트모더니즘과 철학에서의 모더니즘/포스트모더니즘은 같은 말을 쓰고는 있지만 그것이 의미하는 바는 서로 상응하지 않는 것이다(이 점을 입증하기 위해 우리는 앞에서 긴 논의를 수행했다). 철학에서의 모더니즘은 문학에서의 모더니

---

[34] 같은 책, p. 175.
[35] 같은 책, p. 179.

즘이 아니라 오히려 리얼리즘에 상응하며, 철학에서의 포스트모더니즘은 문학에서의 모더니즘에 상응한다. 그렇다면 문학에서의 포스트모더니즘은? 그것은 모더니즘의 일부일 뿐이다. 하버마스가 '모더니즘 철학'에 대한 '포스트모더니즘 철학'의 공격을 '심미적 모더니티'에 대한 공격으로 바꾸어놓음으로써 그 공격의 유효성을 무화시키는 것이나 '심미적 모더니티'의 정당성을 '이론적 지식'과 '도덕'의 영역에까지 무매개적으로 확장하여 말하자면 '철학적 모더니티'를 정당화하는 것은 그러한 말의 위상의 차이를 간과했기 때문이다(간과가 아니라 이용한 것일 수도 있을까). 한편, 료타르가 심미적 모더니티를 긍정적으로 평가하면서도 그것을 심미적 포스트모더니티와 다소 무리하게라도 구분하고자 한 것 또한 말의 위상의 차이를 간과했기 때문이다. 그 차이를 간과할 때 심미적 모더니티는 철학적 모더니티와 상응하는 것이므로 심미적 포스트모더니티와 구별되지 않으면 안 되는 것이 된다. 그 차이를 분명하게 인식하고 용어상으로 조정하지 않는 한 포스트모더니즘 담론에서 이와 같은 오류의 위험은 상존할 것이다.

하버마스에게도 료타르에게도 일종의 기계적 결정론이 숨어 있는 것으로 생각된다. 모던 시대의 모더니즘, 포스트모던 시대의 포스트모더니즘이라는 기계적 결정론 말이다(훗날, 료타르는 포스트모던을 시기 구분으로 보는 것은 잘못이라고 밝힌다: "내 자신이 범한 오해를 비롯해서, 실제로 많은 오해들이 있다. 그 가운데 하나가, 전형적인 '현대적' 열광인, 시기 구분이라는 관념이다"[36]). 그러나 푸코는 그러한 기계적 결정론을 벗어나 있다. 그것은 문학의 예외성을 인정하는 데서 가능해진 것으로 보인다. 모던 에피스테메 속에서의 문학의 예외성을 푸코는 다음과 같이 지적하고 있다. "언어는 특권적 지위라고까지는 말할 수 없겠지만 적어도 노동이나 생명의 운동과 비교해 볼 때 유별난 운명을 갖게 된다."[37] 모던 에피스테메 속에서 태어났으나 모

---

36) 리처드 커니, 앞의 책, p. 390.

던 에피스테메에서의 벗어나기의 징후가 되는 것, 그것이 문학의 유별난 운명인 것이다.

4. 결론
── 요청되는 작업

 이상의 검토를 통해 우리에게 분명해진 것은 포스트모더니즘 담론을 폐기해야 한다는 점이다. 포스트모더니즘이라는 말의 유효성은 다음 두 가지 경우에만, 그리고 그 둘을 분명히 구분한다는 전제하에서만 인정될 수 있겠다. 하나는 미국에서 생겨난 역사적 사조로서의 포스트모더니즘 문예 사조와 문화 사조이고, 다른 하나는 료타르의 철학적 입장(그리고 거기에 동조하는 입장)으로서의 포스트모더니즘이다. 포스트모더니즘 담론을 폐기하는 우리에게 요청되는 작업은 다음과 같은 것들이다.
 첫째, 모더니즘 문학을 서로 다른 철학적 입장에서 어떻게 보아왔는가에 대한 검토. 예컨대, 벤야민, 아도르노, 마르쿠제, 하버마스 등과 포스트구조주의 이론가들 사이에, 그리고 포스트구조주의 이론가들 내부에서 몇몇 서로 다른 입장들 사이에 모더니즘 문학을 보는 방식은 긍정적 평가라는 기본적 태도를 공유하면서도 분명히 다른데, 어떤 철학적 입장의 차이가 그렇게 다르게 보게 만드는지, 그리고 모더니즘 문학의 무엇이 그렇게 다르게 보는 것을 가능하게 해주는지가 검토되어야 한다.
 둘째, 역사적 사조로서의 포스트모더니즘 문예 사조 내부의 차이들에 대한 검토. 차이는 더욱더 세분화될 수 있겠지만, 일단 모더니즘 문학에 속하는 것들과 료타르가 '돈의 리얼리즘'이라고 부른 것을 구분하여 검토하여야

---

37) 미셸 푸코, 앞의 책, p. 350.

한다. 이 대목에 대한 료타르의 지적은 대단히 날카롭다. 좀 길지만 직접 인용하는 편이 확실하겠다.

절충주의는 현대 문화 일반의 영도이다. 사람들은 레게 음악을 듣고 서부극을 보며 점심에는 맥도널드 식품을, 저녁에는 향토 음식을 먹는다. 동경에서 파리에서 만든 향수를 뿌리고 홍콩에서 '복고풍의' 옷을 입는다. 지식은 TV 게임용의 문제이다. 절충주의적 작품을 선호하는 대중을 찾기란 어렵지 않다. 예술은 키치가 됨으로써 후원자들의 '취향'을 지배하는 혼란에 영합한다. 예술가, 화랑 소유주, 비평가, 대중은 모두 '뭐든 괜찮다' 속에 함께 뒹군다. 지금은 이완의 시대이다. 그러나 '뭐든 괜찮다'류의 이런 리얼리즘은 사실상 돈의 리얼리즘이다. 미적 판단 기준이 부재한 가운데 그 이윤에 따라 예술 작품의 가치를 평가하는 것은 가능하며 유용하기도 하다. 만일 시대적 유행과 욕구가 구매력을 갖는다고 한다면 자본이 모든 '욕구'를 조정하는 것과 마찬가지로 이런 리얼리즘도 모든 경향들을 조정한다.[38]

포스트모더니즘 담론에서 흔히 '억압된 것의 복귀'라는 명분 아래 포스트모더니즘 문학, 예술, 문화의 중요한 현상으로 자랑스럽게 제시하는 것이 바로 이것이다. '반예술적'이고 '진지성에 반대'하는 대중 예술의 출현을 열렬히 환영하며 "엘리트 문화와 대중 문화 사이의 차이를 좁히는 것이 바로 오늘날의 소설이 맡아야 할 역할"[39]이라고 주장한 레슬리 피들러가 그 대표적 인물이다. 그러나 료타르에게 그것은 자본이라는 권력의 지배 아래 놓여 있는 절충주의적인 '돈의 리얼리즘'일 뿐이지, 결코 '포스트모더니즘'이 아니다. 료타르에 따르면, 그것은 오히려 아방가르드의 유산과 '포스트모더

---

38) 료타르, 「'포스트모더니즘이란 무엇인가'의 질문에 답하여」, 앞의 책, p. 172.
39) Leslie Fidler, "Cross the Border-Close the Gap"(1970), *Fiedler Reader*, New York: Stein and Day, 1977, p. 270.

니즘'(료타르가 그렇게 부르는)을 청산하거나 대체하려는 것이다. 바로 이 대목에서 료타르와 프레드릭 제임슨이 만난다. 제임슨이 포스트모더니즘을 소비 사회(그리고 후기 자본주의)의 문화적 논리라고 했을 때 그 포스트모더니즘이 이러한 '돈의 리얼리즘'을 가리키는 것인 한 그것을 비판하는 제임슨은 료타르와 같은 입장인 것이다(다만 제임슨이 그것을 포스트모더니즘이라 부르는 데 반해 료타르는 그것을 포스트모더니즘에서 제외한다). 포스트모더니즘에 대한 가장 흔한 오해는 바로 이 대목에서, 대중 문화와 고급 문화의 경계지우기를 포스트모더니즘의 중심적 현상으로 생각하고 이로부터 기산하여 이른바 포스트모더니즘적 사유를 전체화하는 형태로 나타난다. 그러나 이러한 전체화는 푸코는 말할 것도 없고 심지어 그 자신 '포스트모더니즘'을 주장하는 료타르의 의도와도 완전히 어긋나는 것이다. '문화 연구cultural studies'라는 근자에 새롭게 부각되고 있는 입장도 대중 문화와 고급 문화의 경계지우기를 중시한다는 점에서 오해된 포스트모더니즘과 비슷한 태도를 가지고 있는 것으로 보인다. 대중 문화 텍스트와 고급 문화 텍스트를 '의미화 실천'이라는 동일한 지반 위에서 차별 없이 연구한다는 '문화 연구'의 입장에서는 문학 또한 남김없이 담론—'문화 연구'의 주요 이론가 중 한 사람인 안토니 이스트호프의 용어로는 '의미화 실천'—의 세계에 들어 있는 것일 따름이다. 레슬리 피들러식의 포스트모더니즘 문화 옹호론과는 달리 '문화 연구'는 그러한 문화에 대한 분석을 비판적으로 수행하기는 하지만, 양쪽 모두 푸코의 '문학이라고 불리는 언어'나 료타르의 '아방가르드—포스트모더니즘' 문학의 존재를 박탈하고 있다는 점에서는 다를 바가 없다. 결국 '문화 연구'는 담론의 세계 속에 들어 있으면서 동시에 그 세계를 벗어나 있는 문학의 이중성에서 그 벗어남의 측면을 청산해버리고 마는 것이다. 그러나 그 벗어남의 측면이 정말로 청산된다면 그것이 문학일 수 있을까. 그것은 형식 논리상으로는 여전히 문학일 수 있겠지만 형식 논리를 넘어서서 보면 결코 문학이 아닌 것이다. 푸코가 '문학의 탄생'에 대해 말했을 때 그 '문학' 또한 결코 형식 논리적 범주가 아니었음을 상기하자.

셋째, 문학이나 문화 문제를 넘어서서 생각해보면, 근본적으로 지금 전 세계적 규모에서 일어나고 있는, 그리고 그와 관련하여 일국적 범위에서 일어나고 있는 급격한 사회적 변화에 대한 치밀한 검토가 요청된다. 그것이 포스트모던 사회로의 변화인가 아닌가를 결정해야 한다는 뜻이 아니다. 그것이 우리의 삶을 양적·질적으로 엄청나게 변화시키고 있다는 점이 중요한 것이다. 이에 대한 검토는 환원론을 위한 근거를 만들기 위해서가 아니라 반대로 명시적이거나 암묵리에 작동하고 있는 환원론을 넘어서기 위해 요청된다. (1998)

21세기 작가란 무엇인가

1. 작가란 무엇인가

　작가란 무엇인가, 라는 질문에는 이미 몇 가지 전제들이 들어 있다. 우선, '작가'라는 확고한 주어 속에 그 정체성에 대한 믿음이 들어 있다. 그 다음에는, '무엇인가'라는 물음 속에 그 믿음과 실제 사이의 괴리를 문제시하는 입장이 들어 있다(괴리가 없다면 구태여 이런 물음이 필요하지 않을 것이다). 마지막으로, '작가란 무엇인가'라는 질문 전체에는 대답의 가능성에 대한 예견이 들어 있다. 우리는 먼저 이러한 질문의 전제들을 탐색하는 일부터 시작해야 한다. 경우에 따라서는 이 질문 자체를 폐기할 수도 있다는 각오가 필요하겠다. 잘못된 질문에 대한 올바른 대답은 질문의 잘못됨을 지적하는 것이니까 말이다.

　국어 사전을 찾아보면[1] '작가(作家)'라는 말은 1) 문학이나 예술의 창작 활동을 전문으로 하는 사람, 2) '소설가'라고 풀이되어 있다. 지금 이 자리에서 주제가 되고 있는 '작가'는 1)에, 좀 더 정확히 말하면 1) 중에서도 '문학의 창작 활동을 전문으로 하는 사람'에 해당된다. '저자(著者)'라는 말을 사용한다면 문학(그리고 예술)의 '저자'가 '작가'인 것이다. 영어의

---

[1] 『동아 새국어 사전』, 1994년 개정판.

author는 '저자'라는 뜻이지만 그중에서도 특히 문학 예술의 '저자,' 즉 '작가'를 뜻하는 말로도 쓰인다. 이렇게 보면, 영어의 author가 우리말에서는 (우리말뿐만 아니라 한자말을 사용하는 동아시아 3국에서는) '저자'와 '작가' 둘로 분화되어 있다고 하겠다. author의 역어로서의 '작가'가 아닌, 한자말 '작가'는 원래 '집안을 다스리다'(진수〔陳壽〕, 『삼국지〔三國志〕』), '절약하다'(『경세통언〔警世通言〕』)라는 뜻의 동사였고 이 말이 명사로 쓰이기 시작하는 것은 송나라 때에 들어서의 일이다. 명사로서의 '작가'는 어떤 분야에 성취가 있는 사람, 전문가, 고수(高手)를 뜻했다. 그러니까 '작가'라는 말은 장인성(匠人性)에 초점을 맞춘 말인 것인데, 이 말이 문학 분야에 사용된 예로는 송나라 때의 책인 『태평광기(太平廣記)』에 실린 한 기록에 당나라 때 시인 왕유(王維)가 비문(碑文)을 잘 지었던 왕여(王璵)라는 사람을 가리켜 '대작가(大作家)'라고 했다는 대목을 들 수 있다. 이 말이 오늘날과 같은 의미에서 특히 문학 예술 분야에서의 전문가를 가리키는 말로 사용되는 것은 메이지 시대 일본에서 시작되었고, 대체로 20세기 초부터 한자 문화권에 널리 확산된 것으로 생각된다. 당시 서양 근대 문학의 수용과 더불어 영어의 author라는 말이 특히 문학 예술의 저자를 뜻하는 경우에 대한 한자 역어로 기왕에 있던 '작가'라는 말이 선택된 것이다. 그러니까 작가author라는 개념은 당연하게도 역사적 개념이고 문학이라는 것의 독립적이고 자율적인 정체성이라는 일정한 컨텍스트 속에서만 성립되는 개념이다. 한자 문화권의 전통에도 당연히 문학 행위는 존재했지만 문학을 독립적이고 자율적인 정체로 여기지는 않았고 따라서 문학의 저자 역시 독립적이고 자율적인 정체로 여기지 않았다(일반적인 통념에서 그러했을 뿐만 아니라 문학 행위자 자신부터가 그러했다. 참고로 말하자면, 한자 문화권의 전통 문화 속에서 작가 의식의 발생을 과연 전혀 발견할 수 없는 것인지는 한마디로 단언키 어렵다. 명나라 때의 극작가들에게서 그 흔적의 유무를 검토해보아야 한다는 조심스러운 주장은 존중될 만하다).

일단은 작가author라는 개념이 서양의 근대 문학과 그 수용이라는 컨텍스트 속에서 성립된 것임을 인정하지 않을 수 없겠다. 그 컨텍스트 속에서 작가author는 한 개인으로서 작품 밖에 있고 작품에 선행하는 존재이며, 그의 작품들은 그 자신에게로 귀속된다. 그는 완전무결하고 자족적이다. 게다가 그는, 낭만주의 시대에 상상력, 천재, 독창성을 그 특성으로 부여받기까지 한 특권적 존재이다(author의 역어로 '작가'라는 말이 선택된 것은 그 말이 원래 뜻하던 장인성과 author의 낭만주의적 이미지 사이에 상통하는 점이 있다고 여겨졌기 때문일 것이다). 물론 근대 문학에서 작가가 일관된 모습으로만 나타났던 것은 아니다. 김병익은「작가란 무엇인가」라는 글에서 근대 문학 안에서의 작가 상(像)의 변화를 명쾌하게 요약하고 있다. 그에 따르면, "고전주의 시대의 시인들은 이성적 진리에 도달하려는 탁마의 도제들"이었고, 낭만주의 시대의 시인은 "눈에 보이는 세계를 넘어서고 초월하여 보이지 않는 세계에서의 진실함을 포착"하려는 "세계 밖의 존재"였으며, 19세기의 작가는 "사회와 인간의 삶에 대한 통찰과 진술을 수행"하는 "세계 내적 존재"였고, 20세기의 모더니즘 작가는 "자신의 소외와 파탄을 드러냄으로써 현대 사회와 인간의 소외와 파탄을 입증"하고 그럼으로써 "반(反)정치적 작업을 통해 정치적 역할을 수행"하는 자이다.[2] 다소 도식적인 점이 없지는 않으나 충분히 정곡을 찌르고 있는 이러한 요약을 통해 김병익이 말하고자 하는 것은 근대 문학 안에서의 작가 상의 변화는 사회 역사적 현실의 변화와 동궤의 것인바 그 변화에도 불구하고 일관되는 원리가 있다는 점이다. "세계를 상투적으로 보기를 그치고 끊임없는 부정을 통해 새로운 창조를 도모한다는 행위"와 "한없는 외로움과 고통, 절망과 도전, 모험과 패배의 무거운 짐을 지겠다는 실존적 결단"[3]이 그것이다. 김병익에게는 그것이야말로 작가의 당위이며 존재이다. 그런데 자세히 살펴보면, 이 일련의 작가

---

2) 김병익,「작가란 무엇인가」,『전망을 위한 성찰』, 문학과지성사, 1987, pp. 11~14.
3) 같은 책, p. 123.

상의 변화는 각 시대의 작가 정체성이 실제와의 괴리에 부딪히고 그 위기를 극복하면서 새로운 정체성을 획득해가는 과정의 되풀이라고 할 수 있다. 실제로 김병익이 이 글에서 '작가란 무엇인가'라고 물은 것도 80년대의 민중 문학의 대두 속에서 작가 정체성이 위기에 부딪힌 데 대한 대응이었던 것이다. 김병익이 제출한 근대 문학 전체에 일관되는 원리는 사실상 모더니즘 작가의 입장에 가깝고 그 입장에서 근대 문학사를 재해석한 것이라고 해야 할 것이다.

김병익의 이러한 문제 제기로부터 10여 년이 지난 지금, 우리는 더욱 심각하고 보기에 따라 근본적이라 할 수 있을 낯선 위기에 직면해 있다. 이 포럼의 취지문에서 지적하고 있는 것처럼, 통일, 민주, 평등 등의 기왕의 문제들이 미해결 상태로 남아 있는 위에 '정보화 사회, 환경, 멀티미디어, 대중, 성(性) 등 새로운 문제들이 문학의 장(場) 안으로 가득 밀려 들어온 것'이다. 이 새로운 문제들은 종래의 작가 정체성에 심각한 도전과 위협으로 작용하면서 다음과 같은 여러 물음들을 야기시키고 있는 것으로 보인다. 작가라는 개념의 유효성 안에서의 정체성 재정립을 통해 이 위기의 극복이 가능할까. 아니면 이미, 혹은 바야흐로 작가라는 개념의 유효성 자체가 소멸되어가는 중인가. 한 개인으로서 작품 밖에 있고 작품에 선행하는 존재이며, 그의 작품들은 그 자신에게로 귀속되고, 완전무결하고 자족적인 그러한 작가는 더 이상 불가능한가. 근본적으로, 독립적이고 자율적인 문학이라는 컨텍스트가 붕괴되고 그에 따라 독립적이고 자율적인 작가 역시 해체되고 있는 것인가. 오늘날 '작가란 무엇인가'라는 물음은 이러한 물음들을 그 세목으로 포함해야만 의미 있는 물음이 될 수 있다. 이러한 물음들은 근대 문학의 작가라는 존재를 수호해야 할 절대적 가치로 생각하는 입장이나 반대로 폐기해야 할 악덕 내지 이미 죽어버린 시체로 생각하는 입장을 양자택일적으로 미리 전제하고서 묻는 물음은 아니다. 이는 근본적 반성을 위한 열린 물음일 뿐이다.

2. 조건의 변화와 작가

작가, 즉 문학의 저자를 다른 장르의 저자들과 구별되는 독립된 단위로 인식하기 시작한 것은 양의 동서를 막론하고 그리 오래된 일이 아니다. 한자 문화권에서는 대체로 20세기에 들어서의 일이고(논쟁의 여지가 있지만), 서양에서는 대체로 17, 18세기의 일이다. 작가를 독립된 단위로 인식한다는 것은 문학을 독립된 단위로 인식하는, 다시 말해 시·소설·희곡 같은 것들을 동질적인 것으로 인식하고 그 동질성에 문학이라는 이름을 붙이며 문학을 다른 글쓰기 장르들과의 차이로 인식하는 컨텍스트의 존재를 전제한다. 그러한 컨텍스트의 형성은 다시 일정한 사회 역사적 컨텍스트 속에서 가능했다. 즉 인쇄 기술의 발달, 시장의 발달, 근대 사회의 성립, 근대 국가의 성립 같은 것들로 구성되는 컨텍스트 말이다. 거기에서 문학은 사회에 대해 자율적인 정체로 인식되고 작가 역시 사회에 대해 자율적인 개인적 주체로 인식되었으며, 그리하여 문학과 사회를 대립 관계로 파악하고 그 대립 관계에서 문학의 자율성을 중시하는 태도가 지배적으로 되었고, 그 자율성의 덕분으로 문학은 사회에 대해 비판성을 가지게 되었다. 물론 그 자율성에 대한 믿음은 끊임없이 의심받고 도전받았다. 가령, 그 자율성은 시장을 매개로 얻어지는 것이라는 점에서 절대적인 것이 아니고 상대적인 것이라는 지적, 문학은 사회 바깥에 있는 것이 아니라 그 자신 사회 속에 있는 것이며 또한 문학 안에 이미 사회가 내면화되어 있는 것이라는 지적, 그리고 문학의 자율성은 근대 사회의 성립과 더불어 생겨났으나 그 이후로는 끊임없이 사회에 의해 위협받고 흡수되어왔다는 지적, 그래서 마침내 문학의 자율성은 실제로 존재하지 않는 허구적인 것이 되어버렸다는 지적, 이제는 자율성의 신화가 자율성의 제스처를 부추기고 있을 뿐이라는 지적 따위가 그러하다. 그러나 그러한 지적들은 문학과 사회의 대립 구도와 그 대립 구도 안에서의 문학의 자율성을 포기하자는 것은 아니었다. 오히려 진정한 자율성과 진정한 비판성을 추구하기 위한 것이었다고 해야 한다. 자율성과 비판성은 순진한 상태로, 투명한 형태로 존재하는 것이 아니기 때문이다. 그러나 오늘날 우리가 부딪치고 있는 사회 역사적 현실의 변화는 그러한 컨텍스트들 자체를 최소한 불안정하게 만들고 있고 나아가서는 붕괴시키려 하고 있다.

독립된 단위로서의 문학은 처음 성립부터 시장을 매개로 하였고 그 매개를 통해 자율성을 얻었으면서 동시에 그 매개로 인해 끊임없이 자율성을 위협받아왔다. 그러나 이제 후기 산업 사회의 시대로 들어서면서 문학은 전과는 비교할 수 없을 정도로 자율성을 상실해가고 있다. 후기 산업 사회, 후기 자본주의, 다국적 자본주의, 소비 사회, 정보 사회, 미디어 사회 등 여러 가지 이름으로 불리는 새로운 유형의 사회가 시작되었다는 것, 그리고 한국 역시 이제 예외가 아니라는 것은 대체로 공인되고 있는 바이다. 80년대 초에 제임슨이 "새로운 유형의 소비, 계획된 퇴폐성, 이제까지 볼 수 없었던 패션과 스타일 변화의 급격한 리듬, 종래와는 비교할 수 없을 정도로 사회 전반에서 찾아볼 수 있는 광고와 텔레비전과 미디어의 침투, 도시와 시골 그리고 중앙과 지방 사이의 과거의 긴장이 교외와 일반적 표준화로 대치된 것, 거대한 초고속 도로망의 발전과 자동차 문화의 도래"[4]라고 묘사한 그 사회의 모습을 우리는 우리 자신의 현실로 지금 목도하고 있는 것이다. 이 새로운 유형의 사회에 대한 인식은 여전히 논쟁적인 주제로 남아 있지만, 여기서 문제삼고자 하는 것은 이 사회에서 압도적인 문화적 지배력을 행사하는 문화 산업이다. 문화 산업의 문제는 대중 문화의 문제이지만 그 역이 항상 성립되는 것은 아니다. 다시 말해 대중 문화에서 새로운 문화형의 생성 가능성을 전적으로 배제할 수는 없지만, 사실상 대중 문화가 문화 산업의 지배 아래 놓여 있다는 게 문제인 것이다. 문학은 지금 문화 산업의 엄청

---

4) 프레드릭 제임슨, 「포스트모더니즘과 소비 사회」, 김욱동 편, 『포스트모더니즘의 이해』, 문학과지성사, 1990, pp. 262~63.

난 흡인력 앞에 뿌리째 흔들리고 있다. 레슬리 피들러의 '경계선을 넘고 간격을 메워라'라는 유명한 선언은 문화 산업을 위해 기막힌 알리바이를 제공해준다. 범위를 문학에 한정해서 본다면, 문화 산업의 논리는 우선 문학을 고급 문학이라고 부르며 대중 문학과 대립시키는데 그것은 대립이 있어야 '경계선을 넘고 간격을 메우는' 일이 가능해지기 때문이다. 따라서 대립 이후는 당연히 문화 산업적 통합이다. 문화 산업은 상품으로서 대중 문학을 시장에 내놓을 뿐만 아니라 고급 문학까지도 상품화한다. 상품되고 나면 둘은 똑같은 문화 산업의 산물이 되는 것이다(그러니 경계선은 당연히 없어지는 것이다). 문학이 시장에 대해 긴장되게 유지해온 상대적 자율성이 이제 문화 산업의 자본에 의해 시장 속으로 완전히 흡수되어버린다. 여기서는 상품화되지 않는 것이 없다. 제임슨이 "공허한 오락이나 '단순한' 허위 의식으로서가 아니라, 오히려 계속적으로 '조종'되거나 억제되기 위해서 대중 문화적 텍스트에서 어느 정도 효과적으로 존재해야만 하는 사회적·정치적 불안과 환상에 대한 변형된 작품"으로 대중 문화를 파악해야 한다고 했을 때 그는 아주 예리했지만, 이어서 대중 문화의 "유토피아적 혹은 초월적 잠재력"을 인정할 때 그는 갑자기 너그러워진다.[5] 여기서 보다 중요한 것은 사회적·정치적 불안과 환상까지도 상품화되고 있다는 사실이다. 심지어는 혁명까지도 상품화될 것이다. 오늘날 문학이 문화 산업의 바깥에 남아 있을 수 있을까. 만약 그것이 불가능하다면 문학은 문화 산업 내부에서 문화 산업에 도전할 수 있을까. 린다 허천은 이와 관련하여 주목할 만한 발언을 한 바 있다. 린다 허천은 『프랑스 중위의 여인』과 『장미의 이름』을 예로 들어 그것들이 "대중적인 문학의 관례와 엘리트 문학의 관례를 동시에 역설적으로 사용하고 남용"한다는 점을 지적하고, "그들 작품들은 내부로부터 그 자체의 상품화 과정에 도전하기 위해 침략적인 문화 산업을 실제로 이용할

---

5) Fredric Jameson, "Reification and Utopia in Mass Culture," *Social Text* 1(Winter 1979), pp. 141, 144.

수 있는 방법으로 그 관례를 이용하고 남용해왔다"고 주장했다.[6] 그 두 작품의 의도가 과연 그러한지, 그러하다면 얼마나 성공하고 있는지는 간단히 결정할 수 있는 문제가 아니겠지만, 문화 산업(혹은 상품화)에의 도전의 가능성을 구체적으로 시사해준다는 점에서 린다 허천의 주장은 주목할 만하다. 분명한 것은, 작가가 이미 문화 산업의 엄청난 흡인력에서 자신이 자유롭지 못하다는 것을 고통스럽게 인식하지 못한다면 도전이란 애당초 불가능한 것이 되어버리고 남는 것은 자율적 작가라는 환상뿐이라는 점이다. 그 환상은 거꾸로 문화 산업의 지배를 정당화해줄 것이다. 도전은 그 고통스러운 인식 이후의 일이다.

그러나 더욱 근본적인 문제는 기술 발전과 관련한 매체의 문제이다. 사실상 문화 산업의 대두 또한 이 매체 문제와 무관하지 않다. 원래 근대 문학의 생성은 기술 발전과 긴밀히 관련되는 것이었다. 대량 인쇄 기술의 발전과 그로 인해 가능해진 활자 매체의 주도성 없이는 근대 문학을 상상할 수 없다. 근대의 지배적 매체인 활자 매체와 결합된 문학은 그 결합으로 인해 근대의 문화적 중심이 될 수 있었던 것이다. 그런데 지금은 활자 매체가 종래의 지배적 위치를 급격히 상실하고 있다. 기술 발전으로 인해 가능해진 새로운 매체들의 등장 때문이다. 새로운 매체들은 활자 매체를 중심에서 주변으로 끌어내고 있고 이에 따라 문학은 더 이상 문화의 중심이 아닌, 황지우 시인의 아이러니한 말투를 빌리면 '사양 산업'으로 전락하고 있는 것이다. 중요한 비(非)활자 매체의 출현은 이미 오래전에 영화로부터 시작되었고 그것이 전파와 결합되면서 텔레비전이 나왔으며 VTR의 보급과 더불어 비디오가 나왔다. 더욱 중요한 비(非)활자 매체는 컴퓨터와 정보 통신에서 비롯되었다. 컴퓨터 기술의 발전과 더불어 고도의 능력을 갖춘 PC, 즉 개인용 컴퓨터가 나오고 컴퓨터를 이용한 정보 통신이 급속히 고도화되고 그리하

---

6) 린다 허천, 「포스트모더니즘 시학」(1988), 김욱동 편, 앞의 책, p. 180.

여 사이버스페이스라는 새로운 매체가 생겨났다(이는 극히 최근의 일이다). 이러한 매체들의 대중적 보급이 활자 매체의 위치를 근본적으로 위협하고 있다. 이제 문학은 어떻게 될 것인가. 먼저 문자 텍스트로서의 문학이 비(非)활자 매체를 끌어들이는 방식부터 검토해보자. 우선 생각할 수 있는 것은 비활자 매체의 문화 현상을 대상으로서 다루는 경우이다. 그 문화 현상이 우리의 삶의 모습을 바꾸고 있는 것은 사실이지만 그것을 대상으로서 다룬다는 것은 문학으로서는 당연한, 이전부터 그래온 작업에 속한다. 이때 문학 자체는 크게 달라질 것이 없다. 다음으로 생각할 것은 비활자 매체의 스타일을 하나의 문학적 스타일로 수용하는 경우이다. 이는 문학 내부에서 적지 않은 변화나 새로운 양상을 가져올 것이다. 그러나 이 역시 예전부터 있어온 자연스러운 문학 현상이다. 문학이라는 정체성의 동요는 일어나지 않는다. 문제는 문학이 새로운 매체로 확장될 때 생겨난다. 여기서 우리는 두 가지 방식을 상정해볼 수 있다. 하나는 책을 떠났을 뿐 여전히 문자에 의한 글쓰기 형태를 유지하는 방식이다. 정보 통신망에 올려진 문학 작품, 그리고 CD-ROM으로 기록된 문학 작품 같은 것들이 그렇다. 이것들은, 특히 정보 통신망의 경우, 도구적 조건으로 인한 문체적 특성의 수반이 가능하고(가령 단문체, 간결체, 단편화〔短篇化〕, 단편화〔斷片化〕 같은), 또 보다 중요하게는 기성의 문학 제도 바깥에서의 문학을 활성화시키고 기성 문학 제도를 교란하거나 변화시킬 가능성을 갖는다(작가라는 제도적 지위의 분산, 실시간 쌍방향이라는 특성에 따른 작가/독자 구별의 무화 같은). 주목되는 것은 후자인데, 그러나 이것은 양의 문제이지 질의 문제가 아니다. 양의 변화가 질의 변화로 이행할 수 있을까. 그럴 수 있다 해도 아직은 요원해 보이고, 설사 그렇게 된다 해도 그것은 여전히 문학 내부의 변화일 것이다. 문학의 정체성이 그것으로 인해 근본적으로 바뀌리라고는 생각되지 않는다(그러니까 문학의 정체성은 활자 매체와 더불어 형성되었지만 그것이 활자 매체에만 갇히는 것은 아니다). 다른 하나는 하이퍼텍스트 형태로의 전이이다. 그러나 문자와 동화상(動畫像)과 음향이 한데로 겹쳐지는 하이퍼텍스트를 계속 문학이라고 부를 수 있을지는 의문이다. 다시 그러나, 가령 소설과 동화상과 음악이 동일 평면에, 혹은 다층면에 겹쳐져 있는 하이퍼텍스트가 문학이 아니라면 그것은 또 무엇인가. 만약 하이퍼텍스트를 문학이라고 한다면 문학은 종래의 그것보다 훨씬 더 넓은 개념의 것이 되면서 새로운 정체성을 갖게 될 터이고, 그것을 문학이 아니라고 한다면 그것을 지칭하는 새로운 개념이 만들어져야 할 것이다. 확고한 것으로 여겨왔던 문학의 정체성이 심각하게 동요되는 장면이다. 또한 그 문학의 정체성 위에 세워졌던 작가의 정체성도 함께 동요된다. 전망은 불투명하기 짝이 없다.

암중모색이나마 약간의 기본적인 단서들을 살펴보자. 우리가 먼저 생각해볼 수 있는 것은 활자 매체와 사이버스페이스 매체 사이의 물리적 차이이다. 그 차이는 두 매체가 똑같이 문자 텍스트로서의 문학을 구현할 때 더 잘 드러난다. 가령 활자—책과 시디롬—'책'을 비교해보자. 책(冊)의 한자는 죽간 묶음의 상형이다. 여기서 중요한 것은 그 모양, 얇은 것을 여러 장 겹쳐 맨 모양이다. 이 모양은 결코 부수적인 문제가 아니다. 그것은 독자와의 직접적인 접촉, 혹은 소통을 의미한다. 그러나 시디롬—'책'은 컴퓨터라는 매개를 통해서만 독자와의 접촉이 가능해진다. 컴퓨터가 없으면 무용지물이 되어버리는 시디롬—'책'은 간접적 접촉이라는 물리적 특징을 갖는다. 이 직접성/간접성의 차이는 무엇을 의미하는가. 혹시 그것은 비판적 감각의 직접성 유무와 관계되지 않을까. 이 점은 근대적인 책의 발생사를 돌아보게 해준다. 종이—인쇄 시대의 개막은 근대의 개막과 걸음을 같이했다. 다수 민중을 몽매의 상태에 두고 지배층이 지식을 독점하는 그런 구조가 전근대의 권력의 메커니즘을 밑에서부터 받치고 있었음을 우리는 잘 안다. 종이—인쇄 시대의 개막은 민중에의 지식의 확산을 가능케 했다. 봉건 지배층이 인쇄를 통제하고자 했던 것은 그 확산을 막기 위한 것이었다. 종이—인쇄의 책의 승리는 곧 근대적 민중의 승리였다. 종이—인쇄의 책이 처음부터 새로운 근대적 권력의 메커니즘 형성과 밀접하게 관계되었다는 사실을, 요즘 들어 집중적으로 문제시되고 있는 그러한 사실을 무시하자는 얘기가 아님은 부언할 필요가 없겠다. 그런데 오늘날의 사이버스페이스 매체는 자본과 권력이 그 간접적 접촉의 틈새로 스며들기 쉽게 되어 있다. 그 틈새가 민주라든지 해방이라는 가치를 위해 기여하거나 혹은 긍정적 가치로서의 탈중심이나 차이를 위해 기여하기보다는 자본과 권력을 위해 봉사하게 될 가능성이 더 크지 않을까. 그것은 근대적 권력의 해체를 가져올지는 몰라도 미증유의 새로운 권력, 탈중심과 차이라는 형태로 위장된, 한층 더 음험한 권력의 역설적인 전체적 지배로 연결될 가능성이 더 크지 않을까. 만약에 이런 혐의에 일리가 있는 것이라면, 활자 매체의 문학은 그의 존재를 위협하고 그의 자율성을 불가능하게 하는 모든 것들과 치열한 싸움을 싸워야 한다. 이때 작가는 그 싸움을 역사적 소명으로 받아들인 고독한 존재가 될 것이다. 물론 이 진술은 문학이 자신을 활자 매체에만 고착시키고 사이버스페이스 매체를 외면하자는 것은 아니다. 외면은커녕 오히려 적극적인 대응이 필요할 것이다. 다만 사이버스페이스 매체로의 문학의 확장은 이 새로운 매체를 자본과 권력의 관리에서 일탈케 하고자 하는 비판 의식과 함께 이루어져야 한다. 문학 제도의 변화라든지 문학 정체성과 작가 정체성의 변화 같은 문제는 그 다음에야 성립되는 문제이다.

3. '작가의 죽음'이 뜻하는 것

앞에서의 고찰은 주로 작품 바깥에 있고 작품에 선행하는 실존적 개인으로서의 작가에 대한 것이었다. 이제 살펴볼 것은 작품 내부의, 그리고 작품과의 관계에서의 작가에 대한 것이다. 근대 문학의 탄생 이래 작가는 작품과의 관계에 있어서 그의 작품들이 그 자신에게로 귀속되는, 완전무결하고 자족적인 존재, 작품에 존재하는 고정된 의미를 만들어내는 장본인이며 그 의미의 기원에 해당하는 존재로 여겨져왔다. 이러한 작가 개념이 목하 근본적인 의혹의 대상이 되고 있다. 이 의혹은 주체의 분산과 텍스트의 분산을 주지(主旨)로 하는 포스트구조주의 철학에 의해 '작가의 죽음'이라는 이름으로 제기된 이래 포스트모더니즘 문학론에서 주된 이론적 무기로 마치 전가의 보도처럼 사용되고 있다. 필자의 견해로는 포스트구조주의 철학 쪽의 통찰은 존중할 만하지만 포스트모더니즘 문학론 쪽의 주장들은 비판되어야 한다.

'작가auteur의 죽음'이라는 선언은 1968년에 바르트에 의해 제출되었다.[7] 자주 인용되는 것처럼, 바르트는 "하나의 사실"이 "자동사적인 목적으로 이야기되기만 하면" "목소리는 그 기원을 상실하고, 작가는 그 자신의 죽음으로 들어가며, 글쓰기가 시작된다"고 주장했다. 씌어진 작품은 씌어지는 그 순간부터 작가의 죽음이라는 현상을 동반한다는 것이다. 여기서 죽는 작가는 그의 작품들이 그 자신에게로 귀속되는, 완전무결하고 자족적인 작가, 작품에 존재하는 고정된 의미를 만들어내는 장본인이며 그 의미의 기원에 해당하는 그러한 작가이다. 그러한 작가의 죽음을 특징으로 하는 작품은 이제 더 이상 작품이라 불리지 않고 텍스트라고 불리게 된다. 왜냐하면 그것은 "그중 어느 것도 근원적이지 않은 여러 다양한 글쓰기들이 서로 결합하며 반박하는 다차원적인 공간"이며 "수많은 문화의 온상에서 온 인용들의 짜임"에 불과한 것이기 때문이다. 포스트모더니즘 문학론은 '작가의 죽음'을 근거로 패스티쉬를 정당화한다(포스트모더니즘 문학과 패스티쉬를 비판하는 제임슨 역시 '주체의 죽음'과 패스티쉬를 연결짓는다는 점에서는 동일하다). 주지하듯, 패스티쉬는 다른 텍스트에 대한 모방으로서, 패러디와

---

7) 이하 인용은 롤랑 바르트, 「저자의 죽음」, 김희영 역, 『텍스트의 즐거움』(동문선, 1997)에 따른다. 다만, 「저자의 죽음」에서 논의되는 저자는 실제로 거의 모두 문학의 저자에 해당되므로 김희영이 '저자'로 옮긴 것을 여기서는 일괄하여 '작가'로 고쳤다.

는 달리 긍정적이고 가치 중립적인 특성을 지니며 여러 작가의 여러 텍스트들에서 부분적인 모방들을 합성한다. 그것은 다양한 종류의 인용문들로 구성된다는 점에서 얼핏 바르트가 지적한 텍스트의 성격에 부합되는 것처럼 보인다. 그러나 바르트의 텍스트와 패스티쉬의 텍스트는 결코 같지 않다.

바르트의 글을 좀 더 읽어보자. 우선 바르트는 '작가의 죽음'을 대가로 한 '독자의 탄생'을 말한다. 장경렬에 따르면, 바르트의 주장은 "궁극적으로 해석의 다양성을 문제삼기 위한 것"이고 "결국 바르트가 제기하고 있는 문제는 글을 어떻게 쓸 것인가가 아니라, 글을 어떻게 읽고 해석할 것인가이다."[8] 따라서 모방과 표절을 '작가의 죽음'이라는 명분하에 정당화하는 것은 옳지 않다고 본다. '작가의 죽음'이라는 것은 "독서 기법과 관련되는 전략"이라는 것이다. 그런데 다른 글에서 바르트는 텍스트에 대해 다음과 같이 말하고 있다. "텍스트는 복수태이다. 이 말은 텍스트가 단지 여러 개의 의미를 가지고 있다는 뜻이 아니라 의미의 복수태 자체를, 환원 불가능한(다만 받아들일 수 있는 것만이 아닌) 복수태를 구현한다는 뜻이다. 텍스트는 의미의 공존이 아닌 통과이자 횡단이다. 그러므로 아무리 진보적인 해석이라 할지라도 그것은 해석이 아니며, 폭발이자 분산이다. 텍스트의 복수태는 그 내용의 모호성에 달려 있는 것이 아니라, 그것을 짜고 있는(어원적으로 말하면 텍스트는 직물이다) 기표들의 입체적인 복수태라고 불릴 수 있는 것에 달려 있다."[9] 이 대목에 주의하고 보면, 독자의 탄생은 해석의 문제가 아니고, 탄생하는 독자 또한 해석의 주체가 아니다. "독자는 역사도 전기도 심리도 없는 사람이다. 그는 씌어진 것들을 구성하는 모든 흔적들을 하나의 동일한 장 안에 모으는 누군가일 뿐이다."[10] 이 독자는 작가가 사라져버린 자리에 남는 '필사자 scripteur'('글을 쓰는 사람 외에 다른 아무것도

---

8) 장경렬, 「작가의 죽음과 독자의 탄생」, 『문학과사회』, 1993년 가을호, pp. 836~37.
9) 롤랑 바르트, 「작품에서 텍스트로」(1971), 앞의 책, p. 42.
10) 롤랑 바르트, 「저자의 죽음」, 같은 책, p. 35.

아닌')와 서로 마주보고 있다. 작가든 독자든 모두 주체의 지위를 상실하고 있는 것이다. 이렇게 되면 문제가 다소 복잡해진다. 바르트는 말라르메, 발레리, 프루스트, 그리고 초현실주의를 들며 그들에게서 작가를 죽이는 글쓰기를 발견한다. 그러니 '작가의 죽음'은 글읽기의 문제인 동시에 글쓰기의 문제이기도 하다(바르트는 글쓰기의 진정한 장소는 글읽기이다라고 말한다). 이 지점에서 푸코를 살펴보는 게 유용하겠다.『말과 사물』(1966)에서 푸코는 '문학의 탄생'에 대해 말하고 있다.[11] 푸코 역시 말라르메를(니체와 더불어) 든다. "누가 말하고 있는가라는 니체의 질문에 말라르메는 〔……〕 말하고 있는 것은 〔……〕 말의 수수께끼 같은 불확실한 존재 자체라고 대답"한다고 푸코는 쓰고 있다. 탄생된 문학(혹은 '문학이라고 불리는 언어')은 "그 어떤 통일성이 회복될 수 없는 복합적인 존재 양식을 취하는 언어"이며, "다만 홀로 말하고 자신의 존재의 섬광 속에서 빛을 발하는 일 이외에 어떠한 할 일도 지니고 있지 않"은 언어이다. 거기에는 "어떠한 목소리도 대화자도 없"다. 즉 작가의 죽음이다. 또한 그것은 "담론의 여타의 모든 형태와 대립"하며 "담론으로부터 분리되어 근원적인 자기 완결성으로 자신을 감싼다." 요컨대 푸코의 문학은 더 이상 담론의 형태를 취하지 않는 위반의 언어인 것인데, 그것이 그럴 수 있는 것은 바로 '저자의 죽음'—'언어의 회귀' 때문이다. 그러고 보면 둘 다 '작가의 죽음'으로부터 가능해지는, 바르트가 말하는 중성의 글쓰기와 푸코가 말하는 위반의 언어는 상응한다.

그러나 의도로서의 작가-저자(비록 그 의도를 텍스트에 배타적으로, 그리고 온전하게 실현시킨다는 것은 불가능할지라도)는 여전히 살아 있다. 바르트 책의 저자 바르트, 푸코 책의 저자 푸코는 무엇인가. 또 말라르메는 무엇인가. '작가의 죽음'을 글쓰기에서 실현하고자 한(바르트와 푸코가 그렇게 본 말라르메 자신에 따르면 신비의 암시가 그의 의도이다) 그의 의도는 곧 그가

---

11) 미셸 푸코(이광래 역),『말과 사물』, 민음사, 1987, p. 347. 이하 인용은 이 역본에 따르되 몇 개의 번역 용어를 많이 사용되는 것으로 고쳤다.

의도로서의 작가임을 말해주지 않는가. 말라르메의 텍스트에는 그 의도가 스며들어 있지 않은가. 이 대목에서 우리는 바르트와 푸코를 그 표면적 진술에 위반해서 읽을 필요를 느낀다. 바르트의 중성은 '주체가 도주해버린'이라는 뜻이다. 여기서 '주체'는 부르주아적·개인적 주체이다("문학 안에서 작가의 '인간'에 최대의 중요성을 부여한 것은 자본주의 이데올로기의 요약이자 귀결인 실증주의라는 것"). 푸코의 위반은 담론의 규칙에 대한 위반이다. 그 점에서 그 위반의 언어는 고전 시대에서 근대로의 전환의 완성을 뜻하지만, 동시에 그것은 "인간의 분산"을 뜻하기도 한다.[12] 분산되는(혹은 소멸되어가는) 그 '인간'은 18세기 말에 "지식의 근본적 배치가 변화된 결과"로 생겨난, 근대의 산물이다. 푸코는 직접 언명하고 있지 않지만, 그 '인간'은 사실상 바르트가 말하는 '주체,' 즉 부르주아적·개인적 주체에 해당한다. 그러니 '작가의 죽음'은 부르주아적·개인적 주체를 지우기 위한 방법이라고 볼 수 있을 것이다. 여기서 필자는 우문을 던지지 않을 수 없다. 주체라는 것이 근대의 소산이라는 점은 주지의 사실이지만, 그렇다고 주체라는 것이 부르주아적·개인적 주체에만 갇히는 것일까. 그렇다고 한다면 그것이야말로 역설적으로 부르주아적·개인적 주체의 보편성을 승인하는 꼴이 되지 않을까. 오늘날 부르주아적·개인적 주체가 더 이상 존재하지 않는다는 것은 대체로 승인되고 있는 바이다. 과거에는 존재했던 것인지, 아니면 과거에도 존재하지 않았던 것(오직 주체의 신화만 존재했던 것)인지 단정 짓기는 어렵다. 어쩌면 두 가지 다 잘못된 접근법인지도 모른다. 주체는 없고 단지 주체성만이 있는 것인지도 모르며, 그렇다면 문제는 어떤 주체성을 생산하는가가 될 것이다(들뢰즈는 만년의 푸코를 해석하며 바로 이 문제를 강조한다).[13] 이렇게 본다면 부르주아적·개인적 주체라는 것은 그 주체성 생

---

12) 같은 책, pp. 438~39 참조.
13) 질 들뢰즈(권영숙·조형근 공역), 『들뢰즈의 푸코』, 새길, 1995, 제2부 3장, 이곳저곳(특히 p. 161) 참조.

산의 한 역사적 양태라고 할 수 있다. 주체성의 생산이 오늘날의 우리에게도 계속적으로 주어지는 과제라면, '작가의 죽음'이라는 말은 하나의 전략적 언술로 이해되어야 한다.

그러나 '작가의 죽음' 논의는 여전히 우리에게 많은 성찰의 계기를 제공해준다. 작가와 그의 작품이라는, 종래 당연하고 자연스러운 것으로 여겨온 관념을 의심스러운 것으로 만들고, 글쓰기에 있어서의 주체-작가라는 낡은 개념을 해체하고 주체 문제와 관련하여 새로운 성찰을 촉구하며, 나아가서는 부르주아적 글쓰기의 제도를 그 근본에서부터 뒤흔든다. 요컨대 글쓰기의 조건에 대한 전면적인 반성을 촉구하는 것이다. 물론 주체 문제가 그 중심에 놓여 있다. 작가가 자신의 작품에 대하여 주체가 아니라면 누가 주체인가. 아마 주체는 없을 것이다. 있는 것은 작가와 텍스트 사이에서 생겨나는 하나의 활동이다. 작가의 의도, 타자의 목소리들, 제도화된 글쓰기 관습(끊임없이 제국주의적 확장을 해나가는), 그리고 예전에 흔히 '신의 몫'이라고 부르던 것. 이런 것들이 한데 모여 서로 결합하고 반박하는 하나의 활동 말이다. 그 활동은 텍스트가 짜여지는 현재에 생겨나 텍스트의 짜임에 스며든다. 텍스트 바깥의 작가가 글쓰기에 임할 때 그는 자신이 글쓰기의 주체라는 믿음에 사로잡혀 있을 수 있지만, 그렇다 하더라도 그가 텍스트와 연결되는 그 순간 그 활동은 생겨나면서 텍스트의 짜임에 스며든다. 텍스트에 대한 진짜 작가가 있다면 바로 이 활동이 그가 아닐까. 1969년의 푸코는 바로 그 활동의 자리에서 저자 기능을 발견했는데[14] 그 저자 기능 개념을 그

---

14) 프랑스 철학회에서 발표한 논문 「저자란 무엇인가」에서 푸코는 '저자의 죽음'이라는 파악에 머무르지 않고 거기서 한 걸음 더 나아간다. "그러나 저자가 사라졌다는 공허한 구호를 반복해서 이야기하는 것으로는 충분하지 않습니다. 〔……〕 해야 할 일은 이처럼 저자의 소멸로 인해 남겨진 빈 공간의 위치를 정하는 일이고, 틈새와 균형을 눈으로 추적하는 일이며, 이 소멸로 인해 나타난 자리들과 자유로운 기능들을 감시하는 일입니다." 그 추적과 감시를 위해 푸코가 제안한 것이 담론 기능으로서의 저자 기능이다. 미셸 푸코, 「저자란 무엇인가」, 김현 편, 『미셸 푸코의 문학 비평』, 문학과지성사, 1990, p. 247.

대로 받아들이지는 않더라도, 푸코가 글의 말미에서 저자 기능에 입각한 담론 분석으로부터 "주체의 특권들에 대한 재검토"(즉 "주체가 개입하는 지점들, 기능 방식, 그리고 주체의 독립성들을 파악"하는 일)가 가능해진다고 하면서[15] 저자 기능과 주체 문제를 관련시키고 있는 점에는 주목할 필요가 있을 것 같다. 주체 문제와 관련해서 본다면 이 활동이야말로 글쓰기에 있어서의 주체성의 생산일 수 있지 않을까. 그렇다면 문제는 어떤 주체성이냐 하는 것이다. 작가가 자신과 텍스트 사이의 거리를 인식하고 그 분열의 공간 속에서 일어나는 활동을 어떻게 성찰하느냐에 따라, 다시 말해 작가가 글쓰기의 조건에 대해 어떻게 반성하느냐에 따라 주체성의 내용은 달라질 것이다.

포스트모더니즘 문학론의 패스티쉬가 '작가의 죽음'에서 '문학의 죽음'을 이끌어내는 것일 뿐임을 이제 우리는 분명히 말할 수 있다. 패스티쉬는 상호 텍스트성 문제에만 초점을 맞춘(그것도 지극히 편의적인 방식으로), 바르트에 대한 속류적 해석의 소산이다. 그것은 글쓰기의 조건에 대한 반성을 전적으로 결여하고 있다. 그러니 이질적인 그것들이 잡다하게 혼합되어 있는 상태라는 패스티쉬의 외양을 푸코가 말하는 "그 어떤 통일성이 회복될 수 없는 복합적인 존재 양식을 취하는 언어"라든지 바르트가 말하는 "그중 어느 것도 근원적이지 않은 여러 다양한 글쓰기들이 서로 결합하며 반박하는 다차원적인 공간"과 동일시할 수는 없는 일이다. 패스티쉬 문제는 약간 다른 방식으로 설명되기도 한다. 소재의 고갈이나 소진의 문제로 보는 것이 그것이다. 소재가 고갈되거나 소진되었으므로 이제 과거에 이미 사용되었던 소재를 다시 재생하여 활용한다는 것이다. 제임슨도 비슷한 설명을 한 바 있다. "오늘날의 예술가와 작가들은 이제 더 이상 새로운 세계와 스타일을 만들어낼 수 없다. 그러한 것들은 이미 만들어져 있으며 단지 제한된 숫자의 조합만이 가능하다. 독창적인 것들은 이미 모두 시도되었다."[16] 제임

---

15) 같은 책, p. 263.
16) 프레드릭 제임슨,「포스트모더니즘과 소비 사회」(1983/84), 김욱동 편, 앞의 책, p. 248.

슨은 주체의 죽음이라는 설명 뒤에 이 설명을 추가했는데, 흥미로운 것은 패스티쉬 옹호자들과 제임슨 사이에 설명 방식은 거의 같으면서 찬반의 입장이 첨예하게 갈린다는 점이다. 그런데 이런 설명이야말로 '문학의 죽음'을 말하는 것에 다름 아니다. 거기에서 '예술과 미학의 필연적인 실패'를 보는 제임슨과는 달리 패스티쉬 옹호자들은 맹목인데, 양자에게 공통되는 것은 전에는 독창적인 세계와 독창적인 스타일이 가능했다는 전제이다. 이 전제는 문제를 '작가의 죽음'이라는 통찰 이전으로 되돌려놓는다.

4. 이인성·성석제·황지우의 경우

'작가의 죽음' 이후의 글쓰기, 즉 글쓰기의 조건에 대한 반성과 더불어 수행되는 글쓰기의 가장 두드러진 예를 우리는 이인성에게서 발견한다. 이인성은 1980년에 등단한 이래 항상 한국 소설의 전위의 자리에서 활동해왔다. 전위라는 말이 그다지 마음에 드는 말은 아니지만, 그것이 제도화된 글쓰기 관습에 대한 도전과 파괴를 의미하는 것이라면 이인성은 분명 전위의 자리에서 물러선 적이 없었다고 할 수 있다.

이인성 소설의 전위적 모습으로 흔히 지적되어온 것은 반(反)서술(narrate: 흔히 '서사'라고 번역하지만 그럴 경우 epic과 혼동될 염려가 있다)이다. 그 반서술로 인해 이인성 소설은 소설에서 처음과 끝이 있고 그 사이에 과정이 있는 이야기story를 기대하는 독자들을 당혹케 한다. 시간의 순서에 따라 선조적으로 진행되는 서술은 이미 낡은 것이 되었고, 시공의 비약과 착종, 의식의 흐름, 시점의 복합 등도 이제는, 일부 대중 소설들에서도 화려하게 구사될 만큼, 낯설지 않게 되었는데 그게 무슨 대단한 것이냐는 반문이 예상된다. 그러나 그러한 비선조적 서술에도 감추어져 있기는 하지만 여전히 처음과 끝이 있고 그 사이에 과정이 있는 이야기가 있고, 그 이야기가 소설의 중심이 된다. 이인성 소설에도 이야기는 있지만 우선 그 이야기는 소설의 중심이 아니다. 이인성 소설의 이야기는 흔히 단수가 아니라 복수로 나타난다. 여기서 복수라는 것은 특별한 의미이다. 가령, 최근작 『미쳐버리고 싶은, 미쳐지지 않는』(1995)에는 두 개의 이야기가 있다. 더 이상 시를 쓰지 못하는 시인이 여관방에 처박혀 남의 시집의 인쇄된 종이를 라면 국물에 삶아 먹고 있다. 그는 관계 망상에 걸린 미친 여자에게 시달리다 그녀를 정신 병원으로 보낸 과거가 있고, 또 여러 해 전에 헤어져 이제는 남의 아내가 되어버린 사랑했던 여자에 대한 집착이 있다. 이것이 첫째 이야기이다. 두번째는 그가 미친 여자가 살던 곳인 남원으로 해서 남부 지방 일대를 자동차로 여행하다가 중간에 다른 한 여자와 동행하게 되는 이야기이다. 소설 속에서 여관방 이야기는 실제이고 여행 이야기는 상상이다. 그런데 여관방의 그가 여행하는 그를 상상하는 것이 아니라는 데 문제가 있다. 그 상상은 인물의 상상이 아니라 화자의 상상이다. 그리하여 소설 속의 실제-사실과 상상-허구 사이의 경계는 지워지고 차별은 무화된다. 이런 모습은 등단작 「낯선 시간 속으로」에서부터 이미 나타나고 있다. 서술의 현재는 1974년 겨울에 73년 겨울과 74년 겨울이라는 두 개의 시간 층위가 공시적으로 겹쳐 있고(의가사 제대하는 군인을 연작 소설의 다른 작품들과의 관계 속에서 볼 때), 74년 겨울은 또 두 개의 상황이 겹쳐 있어 결과적으로 세 개의 이야기가 동등한 자격으로 공존한다. 소설집 『한없이 낮은 숨결』(1989)에서는 이런 모습이 더욱 뚜렷이 나타난다. 이러한 복수의 이야기들은 소설의 중심이 아니다. 그것들은 중심이 아니라 그물코들이다. 중심은 수렴하지만 그물코는 전방위적으로 확산된다. 이러한 반서술은 서술의 이데올로기적 기능(가상적 일관성을 생성하고 그 틀에서 벗어나는 이질적인 것들을 순화시키거나 배제하는)을 해체한다. 그리하여 삶은 분열 없는 조화나 질서가 아니라 불투명하기 짝이 없는 혼돈임을 드러낸다.

그런데 이 반서술은 자아의 분열을 동반하고 있다. '나'와 '그'로의 분열,

'나'와 또 다른 '나'로의 분열, 그리고 '그'와 또 다른 '그'로의 분열이 복잡하게 뒤얽힌다. 게다가 『한없이 낮은 숨결』에서는 작가 자신이 일인칭 화자로 등장하여 사태를 더욱 복잡하게 만든다. 물론 그는 작품 바깥의 실제 작가와 동일시될 수 없다. 그도 단지 하나의 허구적 화자일 뿐이다. 그 허구적 화자가 자기 증식을 되풀이한다. 소설 속에서 '이야기꾼'이라고 불리며 등장하는 복수의 화자들이 그들이다. 그 '이야기꾼'은 작가 이인성이라는 이름을 갖는 허구적 화자와도 구분된다. 예컨대 「그를 찾아가는 우리의 소설 기행」의 일인칭 화자는 이렇게 말한다. "당연히 나는 이 소설의 이야기꾼이지만, 작가 이인성으로부터 특정하고 단일한 기능을 부여받지는 않았다. 아니, 내가 그것을 거부했다고 말하는 게 옳다.〔……〕그러므로 이제, 나는 이 소설의 작가 자신인 척하는 이야기꾼일 수도 있겠고, 작가로부터 비롯되어 그와 겹쳐져 있으면서도 다른 어떤 나들 중의 하나일 수도 있겠고, 당신으로서의 나일 수도 있겠고, 당신과 함께 찾아가고자 하는 '그'인 나일 수도 있겠다." 그 화자들에 의해 인물도 자기 증식을 되풀이하고 이야기는 걷잡을 수 없이 복수화된다. 이런 글쓰기를 두고 실험적 글쓰기라고 부르면 초점이 빗나가버리게 된다. 그것은 텍스트 밖의 작가와 텍스트 안의 화자 사이의 거리, 그 분열의 공간에서 일어나는 주체성의 생산이라는 활동에 대한 성찰이며 그 성찰 속에서 성찰과 동시적으로 이루어지는 글쓰기이다. 요컨대 그것은 글쓰기의 조건에 대한 전면적 반성 속에서 이루어지는 글쓰기이다(심지어는 이인칭 대명사로 독자를 호출하여 텍스트 속으로 끌어들이면서 글읽기의 조건에 대한 반성까지 수행하고 있다. 하긴, 바르트에 따르면 글쓰기의 진정한 장소는 글읽기인 것이다). 이 글쓰기를 메타 픽션으로만 보아서는 안 된다. 또 한구복이라는 마라토너에 대한 미담이 지배 이데올로기에 의한 왜곡의 소산임을 폭로하고 한구복의 소외된 삶의 고통이라는 진상을 밝히는 단순한 이야기를 공연히 현학적으로 만든 것이라고 보아도 안 된다. 그것은 일찍이 김현이 지적했던 것처럼 '전체에 대한 통찰'이다. 혼돈인 우리 삶에 대한, 그 혼돈에 대한 전체에 있어서의 통찰의 한 수행인 것이다.

성석제의 글쓰기에도 글쓰기의 조건에 대한 반성이 포함되어 있는데, 그 반성은 전면적인 것은 아니고 주로 제도화된 글쓰기 관습을 향하며 그중에서도 서술 문제에 집중된다. 성석제는 반서술로 나아가지는 않는다. 그에게 문제가 되는 것은 서술 자체가 아니라 근대적 서술이기 때문이다. 성석제는 근대 소설, 특히 사실주의 소설에서 그 전형적인 모습을 보여주는 근대적 서술로부터 일탈하여, 몇몇 평자들이 공히 지적하듯이(특히 다섯번째 소설집 『아빠 아빠 오, 불쌍한 우리 아빠』에 붙여진 이광호의 뛰어난 해설이 요점들을 대부분 밝히고 있다), 전(前)근대 설화의 서술로 되돌아간다. 이 점에서 성석제는 근자에 들어 종종 주장되고 있는 '이야기꾼으로서의 작가'에 해당된다고 할 수 있다. 그런데 '이야기꾼으로서의 작가'라는 말에는 어폐가 있다. '이야기꾼'은 이야기를 만들어내는 자가 아니라 이미 있는 이야기를 구연하는 자(때로 이야기를 만들기도 하지만 만든다는 자의식은 없다)이므로 그는 '작가'가 아닌 것이다. 그러니 여기서의 '이야기꾼'은 흔히 '이야기'라고 불리는 그 서술 형태를 지칭하는 것으로 이해되어야 한다. '이야기꾼으로서의 작가'는 여전히 '작가'인 것이다. 그런데 전(前)근대 설화로부터 성석제 소설에 이르기까지 기본적인 동질성으로 파악되는 '이야기'라는 서술 방식이 근대에 완전히 소멸되었던 것은 아니다. 그것은 근대 소설 속에서도 여전히 나타난다. 다만 주변부로 밀려나 있었을 뿐이다. 말하자면 성석제의 '이야기'는 억압된 것의 복귀인 셈이다. 여기서 주의할 것은 가상적 일관성을 생성하고 그 틀에서 벗어나는 이질적인 것들을 순화시키거나 배제하는 서술의 이데올로기적 기능이 항상 지배 이데올로기의 그것은 아니라는 점이다. 그것은 지배 이데올로기의 그것이 될 수도 있고 저항 이데올로기의 그것이 될 수도 있다. 문제는 양쪽 모두 서술의 가상적 일관성을 총체성이라고 주장한다는 데 있다. 근대적 서술에서만 그런 게 아니라 모든 서술이 그 본질상 그럴 수밖에 없는 것이다('이야기'라는 서술 방식도 예외는 아니다). 문학은 어떻게 그 서술의 한계를 넘어갈 수 있을까. 이 자리에서 이인성이 이야기의 복수화를 꾀한 데 비해, 성석제는 하나의 이야기에 서술 방식의 복합이라는 길을 택한다. 설화의 '이야기' 방식을 중심으로 하되 전(前)근대의 문어체 서술을 대표하는 전기(傳記)체를 혼합하기도 하고 모더니즘 소설의 서술 방식을 다채롭게 뒤섞는 것이다. 이 복합 속에서 전(前)근대적 서술은 패러디되어 지극히 현대적인 것으로 변모한다. 이 서술 방식의 복합은 서술의 가상적 일관성을 분열시키는 데 상당히 효과적인 것으로 여겨진다. 그런데 서술 방식을 복합화하면서 성석제는 자신의 서술에 대한 작가로서의 주체성을 의심하지 않는 것처럼 보인다. 그래서일까, 가상적 일관성의 상당한 분열에도 불구하고 하나의 이야기는 숨어 있는 채로 여러 이질적인 것들을 수렴하는 중심이 되고자 획책하며 독자를 유혹한다. 성석제 특유의 비극적 상상력이 그 수렴의 힘 이쪽으로 작용하고, 아이러니가 그 힘을 저쪽으로 분산시킨다.

성석제 소설에서 또 하나 주목되는 것은 그것이 대중 문화와 상호 작용하는 방식이다. 역시 이 점에 대해서도 "대중 문학과 '키치'의 스타일을 빌려 그것을 뒤집"는다는 이광호의 지적이 날카롭다. 이광호는 성석제가 차용하는 대중 문학 장르로 '통속적인 연애 소설'과 '한 인간의 라이프 스토리' '감상적인 세태 소설'을 들고, 그것들이 어떻게 뒤집어지는지를 자상하게 해설해준다(성석제 특유의 '깡패 소설'도 그런 뒤집음의 예가 될 것이다). 이 문제에 대해서는 첫 소설집 『그곳에는 어처구니들이 산다』(1994)에 실려 있는 「소설」이라는 작품이 시사해주는 바가 있다. 일인칭 화자는 한 사내의 전화를 받는다. 그 사내는 문화 산업 논리의 의인화라 할 만하다. 그 논리는, 소설은 돈 버는 방편이다, 소설의 가치는 남에 대한 영향력인데 그것은 판매 부수에 비례한다, 많이 팔리려면 대중 독자에게 흥미로워야 한다, 흥미는 고난·복수·신분 상승·적수·권력 등의 주제적 범주에서 비롯된다, 그 범주들의 조합과 변주에 따라 잘 팔리는 소설은 무수히 생산될 수 있다,

라는 일련의 명제로 구성된다. 자신의 논리와 '나'의 문장을 결합하자는 사내의 합작 제의를 '나'는 거절한다. 이 이야기에서 사내는 '나'의 분신이다. 그러니까 이 이야기는 문화 산업 논리의 내면화에 대한 저항과 거부의 이야기인 것이다. 그 논리는 나름대로 일리가 있지만(그 일리 있음이 '나'로 하여금 "협박에 가까운 진실이 들어 있어서 조심하지 않을 수 없었다"라고 말하게 한다), 그 타당성이 전면적인 것은 아니다. 가령, 소설은 돈 버는 방편이기도 하지만 그 이상이기도 하다. 또 여기서의 영향력이라는 것은 지나치게 추상화된 개념이어서 구체적 차이들을 무화시킨다. 그런가 하면 여기서 대중 독자는 일정한 취향으로 미리부터 규정되고 있는데 기실 그 취향은 일정한 이데올로기적 내용과 관련되는바 그것은 자발적인 것이라기보다는 지배 권력에 의해 주입되는 것에 가깝다. 성석제는 대중 문학 장르를 차용하면서 그 장르의 담론 규칙을 전복시킴으로써 그 이데올로기를 그 외부에서가 아니라 내부에서 전복시키고자 한다(스타일의 패러디라 할 수 있겠다). 그 전복은 무시나 외부에서의 비판과는 아주 다른 태도이다. 무시는 말할 것도 없고 외부에서의 비판 역시 문화 산업으로부터의 자신의 순결성을 전제하고 있는 것인 데 반해, 이러한 내부에서의 전복의 태도는 오늘날의 작가가 이미 문화 산업의 흡인력에서 자유롭지 못하다는 인식으로부터 가능해지는 도전의 한 방법인 것이다.

황지우는 80년대의 이른바 '해체시'를 대표하며 후배 시인들에게 많은 영향을 미친 작가(시인)이다. 해체시? 형태 파괴시? 둘 다 적절한 이름이라 생각되지는 않지만, 아무튼 그것은 서정시 장르의 담론 규칙을 해체하거나 파괴한다. 해체, 파괴되는 것은 형태 일반이 아니라 20세기 한국 시의 주류로서 단단하게 관습화되어온 서정시의 형태(전통 서정시, 혹은 서정시 장르론에서 말하는 체험적 서정시의 사실주의를 중심으로 한다)이다. 따라서 그 해체나 형태 파괴는 새로운 형태의 생성을 동반하며 항상 스스로 그 자신의 담론 규칙을 만들어낸다. 황지우의 새로운 형태는 기실 모더니즘(그리고

'포스트모더니즘') 시에서 이미 나타났던 것들과 중복되는 경우가 적지 않지만(소위 '구체시'가 대표적인 예이다) 다 그런 것은 아니고 또 그것이 꼭 의도적 모방인지도 분명치 않다. 분명한 것은 우리 시사(詩史)의 문맥에서 볼 때 그것이 부르주아적 글쓰기로부터의 이탈이며 저항적 글쓰기의 실천이라는 점이다.

여기서 주목해야 할 것은, 황지우가 '해체시' 쓰기와 동시적으로 그 못지 않게 많은, 그리고 뛰어난 서정시를 써왔다는 사실이다. 서정시가 무엇인가에 대해서는 수많은 논의들이 있어왔고 그중 어느 한 견해도 배타적 정당성을 얻지 못했음은 주지하는 바이지만, 여기서 우리는 서정적 자아의 문제에 주목해보자. 서정시는 서정적 자아에 의한 견고한 통일성을 전제로 하는 시 장르이다. 그리고 그 서정적 자아는 대체로 작가 자신과 동일시되며, 작가 자신도 시쓰기의 현재에 자신을 서정적 자아에 몰입시킨다(이것이 꼭 부르주아적·개인적 주체의 문제인지는 분명치 않다. 왜냐하면 고전시에서도 그것은 그러하기 때문이다. 그러나 서정적 자아의 주체로서의 확고성에는 차이가 있는 것으로 생각된다). 황지우의 서정시 역시 예외가 아니다. 일인칭 화자들은 동일 인물로 상정될 수 있을 만큼 대체로 일관성을 유지하고 있고 신중산층 지식인의 모습을 뚜렷이 드러내며 작가 황지우의 모습이 짙게 투영되어 있는데 그로부터 서정적 자아가 형성된다. 그런데 황지우 서정시의 서정적 자아는 자신에 몰입하는 자아이면서 동시에 끊임없이 자기 자신을 문제시하고 반성하고 회의하는 자아인 경우가 많다. 이 점이 전통 서정시와의 차이인데(그리고 이 점에서 현대 서정시라고 부를 수 있겠다), 그 이중성, 그 모순은 서정적 자아의 통일성에 균열을 일으키지만 여전히 그 통일성 내부에 갇혀 있다. 이에 비하면 '해체시'는 서정적 자아의 통일성을 파괴하고 나아가서는 그 존재를 말소시킨다. 양자는 대립되는 것이라기보다는 전통 서정시로부터의 이탈이라는 점에서(정도의 차이는 있으나) 동류에 속한다.

그런데 '해체시'는 그 자신이 만들어낸 새로운 담론 규칙이 재생산됨(황지우 자신에 의해, 그리고 황지우의 에피고넨들에 의해)과 더불어 스스로 또 하나의 제도적 관습이 되어버린다. 이것이 황지우의 고민이다. 여기서 황지우는 '선시(禪詩)'의 가능성을 탐색한다. 네번째 시집 『게눈 속의 연꽃』 (1990)에 실린 여러 시편들이 그 단초를 잘 보여준다. 행과 행 사이, 말과 말 사이의 거리가 너무 커서 해독이 불가능해 보이는 암호와 같은 시들. 언어도단(言語道斷)의 세계를 언어로 표현한 때문일 것이다. 그 선적(禪的) 언어로부터 빈약한 암호 해독인 필자는 기껏해야 부재(不在)를, 그리고 현실/초월의 대립이 현실-초월의 융합, 포괄로 바뀌는 것 정도를 볼 뿐이다. 일찍이 '이선유시(以禪喩詩)'를 주장했던 송나라의 엄우(嚴羽)는 "허공의 소리 같고 바탕 속의 모습 같으며 물 속의 달 같고 거울 속의 모습 같아서 언어는 다해도 의미는 끝이 없다(如空中之音, 相中之色, 水中之月, 鏡中之象, 言有盡而意無窮)"라고 말했거니와, 그 '끝이 없는 의미'는 무엇일까. 신비일까. 신비는 암시에 의해 환기될 수밖에 없고 그러기 위해서는 침묵이 필요한 것일까. 행과 행 사이, 말과 말 사이의 거리는 바로 그 침묵으로 충만해 있는 것일까. "침묵하라, 내면에서 침묵할 수 있는 자는/말의 뿌리를 건드린다./언젠가 자라나는 음절들마다/그에게 승리가 될 것이다"라는 릴케의 말이나 "모든 움직임을 고요하게 이해하면/공허는 만상을 허용하네(靜故了群動, 空故納萬境)"라는 송나라 소식(蘇軾)의 말처럼 침묵이 필요한 것일까. 최근의 황지우에게서는 그 침묵이 시쓰기를 완전히 대체해버린 것으로 보인다. 선(禪)과는 거리가 먼 필자로서는, 이 장면에서 필요한 것은 글쓰기 조건에 대한 깊은 재성찰이 아닐까 싶다. 비근한 예로 서정적 자아의 문제를 들자면, 서정적 자아의 균열이나 파괴나 말소 이전에 서정적 자아와 작가 사이의 거리에 대한 인식이 선행될 필요가 있다는 것이다.

5. 다시, 작가란 무엇인가

'작가란 무엇인가'라는 질문에 대해 십여 년 전 김병익이, "세계를 상투적으로 보기를 그치고 끊임없는 부정을 통해 새로운 창조를 도모한다는 행위"와 "한없는 외로움과 고통, 절망과 도전, 모험과 패배의 무거운 짐을 지겠다는 실존적 결단"이라고 대답했음은 글의 첫머리에서 살펴본 바이다. 십여 년 사이에 일어난 조건의 변화가 대단히 크고 따라서 '작가란 무엇인가'라는 질문이 표현의 동일과는 달리 내포적 차이가 크게 생겨났음에도 불구하고, 김병익의 그 대답은 지금도 여전히 기본적으로 유효하다고 생각된다. 다만 그 '행위'와 그 '결단'의 수행이 비교할 수 없을 정도로 훨씬 더 난해해졌다. 그 '행위'와 그 '결단'을 위해 확보했거나 확보했다고 믿었던 많은 조건들이 이제 의심스러워지거나 위태로워졌기 때문이다.

자기 작품에 대해서는 의미의 기원이며 다른 작가에 대해서는 독창성이라는 점에서 구별되고 사회에 대해서는 자율적이라고 믿어왔던, 그것을 자연스럽고 당연한 것으로 여겨왔던 작가 의식이 실제로는 하나의 환상에 지나지 않을 수 있다는 것이 밝혀졌다. 그리고 그런 의미에서 작가는 자신의 죽음을 선고받았다. 이제 작가는 글쓰기의 조건에 대한 반성과 더불어 글을 써야 한다. 게다가 그의 글쓰기는 끊임없이 제도 속으로 흡수되어가므로 작가는 끊임없이 자신의 글쓰기를 갱신해가지 않으면 안 된다. 그러한 점은 단순히 문학적 글쓰기의 어려움만을 말하는 것이 아니다. 오히려 어려운 만큼 그만큼 더 진정한 문학에 접근해갈 가능성이 거기에서 열리는 것이 아니겠는가. 정말로 어려운 것은 기술 발전 및 문화 산업과 관련하여 문학이라는 것의 정체성과 작가라는 것의 정체성이 동요되고 있고, 심지어는 문학도 작가도 그 존재마저 박탈당할 위기에 처해 있다는 점이다. 개인의 문제가 아니고 사회의 문제이고 역사적 필연이므로 어쩔 수 없는 일이라고 해버릴 수는 없다. 왜냐하면 문학과 작가의 정체성을 동요시키고 문학과 작가의 존재를 박탈해버리려 하는 것들이 수상쩍은 것들이기 때문이다. 이 대목에서 이상주의라거나 윤리학이라거나 심지어 종교적이라는 비난을 받더라도 그런 비난은 기꺼이 감수할 수밖에 없겠다. 여기서 작가는 소명 의식의 존재가 되지 않을 수 없다. 소명 의식을 방기하는 순간 그는 이미 더 이상 작가가 아니라고 과감하게 말하고 싶다. 덧붙이자면, 여기서 문학이라는 것은 그 내용이 채워져 있는 고정된 실체가 아니다. 비유하자면 그것은 오히려 텅 빈 공간이다. 문학 아닌 다른 것들과 비정형으로 교섭하는 그 공간 안에서 문학은 언제나 새롭게 탄생하여 그 공간을 채운다. 그 항상적인 탄생이 포기되거나 불가능해지는 것과 그 공간 자체가 폐기되는 것은 서로 다른 문제이다.

작가의 글쓰기를 헤엄에 비유한다면, 오늘의 작가는 늪 속에서 유영(遊泳)하는 자이다. 문학과 관련되는 모든 것들이 극도로 불투명해져 있고 그 불투명한 액체성의 공간 속을 오늘의 작가는 헤엄친다. 그 불투명한 액체성은 한없이 끈끈하기까지 하다. 문화 산업과 멀티미디어, 사이버스페이스가, 그리고 그것들을 움직이는 후기 산업 사회의 자본과 권력이 강한 점착력으로 그의 헤엄치는 동작을 옭아맨다. 그 불투명에 눈멀고 그 끈끈함에 속박되어 그의 헤엄은 너무도 힘겹다. 그러나 힘에 겨워 그가 헤엄을 멈추는 순간 그는 저 깊은 늪의 바닥으로 가라앉아버릴 것이다. 그러고는 죽어 썩어서 늪에 동화되어버릴 것이다. 그에게 다른 선택은 없다. 오직 죽을 힘을 다해 헤엄치는 수밖에는! 늪도 아니고 늪으로부터 자유롭지도 않은 자, 늪 속에서 유영하는 자를 엘리트라고 부르지 말자. 서양어 author는 폐기되더라도 한자말 작가(作家)는 살아남는다. 한자말 어원 그대로, 작가는 장인(匠人)인 것이다. 장인을 두고 엘리트니 아니니를 따지는 것은 난센스이다. 그는 오직 작가일 뿐이다. (1999)

기술-자본 시대의 문화와 문학, 그리고 시

1. 21세기 시를 전망한다는 것

　21세기 시를 전망해보라는 주문은 난처한 주문이다. 미래에 대한 전망이라는 것 자체가 간단치 않은 일이기도 하거니와, 이 경우에는 21세기라는 말로 무엇을 지칭하느냐에 따라 전망의 지평이 달라진다는 문제가 수반된다. 그것은 세기의 전환을 지칭할 수도 있지만 그보다 확대하면 밀레니엄의 전환을, 그보다 축소하면 10년 단위의 시대 전환을 지칭할 수도 있는 것이다. 아마도 시간 단위의 크기가 다른 이 몇 가지 지평들은 나름대로 유용한 성찰을 가능케 해주리라 생각되지만, 지금 필자로서는 21세기라는 말에서 1999년이라는 현재와 구별되는 전혀 새로운 어떤 변화가 연상되기보다는 이미 전부터 있어왔고 근자에 들어 한층 가속화되고 있으며 현재를 핵심에서(혹은 근본에서) 규정하는 어떤 변화의 추세의 연속이 먼저 연상된다. 그것은 주로 기술 발전이라는 조건 내지 환경의 변화 속에서 문학과 시가 어떠한 변화를 일으키고 있으며 이 추세는 앞으로 어떻게 전개되어갈 것인가 하는 문제로 떠오른다. 이 문제를 살피기 위해서는 기술 발전의 내용과 그것이 문화 및 문학과 관련되는 구체적 양상에 대한 검토라는 우회가 불가피해 보인다. 말인즉 우회이지만 실은 그 우회야말로 이 문제의 핵심에 도달하기 위한 지름길이기도 하다는 게 지금 필자의 생각이다.

2. 기술 발전과 문화[1]

　기술 발전이 인간의 삶에 미치는 영향이 지대하다는 것은 익히 알려진 사실이지만, 그 규모가 오늘날처럼 크고 그 속도가 오늘날처럼 빠른 적은 인류 역사상 아직 없었다. 그 엄청난 기술 발전의 양상 중에서 우리의 주제와 관련하여 주목할 부분은 특히 미디어 기술 분야이고 그것이 권력 및 자본과 결합되는 방식이다.

　기술이 권력 및 자본과 결합되는 방식에 대해서는 최근 도정일의 지적이 흥미롭다.[2] 도정일은 20세기의 기술 사회적 전망이 일반적으로 기술 사회적 유토피아주의의 지배하에 있는 가운데 20세기 문학이 '기술과 정치 권력의 결합'에 대한 비판적 상상력을 어떻게 작동시켰는가를 설명한 뒤, 그러나 20세기를 마감하는 지금에 와서는 그러한 상상력이 힘을 잃었다고 날카롭게 지적한다. 이제 기술 발전의 정도가 정보 유통의 통제 불가성을 낳았고 그리하여 정치 권력과 기술의 전체주의적 야합은 더 이상 불가능해졌다는 것이다. 대신 이제 새로이 대두되는 것은 자본과 기술의 결합이다. '자본-기술의 연정'이라는 새로운 지배적 권력 형식 앞에서 도정일은 곤혹을 표명하거니와, 그 곤혹은 비판을 주조로 하고 있다. 단지 자본-기술의 결합 이전에 기술 자체에 잠재되어 있는 문화적 가능성은 냉정히 검토될 필

---

1) 필자는 『프리텔』(한국통신 프리텔의 사외보) 통권 7호부터 9호까지 3회에 걸쳐 뉴 미디어의 문화적 의미에 대해 비판적으로 검토하는 칼럼을 연재한 적이 있다. 뉴 미디어 유토피아주의를 유포하는 매체에 그것이 유포하는 담론의 정당성을 해체하거나 최소 의문시하는 글을 실험삼아 기고한 것인데, 필자의 기고가 아무런 저항도 받지 않고 그대로 실렸다는 데에 필자는 한편으로 의아스럽기도 하고 다른 한편으로 약간의 전율을 느끼기도 했다. 뉴 미디어 유토피아주의의 자신감의 표현인 것일까, 아니면 필자의 글쓰기 능력이 부족한 탓일까. 후자 쪽이라고 믿고 싶은 것이 솔직한 심정이다. 이 글의 제2절은 그 연재 칼럼의 내용을 되살려 고쳐 쓴 것이다.
2) 도정일, 「밀레니엄, 오, 밀레니엄!」, 『현대문학』, 1999년 2월.

요가 있다는 단서를 달고 필자는 도정일의 '자본-기술 연정' 비판에 동의한다. 제목의 '기술-자본 시대'는 바로 이러한 맥락에서 나온 것이다.

오늘날의 기술 발전은 특히 미디어의 혁명적 변화를 가능케 했고 그것을 통해 거대한 사회 문화적 변화를 일으키고 있다. 미디어는 메시지다라는 말도 있듯이 미디어 자체의 속성과 그것이 사회적으로 사용되는 방식이 이미 그것으로 하여금 일정한 전달 내용을 지니게 만드는데, 오늘날의 새로운 미디어는 그 속성과 그 사회적 사용 방식에 있어서 전통적인 미디어와는 확연히 구별되는 모습을 여러 가지로 보여준다. 여기서 살펴보고자 하는 것은 그 중에서도 근본적인 것에 속한다고 생각되는 것들로서 첫째, 복제의 문제, 둘째, 가상의 문제, 셋째, 대중성의 문제이다.

I. 복제의 문제

사실상 기술 복제는 오늘날의 뉴 미디어만의 문제인 것은 아니다. 거슬러 올라가자면, 기술 복제는 이미 인쇄에서부터 시작되었다. 그러나 기술 복제가 문화, 특히 예술에 거의 근본적이라 할 만큼 커다란 영향을 미친 것은 사진과 영화에서부터이다. 사진의 경우 필름에서 얼마든지 똑같은 인화를 해낼 수 있는데, 이때 단 하나로만 존재하는 원작이라는 개념은 사라져버린다. 존재하는 것은 대량 복제물뿐이고, 그 대량 복제물 하나하나가 다 예술 작품이 되는 것이다. 영화의 필름 역시 마찬가지이다. 영화 작품의 구현을 위해 영사기와 스크린이라는 장치가 필요해진다는 점만 다를 뿐이다(인쇄의 복제는 사진이나 영화의 그것과 아주 다르다. 문자 인쇄의 경우는 그 인쇄의 물질성은 아무런 의미가 없고 거기에 실린 언어라는 비물질적인 것이 예술 작품이 되므로 여기서 복제는 예술성에 아무런 영향을 미치지 않는다. 사진 인쇄의 경우는 인쇄의 물질성이 중요하기는 하지만 인쇄술에 의한 복제물 이전에 따로 원작이 존재하므로 그 물질성은 결코 그 자체로 예술 작품이 되지 못한다).

프랑크푸르트 학파의 발터 벤야민이 사진과 영화를 예로 기술 복제의 문화적 의미에 대해 날카로운 통찰을 행한 것은 이미 50년도 훨씬 더 전인 1934년의 일이었다. 전통적인 의미에서의 예술 작품은 단 하나로만 존재하는 것이다. 그것은 아무리 정교하게 복제된 복제물이라 하더라도 그 복제물과 구별되는 원작으로서의 특성을 갖는다. 그 특성이 아우라Aura다(우리말로 번역하기가 마땅치 않지만 굳이 번역하자면 예술적 분위기 내지 영성[靈性] 정도가 되겠다). 그러나 기술 복제 시대의 예술에서는 이 아우라가 상실된다. 이러한 사정을 벤야민은 다음과 같이 간략하게 요약했다. "복제 기술은 그 복제물을 전통에서 떼어내어 대량 복제를 통해서 원작의 유일한 존재성을 대량 복제물로 대체시킨다." 벤야민의 선구적인 통찰은 오늘날까지 이 문제에 관한 논의에서 논의의 출발점을 제공해주고 있다.

음향 복제의 경우는 상당히 미묘한 문제를 함축하고 있다. 축음기에서부터 오늘날의 소위 하이엔드 오디오에 이르기까지 음향 재생 기술의 발달은 고도의 음향 복제를 가능하게 해주었다. 그런데 음향 복제에 있어서는 복제물(녹음 테이프나 LP, CD 등의 형태로 존재하는)과 원음(原音) 사이의 차이가 문제시된다. 연주회장의 그것이든 녹음 스튜디오의 그것이든 실제 연주가 있고 그것을 복제한 복제물이 있다. 이때 실제 연주라는 원작의 존재를 중시한다면 음향 복제물은 벤야민적 의미의 복제 예술이 되지 못한다. 이른바 오디오 매니아들이 원음과 재생음의 일치를 추구하는 것은 바로 그러한 메커니즘에서 비롯되는데, 그 추구는 사실상 실패가 운명적으로 예정되어 있는 추구이다(가능한 것은 원음과 재생음 사이의 차이의 축소라는 부산물뿐이다). 음향 복제의 경우를 통해 분명해지는 것은 대량 복제 자체가 문제가 아니라 원작의 복제물이냐 원작으로서의 복제물이냐가 문제라는 점이다. 다만, 처음부터 실제 연주 없이 음향 합성 기술에 의해 만들어져 그 자체가 원작이라 할 음향 복제물을 상정해볼 수 있는데(실제로 그런 경우가 있다), 이 경우는 사정이 달라질 것이다. 또 오디오와 비디오의 장르 혼합에 의해 만들어지는 음악 비디오 같은 것도 원작 없는 복제물의 예가 되겠는데, 이 경우는 영화와 같은 맥락에서 보아야 할는지 모른다.

원작 없는 복제물, 원작으로서의 복제물이라는 형태로 존재하는 기술 복제 시대의 예술은 예술적으로, 그리고 문화적으로 어떻게 평가되어야 할까. 벤야민은 이미 이 물음에 대해 기본적인 답변을 제시한 바 있다. 그에 따르면 여기에는 부정적인 의미와 긍정적인 의미가 다 들어 있다. 아우라, 즉 '원작의 유일한 존재성'의 상실은 부정적인 것이다. 그러나 "복제 기술은 예술 감상자 자신 특유의 상황 안에 복제품을 끌어넣어 복제된 대상에 다시 활력을 넣는다." 이것은 긍정적인 것이다. 전통적 의미의 예술 작품이 '의식(儀式)'의 성격을 갖는 데 반해 새로운 복제 예술은 '정치'의 성격을 갖는다고 보는 벤야민은 이 '정치'에서 '활력'을 발견한다. 그 '정치'와 '활력'을 요즘 많이 쓰는 말로 바꾸면 바로 대중성의 문제가 된다.

전통적인 예술의 존재 방식(단 하나의 원작이라는)이 개별적·개인적인 것이라면 복제 예술의 존재 방식은 집단적·대중적인 것이라 할 수 있다. 그것은 소유나 향유의 문제일 뿐만 아니라 보다 중요하게는 예술 작품의 존재성 자체의 문제이다. 이 대중성은 일면 예술 및 문화의 민주화 가능성을 그 내용으로 한다. 쉬운 예로 음향 복제의 경우, 비록 원작이 따로 존재한다는 점에서 엄격한 의미의 복제 예술과 차이가 있기는 하나, 그것이 가능케 한 재생음의 세계는 전문가나 중상층 시민에게만 소유나 향유가 독과점되어 있던 음악을 대중 일반이 소유하고 향유할 수 있도록 해준다. 엄격한 의미에서의 복제 예술인 영화의 경우는 처음부터 소수가 아닌 대중을 그 향유자로 설정하고 있다. 다른 한편 그 대중성은 예술 작품에 대한 집단적 반응을 그 내용으로 한다. 영화에서 "각 개인의 반응이, 모여서 이루어지는 관중의 집단적인 반응에 의해 미리 결정된다"는 벤야민의 지적은 바로 그 점을 가리킨다. 그러나 이러한 대중성이 단순히 긍정적이기만 한 것은 아니다. 그것은 복제 예술의 생산에서 구현에 이르기까지의 전과정이 일정한 규모 이상의 자본과 결합되어 있는 까닭에 자본과 권력에 의해 통제되고 관리되고 조직될 위험에 항상적으로 노출되어 있다. 기술 복제는 이러한 가능성과 위험 사이에 서 있는(혹은 가능성과 위험을 '뒤에 감추고 있는') '거대한 싸움'으로 연결된다.

오늘날의 뉴 미디어에서 기술 복제는 일반적인 속성이 되고 있다. 그리하여 전통적인 의미의 예술은 급격히 축소되고 복제 예술은 빠른 속도로 확대되고 있다. 더욱 중요한 것은 뉴 미디어의 복제가 개인화·일상화를 통해 전과는 비교할 수 없을 정도로 엄청나게 확산되고 있다는 점이다. 가령 VTR이나 컴퓨터라는 장치의 대중적 보급에 대해 생각해보자. VTR의 대중적 보급은 영화라는 복제 예술을 비디오라는 미디어를 통해 개인적이고 일상적인 수준에서 구현 가능하도록 해주었고 또한 복제물의 재복제를 가능하도록 해주었다. 컴퓨터의 대중적 보급은 전에 없던 새로운 복제 예술 장르들의 창출 속에서 그것들의 구현과 재복제를 개인적이고 일상적인 수준에서 가능하도록 해주고 있다. 이전의 대표적 장르였던 영화가 그 구현에 있어서 비개인적이고 비일상적이었던 데 반해 뉴 미디어의 개인화·일상화는 대단히 커다란 변화라 아니할 수 없다.

이 뉴 미디어의 개인화·일상화는 무엇을 의미하는가. 이는 벤야민의 시대와는 엄청나게 달라진 우리 시대에 물어야 할 새로운 질문이다. 그것은 대중성 속에 개인성의 영역을 확보하는 것이고 그래서 대중성의 부정적 측면에 대한 견제력이 증대되는 것이라고 낙관적으로 해석해도 되는 것일까. 아니면 그와 반대로 개인성의 영역이 남김없이 대중성 속으로 흡수되고 대중성은 그 부정적 계기의 극대화된 발현으로 치달리는 것이라고 비관적으로 해석해야 하는 것일까. 아직은 이 질문에 대해 답하기에는 시기가 이른 것 같다. 그러나 문제의 관건이 어디에 있는지는 짐작할 수 있다. 그것은 생산이다. 뉴 미디어의 복제의 생산이(재복제가 아니라) 개인적이고 일상적인 수준에서 가능하며 확대되어갈 수 있는가 하는 것이다. 기술 발전이 더욱 진행됨에 따라 이 문제가 긍정적으로 해결되어간다면 낙관적 해석이 가능해질 것이다. 그러나 그 반대라면 우리의 미래는 끔찍할 것이다.

II. 가상의 문제

오늘날의 새로운 미디어의 속성에 대해 말할 때 빼놓을 수 없는 중요한 것이 그 멀티미디어 지향성이다. 멀티미디어라는 것은 우리말로 옮기면 '복합 매체' 정도가 되겠는데, 여기서 복합되는 것은 동화상과 음향이다. 동화상과 음향의 복합이 영화와 텔레비전에서 실현되었던 것은 이미 오래 전의 일이지만, 그 복합이 인쇄 매체를 압도하며 새로운 지배적 매체로 부상한 것은 그리 오래 된 일은 아니다. 이는 물론 기술 발전과 그 광범위한 실용적 보급에 의해 가능해졌다. 멀티미디어의 확산으로 인해 인류 문화에는 커다란 변화가 일어났다. 김주연이 적절히 지적하고 있듯이,[3] 종래의 인쇄 매체가 추상적이고 간접적인 성격을 띠고 있었다면 멀티미디어는 구체적이고 직접적인 성격을 갖는 것처럼 보인다. 이러한 매체의 특성 차이가 인간의 사유 및 감각의 구조에 미치는 영향이 대단히 커서, 바야흐로 현대인은 관념적 인간에서 감각적 인간으로 바뀌어가는 것 같다. 가령 편지(문자)에서 전화(음성)로, 다시 비디오폰(음성과 동화상)으로, 라는 통신 수단의 변화를 생각해보라.

그런데 이 멀티미디어가 컴퓨터와 결합하면서 또다시 아주 새로운 국면이 열리고 있다. 컴퓨터 기술의 발전과 더불어 고도의 능력을 갖춘 개인용 컴퓨터가 나오고 컴퓨터를 이용한 정보 통신이 급속히 고도화됨으로써 그 결합이 가능해졌음은 말할 나위도 없다. 그 결합 이후로 이제는 멀티미디어 없는 컴퓨터는 더 이상 컴퓨터로서의 기능을 하지 못하게 되어버렸다. 그

---

3) 김주연, 「기술 발전과 대중 문화」, 『가짜의 진실, 그 환상』, 문학과지성사, 1998. 이 글은 1995년 정신문화연구원에서 발표되었던 것으로 기술 발전이 문학과 문화에 미치고 있는 영향에 대해 폭넓게 검토하고 있는 유용한 글이다.

결합에 의해 가능해진 새로운 것들 중 특히 사이버스페이스(우리말로는 '가상 공간'이라고 옮길 수 있다)의 문제가 목하 주목의 대상이 되고 있다. 사이버스페이스라는 말은 두 가지 의미로 쓰이고 있다. 하나는 컴퓨터 통신망에 구현되는 가상의 소통 공간이다. 가령 하이텔이나 천리안 같은 컴퓨터 통신망이 그러하며 그 속에서 이루어지는 동호회라든지 대화방이라든지 하는 것들이 그러하고, 무엇보다도 인터넷과 그 속에 만들어지는 무수한 사이트들이 그러하다. 이 사이버스페이스는 아직 초보적이기는 하지만 차츰 문자 텍스트에서 하이퍼텍스트(문자 텍스트와 멀티미디어의 동화상 및 음향을 다층면에 겹쳐놓은 형태)로 옮겨가는 추세 속에 있다. 또 다른 의미의 사이버스페이스는 버추얼리얼리티, 즉 가상 현실이다. 동화상과 음향에 3차원적 실감을 추가함으로써 현실 세계에서의 지각과 똑같은 지각을 부여해주는 이 버추얼리얼리티는 가령 극단적인 예를 들면 가상 성행위를 가능케 해줄 정도라는데, 아직은 초보적 상태이고 그것의 온전한 실현은 더욱 고도의 기술 발전을 요한다.

멀티미디어와 컴퓨터의 결합, 특히 사이버스페이스와의 결합은 컴퓨토피아를 예상하게 하는 핵심적인 품목 중의 하나이다. 그러나 컴퓨토피아라는 것에 대해 우리는 쉽게 낙관할 수만은 없다. 김주연에 따르면, 몇 년 전에 나온 『실리콘 뱀 기름』이라는 책의 저자 스톨 Clifford Stoll이 정보 통신의 발달이 삶의 풍요로운 행복을 가져다 주리라는 널리 유포되어 있는 낙관을 부정하면서 컴퓨토피아의 한계를 설득력 있게 지적한 바 있다. 가상 학교가 가능해지더라도 교사와 학생은 소프트웨어를 위해 결국 만나야 하고 훈련되어야 하며, 온라인 도서관이나 전자 서적도 전통적인 많은 요소의 결핍으로 인해 오히려 불편한 경우도 발생할 것이고, 인간적 교통이 결여된 상태에서 민주주의가 확대될 수 있을지 의심스럽다는 것이다.

멀티미디어와 사이버스페이스의 경우는 더욱 심각한 문제를 내포하고 있는 것으로 생각된다. 이 문제는 프랑스의 사회학자 보드리야르의 현대 사회에 대한 통찰과 밀접하게 관련된다. 보드리야르는 이미 70년대 초에, 현대 사회를 '소비 자본주의'라고 부르며 이 사회에서 인간은 더 이상 생산물을 소비하는 것이 아니라 오히려 기호(記號)를, 광고나 텔레비전의 기호들을 소비하게 되었다고 주장했다. 기호가 생산물과 분리되어서 부유하게 되고, 사회적 관계도 오직 기호를 통해서만 이루어지며, 인간의 사회적 정체성(正體性)도 기호 가치의 교환을 통해서 구성되게 되었다는 것이다. 이것이 보드리야르의 '기호의 정치경제학 비판'이다. 80년대에 들어 보드리야르는 한 걸음 더 나아가 '시뮬라시옹 simulation'이라는 개념을 제출했다. 실제가 아닌 가상이 오히려 실제보다 더 리얼해지는 것이 보드리야르가 말하는 시뮬라시옹이다. 여기서는 실제와 가상의 관계가 역전된다. 기호의 정치경제학에서 기호는 생산물에서 분리되어 부유하는 것이었는 데 비해, 이제 시뮬라시옹에서는 가상이 실제를 압도하며 '내파(內破)'한다(상이한 것들이 동일한 평면 안으로 함몰되는 것이 '내파'이다. 그러니까 가상과 실제의 구분이 없어지면서 실제가 가상 안으로 흡수되어버린다는 뜻이 된다). 보드리야르의 의도는 오늘날의 조작의 사회에 대한 비판이다. 그에 따르면 오늘날의 사회는 실제가 없는 사회이다. 그 실제 없음이 드러나면 체제는 붕괴될 것이다. 그 붕괴를 막기 위해 체제는 끝없이 가상적인 실제를 주입한다. 그리하여 거짓 위기를 생산하고 전파하며, 그 위기를 극복하여 일을 하는 척한다. 이것이 시뮬라시옹인 것이다. 실제가 아닌 가상이 오히려 실제보다 더 리얼해진다는 점에서 멀티미디어와 사이버스페이스는 바로 그 시뮬라시옹의 구조를 완벽하게 체현하고 있지 않은가. 그러므로 멀티미디어와 사이버스페이스는 보드리야르가 말하는 조작의 사회에서는 그야말로 군계일학격의 총아가 되지 않겠는가.

그러고 보면 앞에서 언급했던 매체의 직접성/간접성 문제는 재검토될 필요가 있겠다. 거기서 우리는, '종래의 인쇄 매체가 추상적이고 간접적인 성격을 띠고 있었다면 멀티미디어는 구체적이고 직접적인 성격을 갖는 것처럼 보인다'고 말했다. 그러나 멀티미디어의 경우, 그것이 과연 구체성이고 직접성인 것일까. 그것은 가상의 구체성이고 가상의 직접성일 뿐이다. 가상이 실제를 '내파'한다는 보드리야르의 시뮬라시용론에 비추어보면, 그 가상의 구체성·직접성은 실제의 구체성·직접성을 '내파'해버린다. 이는 종래 인쇄 매체의 추상성·간접성이 실제의 구체성·직접성을 손상시키지 않는 것과 대조적이다. 마찬가지로 멀티미디어로 인해 현대인이 감각적 인간으로 변화해간다고 할 때 그 감각은 가상의 감각이고 오히려 실제의 감각의 소멸을 수반한다고 할 수 있다. 오히려 종래의 관념적 인간에게 실제의 감각이 살아 있는 것이다.

보드리야르의 눈으로 바라보면 컴퓨토피아는 단지 하나의 허구일 뿐이다. '전지구적 규모에서 지식과 정보를 공유하는 시대가 옴으로써 인류는 갈등 대신 동질의 문화를 향유하게 될 것'이라는 낙관은 헛된 것이다. 보드리야르에 따르면, 정보가 제공되면 될수록 의미는 사라진다. 동시적으로 제공되는 정보는 전체를 하나로 만들어 차이를 제거하고 거리를 제거함으로써 역설적으로 의미를 제거하는 것이다. 시뮬라시용의 사회는 기호 및 정보의 극대 생산을 통해 의미의 소멸을 초래한다. 의미는 무의미한 잡음이나 모호한 안개 속으로 사라져버리는 것이다. 물론 이 사회는 의미가 있는 듯이 조작한다. 보드리야르가 보기에 이러한 실제 없는 사회에서 유일한 저항의 전략은 의미 부여의 거부일 뿐인데, 그러한 저항은 대중의 무감각과 침묵 속에서 발견된다.

거의 허무주의적이라 할 만한 결론에 도달하는 보드리야르의 극단적 비관론을 문자 그대로 받아들이기란 쉽지 않다. 그것은 아마도 현대 사회에 나타나고 있는 한 경향에 대한 과장된 수사적 경고로 보는 편이 온당할 것이고, 그렇게 볼 때는 대단한 설득력을 갖는 것으로 생각된다. 그 경고는 멀티미디어-사이버스페이스에 이르러 한층 더 실감 있게 느껴진다. 이 장면에서 우리는 다음과 같이 물어야 할 것이다. 멀티미디어-사이버스페이스는 그 자신 태생적으로, 운명적으로 시뮬라시옹적인 것인가. 만약에 그렇다면 이 새로운 매체에 대한 우리의 저항 전략은 어떤 것일 수 있는가. 만약에 그렇지 않다면 이 새로운 매체를 시뮬라시옹 사회에 의한 이용에서 분리시키는 전략은 어떤 것일 수 있는가. 멀티미디어와 사이버스페이스의 문화적 가능성에 대한 희망은 이러한 물음 뒤에야 비로소 정당한 것이 될 수 있을 것이다. 분명한 것은 컴퓨토피아에 대한 섣부른 낙관이나 희망은 대단히 위험하다는 사실이다. 유토피아는 멀고 디스토피아는 가깝다.

Ⅲ. 대중성의 문제

오늘날의 뉴 미디어는 고도의 첨단 기술과 불가분의 관계에 있다. 그렇기 때문에 그것은 상업적 수익성을 목표로 하거나 적어도 그 점을 적극적으로 고려하지 않을 수 없고, 대량 생산과 대량 공급에 대량 소비라는 형태가 되지 않을 수 없다. 뉴 미디어가 대중성과 상업성을 그 운명적 속성으로 하지 않을 수 없는 것은 그 때문이다. 그리하여 뉴 미디어가 주도하는 문화는 필연적으로 상업적 대중 문화가 된다. 이렇게 말하고 보면 뉴 미디어 문화는 근본적으로 부정적인 것처럼 생각된다. 그러나 사태는 그리 단순하지만은 않다. 거기에는 변증법적인 모멘트가 숨어 있어서 부정적인 것만큼이나 긍정적인 가능성도 잠재되어 있는 것이다. 그 긍정적 가능성을 알아보려면 그에 앞서 부정적 측면을 자세히 살펴보는 일이 필요할 것이다.

사회와 문화에서의 대중성의 문제는 오늘날의 뉴 미디어에 와서 비로소 생겨난 문제인 것만은 아니다. 이미 19세기 말 20세기 초에 산업화의 문맥 속에서 대중성 문제는 뚜렷이 인식되기 시작했고 1930년대 이후 프랑크푸르트 학파에 의해 이론적 성찰의 수준을 얻었는데 이들은 대중성을 비판적으로 파악했다. 대중성에 대한 긍정적 평가는 1960년대 미국의 사회학자들에게서부터 본격화되었는데, 그들의 낙관은 지나치게 사태를 단순화하는 편향된 시각이라 하지 않을 수 없다. 그들은 상업성의 문제를 시야에서 제외시키고 있을 뿐만 아니라 보다 근본적으로는 권력의 문제를 방기하고 있는 것이다. 이 대목에서 우리는 벤야민을 참조할 필요를 느낀다. 벤야민은 같은 프랑크푸르트 학파의 일원이면서도 호르크하이머와 아도르노의 대중성 비판과는 상당히 다른 관찰을 했던 것이다. 반(反)파시즘의 정치적 태도가 누구보다도 단호했던 벤야민이지만 그는 대중성에 대해 기본적으로 긍정적인 입장에 서 있었다. 그 긍정적인 입장은 주로 문학 및 예술과 관련하여 전통적인 예술 개념의 필연적 붕괴에 대한 인식에서 비롯된다. 여기서 말하는 전통적인 예술 개념이란 '깊이'라든지 '창조성, 천재성, 영원한 가치와 비밀' 같은 것들이다. 그런 것들의 붕괴 이후에는 무엇이 가능한가? 가능한 것은 대중성이다. 벤야민의 대중성은 두 가지 다소 상이한 맥락에서 설명된다. 하나는 '정신적 생산 수단의 사회화'라는 맥락에서이다. 그 '사회화' 속에서 문학은 깊이를 상실하는 대신 폭넓은 대중 기반을 획득하고 그럼으로써 작가와 대중의 구별이 사라지게 된다. 다른 하나는 앞에서 살펴본 바 기술 복제 예술의 대두라는 맥락에서이다. 여기서 종교 의식적인 것에 그 근거를 두고 있던 예술의 사회적 기능은 '정치'에 그 근거를 두고 있는 예술의 다른 사회적 기능(그것을 그는 '예술의 정치화'라고 불렀다)으로 대체되는데 이 새로운 사회적 기능의 핵심은 대중성이다.

  벤야민의 긍정적 대중성을 올바르게 이해하려면 그것과 파시즘과의 관계를 따져보아야 한다. 벤야민이 보기에 파시즘은 전통적인 예술 개념을, 그것이 실제로 불가능해졌음에도 불구하고, 옹호하고 지지하며, 보다 적극적으로는 그것을 정치적으로 이용한다. 이것을 벤야민은 파시즘의 '정치의 예술화'라고 불렀는데, 전통적 예술 개념의 붕괴 이후의 새로운 예술의 대중성은 그런 의미에서 반(反)파시즘의 정치적인 자리에 서게 되는 것이다. 앞에서 보았듯이, 이 새로운 예술의 대중성이 가능해지는 길을 벤야민은 두 가지로 제시한 셈이다. 하나는 '정신적 생산 수단의 사회화'라는 길이고 다른 하나는 '기술 복제 예술'이라는 길이다. 그 두 가지 길에 대해 벤야민은 대체로 낙관적이었다. 벤야민의 낙관은 그의 반(反)파시즘이라는 강력한 정치적 태도와 관계되는 것이고 그 낙관이 오늘날에 와서는 다소 편향된 것이었음이 분명하게 드러나고 있지만, 그럼에도 불구하고 그가 제시한 '정신적 생산 수단의 사회화'라는 개념은 상업성과 대중성을 어떻게 분리시킬 수 있는가 하는 문제를 환기시키며 그가 제시한 '예술의 정치화'라는 개념은 대중성의 긍정적 가능성에 대한 통찰을 촉구하고 있다.

  1930년대의 벤야민과 함께 살펴봄으로써 우리의 논의에 도움을 줄 사람은 1980년대의 료타르이다. 포스트모더니즘 철학의 대표격인 료타르는 벤야민이 낙관에 멈추었던 자리를 통렬한 비판으로 채운다. 전통적인 예술 개념들을 허구로 본다는 점에서 벤야민과 입장을 같이하는 료타르는 그러한 허구의 체계를 '리얼리즘'이라고 부른다. 료타르가 보기에 1980년대 초반 당시에는 세계적으로 두 가지 '리얼리즘'이 있다. 하나는 권력이 당의 이름을 취하는 경우의 '리얼리즘'이고 다른 하나는 권력이 자본인 경우의 '리얼리즘'이다. 양자는 아방가르드에 반대한다는 점에서 동일한데, 전자(즉 소위 사회주의 리얼리즘)는 아방가르드를 비방하고 금지하는 데 반해 후자(즉 흔히 포스트모더니즘이라고 부르는 것. 료타르는 이것을 따로 '돈의 리얼리즘'이라고 부른다. 그가 보기에 이것은 포스트모더니즘이 아니다)는 아방가르드를 절충주의적으로 흡수하여 상품화해버린다고 료타르는 주장한다(여기서 더 무서운 것은 비방과 금지가 아니라 절충주의적 흡수일 것이다). 료타르에게서 주목할 것은, '정신적 생산 수단의 사회화'에 대한 벤야민의 낙관을 그가 사회주의 리얼리즘에 대한 비판으로 대체하고 있다는 점과 과학 기술에 대한 벤야민의 낙관을 그가 의혹으로 대체하고 있다는 점이다. 지금의 우리가 보기에는 료타르의 문제 제기가 충분히 음미될 필요가 있는 것 같다. 료타르는 권력의 문제를 새로 제기하고 있는 것이다. 대중성의 문제도 권력의 문제라는 큰 틀 안에서 성찰되지 않으면 안 된다는 것이 료타르에게서 우리가 취할 핵심적 전언이다. 다만, 료타르는 아방가르드와 그것의 후예인, 그가 주장하는 진정한 포스트모더니즘을 탈(脫)권력의 길로 내세움으로써 결과적으로 대중성의 긍정적 가능성을 평가절하고 일종의 새로운 엘리트주의로 나아가는 경향을 노정하고 있다. 아방가르드와 포스트모더니즘이 어떻게 대중성과 결합할 수 있는가 하는 문제를 그는 남기고 있는 셈이다.

지금까지 우리는 뉴 미디어의 구체적 현상들을 살피기보다는 그것들을 살피기 위한 전제로서 대중성 문제에 대한 이론적 성찰들을 고찰해보았다. 일종의 우회를 한 셈인데, 그러나 이러한 우회는 꼭 필요한 과정이다. 이 과정을 경시할 때 우리는 단순한 실증적 자료들의 숲 속에서 길을 잃기 십상이고, 그리하여 이미 나 있는 큰길을 따라 현상 추수적이고 현실 순응적인 사고에 빠져버리기 십상인 것이다. 이 우회의 과정을 통해 우리는 다음과 같은 점들이 중요하다는 것을 확인했다. 뉴 미디어의 대중 문화가 긍정적 가능성을 최대화하기 위해서는 그것의 상업성을 어떻게 극복할 것인가, 그리고 어떻게 탈(脫)권력을 이룰 것인가(권력이 정치 권력이든 자본이든 간에), 그리고 엘리트주의와 대중주의라는 이항 대립의 구도를 어떻게 벗어날 것인가라는 문제들이 넘어야 할 난관으로 주어진다. 이 난관들에 대해 맹목이거나 그에 대한 도전을 포기해버린다면 뉴 미디어는 인류에게 복음이 아니라 재앙이 되어버릴 것이다. 낙관이냐 비관이냐는 미리 주어져 있는 예정된 것이 아니다. 그것은 궁극적으로는 우리 자신의 선택에 달려 있는 것이다.

3. 기술-자본 시대의 문학과 시

밀레니엄 차원에서건 세기 차원에서건 21세기로 이어지는 오늘의 시대는 한마디로 기술-자본의 시대라고 할 수 있다. 이 기술-자본의 시대의 문화에서 문학은 문화적 중심에서 주변으로 빠른 속도로 밀려나고 있다. 지금까지 우리는 새로이 문화적 중심을 차지해가고 있는 뉴 미디어 문화의 반(反)문화적 위험성과 문화적 가능성을 살펴본 셈인데, 이제 그것과의 관계 속에서 문학은 무엇인가 하는 질문으로 옮겨갈 차례가 되었다.

여기에서 문학의 위기니 소멸이니 하는 방식의 논의는 쓸모 없는 것이라는 점을 먼저 확인해두어야겠다. 그런 방식의 논의는 겉보기에는 문학의 정체성(正體性)에 대한 확고한 믿음 위에 서 있는 것처럼 보일 수도 있지만 기실은 기존 문학에 대한 완고한 집착과 무반성성 이외의 다른 것이 아니다. 문학은 기존 문학에 대한 부정 속에서 새로이 태어나는 과정을 끊임없이 되풀이해왔고 또 앞으로도 되풀이해갈 것이라고 말할 때 우리는 문학이라는 것에 한 걸음 더 다가갈 수 있는 것이다. 오늘의 문학은 거대한 변화의 과정 한복판에서 진통을 겪고 있다. 문화적 주변화도 그 진통의 양상 중의 하나인데, 다시 생각해보면 문학이라는 것이 꼭 문화적 중심이 되어야만 한다는 당위가 성립될 근거는 어디에도 없다. 근대 이전에 문학은 하나의 독자적 범주로 인식되지 않은 채 문화 영역 안의 여기저기에(때로는 문화 영역 바깥에도) 흩어져서 존재했다. 그것들이 하나의 독자적 범주로 성립된 것은 근대 문학에 와서의 일이고, 그러면서 문학은 비로소 문화적 중심의 자리를 차지하게 되었다. 그런데 문학이 문화적 중심이 된다는 것은 그 자체로 꼭 좋은 일이라고만 할 수 있는 것은 아니다. 실제로 문학의 문화적 중심화는 마치 야누스의 두 얼굴처럼, 혹은 검의 양 날처럼, 제도화와 동시에 이루어졌던 것이다. 20세기 문학에서의 아방가르드의 연속적 흐름은 그 제도화에서 이탈하며 그 제도화에 저항하는 몸부림, 성공과 그 성공의 순간 직후에 뒤따르는 실패로 짜여진 일종의 연속 무늬라고 할 수 있다. 지금 뉴 미디어 문화에 맞서서 문학이 문화적 중심을 지켜내거나 탈환해야 한다고 생각한다면, 그것이 실제로 가능한가의 여부는 차치하고라도, 그것은 검의 양 날 중 제도성 문제에 대한 반성의 결핍이라는 혐의에서 자유로울 수 없다. 문제는 다른 곳에 있다.

문학의 문화적 주변화가 역사적 운명이라면 그 주변화로 인해 가능해지는 문학의 기능이 있게 된다는 점에 우리는 주목해야 한다. 작가 이인성은 그것을 '식물성'이라고 불렀고 시인 황지우는 그것을 '귀족성'이라고 불렀다.

1) 그들은 마침내 그곳에 뿌리를 내리고 깊어지며, 들꽃 같은 문학을 피우리라. 외롭고 쓸쓸하게, 어쩌다 찾아오는 누군가와 색깔과 향기로 대화하며 견디리라. 하지만, 그 식물은 서서히 민들레 꽃씨 같은 자기의 미래를 허공에 날려 이동시키리라. 그것이 사방으로 날아가 그 기계적인 체제의 녹슨 빈틈에 뿌리를 내려 꽃의 균열을 만들고, 마침내 동시다발적인 컴퓨터 바이러스처럼 전조직적 착란을 일으킬 수 있기를 꿈꾸며.[4]

2) 이 세상에 아름다움과 진실이 존재한다는 것을 알게 해주기 위해서만 있을 필요가 있는, 신분 없는, 다만 정신일 뿐인 귀족주의! 나는 그것이 문학의 길이라고 생각하게 되었다. 시장에 대한 강력한 항체로서 문학의 귀족성을 나는 요청하고 싶다.[5]

이인성의 비유는 새로운 문화적 상황에서 작가들은 더 이상 떠돌이가 될 수 없다는, "아무리 떠돌려 해도 정교하게 구축된 체제의 회로를 맴돌다 제자리로, 변두리의 오지로 되돌려질" 수밖에 없다는 전제 위에 성립된다. 그 변두리의 고착된 자리가 균열과 착란을 예비하는 식물성의 자리이다. 황지우의 요청은 "삶이 한낱 시장판이 되어버렸을 때의 그 속물적인 난장 속에서 고작 문학이 할 수 있는 것은 무엇일까"라는 물음에서 나온다. 여기서 필자는 '시장에 대한 강력한 항체'라는 표현이 썩 마음에 든다. 황지우의

---

[4] 이인성, 「21세기 문학, 또는 식물성의 저항」, 『2000년을 여는 젊은 작가 포럼: 21세기 작가란 무엇인가』, 민음사, 1998, pp. 94~95.
[5] 황지우, 「이제 문학은 은둔하자」, 같은 책, p. 108.

'귀족성' 역시 변두리의 자리에 있는 것인데, 그것은 시장에 대한 태도 선택, '문화 자본의 부가 가치에 의해 계량화되고 교환되는 시장으로부터의 은둔'이라는 선택에서 생겨나는 적극적인 자리이다. '시장에 대한 강력한 항체'라는 말을 조금 바꾸어서, 이제 문학은 뉴 미디어 문화의 반(反)문화성에 대한 강력한 항체가 되어야 한다고 말해보자. 앞에서 길게 살펴본 것처럼 뉴 미디어 문화에는 압도적인 반문화적 위험성과 취약하나마 문화적 가능성이 함께 들어 있다. 그 반문화적 위험성에 대한 강력한 항체가 되며 그 문화적 가능성에 대한 촉진제가 되는 것은 이제 주변화되어가는 문학이 중심에 대해 갖는 새로운 기능이라고 할 수 있다. 뉴 미디어 문화의 반문화성이 '문화'라는 명분을 찬탈해버린다면 그때 문학은 적극적으로 '반(反)문화'의 자리에 서게 될 것이다. 그런데 이 새로운 시대의 문학에서 중심이 되는 장르는 시일 것이라는 예감이 든다. 시는 고대 그리스의 서사시·극시·서정시에서부터, 그리고 선진(先秦)의 시경(詩經)·초사(楚辭)에서부터 오늘에 이르기까지 항상적으로 존재해온 장르이다. 동아시아 전통 문화의 경우 시는 언제나 독립적인 범주를 구성하고 있었다. 문학이라는 범주는 없었지만 시라는 범주는 언제고 있었던 것이다. 그 시가 문(文), 즉 산문과 더불어 하나의 범주로 인식될 때 시문(詩文)이라는 것이 성립되었다. 그러나 근대에 들면서 생겨난 문학이라는 범주에서 중심이 된 것은 시가 아니라 소설이다. 소설은 시장이라는 매개를 통해 가능해진 사회에 대한 상대적 자율성이라는 근대 문학의 특성을 다른 어느 장르보다도 전형적으로 지닌 장르였다. 그 소설이 기술-자본 시대의 문화 시장에서는 종래의 상대적 자율성을 상품성으로 대체하면서 뛰어난 시대 순응력을 발휘하고 있다. 소설과 대중 소설의 경계는 무너지고, 소설은 이제 더 이상 지배 담론을 전복하고 해체하는 자가 아니라 지배 담론을 생산하고 유포하는 자로 전신하고 있다. 사실 지배 담론의 전복·해체와 생산·유포는 근대 소설의 양면인 것이지만, 그러니까 그 점을 존중하여 정확히 말하자면 이제 소설은 그 양면 중 후자의 측면으로 급격히 수렴되고 있는 것이다. 그러한 추세에 대한 저항은 쉽지 않다. 그 쉽지 않은 저항을 온몸으로 수행하고 있는 귀중한 작가들이 우리에게 적잖이 있기는 하지만 그들이 점차 소수화되어가고 있다는 엄연한 사실이 우리를 곤혹스럽게 만든다. 이에 비해 시는 아주 다른 모습을 보여준다. 사실상 시의 문학적 주변화라는 현상이 세계적으로 뚜렷이 나타나기 시작한 것은 이미 오래전의 일이다. 80년대 한국에서 '시의 시대'라는 말을 야기할 만큼 대단했던 시의 융성은, 세계적으로 보자면 극히 예외적인 현상이었다. 한국 문학에서도 90년대에 들어서서는 시의 주변화가 뚜렷이 나타나기 시작했다. 출판사들마다 시집 출판을 꺼리게 되고 시인 박대설이 나도는 정도로까지 상황은 변했다. 그러나 필자는 이것이 시의 종언에 대한 징후라고는 생각하지 않는다. 오히려 이러한 주변화야말로 기술-자본 시대에 시가 '귀족성' 혹은 '식물성'의 문학의 중심으로 서게 되리라는 징후일 것이라고 필자는 생각한다. 이 자리에서 논증하기는 어렵겠지만, 시라는 장르는 그 본성에 있어서 귀족성의, 식물성의 장르가 아니겠는가. 그 본성이 기술-자본 시대의 뉴 미디어 문화의 반문화성에 대한 가장 강력한 항체로서 기능하게 되는 그러한 국면이 바야흐로 펼쳐지고 있다고 필자는 짚어보는 것이다. 그렇다면, 시인들이여, 이제 문학의 소명은 그대들의 회피할 수 없는 몫인 것을! 주변에 있기 때문에 중심을 전복하고 해체할 수 있다는 것이 그대들의 표어이리라. (1999)

한국 현대 문학에서의 문학과 정치
—독일 문화원에서의 강연

'문학과 정치'에 대한 논의는 여러 층위에서 이루어질 수 있다. 그중 작품이 어떤 정치적 제재를 어떻게 다루는가, 작가가 어떤 정치적 입장에서 어떤 정치적 발언을 하는가 하는 논의 층위는 좋게 말하면 기초적인 것이라 할 수 있고 나쁘게 말하면 피상적인 것이라 할 수 있다. 왜 그런가 하면, 이런 논의들은 첫째, 문학의 사회적 존재 방식이라는 근본적인 문제를 인식하지 못하고, 둘째, 문학에 대해 내재적인 정치성을 포착하지 못하기 때문이다. 이 두 가지 문제를 중시하려면 우리의 논의는 거시적인 데서 출발하지 않을 수 없다.

발터 벤야민으로부터 논의의 실마리를 풀어가는 것이 적절하리라 생각된다. 마침 이 자리가 독일과 관계되는 자리이기도 하지만, 더 중요하게는 그가 현대 문학에서의 문학과 정치의 문제를 고찰함에 있어서 갈수록 중요해지고 있는 통찰을 일찌감치 제출했던 이론가이기 때문이다.

벤야민이 1934년에 쓴 글 「생산자로서의 작가」와 1936년에 쓴 글 「기술복제 시대의 예술 작품」을 한데 묶어 읽어보면, 당시의 문학과 예술의 전반적 상황에 대해 그가 어떻게 보고 있었는지를 알 수 있다. 벤야민의 대전제는 전통 예술의 위기와 해체의 운명에 대한 수락이다. "창조성, 천재성, 영원한 가치와 비밀" 같은 전통적 개념은 이제 더 이상 성립되지 않으며 단지 허구일 뿐이다. 이제 더 이상 성립 불가능한 그 전통적 개념을 적극적으로 채용하는 것이 파시즘의 '정치의 예술화'인데, 그 채용의 결과가 전쟁의 미학이고 그것은 인류 스스로의 파괴를 최고의 미적 쾌락으로 체험하도록 하는 지경에까지 이르렀으니 "이것은 분명 예술 지상주의의 마지막 완성"이다. 벤야민은 이 '정치의 예술화'에 반대하고 탈전통의 길을 두 갈래로 제시했다. 하나는 '정신적 생산 수단의 사회화'이고 다른 하나는 '예술의 정치화'인데, 전자는 「생산자로서의 작가」에서, 후자는 「기술 복제 시대의 예술작품」에서 각각 검토되었다. 전자부터 살펴보면, 브레히트는 생산 수단의 해방에 관심을 가지고 또 계급 투쟁에 봉사하는 진보적 지식인이라는 의미에서 생산의 모든 형식과 수단들을 변화시키고자 했고, 세르게이 트레챠코프라는 소련 작가는 "대중 집회의 소집, 트랙터의 대금을 지불하기 위한 모금, 개개 농민들의 콜호즈 가입을 위한 설득, 독서실의 감독, 벽신문의 창안, 콜호즈 신문 제작, 모스크바 신문을 위한 취재, 라디오와 순회 영화관" 등의 일에 착수했는데, 바로 이러한 것들이 정신적 생산 수단의 사회화에 해당하며 문학적 기술의 진보의 내용이 된다는 것이다. 후자는 자본주의 사회에서의 예술 발전의 경향이다. 복제 기술의 발달로 예술 작품의 복제는 물론 사진이나 영화 같은 복제 예술이 등장하고 그것이 대중화함으로써 이제 예술 작품은 아우라를 상실했다는 것, 기술 복제 시대의 예술 작품은 아우라를 상실한 대신 새로운 사회적 기능, 즉 정치에 그 근거를 두고 있는 예술의 다른 사회적 기능이 대신 들어서고 있다는 것이다. 이것이 바로 '예술의 정치화'이다. 이 예술 발전 경향의 테제는 '투쟁적 가치'를 지닌다. 왜냐하면 그것은 전통적 개념들을 제거해버리고 파시즘의 목적을 위해서는 전혀 사용될 수 없는 새로운 개념들을 도출해내기 때문이다.

벤야민의 논의에는 약간의 난점이 포함되어 있다. 첫째, '정신적 생산 수단의 사회화'와 '예술의 정치화'는 같은 것이 아니고 상호간에 필연적인 내적 관계가 있는 것도 아니라 하겠는데, 양자의 관계에 대해 전혀 언급하지 않았다는 점. 둘째, 반파시즘과 공산주의 지향의 강력한 정치적 동기에서 비롯된 것이라고 여겨지는바, '정신적 생산 수단의 사회화'라는 길에 대해서는 소박한 낙관주의의 입장에 머물러버렸고 '예술의 정치화'에 대해서는 양면성이 있을 수 있음을 단지 암시만 하고 있다는 점.

한국 현대 문학(즉 20세기 이후의 한국 문학)은 문학과 정치라는 관점에서 볼 때 벤야민이 말한 전통 예술과 두 가지 탈전통 예술의 존재가 다 발견된다. 하지만 그 성격이 복합적이거나, 적어도 양면적이라는 점에서 벤야민의 파악과는 아주 다른 양상을 나타낸다.

우선 벤야민이 말한 '전통 예술'의 '전통'은 한국에서는 전통이 아니라는 점을 지적해야겠다. 20세기 서구에서 전통이라고 하면 근대적인 것을 가리키고 탈전통은 보들레르 이후의 현대를 가리키는 게 통례이지만, 한국에서 전통이라는 말을 쓸 때 그것은 전(前)근대를 가리킨다. 말하자면 벤야민의 '전통'은 한국에서는 전통이 아니라 '근대'인 것이고 심지어 어느 시기까지는 '현대'이기도 한 것이다. 이는 중요한 사실이다. 벤야민이 '창조성, 천재성, 영원한 가치와 비밀'이라는 말로 요약한 근대 예술(그리고 근대 문학)은 20세기 초 한국에서는 새롭게 추구해야 할 가치였다. 서구의 근대 문학은 귀족 파트롱이 해체되고 시장을 매개로 부르주아지와 간접적으로 연결되면서 대체로 18세기 이후 이른바 자율성을 가지게 되었다고 이야기된다. 그러나 그 자율성은 빠르면 19세기 중반, 늦어도 20세기 초에는 허구적인 것으로 바뀌게 된다. 이는 국민 국가, 즉 nation-state의 역사적 운명과 궤를 같이한다. 국민 국가의 제국주의화(마침내 파시즘에 이르게 되는)라는 역사적 운명, 벤야민이 서 있던 자리는 바로 그 자리이다. 그러나 20세기 초 한국에서는 근대적 국민 국가의 건설이 당면한 역사적 과제였고 문학적으로는 국민 문학으로서의 근대 문학의 형성이 과제였다. 1910년부터 1945년까지 36년 간 일본 제국주의의 식민지로 있는 동안 '창조성, 천재성, 영원한 가치와 비밀'이라는 말로 요약된 벤야민적 의미의 '전통 문학'이 한국 문학의 주류가 된 것은 그러므로 당연한 일이다. 그런데 이 주류는 처음부터 양면성을 가지고 있었다. 한국이 식민지였기 때문이다. 그 양면성은 한국 현대 문학의 원죄라고도 할 수 있겠는데, 그나마 일제 강점기 말기에는 완전히 파시즘적인 '정치의 예술화'로 추락하고 말았다.

일찌감치 이 양면성의 폐쇄적 회로를 알아챈 것은 일제 강점기의 좌익 문인들이었다. 1920년대 후반에 시작된 이들 좌익 문인들의 이른바 프롤레타리아 문학 운동은 말하자면 벤야민이 말한 '정신적 생산 수단의 사회화'를 추구한 것이다. 이 문학 운동은 훗날 분단된 한국의 남과 북 모두에서 평가절하당하고 배척되었지만, 기실은 당시의 세계 문학과 동시대성을 가지고 있던 중요한 움직임이라고 하지 않을 수 없다. 그러나 1930년대 중반 이후, 파시즘의 팽배와 더불어 이 프롤레타리아 문학 운동은 해소되어버렸다.

1945년 해방(혹은 광복) 이후, 한국은 남과 북으로 분단되었고, 남한과 북한에서 문학은 각기 그 사회적 존재 방식을 달리하게 되었다. 북한에서는 '정신적 생산 수단의 사회화'가 추구되었다. 그러나 벤야민의 낙관과는 달리 이 '사회화'는 파시즘적인 '정치의 예술화'로 추락해버렸다. 여기서 우리는 료타르가 나치당과 공산당을 한데 싸잡아 비판한 대목을 떠올리게 된다. "권력이 당의 이름을 취할 경우 리얼리즘과 그것의 신고전주의적 보조 형태들은 실험적 아방가르드를 비방하고 금지시킴으로써 승리를 거둔다. 즉 당에서 요구, 선별, 선전하는 '올바른' 이미지, '올바른' 서사, '올바른' 형식이 자신들이 겪는 불안과 실망에 대한 적절한 치유책으로서 그러한 것들을 욕망하는 대중들을 찾을 수 있는 경우에는 승리를 거둔다"라는 대목이다. 다소 과장된 점이 없는 것은 아니지만, 료타르의 이러한 사회주의 문학에 대한 비판은 우리가 흔히 보아온 전통적 입장에서의 비판과는 근본적으로 다르다. 전통적 입장에서의 비판은 문학에 대한 전통적 개념들에 단단히 고정된 채 그 개념들에 입각해서 사회주의 문학을 바라보는 데 반해, 료타르는 그 전통적 개념들의 허구를 부정하는 입장에 서 있기 때문이다. 그리고 바로 이 입장이 료타르와 벤야민이 공유하는 입장이다.

한편, 남한에서는 근대적 국민 문학의 형성이라는 과제가 계속 추구되었다. 그러나 이 추구는 여전히 식민지 시대의 그것과 동일한 양면성의 원죄를 벗어나지 못했다. 한편으로 남한은 오랫동안 신식민지 내지는 그에 가까운 상태로 남아 있었고 그와 유관하겠지만 또한 오랫동안 독재 정권의 지배 아래 있었던 것이다. 그러나 남한에서는 진정한 의미에서의 근대적 국민 국가를 추구하는 투쟁이 학생과 시민, 나아가서는 민중에 의해 부단히 진행되었다. 1960년의 4·19 혁명, 1970년대의 반유신 투쟁, 1980년의 광주 민주화 운동, 1980년대의 민중 운동으로 이어지는 부단한 투쟁은 문학에도 그에 상응하는 움직임과 흐름을 일으켰다. 양면성의 원죄는 상당 정도 극복되어 가고 근대적 국민 문학으로서의 한국 문학의 성숙이 현저히 진전되었다. 그런가 하면 1980년대에는 벤야민적 의미에서의 '정신적 생산 수단의 사회화'의 방향도 집중적으로 추구되었다. 이러한 맥락에서 1960년대부터 1980년대까지는 한국 문학이 다채롭고 풍요하며 성숙한 문학적 성과를 낳은 시기라고 할 수 있다.

그러나 1980년대 말 90년대 초부터는 양상이 무척 달라졌다. 여기에는 여러 가지 요인이 있는 것으로 생각된다. 우선, 서독에 의한 동독의 흡수 통일과 소련의 해체, 사회주의권의 세계 자본주의로의 흡수라는 세계사적 흐름이 있고, 1970년대의 개발 독재 이래의 경제 발전이 1988년 올림픽 개최 이후 어느 수준을 넘어서게 되었다는 점이 있으며, 또한 1990년대 들어 드디어 군사 정권이 물러나고 민간 정권이 섰다는 점이 있다. 근대적 국민 문학의 긍정적 정체성에 대한 추구라는 모티프가 갑자기 모호해지고 대신 벤야민적 의미에서의 '예술의 정치화'가 급격히 대두되었다. 사실 벤야민의 '예술의 정치화'에서 '정치'라는 말의 의미는 다소 모호한 편이다. 다시 돌이켜보면, 벤야민의 글에서는 전반적으로 대중의 대두가 강조되고, 영화 관중을 예로 예술 수용자의 비판적 태도와 감상적 태도가 일치한다는 점이 주목되고, 새로운 예술이 제공해주게 될 정신 분산적 오락을 통해서 지각이 당면하고 있는 새로운 과제가 어느 정도 해결될 수 있는가를 통제할 수 있게 되었다는 점이 지적되는데, 이런 것들을 가리켜 '정치화'라고 부르는 것이 말의 본뜻에서 온당한지 의심스러울 정도이다. 만약 벤야민의 용어 사용을 정당화하고자 한다면 정치라는 말의 내포를 일반적인 사용법과는 달리 무척 넓은 의미의 것으로 재조정해야 할 것 같다. 벤야민의 경우는 그것이 반파시즘이라는 맥락에서 확연한 정치성을 갖는 것임이 분명하지만 오늘날의 맥락에서도 그러할지는 의문인 것이다. 좌우간, 벤야민의 글이, '정치화'라는 말의 축자적 의미에서가 아니라, 후기 산업 사회의 현실이라는 새로운 사회적 문맥과 벤야민의 선구자적 통찰이 절묘하게 부합된다는 점에서 오늘날 그 중요성이 더욱 부각되고 있음은 분명한 사실이다. 컴퓨터와 멀티미디어, 정보 통신의 기술적 발전과 그 대중적 보급이 기술 복제 예술의 가능성을 그 어느 때보다 극대화시키고 있는데, '예술의 정치화'라는 것에 대한 벤야민 통찰은 이러한 현상에 대한 관찰의 이론적 기초를 제공해 주는 것이다. 다만 벤야민의 관찰은 반파시즘이라는 정치적 의도와 관련하여 긍정적인 평가 쪽으로 기울어 있는 데 반해 오늘날의 관찰은 컴퓨토피아와 디스토피아 사이에서 분열되어 있다는 차이가 있다. 후기 산업 사회에서의 대중 예술과 대중 문학에 대해서 말하자면 나로서는 기본적으로 그것을 부정적으로 평가하는 료타르의 견해에 동의하고 아방가르드적 맥락에서의 추구를 중시하는 바이지만, 대중 문학으로서의 포스트모더니즘의 정치성과 아방가르드의 후예로서의 포스트모더니즘의 정치성에 대한 해석과 평가는 좀 더 숙고되어야 할 것 같다. 오늘날의 한국 문학은 전통적(이제는 전통적이라는 말을 써도 되겠다) 문학 개념과 두 가지 서로 다른 포스트모더니즘이 혼재되어 있는 국면이다.

    한국 현대 문학사를 전체적으로 돌이켜보면 근대적 국민 문학의 건설과 그에 운명적으로 수반된 양면성이 주조를 이룬다고 할 수 있다. 그 양면성과의 싸움이 한국 현대 문학의 실존이었고 아마도 이 점은 식민지 경험을 가진 나라들의 공통점일 것이다. 고뇌가 깊은 곳에 성취도 깊은 법이니 아무쪼록 세계 문학의 지평에서 이러한 나라들의 문학이 좀 더 관심의 대상이 되기를 바란다. (2001)

제 2 부

반공 체제에의 감금과 역-감금을 넘어서

　불법 연행에 밀실 수사를 자행, 변호인 접견조차 거부하면서 터무니없기 쉬운 수사 결과를 일방적으로 발표하여 일단 피의자를 간첩으로 몰아놓고, 나중에야 어떻게 되든 간에 우선 일정한 정치적 효과를 거두려는 사법 부재의 상황이 바야흐로 한창인 이즈음, 이호철의 신작 장편 소설『문』이 또 다른 장편 소설『4월과 5월』(1970)과 함께 묶여 단행본으로 출판됨으로써 쓰디쓴 시의성을 얻었다. 1974년의 소위 '문인 간첩단 사건'을 소재로 한『문』은 1988년 봄부터 1989년 봄까지 일 년여에 걸쳐 계간『문예중앙』에 분재 발표되었던바, 말하자면 6월 항쟁 이후의 의사-개량 국면과 7·7 선언으로 공식화된 탈-반공 체제적 분위기 속에서 집필·발표되었던 것이니, 작가의 본의는 반공 체제의 극복과 민족 통일을 향해 열린 사회의 형성에 대한 낙관적 전망을 모색하고자 하는 것이었을 터이다. 그러나『문』이 발표를 끝내고 단행본으로 출판되기까지의 얼마 안 되는 시간 동안 한국의 정치 상황은 급격히 경색되고 반공 체제의 억압적 틀이 되살아나 한국인의 의식과 무의식을 잔혹하게 짓누르고 있다. 이 정황 자체가 1974년 당시와 얼마나 유사한지 순환이라는 말을 절로 떠올리게 할 정도이다. 1972년의 7·4 공동 성명으로 남북 화해의 공간이 열린 것처럼 보이지 않았던가. 그러나 곧이어 유신 체제가 세워지고, 남북 대화는 중단되고, 드디어 1974년 1월 긴급조치 1·2호가 선포되고, 문인 간첩단 사건과 민청학련 사건이 조작되었던 것이다. 이런 사정이 『문』을 침통한 독서로 이끈다. 글쓰기가 일정한 정황 속에서 이루어지는 것처럼 글읽기도 역시 일정한 정황 속에서 이루어지는 것이므로, 『문』의 낙관적 전망에 대한 모색이 비극적 비판의 침통함으로 읽히는 것은 자연스러운 일이다. 그러나 어찌 단순한 순환이기만 하겠는가. 열리려던 문이 다시 닫히는 상황은 유사하지만, 그 닫히는 문을 열어내려는 싸움은 한국 사회 전부문에 걸쳐 훨씬 더 확산·심화되고 있는 것이다. 『문』은 그 싸움의 확산·심화의 자리에 서 있다.

　작가 이호철은 1974년 소위 문인 간첩단 사건에 연루되어 구속 수감되었다가 2심에서 집행유예로 석방되었다. 『문』은 그때의 구치소 생활 경험을 소설화한 작품이다. 작가 자신이 밝히는 바에 따르면 이 작품은 거의가 사실에 근거하였다. ("주인공을 '그'로 설정한 것도 그런 쑥스러움에 말미암은 것"이라고 작가는 말하고 있다. 주인공 '그'는 물론 작가 자신이다. 삼인칭 서술을 선택한 것이 '쑥스러움' 때문이라는 것은 소극적 표현이고, 적극적으로 바꿔 말하면, 그것은 자기를 객관화하고 싶다는 뜻이 되겠는데, 그러나 그렇게 볼 때 이 작품의 삼인칭 서술은 그다지 성공적이지 못한 것 같다. '그'를 '나'로 바꿔놓아도 아무런 지장이 없어 보이기 때문이다. 그렇다는 것은 그 서술에 필연성이 빈곤하다는 뜻이 된다.) 이 작품의 어디까지가 사실이고 어디부터가 픽션인가는, 나름대로 흥미거리가 되지 않는 것은 아니지만, 우리에게는 그다지 중요한 문제가 아니다. 우리는 이 작품 전체를 하나의 개연성의 세계로 받아들이기 때문이다. 그 개연성의 세계에서 일어나는 사건의 줄기를 더듬어보면 다음과 같다.

　1974년 1월 긴급조치 1호가 선포된 며칠 뒤, 작가이며 민주화 운동에 참여하고 있는 '그'는 불법 연행되어 밀실 수사를 받는다. 재일 한국인에 의해 일본에서 발행되며 한국 정부에 대해 비판적인 태도를 지닌 잡지 『한성』과의 관련 내용을 간첩 혐의로 몰아가려는 수사이다. 가능하다면, 유신 체제에 정면으로 저항하며 개헌 청원 백만인 서명 운동을 추진하고 있는 장정후

씨를 '그'의 일본행과 연결지어 "북쪽의 사주에 의한 남한 전복 음모"로 몰아가려는 것이 당국의 숨은 의도이다. 수사 기관에서의 조사가 끝나고 검찰에 송치되어 구치소에 수감된 '그'는 검찰 조사를 받고 기소되어 재판을 받는데, 결국 2심에서 집행유예로 풀려난다.

이 간략한 요약에서 떠오르는 것처럼, 이 작품의 주제는 음으로 보자면 독재 권력과 반공 체제의 관계에, 양으로 보자면 민주화와 통일의 관계에 가 닿는다. 가령, 문인 시국 성명 건에 대해 조사받을 때 '그'는 비교적 당당하게 자기 정당성을 주장한다. "문인 시국 성명 건이 일종의 가외 취급 비슷이 금방 수사가 마무리지어진 것을 그는 못내 아쉽고 섭섭하게 여겼다. 그런 정도의 것이면 수사관 앞에서도 얼마든지 뻗댈 수가 있었던 것이다"(p. 68). 그러나 간첩 혐의, 혹은 북한과의 관계를 조사받을 때 '그'는 주눅이 든다. "마치 햇볕 밝은 큰길을 머엉한 상태로 무심하게 걸어가다가 별안간 맨홀에라도 빠져서 천 길 어두운 낭떠러지 밑으로 떨어진 형국이었다"(p. 52)고 느낀다. 그것이 넘어서는 안 될 선임을 잘 알기 때문이다. 그것은 "체제 내적 반정부"와 "체제의 끝머리 너머"와의 구분이다. 그러나 이런 식의 인식 구조 자체에 함정이 있다. 우선 그것은 민주화 운동을 탄압하는 명분을 제공한다. 실제로는 "체제 내적 반정부"를 탄압하면서 거기에 "빨갱이 잡기"라는 명분을 갖다 붙이는 것이다.

이를테면 그것이 바로 갈림길인 셈이었다. 처음부터 구색을 맞추느라고 여야가 있는 마당에, 더러 야 쪽에서 과하게 나오는 것이야 항다반사로 심심 파적 비슷이 감당하겠지만, 그것을 넘어설 때는 바로 반국가 사범으로, 삼엄한 마당으로 들어서는 것이다. 법 차원으로 휴전선을 넘는 것이다. (p. 52)

또, 그 구분이 수사관의 다음과 같은 발언의 자기 기만을 가능케 한다.

엄연히 우리나라는 민주 국가라고. 민주 국가에 살면서 민주주의를 수호하겠다는 거야, 의당 국민의 의무가 아니겠어. 오해 말라구. 우리가 뭐 째째하게 어느 특정 정치인을 위해서 이러는 줄 아나. 그렇게 생각하면 오산이야. 우리가 잡으려는 것은, 어디까지나 빨갱이란 말야. 빨갱이, 알아들어? (p. 50)

그러나 보다 중요한 것은, 그 구분이 전국민적 범위에서의 반공 체제의 내면화 위에 세워진다는 것이다. 6·25를 거쳐 구축된 반공 체제는 날로 확고해지면서 전국민에게 체제 내화를 강요했다. 그 체제 내화의 과정에서, "그 너머 한 치 건너는 바로 북쪽 체제이거나, 아니면, 그대로 이 체제 끝의 천 길 낭떠러지로 시커먼 아가리가 입을 벌리고 있을 터"(p. 215)라고 묘사되는 "체제의 끝머리 풍경"에 대한 공포와 흉악 살인범으로 하여금 빨갱이보다는 자신이 훨씬 도덕적으로 우월하다고 생각하게 하는 비이성적 혐오를 매개로 하여 반공 체제의 내면화가 이루어졌다. 이 내면화는 정치적으로는 물론이고 일상적 삶의 전면에 걸쳐 국민들의 사고와 정서를 일정한 억압적 틀 속에 감금시킨다. 그 감금은 체제 자체의 변화에 대한 자유로운 전망을 불가능하게 한다. 그 변화의 가능성을 북한 체제라는 좁은 모델로 축소시키기 때문이다. 반공 체제에 대한 부정이 외길로 북한 체제에 대한 긍정을 향해 치달려버리는 것도 그 감금의 역설적 효과라고 할 수 있을 것이다.

『문』의 주인공 '그'는 간첩 혐의로 조사를 받는 과정에서 독재 권력과 반공 체제의 긴밀한 결속을 직시하게 되며, 자신에게서 반공 체제가 뿌리깊이 내면화되어 있는 것을 의식하게 된다. 그 직시와 의식이 '그'를 깊이 있는 성찰로 이끄는데, 거기에서 중요한 매개로 등장하는 것이 간첩 사형수 강씨이다. 옆방의 강씨의 존재에 처음 '그'는 "심정적인 압박감"을 느낀다.

아니 그보다는 북쪽 체제를 다문 5년이라도 살다가 월남한 사람으로서의 단순한 자격지심일까. 지금 이 시각, 엄연히 이 남쪽 세상에 저렇게 사형수의 상태로 북쪽 체제의 속알맹이를 여전히 감당하며 살아내고 있는 사람에 대한, 같은 이북 사람으로서의 그 어떤 자격지심이거나, 외포 같은 것일까. (p. 78)

라는 대목에서 보듯, 그 압박감은 월남 실향민으로서의 정체성의 상실과 남한 현실에의 뿌리내리기라는 문제를 밑에 깔고 있다. 이 문제는 이호철의 창작 활동 전반에 걸쳐 계속적으로 탐구되어온 문제이다. 『남풍북풍』에서의 탐구는 뿌리내리기란 남한 현실의 '타락'에 적응하는 것이 아니라는 것에 대한 확인과, 그것은 사회적 현실과 현실 변혁의 과정 속에 존재할 것이리라는 잠정적 파악에 머물렀던 데 비해, 금번『문』에서는 남한의 반공 체제 자체, 그리고 분단과 통일이라는 데까지 문제를 심화시키고 있는 것이다.

그 심화된 성찰의 결론은 '그'가 강씨에게 보내는 편지의 형태로 진술된다.

그렇습니다. 문은, 남북이 열리는 문은 달리 열리는 것이 아니라, 남북의 구치소 문이 같이 열리는 데서부터 비롯되어야 할 것입니다. 선생이 몸담고 있는 그 방의 문이 바깥 세상을 향해 활짝 열려서 뚜벅뚜벅 선생께서 정문을 향해 걸어나가고, 동시에 북쪽의 구치소 문도 열려, 그 속의, 선생처럼 매사에 의연하고 조선 사람으로서 한국 사람으로서의 높은 긍지가 한껏 담겨 있어 보이는 고귀한 인품들이 조만식 선생을 앞세우고 뚜벅뚜벅 정문을 향해 걸어나올 때, 그때, 남북의 문은 제대로 열리는 것일 겁니다. (p. 256)

요컨대 남북 공히, 권력의 민주화, 사회의 광범한 민주화가 이루어질 때 통일의 문이 열린다는 것이다. 북한 체제가 싫어서 1950년 12월에 월남한 그가 1974년에 국가보안법·반공법이라는 죄명으로 영어의 몸으로 갇히게 되었다는 사실 자체가 단적으로 예시하는 바 남한 현실의 억압과 타락은 말할 것도 없거니와, 북한의 현실 또한 민주적 변화가 절실히 요청된다고 '그'는 생각한다. 아닌 게 아니라, "현재 남쪽 체제를 지탱하는 마지막 지렛대가 북쪽을 고향으로 둔, 그러면서 간절하게 고향으로 돌아가고 싶은 사람들이라는, 이 이율배반이 어떻게 설명이 가능"할 것인가. 월남한 사람들이 몽땅 반동이냐, 아니다, 혁명과 계급 투쟁이라는 이름 밑에 사람 사는 세상의 원천적인 자연스러움이 사그리 없어져버리지 않았느냐, 라고 '그'는 항변한다. '그'에게 귀중한 것은 "사람 사는 세상의 원천적인 자연스러움"이고, '그'가 생각하는 민주화는 그 원천적인 자연스러움을 향해야 하는 것이다. (예컨대 강씨가 고급 중학교 때의 여자 친구 강복순의 오빠라는 사실을 '그'는 중시하지만, 강씨는 그런 문제는 허섭스레기 같은 일이라고 하면서 사실을 부인한다. 또, '그'는 원강 고급 중학교 졸업증에 대해 깊은 감회를 느끼시만 수사관에게는 그 감회가 추호도 납득되지 않는다.) '그'가 강씨에게 느끼는 외경감 또한 강씨의 투철한 공산주의를 향한 것이 아니라, "본원적인 깊은 어떤 것"을 향한 것이다. 그것은 "이데올로기보다 더 깊은, 남북을 통틀어 우리 민족의 진수 같은 것과 관련되는 어떤 것"이다.

이호철이 제기하는 이보다 높은 가치는 물론 아직 추상적인 것이며 그 자체 이데올로기적 성격을 갖는 것이라고 비판받을 수 있겠지만, 그러나 반공 체제에의 감금과 역-감금을 넘어선, 체제 변화의 열린 가능성에 대한 자유로운 사고의 한 형태라는 점에서 충분히 평가되어야 할 것이다. 그 가치에 입각한 이호철의 전망은 결코 어둡지 않은 것 같다. 편지는 강씨에게 전달되지 못하고, 강씨의 방문은 "동쪽으로 큰 문 쪽으로 바깥을 향해 활짝 열린 것이 아니라, 서쪽 처형장 쪽으로 열렸던 것"이지만, 그러나 교도관들의 숙연한 얼굴이라든지, 강복순의 월남한 고녀적 친구가 강씨의 옥바라지를 해왔고 그 시신을 수습해준다는 것이 그것을 암시한다. 이호철은 "아무리 엄혹하다 한들, 남북 간에 이만한 정도의 인륜은 아직은 유지되고 있었던 것이다"라고 덧붙이고 있다.

　반공 체제와 독재 권력, 민주화와 통일이라는 것 이외에도, 『문』은 중요한 주제를 포괄하고 있다. 그것은 한국 사회의 삶의 일상성에 대한 섬세한 파악이다. 이는 이호철 소설의 전반에 걸치는 공통된 면모이기도 한데, 때로 치밀한 풍속도 정도로 그치는 경우도 없지 않지만, 자본주의적 삶의 타락성에 대한 끈질긴 묘사, 소시민적인 것에 대한 자의식, 그 심리적 기미에 대한 예민한 반응, 애정과 경멸이 뒤섞인 약간 냉소적인 태도, 털털함에 대한 상대적 긍정 등이 흥미롭다. 『문』은 감옥이라는 제한된 공간을 전체 사회의 축도로 끌어올려 거기에 보편적인 삶의 공간이라는 의미를 생성시키고 있는 점이 주목된다. 그런데 그렇게 볼 때, 이 작품은 부분들의 전체에의 긴밀한 유기체적 복속이라는 뜻에서의 구성이라는 점에서 실패했다고 판단될 수 있다. 특히 말미의 마무리가 그러해서, 앞에서 벌여놓았던 여러 의미 단위들의 결속이 이루어지지 않고 전달 안 된 편지의 인용과 강씨 죽음의 후일담으로 축소되고 있는 것이다. 그러나 달리 생각하면, 탈-중심적이고 탈-체계적인 서술로서의 적극적 의미 부여도 불가능한 것은 아니다. 부분들 나름의 상대적 자율성을 존중하는 치밀한 묘사 ― 그것은 "모든 권력은 악"이라는 '그'의 주장과도 결부될 수 있다.

　　독재 권력일수록 강한 권력이고 민주적인 권력일수록 느슨합니다. (p. 252)

　사실에 있어 모든 체계는 근본적으로 억압적 속성을 갖는 것이 아닌가. 우리는 그 억압의 과잉과 싸워 체계를 변화시켜나가는 데서 인간을 확보하는 것인지도 모른다.
　아무튼, 이 구성상의 느슨함을 보완하며 전체적인 통일성을 어느 정도 부여해주는 것은 '문' 이미지의 일관된 흐름이다. 해설을 쓴 권영민의 지적처럼, "민족 분단의 상황을 문의 이중적 의미로 풀이"하는 것은 "대부분의 작가들이 분단의 상황을 장벽의 이미지로 그려내고 있는 점과 엄청난 차이를 드러낸다." '문'은 닫힘과 열림의 이중적 의미를 갖는다. "문은 열릴 수 있음에도 불구하고 닫혀 있을 때에 그 폐쇄성의 의미가 더욱 강조될 수 있다"는 권영민의 지적은 옳다. 이 작품은,

"들어가."
가볍게 등을 떠다 밀어 가마니때기 꺼풀이 얼기설기 일어선 텅 빈 방으로 들어서자, 곧장 등뒤로 철커덕 쇳소리를 내며 문이 잠가졌다. (p. 1)

라는 묘사에서부터 시작하여 틈틈이 문에 대한 묘사를 집요하게 계속해나간다. 그 묘사는 대체로 문의 폐쇄성에 대한 절망과, 문이기 때문에 열릴 수 있다는 희망으로 점철되어 있다. 가령,

초벌 벽지로 한 겹 쌌을 뿐인 그 문은 언뜻 보기에 무쇠처럼은 안 보인다. 보기에도 단단하게 생겨 있지만 문 특유의 질박해 보이는 면도 없지 않아, 전혀 벽창호로 안 통할 것 같지는 않다는 생각도 든다. 〔……〕 그나마 조금 마음이 놓인다. 통째로 무쇠는 아닌 듯하다는 점이 마음이 놓인다. (p. 3)

같은 대목이나,

아침이 온다는 것은 우선 키가 올라오는 기척도 없이 어느새 돌아와 있다는 뜻이고, 그렇게 방문이 돌아와 있다는 뜻이 되어 있었다. (p. 19)

같은 대목을 보라. 그러나 문이 막연히 열리기만 하는 것으로는 부족하다. 동쪽 큰 문 쪽으로 열리느냐, 서쪽 처형장 쪽으로 열리느냐, 요컨대 열림의

방향이 중요한 것이다. 작가 이호철의 앞으로의 과제는 그 열림의 방향에 대한 보다 구체적인 탐색일 것이다. (1989)

겹의 삶, 겹의 문학
―후기 이청준에 대하여

　모든 체계는 인간에 대해 억압적이라는 사실이 여러 비판적 사유들에 의해 밝혀져왔다. 여기서 '모든'이라는 어사는 각별히 주목되어야 한다. 기존 체계의 억압성은 양식 있는 사람이라면 대체로 인식하는 바이거니와 그 인식은 흔히 기존 체계를 보다 비억압적인 것으로 개량해야 한다는 생각이나 기존 체계를 혁명적으로 타파하고 비억압적인 새로운 체계를 세워야 한다는 생각으로 나아간다. 그러나 모든 체계가 억압적이라면 비억압적 체계라는 것은 부재의 상태로밖에 존재할 수 없는 것이 아닌가. 그렇다면 새로운 체계에 대한 전망과 추구는 자신이 전망하고 추구하는 것 자체의 억압성에 대한 맹목 위에 자리하는 것이며, 그 체계의 비억압성에 대한 믿음은 실제로는 인간에 대한 또 다른 억압을 낳게 되는 것이 아닌가. 그렇다면 새로운 체계에 대한 전망과 추구는 그 자체 해방과 억압이라는 상반으로 이루어진 것, 다시 말해 하나의 모순이 아니겠는가.
　80년대의 한국 문학은 주로 정치적 계기에 의해 촉발되어 억압의 문제에 정면으로 부딪혀가며 전대미문의 문학적 성과를 낳았고 문학의 지평을 크게 확대하였다. 이성복·황지우에서 박노해·백무산에 이르는, 그리고 이인성·임철우에서 정도상·방현석에 이르는, 또 진형준·정과리에서 김명인·조정환에 이르는 그 확대된 지평은 아주 다양한 모습과 움직임들로 채워져 있는데, 지금 이 글의 관심에 입각하여본다면, 그중 다수는 비억압적인 새로운 체계에 대한 전망과 추구라는 점에서 공분모를 가지며 이른바 주류를 이루어왔다. 그 주류는 일정한 시대적 의의를 가지는 것이며 앞으로도 더욱 활발하게 추진되어야 하는 것이지만, 그러나 그 추진에는 그에 대한 근본적 반성이 수반되어야만 한다. 즉 그 전망과 추구가 가진 맹점이 부단히 경계되고 의식화되고 전복되어야 하는 것이다. 이 근본적 반성의 수행 또한 적지만은 않았고 그 수행의 방법과 층위 역시 다양하게 나타났거니와, 80년대 문학의 진정성은 그 많은 부분을 여기에서 확보했다고 말해도 과언이 아니다.

이청준은, 정확히 말하면 「다시 태어나는 말」(1981) 이후의 후기 이청준은 위와 같은 문맥에서 각별히 주목되어야 한다. 후기 이청준이라는 표현은 「다시 태어나는 말」 이후, 「벌레 이야기」(1985)와 「비화밀교」(1985)를 거쳐 근자에 전작 장편으로 발표된 『자유의 문』에 이르는 소설 세계를 지칭한다. 그 세계는 체계와 인간의 대립을 문제삼으면서 극력 인간을 옹호하는 세계라고 일단 얘기할 수 있다. 그러나 그 인간 옹호는, 얼핏 그렇게 여겨지기 쉽겠지만, 진부한 휴머니즘이나 경박한 인간 중심주의에서 별로 멀지 않은 것이 결코 아니다. 중요한 것은 여기서 인간이라는 것이 본질적으로 모순적인 존재로서 파악되고 있다는 점이다. 이청준의 인간 옹호는 모순적 존재로서의 인간에 대한 옹호이며, 그 인간의 모순을 없는 것으로 치부하거나 타매해야 할 것으로 몰아붙이는 모든 억압적 체계에 대한 비판이다. 이청준이 보기에는, 인간을 옹호한다는 명분으로 출발한 체계화의 시도가, 그것이 아무리 진정성으로 충만해 있다 하더라도, 인간의 모순을 무시하거나 배제하게 되면 바로 그 자리에서부터 그 체계는 인간에 대한 억압으로 바뀌는 것이다. 이청준이 추구하는 것은 그 모순을 껴안으면서 그 모순을 넘어서는 자유이다. 이러한 이청준의 탐구는, 체계 자체를 보다 포괄적이고 보편적인 것으로 확대하면서 거기에 생명이라는 이름을 부여하고 있는 김지하의 탐구와 더불어 좋은 대조를 보이면서 근본적 반성의 대표적인 두 모습을 이룬다. 억압이라는 것이 정치적인 부분, 표층적인 부분에만 있는 것이 아니라 일상적인 것, 심층적인 것에도 은밀하게 작용하며 심지어 언어 자체에도 깊숙이 새겨져 있음을 추구하고 드러내는 작업은 그 두 모습 사이에 있는, 보다 일반적인 반성의 양상으로 자리매김될 수 있을 것이다.

1965년의 등단작 「퇴원」 이후로 이십 몇 년을 한결같이, 긴장으로 충만한 글쓰기를 계속해온 이청준의 소설 세계는 몹시 다양해서 한두 마디로 총괄적으로 요약한다거나 일목요연하게 분류하기가 거의 불가능해 보인다. 일찍이 김현이 그의 중요한 이청준론 「대립적 세계 인식의 힘」에서 "이청준의 소설적 관점은 아주 다양하다. 그가 볼 수 있고 느낄 수 있고 생각할 수 있는 모든 것이 그의 소설의 제재를 이룬다"고 말했던 것도 그 다양성에 관한 언급이고, 이청준에 관한 작가론·작품론 들을 모아 단행본(『이청준』, 도서출판 은애, 1979)을 펴내며 전반적 검토를 행하는 자리에서 김병익이 "그의 소설들이 우리의 역사적·사회적 갈등의 표명으로 접근되는가 하면 정치적 혹은 정신적 자유를 위한 문학으로 해석되기도 하고 인간 혹은 한국인의 원형에 대한 탐구로 분석되기도 하는 것, 따라서 그의 작품의 생성 과정을 귀납하거나 반대로 그의 문학적 이념을 그의 소설에서 연역하는 것과 같은 상반된, 적어도 다양한 접근법으로 이청준론이 씌어진다는 것은 당연한 일"이라고 지적하였던 것도 역시 그 다양성에서 비롯되었던 것이다. 그러나 그럼에도 불구하고, "그 다양성을 꿰뚫는 통일된 원리 같은 것이 있지나 않을까" 하는 생각은 해볼 만한 생각이고 또 해볼 만할 뿐만 아니라 해보아야 하는 생각이다. 그 생각을 밀고 나가 김현은 그 통일된 원리를 대립적 세계 인식으로 파악했고 김병익은 "불행한 원체험과 그것을 승화시키려는 지적 조작의 대립"으로 파악했는데, 이 파악들은 작가 이청준을 이해하는 데 있어 그동안 퍽 유용한 길잡이가 되어왔다. 그러나 우리는 지금 그 안내도들과는 다른 길을 열고자 한다. 그것은 후기 이청준과 그가 80년대 이후의 한국 문학에서 갖는 독특한 자리를 파악하기 위해서이다. 우리의 길은 억압과 해방이라는 개념에서 단서를 마련한다.

이청준의 억압은 사회와 개인, 집단과 개인의 관계에서 전자가 후자에 가하는 억압으로 나타나는데, 그 양상은 폭력적이며 개인은 정신적 외상을 입고 고통받는다. 그 억압의 전형적인 예를 우리는 「소문의 벽」(1971)의 박준이 유년 시절에 겪은 전짓불 체험에서 찾아볼 수 있다. 정체를 알 수 없는 전짓불빛이 대답을 강요한다. 어느 편인지를 밝히라는 것이다. 전짓불의 정체만 알 수 있다면 대답은 어렵지 않지만, 그러나 전짓불의 강한 불빛 때문에 그 뒤에 선 사람이 어느 편인지는 죽어도 알아낼 수가 없다. 대답이 틀렸을 경우 돌아오는 것은 죽음뿐이다. 여기서 전짓불의 정체와 상관없이 정직한 자기 진술을 함으로써 설혹 복수를 당한다 하더라도 그것으로 개인의 도덕성을 확보하면 된다는 식의 발상은 별로 의미가 없다. 박준의 말처럼 "그 전짓불은 도대체 처음부터 이쪽을 복수하고 간섭하기 위해서 존재"하는 것이기 때문이다. 이쪽을 복수하고 간섭하기 위해서만 존재하는 전짓불은 이 세상 어디에나 온갖 형태로 존재하며, 박준은 그 전짓불의 공포를 견디다 못해 결국 미쳐버리고 만다. 폭력적 억압에 정신적 상처를 받고 그 때문에 고통을 겪는 이청준 소설의 많은 주인공들은 모두 또 다른 박준이라고 말할 수 있다. 「퇴원」(1965), 「황홀한 실종」(1976), 「빈 방」(1979) 같은 작품의 주인공들은 말할 것도 없고, 이청준이 그 삶에 대체로 긍정적 가치를 부여하는 장인(匠人)들 역시 그 억압의 메커니즘에서 자유롭지 못하다. 이청준의 장인들은 어느 의미에서는 시대착오적 인물들이라 할 수도 있다. 장인이란 무엇인가. 장인의 삶과 장인의 가치는 소생산자적 생산 양식을 기반으로 성립되는 것인바, 산업 사회에서는 이미 그 기반을 상실한 것이 아니겠는가. 이청준의 장인들이 비극적 삶을 살 수밖에 없는 사회 역사적 까닭은 여기에 있는 것이지만, 지금 우리의 논의의 가닥에 맞추어보면 산업 사회의 현실, 산업 사회의 가치는 이청준의 장인들에게 그 자체 폭력적 억압으로 작용한다. 거기에 아랑곳하지 않고 장인의 삶, 장인의 가치를 추구하려는 그들을 이 세계는 내버려두지 않는다. 복수하고 간섭하는 것이다. 장인들은 고통을 겪고 비극을 맞이한다. 가령 「줄광대」(1966)의 허노인과 운은 "구경꾼 놈들의 간덩이를 덜컹덜컹 내려앉게 해주"도록 "재주를 좀 부"리라는 단장의 요구에 아랑곳 않고 의연한 줄타기를 계속하지만 필경 줄에서 떨어져 죽고 만다.

이청준은 그 특유의 복합적 소설 구조를 통해 억압의 메커니즘을 끈질기게 추적해왔다. 그런데 그 추적은 추적에만 머물지 않고 차츰 억압으로부터의 해방의 가능성에 대한 탐구로 이어져간다. 이 탐구가 적극적으로 행해진 대표적인 작품이 『당신들의 천국』(1976)과 「다시 태어나는 말」(1981)이다. 『당신들의 천국』은 지배와 피지배의 관계를 문제삼고 있다. 지배와 피지배의 관계는 그 자체 억압적 관계이다. 그 억압에서의 해방은 지배자의 선의에 의해 확보되지 않는다. 지배자는 지배자로서 일방적으로 힘을 행사하고 피지배자는 피지배자로서 그 힘의 일방적인 지배를 받을 때 지배자의 선의는 그것까지도 일종의 억압에 다름 아닌 것이다. 이청준은 해방의 가능성을 자유와 사랑의 화해적 결합에서 찾는다. 그러면 자유와 사랑의 화해적 결합은 어떻게 가능할까. 이 작품에서 그 전망을 자기의 삶으로써 추구하는 인물이 조백헌이다. 조백헌은, 김현의 적절한 지적처럼, 이청준의 다른 주인공들과는 퍽 다른 모습을 하고 있다. 그는 긍정적 신념으로 충만한 인물인 것이다. 조백헌은 지배자로서 자유와 사랑의 화해적 결합을 추구하다 실패한 뒤, 이번에는 병원 원장이 아닌 민간인으로서 소록도의 주민이 되어 그 결합을 실천한다. 그러나 이 성공은 어디까지나 개인적인 것에 지나지 않는다. 여기서 그는 지배자도 피지배자도 아닌 자리에 서 있는 것이며, 그의 존재와 관계없이 지배/피지배의 관계 자체는 여전히 억압으로서 존속하고 있는 것이다. 그리하여 문제의 진정한 소재가 드러난다. "자생적 운명에 근거한 힘의 행사"가 그것이다. 자생적 운명에 근거한 힘의 행사가 이루어질 때 지배/피지배 관계는 그 자체 억압태에서 해방태로 전환될 것이라는 것이다. 그러나 기자의 질문처럼, 이 섬에서 과연 그럴 때가 올 수 있을까. 이 질문에 대한 조백헌의 답은, 그것은 곧 작가 자신의 답과 다르지 않은데, 아직 당위의 세계에 속하는 것일 따름이다.

「다시 태어나는 말」은 연작 『잃어버린 말을 찾아서』의 마지막 작품이다. 이 연작은 두 계열의 작품으로 이루어져 있다. 하나는 말에 관한 것이고 다른 하나는 소리에 관한 것이다. 여기서 말은 그 본디 모습을 잃어버리고 거짓과 폭력으로 변해버린 것으로 나타난다. "사물과의 약속을 떠나버린 말, 실체의 옷을 벗어버린 말, 내용으로는 이미 메시지가 될 수 없는 말, 일정한 질서도 없이 그것들 스스로 원하는 형식으로밖에는 남아 있을 수가 없는 말"인 것이다. 이 말이 억압태라면 여기서 해방태로서 제시되고 있는 것이 소리이다. 이 소리는 이청준에게 한(恨), 즉 "삶의 과정에서 맺혀진 어떤 매듭, 옹이"를 "삶으로써 풀어나가는 한 양식"으로 받아들여지고 있다. 「선학동 나그네」를 예로 들면 이렇다. 여기서 소리는 우선 장인적 가치의 한 최고의 경지이며 놀라운 교감의 세계이다. 그 교감은 두 번에 걸쳐 나타난다. 삼십 년 전 "포구에 물이 차오르고 선학동 뒷산 관음봉이 물을 타고 한 마리 비상학으로 모습을 떠올리기 시작할 때" 노인과 그의 눈먼 어린 딸이 소리를 하면 "선학이 소리를 불러낸 것인지 소리가 선학을 날게 한 것인지 분간을 짓기가 어려운 지경"이었던 것이 그 첫번째이고, 이 년 전 노인의 장성한 딸이 다시 선학동을 찾아와 소리를 하자 이미 다른 땅으로 변해버린 선학동이 "옛날의 포구로 바닷물이 차오르고 한 마리 선학이 그곳을 끝없이 노닐기 시작"하는 것이 그 두번째이다. 장님 딸이 죽은 아비의 유골을 암장하기 위해 선학동을 찾아들었다가 남몰래 떠나는 이 두번째 경우에서 더욱 분명해지는 바 그 소리는 한을 푸는 일에 다름 아니다. 이 한풀이로서의 소리의 깊은 의미는 「다시 태어나는 말」에서 밝혀진다. 「다시 태어나는 말」의 시점이 되고 있는 지욱은 거짓과 폭력이 되어버린 말로 인해 고통받아오던 끝에 초의의 다도(茶道)를 소개한 김석호를 찾아간다. 그는 김석호에게서 「선학동 나그네」의 장님 여자의 배다른 오라비에 대한 이야기를 듣는다. 그 사내는 "[의붓]아비를 죽이고 싶어 한 부질없는 자신의 원망을 후회하고, 그 아비와 누이를 버리고 달아난 자신의 비정을 속죄하고 [……] 그러나 이제 와선 이미 서로를 용서하고 용서받을 길이나 사람이 없음을 덧없어하면서, 그 회한을 살아가고 있는 사내"이다(지나는 길에 지적하자면, 「선학동 나그네」에서는 여자가 어렸을 때부터 장님이었던 것으로 되어 있는데 「다시 태어나는 말」에서는 사내가 그들 부녀를 버리고 달아난 뒤에 여자가 웬일로 앞을 못 보는 장님이 된 것으로 되어 있다. 개연성으로 보자면 앞쪽이, 장인적 가치나 한의 깊이를 강조하는 입장에서 보자면 뒤쪽이 더 설득력이 있어 보인다). 김석호는 그 사내의 모습에서 초의의 모습을 발견하는데, 김석호에 따르면 초의의 차 마심의 마음이나 그 사내의 마음은 다름 아닌 용서이다. 여기서 한풀이로서의 소리는 삶에 대한 깊은 화해와 용서라는 의미를 갖게 된다. 소리가 해방태가 되는 것은 바로 이 자리에서이다. 지욱은 이 해방태로서의 소리에서 자신이 찾아 헤매던 진정한 말을 발견하게 된다. 그것은 바로 자유와 사랑으로 충만한 용서인 것이다. 이 용서에서 말이 다시 태어난다는 것을 이청준은 오랜 탐구의 결론으로 제시하고 있는 것이다.

그러나 이청준의 탐구는 그 용서라는 결론에 머물지 않는다. 이청준은 그 결론에서 다시 새롭게 출발하는 것이다. 그는 계속해서 그 용서의 실천에 대한 탐구로 나아간다. 여기서 후기 이청준의 세계가 열리는 것이다.

「벌레 이야기」는 그 용서라는 것을 실천하기가 얼마나 어려운가에 대한 이야기이다. 한 아이가 유괴당해 살해되었다. 극심한 고통 속에서 몸부림치던 아이의 어머니는 어렵사리 기독교에 귀의하여 차츰 고통에서 벗어나게 된다. 처음에는 오로지 아이의 영혼의 구원을 위해 교회를 찾았던 것이, 차츰 신앙심이 깊어지면서 범인에 대한 원한과 복수심에서 헤어나고 주님의 사랑과 은혜에 감사 드리게 되며, 드디어는 범인을 용서하기에 이른다. 그런데 바로 이 자리에서 문제가 생겨나고 사태는 비극으로 치닫게 된다. 아이의 어머니가 자기 용서의 증거를 원했고, 그리하여 범인을 만나서는 그가 이미 주님의 용서를 받았다는(정확히 말하면, 독실한 기독교인으로 변한 그가 그렇다고 믿고 있다는) 사실에 부딪히게 되는 것이다. 그 사실 앞에 아이의 어머니는 절망한다. 화자인 남편은 이에 대해 다음과 같이 진술한다.

아내는 한마디로 그의 주님으로부터 용서의 표적을 빼앗겨버린 것이었다. 그리고 그의 용서의 기회를 잃어버린 것이었다. 아내에겐 이미 원망뿐 아니라 복수의 표적마저 사라지고 없었다. 뿐만이 아니었다. 그녀가 용서를 결심하고 찾아간 사람이 그녀에 앞서서 주님의 용서와 구원의 은혜를 누리고 있었다. 아내와 알암이의 가엾은 영혼은 그 사내의 기구(난들 어찌 그것을 용서라고 말할 수 있으랴)를 통하여 주님의 품으로 인도될 수가 있었다. 아내의 배신감은 너무도 분명하고 당연한 것이었다. 그리고 그 절망감은 너무도 인간적인 것이었다.

이 배신감과 절망감을 견디지 못하고 아이의 어머니는 마침내 자살이라는 비극적 최후를 선택하고 만다. 기독교에 초점을 맞추고 보면, 이 작품은, 김주연이 요약한 것처럼, "기독교의 교리가 사랑과 용서에 기반을 두고 있으면서도, 그것이 인간 자체의 삶을 등한시하고 교리에만 도식적으로 매달릴 때 오히려 인간의 삶을 파괴해버릴 수도 있다는 무서운 교훈"의 이야기라고 말할 수 있다. 그리고 역시 김주연의 지적처럼, "기독교 교리에서의 용서의 강조가 이웃 부인 집사의 그것처럼 삶의 실제를 무시한 비인간적인 것이 아니라는 사실에 대한 배려가 충분치 못"하다는 것과 "아내 자신의 믿음 자체에 문제가 있다는 점이 간과되고 있다"는 것이 이 작품의 결함으로 보일 수 있다. 그러나 시각을 조금 달리하고 보면, 이 작품은, 앞에서 말한 것처럼, 용서를 실천하기가 얼마나 어려운가에 대한 이야기로 읽힌다.
  용서를 실천하기가 왜 어려운가 하면, 인간이란 불완전한 존재인 것이기 때문이다. 작가는 여러 곳에서 인간의 불완전성에 관한 언급을 하고 있다.

  1) 사람에게는 사람만이 가야 하고 사람으로서 갈 수밖에 없는 길이 있는 모양이다.
  그리고 사람에겐 사람으로 할 수 있고 할 수 없는 일이 따로 있는 모양이다.

  2) 하지만 아내는 김집사 앞에서 거기까지는 아예 말을 하지 않았다. 말할 필요가 없었기 때문일 터였다. 말을 한들 누가 그것을 제대로 이해할 수가 없었기 때문일 터였다. 왜소하고 남루한 인간의 불완전성 — 그 허점과 한계를 먼저 인간의 이름으로 아파할 수가 없는 한 김집사로서도 그것은 불가능한 일이었다.

  아이의 어머니가 자기 용서의 증거를 원하는 것이나 이미 주님의 용서를 받은 범인을 오히려 용서할 수 없는 것은 그녀가 불완전한 인간이기 때문이다. 주님의 섭리의 완전성에 비추어보면, 자기 용서의 증거를 원해서는 안 되는 것이며 인간적 배신감에도 불구하고 당연히 범인을 용서해야 하는 것이다. 그 불완전한 인간을 이청준은 '벌레'라고 부르고 있는 것인데, 그러나 이 작품의 열린 결론은 그 벌레에 대한 고통스러운 옹호를 향하고 있다. 여기서의 불완전한 인간이라는 것은 기실 모순적 존재로서의 인간의 또 다른 표현이다. 돌이켜보면 이청준의 많은 작품들의 주인공들은 모순적 존재로 나타나고 있다. 이 점은 권택영에 의해 적절히 지적된 바 있는데, 가령,「매잡이」(1969)에서 곽서방과 민형의 삶은 "사랑과 증오, 아픔과 환희, 잔인함과 아름다움"의 모순 속에 존재하며,「이어도」(1976)에서 천남석과 양주호의 이어도는 "자신이 속한 상황을 떠나고픈 갈망이 막상 그것이 실현되는 순간에 되돌아오고픈 갈망으로 바뀌는 애증의 모순성"의 상징이고, 『제3의 현장』(1983)에서 백남희는 자신을 납치한 구종태에게로 되돌아와 이미 죽어 있는 구종태의 시신을 깨끗이 씻어준다. 이들의 곁에는 그 모순성을 이해하지 못하며 오직 일차원적 사실의 명료성만을 신봉하는 인물들이 있다. 「매잡이」의 일인칭 화자, 「이어도」의 선우 중위, 『제3의 현장』의 오검사 들이 그렇다. 이청준이 보기에 인간의 삶의 진실은 그 모순성에 있는 것이고, 그리하여 그는 그 모순성을 옹호하는 것이며, 이런 맥락의 연장에서 「벌레 이야기」에서는(다른 점을 지적하자면, 그것은 삶의 진실이 앞의 작품들에서는 합리주의에 대한 모순성으로 나타나고 있는 데 비해, 이 작품에서는 종교적 계율의 완전성에 대한 모순성으로 나타나고 있다는 점이다) 화자의 입을 통해 다음과 같이 쓰고 있는 것이다.

하지만 나는 이제 겨우 그 아내의 절망을 이해할 수가 있었다. 그리고 비록 아이를 잃은 아비가 아니더라도 다만 저열하고 무명한 인간의 이름으로 그녀의 아픔만은 함께할 수가 있을 것 같았다.

정리하면 이렇다. 이청준이 추구하는 용서는 실천하기 어렵다. 왜냐하면 인간은 불완전하고 모순적인 존재이기 때문이다. 그러나 진정한 용서는 그 인간의 불완전함·모순성 밖에 있는 것이 아니다. 그것은 불완전함·모순성 안에서 추구되어야 한다. 그러니까 이청준은 '인간의 능력과 책임 안에서의' 용서를, 그것이 아무리 어려운 일이라 하더라도, 추구하고 있는 것이다.

「비화밀교」 역시 용서에 관한 이야기인데, 이 작품은 증거의 문제에 초점을 맞추고 있다. 용서를 내용으로 하는 제왕봉에서의 제의(祭儀)는 눈에 보이지 않는 힘으로서 이 세상에 작용한다. 조선생은 이 제의를 다음과 같이 설명한다.

이곳은 산 아래서 이루어지는 모든 세속의 질서가 사라지고 그저 한 가지 이 산 위에서만이 간절한 소망으로 […] 나도 그것이 무엇인지는 확실히 말할 수 없지만 […] 하여튼 오직 한 가지 소망에로 자신을 귀의시켜, 그 소망으로 하여 모든 사람들이 한데 뭉쳐서 어떤 보이지 않는 힘을 탄생시키고, 그것을 지켜가는 숨은 근거지가 되고 있는 셈이지……

그 소망과 힘의 내용은 용서이다. 제왕봉의 제의는 서로가 서로를 용서하는 용서의 자리인 것이다. 이 용서는 공동체적 용서인바, 말하자면 사회적 대립과 갈등을 사랑과 용서로써 해소하는 공동체적 장치인 셈이다. 실제로 사회적 억압이 심할 때 제의 참석자가 부쩍 많아진다는 것은 이 제의의 사회적 기능을 충분히 암시해준다. 그런데 중요한 것은 이 제의가 세상에 증거되어서는 안 된다는 점이다. 다시 말하면 용서는 가시적 현상 세계의 질서로서는 떠오르지 않는, 떠올라서는 안 되는 숨은 힘이라는 점이다. "그것은 숨어 있는 존재로서만이 오히려 그 역할이 가능"하다. 왜 그런가 하면, "우리 누구나가 감지하고 확인할 수 있는 가시적 현상 질서는 기본적으로 우리의 현실에 대한 지배의 질서로 작용하는 것"이고, "그 음지의 힘에다 어떤 가시적 질서를 부여하여 그것을 논리화하고 증거해보이면 그 순간에 그것은 현상의 세계로 떠올라 그 가시적 현상 세계의 지배의 질서 혹은 지배의 논리로 합세해버리기" 때문이다. 이쯤에 이르면 현실적 변혁론에서 항변이 예상된다. 그것은 정신주의가 아닌가. 현실적 변혁에의 실천적 참여를 포기한 그것의 실제적인 사회적 기능은 갈등을 일시적으로 해소하고 모순을 온존시키는, 일종의 현상 유지적 이데올로기가 아닌가. 작품 속에 바로 이러한 현실적 변혁론자들이 등장한다. 그들은 이 제의의 세상에의 증거를 촉구한다. 결국 이 작품의 말미는 이 제의가 필경 스스로를 현상 세계에 드러내게 되는 장면을 그리고 있다(아마 그 드러냄의 결과는 비극일 것이다.

이 드러냄을 80년 봄 광주와 연결짓는 김병익의 해석은 퍽 암시적이다).

작중 화자는 숨김의 계율과 드러냄의 욕망 어느 쪽에도 선뜻 동의하지 못한다. '나'는 오히려 양쪽 모두에 대해 회의하는데, 그 회의의 자리가 여기서는 소설의 자리, 문학의 자리로 이어진다. 소설가인 '나'의 소설질이라는 것은 "조선생과는 반대로 그 보이지 않는 어둠 속의 세계와 삶의 현상들에 대해 인간 정신의 밝은 빛을 쏘아 비춰 그것을 가시적 삶의 질서로 끌어들이려는 노릇"이다. 그러나 비화밀교의 제의는 세상에 증거되어서는 안 되는 것이고 그러므로 소설로 씌어져서는 안 되는 것이다. 그러니 '나'의 소설은 "사실을 보여주지 않고 그것을 증거"해야 하는 것이며, 이 공안 앞에서 '나'는 출구를 찾지 못한다. '나'가 이 소설을 이런 형태로 쓸 수 있게 된 것은 실제로 비화밀교의 제의가 세상에 증거되어 사실이 드러나고 비극으로 완성되었기 때문이다.

이 숨김과 드러냄, 계율과 욕망, 가시적 질서와 비가시적 힘이라는 문제에 대한 탐구가 보다 진전되고 있는 작품이 『자유의 문』이다. 장편 『자유의 문』은 산중에 은거하고 있는 백상도 노인과 노인을 찾아온 소설가 주영섭, 두 인물의 대화를 골격으로 짜여 있다. 한 비밀스런 기독교 교파의 일원인 백상도 노인은 눈에 보이지 않는 힘으로 이 세상에 작용하려는 역사(役事)를 행하다가 좌절을 겪고 입산, 은거 중이다. 그는 자기 증거를 금하는 계율과 인간이기에 어쩔 수 없이 솟구치는 자기 증거욕 사이에서 갈등하는데, 그 갈등을 해소하기 위해 두 번의 간접 살인을 한다. 그를 추적해온 두 사람에게 자신의 이야기를 들려줌으로써 자기 증거를 행하고 그들을 죽임으로써 계율을 지키는 것이다. 세번째 추적자인 주영섭은 노인에게 계율의 미망됨을 깨우치려 애쓰지만 필경 세번째 희생자가 되고 만다.

이 작품이 「비화밀교」에서 진일보한 것이 될 수 있었던 것은 숨김과 드러냄, 계율과 욕망, 가시적 질서와 비가시적 힘이라는 문제에 접근함에 있어서 인간의 본원적 욕망에 대한 시각을 포괄하였다는 데 있다. 「비화밀교」에서의 증거욕은 변혁론자의 당위적 논리의 수준에 있었던 것인 데 비해 여기서의 증거욕은 인간의 본원적 욕망의 수준에 있는 것이다. 그 욕망은 인간의 불완전한 존재, 모순적 존재에서 비롯되는 것일 터인데, 여기서 이청준은 그 욕망을 옹호하는 입장에 선다. 증거를 금하는 계율이 인간의 본원적 욕망을 무시하거나 배제하고 인간의 불완전성·모순성을 부정하는 억압적 독단으로 변할 때 그것이 자신의 본뜻을 떠나 어떻게 인간에 대한 죄악이 되어버리는가를 백상도 노인의 일생을 통해 보여주고 있는 것이다. 그런 의미에서 이 작품은 「벌레 이야기」와 「비화밀교」의 종합이라 할 만하다.

그리하여 「비화밀교」에서 찾지 못했던 '소설질'의 출구가 여기서는 찾아진다. 주영섭의 목소리로 설명되는 그 출구는 다음과 같은 것이다.

> 소설은 그 증거 행위 자체의 순간을 향유할 수 있을 뿐, 그것이 이룩해낸 어떤 현상 세계의 설대적 지배 질서, 더욱이 그것이 우리 삶의 자유와 사랑을 부인하는 반인간적 계율화의 길을 갈 때는, 그것을 누리거나 돌아서기보다도, 거기 대해 새로운 증거를 행해나갈 준비를 서둘러야 하거든요. 그래 그것을 일종의 소설의 숙명이라 했습니다만, 소설이란 그렇듯 그의 증거 행위가 한순간에 모두 도로가 되어버린다 하더라도, 그렇기 때문에 오히려 더 그것을 포기함이 없이 증거와 도로를 끝없이 되풀이해가는 과정 속에 그 참값을 드러내는 것이라 할 수 있지요. 거기에 바로 소설의 증거의 본질과 의미도 깃들어 있는 것이구요.

끊임없이 증거하고 현상화하며 동시에 끊임없이 자기를 갱신하는 소설의 본질과 의미는 바로 "인간의 유한성과 그 도덕성에 바탕한 실천적 자유와 사랑"이다. 이것은 「벌레 이야기」에서 말한 "인간의 능력과 책임 안에서의 용서"와 같은 것이다. 「벌레 이야기」와 『자유의 문』은 종교적 신념 체계와 관련하여 인간의 모순적 존재 내에서의 실천적 자유와 사랑, 즉 용서를, 혹은 보다 일반적인 말로 바꾸면 삶의 진실을 옹호하고 그 의미를 밝히고 있지만, 기실 여기서의 종교적 신념 체계는 이 억압의 시대에 인간에 대한 폭력으로 결과되는 모든 이데올로기의 전형으로 나타나는 것인바, 이청준은 그 이데올로기의 억압과 폭력에 맞서 인간의 이름으로 자유와 사랑을 역설하고 있는 것이다.

인간의 모순적 존재는 인간의 삶을 단층(單層)의 삶이 아닌 겹의 삶이 되게 한다. 이청준 소설은 이 겹의 삶에 대한 진지하고 깊이 있는 탐구이다. 이청준 소설의 중층 구조에 대해 언급할 기회가 없었지만, 간략히 말하면 그 구조는, 흔히 얘기되는 것처럼 이청준 소설이 결론을 말하기 위한 것이 아니라 그 결론에 이르는 과정을 체험하게 하기 위한 것이라는 데에서 비롯되는 것이기도 하지만, 지금 우리의 관심에 입각하여본다면 그것은 겹의 삶에 대한 문학적 탐구로서의 겹의 문학의 형태적 특성이라 할 수 있다.

글을 맺으려는 자리에서 문득 누군가의 가능한 항변이 들려오는 듯하다. 이청준의 자유와 사랑, 혹은 용서라는 것은 필경 개인주의적 자유주의라는 이데올로기에 지나지 않는 것이 아닌가 하는 항변이 그것이다. 그 항변에 설득력을 부여해줄 만한 부분적 요소들을 이청준 소설이 적잖이 가지고 있다는 것은 부인할 수 없을 것 같다. 소생산자적 생산 양식을 기반으로 하는 장인의 삶과 가치에 대한 이청준의 경사 같은 것이 그 대표적 예이다. 그러나 이청준의 개인과 자유는 개인주의적 자유주의에 갇힐 좁은 의미의 것이 아니다. 그것은 인간이 인간다운 삶, 억압 없는 삶을 이룸에 있어 포괄적 의미에서 반드시 획득하여야 할 항목들인 것이다. 이 포괄성이 이청준에게 걸릴 혐의를 견뎌내게 해준다는 점을 마지막으로 지적해두자. (1990)

폭력과 화해

　80년대 중반까지 작단의 가장 주목받는 신인은 임철우였다. 그가 주목받은 것은 주로, 광주 사태에 대한 어떠한 형태의 공개적 발언도 금기시되던 당시의 '침묵의 문화' 속에서 그가 그 사태의 비극적 양상을 소설적으로 첨예하게 묘파해냈다는 데에서 비롯되었다. 그 묘파는 강요된 망각과 거짓 화해에의 함몰을 거부하며, 우리 모두의 내면 깊숙이에 잠복하고 있는 죄의식을 집요하게 표면으로 떠올렸다. 그것은 고통스러운 반성에 다름 아니었고, 당시의 시대적 요청에 대한 하나의 탁월한 부응이었다. 그러한 임철우의 소설 작업이 더욱 주목을 받게 된 것은, 그것이 거의 '완벽'한 아름다운 문체와 더불어 독창적인 소설 공간을 이루었기 때문이다. 혹자는 그 문체적 성취에 '미학주의'라는 레테르를 붙이며 혐의 어린 눈으로 보기도 했는데, 그런 의혹에 전혀 일리가 없는 것은 아니지만, 대체로 그것은 긍정적으로 평가되었고 또 실제로 그렇게 평가받을 만한 것이었다.

　그런데 광주 사태의 임철우적 소설화는 1987년 이후로 그 적실성을 급격히 상실하기 시작했다. 그 결정적 계기는 6월 항쟁이었다. 마르쿠제식으로 말하면 일종의 역승화가 이루어지게 된 것이다. 광주 사태에 대한 발언은 이제 더 이상 금기가 아니었고, 국회 공청회를 비롯하여 온갖 층위에서 공식적으로 발언이 행해졌다. 이 공식화는, 진상을 규명하고 책임을 추궁하며 상처를 치유하고 발전적인 미래 전망을 확보하기 위해 노력하는 한쪽의 힘과, 그 노력을 제도 안으로 수렴·흡수하여 무화시키려고 음험한 공작을 꾸미는 다른 한쪽의 힘 — 이 두 힘 사이의 대립·갈등·대결이라는 역학 관계 속에서 이루어졌다. 이 문맥에서 광주 사태의 임철우적 소설화는, 적어도 표면적으로는, 현실 적합성을 상실한 것으로 보인다. 시대적 요청은 주로, 두 힘 중 정당한 힘의 적극적 발양 쪽을 향해 주어졌던 것이다. 1988년 봄에 발표된 홍희담의 중편 소설「깃발」은 그 요청에 대한 소설적 부응의 대표작이다. 이 작품은 광주 사태를 그 비극적 양상에서가 아니라 그리고 죄의식이라는 각도에서가 아니라, 그 투쟁적 양상에서 그리고 혁명적 낙관이라는 각도에서 그리고 있다.

이 무렵 임철우 자신도 일종의 문학적 위기를 느끼고 있었던 것 같다. 1987년 가을 세번째 창작집『달빛 밟기』를 펴내면서「작가 후기」에 그는 이렇게 썼다.

이즈음 내 어지러운 방황의 흔적이 손에 잡힐 듯 훤히 드러나보이는 것 같아 부끄럽고 송구스럽기만 하다. 여전히 내 눈은 흐려 있고 가슴은 전혀 뜨겁지 못하며 의식은 둔하고 생활은 한없이 무디어져 있는 것은 아닐까. 눈앞의 현실과 단 한 번도 치열하고 끈끈하게 맞서보지 못한 채 쉽사리 주저하고 머뭇거리고 뒷걸음질만 치려 했던 건 아니었을까.

그리고 임철우가 "다시 시작해보리라 다짐"하며 착수한 작품이 1988년 봄부터 연재 발표하기 시작한 장편 소설『붉은 산, 흰 새』였다. 장르상으로만 보더라도, 종래 중단편만을 써왔고, 특히 단편에서 탁월한 성과를 보였던 임철우에게 장편쓰기란 남다른 의미를 가졌으리라 짐작된다. 장르적 성격의 본질에 비추어볼 때 장편이 겨냥하는 것은 현실의 총체상이라고 흔히 말해지는바, 그것이 높은 추상의 수준에 자리하는 것이라는 점을 전제하는 한 그 말은 그르지 않다. 임철우의 장편쓰기 역시 그런 의미에서 현실의 총체상을 겨냥하는 것이었다. 그 겨냥은, 임철우의 경우, 광주 사태의 구체적 사실들에 대한 정면에서의 서술·묘사와 더불어 이루어져야 할 필요가 있었다. 종래 광주 사태의 임철우적 소설화는 사태 이후의 남겨진 상처를 통해 그 비극적 양상을 체감하게 하는 데로 초점이 맞춰져 있었던 것이다. 그리하여 임철우는 '1980년 5월의 며칠 동안'을 다루기 위한 작업 계획을 세웠고, 그 작업 계획에서 『붉은 산, 흰 새』가 파생되어나왔다. '1980년 5월의 며칠 동안'을 제대로 그리기 위해서는 그 전사(前史)에 대한 천착이 필요하다고 생각되었던 것이다. 1977년 남녘 어느 섬에서의 고정 간첩단 사건을 소재로 하여 분단 문제를 천착하고 있는 이 장편은, 그에 이어 새로 발표되기 시작한, 광주 사태의 현장을 그리는 장편 『불의 얼굴』과 더불어 2부작을 이룬다. 그러나 이 두 장편에서의 임철우의 시각은 여전히 비극적 양상과 죄의식의 각도에 맞추어져 있지, 투쟁적 양상이나 혁명적 낙관의 각도에 맞추어져 있지 않다.

임철우 소설이 시대에 뒤떨어지고 있다는 징표일까? 아니다. 그렇지 않다. 광주 사태에 대한 발언의 공식화는 1987년 12월의 대통령 선거를 비롯한, 체제의 일련의 정치적 조작 속에서, 진상을 규명하고 책임을 추궁하며 상처를 치유하고 발전적인 미래 전망을 확보하려는 노력을 상당 정도 제도 안으로 수렴·흡수해버렸고 광주 사태의 상처에 대한 우리의 고통의 감각을 상당 정도 마비시켜버렸으며 그 사태에 대한 우리의 반응을 상당 정도 자동화시켜버렸다. 어느 의미에서는 임철우적 소설화의 고통스러운 반성이 보다 깊은 층위와 보다 넓은 지평에서 수행될 필요가 더욱 절실해졌다고도 볼 수 있을 것이다.

예술가적 직감일까. 임철우는 위기감과 고뇌를 앓으면서도 자기 세계를 쉽게 포기하지 않고 오히려 그 세계를 심화·확대해나감으로써 더욱 절실해진 수요에 부응하고 있다. 그 양상을 우리는 그의 두 장편 소설 『붉은 산, 흰 새』와 『불의 얼굴』(아직 완결되지 않았지만)을 통해 윤곽지어보자.

『붉은 산, 흰 새』는 분단 문제를 천착하고 있고, 이른바 분단 소설의 대부분이 그러하듯 6·25의 비극을 낳은 분단 구조가 지금도 계속 동일한 비극을 재생산하고 있다는 메시지를 축으로 하고 있다. 그런데 임철우의 시선은 보다 깊은 곳까지 파고든다. 그 깊은 곳이란 다름 아닌 그 비극의 내면적 양상을 가리킨다. 6·25 때 행방불명되었던 사람이 간첩이 되어 나타난다. 가족들에게 그는 간첩이기 이전에 아들 혹은 남편 혹은 형 혹은 아버지인데, 그의 은밀한 방문을 몇 차례 받았고, 그를 자수시키려고 마음먹고 있던 이들 일가족은 가벼운 경우 불고지죄로, 무거운 경우 간첩죄로 처벌된다. 임철우는 이 사건 안팎의 여러 인물들의 내면을 파고든다. 그들은 6·25 당시 서로가 서로에게 가해자인 동시에 피해자였고 그 가해와 피해의 상호 관계 속에서 증오와 분노, 원한과 복수를 내용으로 하는 '어둠'에 의해 영혼 깊숙이까지 감염되었다. 그것을 임철우는 '어둠의 혈흔'이라고 부르고 있는데, 그 '어둠'은 30년 전에 씨가 뿌려진 이래 지금까지 줄곧 은밀하고 음험하게 자라왔고 이제 간첩단 사건을 둘러싸고 저마다 다른 양태로 표출되는바, 임철우는 바로 그것을 집요하게 파고드는 것이다. 그런데 이 작품은, 앞에서 언급했듯이, 『불의 얼굴』을 쓰기에 앞서 그 전사에 대한 천착을 위해 씌어진 것이다. 임철우 자신의 진술을 들어보자.

> 80년 광주의 비극적 학살 현장에서 노출된 이 시대 인간들의 '야만성과 광기, 잔인함과 폭력성'의 배후에는 정치적·사회적 원인 및 배경만으로는 온전히 설명될 수 없는 어떤 부분이 있는바, 그것은 바로 동족살육의 전쟁 및 분단이 배태해낸 '원죄의 올가미'이다.

그러니까, 『붉은 산, 흰 새』가 그 원죄의 올가미에 관한 이야기라면 『불의 얼굴』은 그 올가미 속에서 폭발된 인간의 야만성과 광기, 잔인함과 폭력성에 관한 이야기이다. 그러나 6·25와 5·18을 인과 관계로만 맺지 않고 약간 각도를 달리하며 보면, 그것들은 인간의 내면이 어떤 상황 내지 체계의 억압과 강요에 의해 어둠에 '감염'되어버리고 그리하여 증오와 분노, 원한과 복수의 구렁텅이에 빠져 가장 비인간적이고 반인간적인 살육을 낳고 마는 일례들이라는 점에서 근본적으로 동일하다. 여기서 임철우의 6·25, 5·18은 6·25, 5·18이라는 일회적 사실을 넘어선 어떤 보편적 의미망을 형성한다. 그리하여 임철우의 2부작 장편은 한편으로 상황과 체제의 억압·강요에 대한 강렬한 탄핵이면서 동시에 그 억압·강요에 굴절되는 인간 자체에 대한 고통스러운 고발이기도 하다.

그런데 이러한 보편적 의미망은 이 2부작 장편에 이르러 돌연 이루어진 것만은 아니다. 돌이켜보면 임철우의 첫 창작집 『아버지의 땅』에서부터 이미 그 씨앗은 나타나고 있는 것이다. 변하되 변하지 않는다는 것이 바로 이것이다. 이때 변화는 변화 이전을 포괄하는 동심원적인 것이고, 따라서 우리는 변화 이후의 더 포괄적인 세계로 변화 이전을 감싸면서 그것을 재해석할 필요를 느끼게 된다. 광주 사태의 소설화라는 특수적 의미를 폭력과 인간이라는 보편적 의미로 감싸 보다 포괄적으로 해석해야 한다는 것이다.

임철우 소설의 중심적 주제는 폭력이다. 임철우에게 폭력은 이 세계의 주요한 구성 원리로 파악된다. 그 폭력이 어떤 것인지는 이미 초기작인 「곡두운동회」에 잘 나타나고 있다. 이 작품은 6·25의 비사를 다루고 있으나, 그 비사의 사실주의적 묘사가 아니라 그것을 빌려 작가의 세계 인식을 형상화하고자 하는 하나의 알레고리로 읽힌다. '불순분자'의 색출을 위해 '적군'으로 가장한 군경들이 들이닥쳐 주민들을 함정에 몰아넣고 함정에 빠진 주민들을 살육한다는 이 작품의 이야기는 이청준의 '전짓불'보다 훨씬 더 잔혹하고 공포스러운 폭력의 양태를 보여준다. 이청준의 '전짓불'은 자신의 정체를 숨긴 채 진술을 강요하는 것인 데 비해 임철우의 위장극은 자신의 정체를 반대로 가장하고서 진술을 유도하는 것이니 말이다. 주민들은 그 끔찍스런 폭력 앞에 속수무책으로 내던져진다. 임철우에게 이 세계는 그러한 교활하고 끔찍스런 폭력, 개인들의 의지와는 무관하게 외부에서 주어지는 일방적이고 압도적인 폭력으로 이루어진다.

임철우의 폭력은 한나 아렌트의 그것이나 르네 지라르의 그것과는 퍽 다르다. 아렌트의 폭력은 대항-폭력이라는 저항의 개념을 도출하지만, 임철우의 폭력은 개인의 비극만을 결과하는 불가해한 것이다. 그 불가해함은 「수박촌 사람들」의 첫머리에 다음과 같이 묘사되는 안개와도 같다.

도시는 온종일 안개에 덮여 있었다. 언제 어디서부터 그 안개가 피어오르기 시작했는지 모를 일이었다. 마치도 기민한 점령군의 병사들처럼 그것은 소리 없이 스며들어와 집집의 지붕들을 내리덮고, 벽보가 어지러이 붙어 있는 골목골목을 돌아다니며 대문마다의 문패를 훑어보기도 하고, 더러는 담을 넘어와 열린 창문을 통해 함부로 남의 집 침실까지 훔쳐보기도 하면서 어느 틈에 도시를 완전히 장악해버리고 말았다. 어디를 보아도 안개뿐이었다. 안개, 안개.

그 일방적이고 압도적인 폭력 앞에서 개인들은 무력하기만 하다. 그들은 그 폭력에 의해 살육을 당하기도 하지만, 더 무서운 것은 인간성을 파괴당한다는 점이다. 「곡두 운동회」의 주민들이 '반동' 색출과 그 역인 '불순분자' 색출의 과정에서 보이는 모습은 인간성의 철저한 왜곡과 파괴이다. 설사 목숨을 잃지 않는다 하더라도 그 왜곡과 파괴 뒤에 오는 것은 존재 자체의 상실이 아니겠는가.『붉은 산, 흰 새』와『불의 얼굴』의 인물들은 폭력 속에서 폭력에 감염되어 그 자신이 야만적 폭력의 행사자로 둔갑해버린다. 여기에는 정당한 대항-폭력의 자리가 없다. 이 점에서 임철우의 세계 인식은 대단히 비관적이고 비극적이다. 그리하여 폭력에 유린당한 세계는 죽음의 세계가 되어버린다. 알레고리 수법으로 씌어진 「불임기(不姙期)」「사산(死

産)하는 여름」의 두 작품은 그 죽음의 세계를 섬뜩하게 그리고 있다. 「불임기」에서 아이들이 모두 실종된 뒤의 마을은 죽음과도 같은 정적 속에 가라앉아 있다. 「사산하는 여름」에서 살육 이후의 도시는 형수와 시동생이 상피붙었다가 엉킨 그대로 달라붙어버렸다는 유언비어로 인해 병적인 열기에 휩싸여 있다. 시민들은 송장 썩은 물을 마시고, 강진댁의 남편과 광서형은 폭력에 육신과 정신이 망가져 자폐 상태에 놓여 있다. 광서형의 독백처럼 그것들은 "죽음의 빛깔과 죽음의 냄새"에 다름 아니다. 그 죽음은 불모성으로서 이 세계에 현존한다. 아이들이 실종된 뒤로 마을은 불임의 병에 걸려 있고(「불임기」), 흔히 완전성의 상징, 초월의 상징으로 여겨지는 자웅 동체의 이미지가 여기서는 불모의 상징이 되고 있다(「사산하는 여름」).

그러나 이러한 비관적이고 비극적인 인식은 지라르의 그것에 비하면 아직 출구가 있고 희망이 있는 의식이다. 지라르의 인류학적 관점으로는 폭력은 인간과 인간의 욕망에 대해 본원적인 것이지만, 임철우의 폭력은 아직 인간의 외부에 있기 때문이다. 임철우는 인간성에 대한 신뢰 위에서 폭력과 그로 인한 인간성의 왜곡·파괴를 탄핵하고 있는 것이다. 이 점에서 임철우는 말의 본뜻에서의 휴머니스트이다. 그 휴머니즘이 폭력 앞에서 부끄러움과 죄의식을 불러일으킨다. 이미 데뷔작 「개도둑」에서부터 뚜렷이 나타나고 있는 부끄러움과 죄의식은 세계의 폭력에 대항하지 못하면서 무시당하고 조롱당하고 농락당하는 자신의 무력함과 비겁함에 대한 반성적 인식의 소산이다. 그것을 잘 보여주는 작품이 「그들의 새벽」과 「불임기」이다. 이 두 작품에서 부끄러움과 죄의식은 대항-폭력으로 나아가지 못하는 데서 비롯되는데, 「그들의 새벽」의 그녀는 부끄러움과 죄의식에만 갇혀 있지만, 「불임기」의 여자와 노파는 대항-폭력으로의 나아감을 시사한다. 그러나 임철우는 끝내 대항-폭력으로 나아가지는 않는다. 거듭 말하거니와 그는 아렌트에 접근하지 않는 것이다. 대신 임철우는 화해를 모색한다. 화해라니? 폭력과의 화해를 말하는가? 물론, 아니다. 그런 의미에서의 화해야말로 임철우가 거짓 화해로서 강렬하게 거부해온 바가 아니던가. 임철우의 화해는 보다 깊은 의미에서의 화해이다.

그 화해의 씨앗은 1985년작인 「물방울」에서부터 뚜렷한 모습으로 나타난다. 자기 아이의 세발자전거를 망가뜨렸다고 뻥튀기집 남자가 목포댁의 여덟 살짜리 아들의 머리털을 한 움큼 뽑아버렸다. 목포댁의 항의를 남자는 한마디로 묵살해버린다. 그 경우 없는 남자에게 최서방이 교활한 폭력을 행사한다. 그러자 "명백하게 의도적으로 두들겨 패는 쪽과, 그저 일방적으로, 아니 오히려 스스로 자청하여 끽소리도 못 하고 두들겨 맞는 쪽 사이에서 벌어지고 있는 그 기괴한 광경이 불현듯 그녀는 소름이 끼치도록 섬뜩하게 무섭고 끔찍스러워"진다. 필경 목포댁은 울음을 터뜨리고 만다. 그 울음이야말로 폭력의 비인간성·반인간성을 넘어설 수 있는 통로이다.

목포댁은 문득 걸음을 멈추고 서서 은행나무 가지 사이로 산동네의 그 수많은 불빛들을 한동안 올려다보았다. 그것은 놀라우리만치 아름다운 광경이었다. 늘 무심히 보아왔던 그 집집의 불빛들이 오늘은 새삼스레 그녀의 가슴 안으로 포근하게 젖어 들어오는 느낌이었다. 수백 수천의 그 작은 불빛들의 반짝임 때문에 가난한 산동네는 한순간 마치도 보석함을 열어놓은 것처럼 보이기도 했다. 불현듯 그녀의 가슴이 뭉클해졌다. 그러자 그 무수한 불빛들의 윤곽이 부옇게 번져나가면서, 불빛 하나하나가 돌연 동그랗고 작은 물방울들로 변해 일제히 그녀의 시야에서 떠오르기 시작했다. 목포댁은 눈가에 고이는 물기를 닦아낼 생각도 하지 않은 채, 그 조그맣게 빛나는 물방울들이 하나 둘 누군가의 얼굴로 또록또록 돋아나는 광경을 조용히 지켜보고 있었다.

이것을 단순한 감상으로 여겨서는 안 된다. 이것은 폭력과 대항-폭력이라는 대립 구조 속에서 개인들이 어떻게 폭력에 감염되는가(이것을 집중적으로 조명한 작품이 『붉은 산, 흰 새』이다)를 통찰한 위에서 솟아나는 눈물이고, 그 눈물은 폭력성 자체를 넘어설 수 있는 근원적 화해를 향해가는 통로인 것이다.

1987년 가을에 발표된 「수의(壽衣)」는 1985년작 「봄날」의 상주가 회복되어가는 과정의 내면을 그리고 있다. 부끄러움과 죄의식을 견디다 못해 발병했던 상주를 일깨우는 것은 '싸움'이 아직 끝나지 않았다는 사실이다. "밖을 내다 봐, 상주야, 싸움은 아직 끝나지 않았어. 어서 건강한 얼굴로 돌아오렴. 우리에게로. 병기가 가만히 손을 잡으며 그렇게 속삭이고 있었다." 그 싸움은 어떤 싸움일까. 대항-폭력의 싸움일까, 폭력성 자체와의 싸움일까. 이 작품이 발표되던 당시를 염두에 두면 전자 쪽으로 더 무게가 기울 것 같다. 그러나 1988년 봄부터 발표되기 시작한 『붉은 산, 흰 새』를 보면 임철우는 후자 쪽으로 기울어간다. 최근작인 「물 그림자」를 보면 폭력성 자체와 싸움 싸우는 화해의 추구가 아주 뚜렷하게 무척 감동적으로 그려지고 있다.

「물 그림자」의 일인칭 화자 '나'는, 아마도 작가 자신의 모습이 투영되었음 직한 인물이다. 소설가인 '나'는 "전쟁의 흔적이 아직도 아물지 않고 남아 있는, 그래서 지금까지도 그 고통과 비극의 대물림이 계속되고 있는 고향과 고향 사람들, 그리고 어쩌면 우리 가족과 나 자신의 것이기도 한 이야기를 써보자"라고 다짐하고 장편쓰기에 착수했는데, 그러나 작업이 진행되면서 '나'는 전율하게 된다. "어디에나 엉겨붙어 있는 피와 떨어져나간 살점. 거의 맹목이랄 수밖에 없는 죽임과 죽음, 보복과 원한의 윤회, 무지의 탓만으로 돌릴 수 없는 광기와 야만……"이 '나'를 전율케 한 것이다(그 장편은 실제로 『붉은 산, 흰 새』를 연상케 한다). '나'의 인간에 대한 신뢰는 그 뿌리에서부터 흔들리고 '나'는 깊은 회의에 빠진다. 그런 상태에서 지금 '나'는 아버지의 죽음을 계기로 6·25 때 죽은 삼촌의 죽음의 진상을 밝혀내기 위해 고향을 찾는다. 여기서 「곡두 운동회」의 제재가 되었던 그 사건이 등장하는데, 전직 경찰인 김억만 노인의 입을 통해 그 사건의 전모를 알게 된 '나'는 허탈감에 빠진다.

형한테 과연 적이란 게 있는 거요? 불현듯 후배의 적의에 찬 눈빛이 떠오른다. 적, 적이라고…… 훗 하고 쓴웃음이 새어나왔다. 그래. 난 적을 확인하고 싶었는지도 모른다. 정말 내게도 그런 게 있는 것인지, 그걸 찾아내고 싶었을까. 아버지에겐 적이 있었을까. 그 적은 무엇이었을까. 지금 내 눈 앞에 잠들어 있는 이 허약하고 지친 늙은이에겐 또 무엇이 적이었을까. 거뭇거뭇 저승꽃이 핀 이 주름살투성이 노인의 얼굴은 어딘가 아버지의 얼굴과 닮은 것도 같다. 이 노인은 누구인가. 그는 내 작은아버지를 저승으로 가는 배에로 인계해주었다. 그는 어쩌면 자신의 말마따나 신문 해독조차 하지 못하는 무지한 사람일 것이다. 그의 칠십 평생의 시간 속에서, 역사나 이념, 정치적 신념 따위는 그의 성긴 인식의 그물 바깥에 멀리 비켜 흐르고만 있었을지도 모른다. 그러나 그것들 속에서 이 노인의 위치는, 역할은 어떤 것이었을까. 그리고 평생 한 번도 서로가 끝끝내 만난 적도 없는 내 아버지와 그의 관계는 무엇인가. 작은아버지와 그, 또 나와 그는? 나는 밑도 끝도 없이 그런 실없는 질문들을 혼자 던지며 앉아 있었다.

'나'의 깨달음은, 폭력의 구조가 진정으로 문제가 되는 것은 가해자이거나 피해자인 개별 인간들의 영혼 깊숙이까지 침범하여 그것을 감염시키는 폭력성 자체라는 데 대해서이다. 투쟁과 혁명을 신봉하지 않는 '나'를 이적 행위자로 규정하고 적이라고 선언한 후배 역시 폭력의 구조 속에서 폭력성에 감염된 한 예가 된다. 그 폭력성은 부끄러움과 죄의식조차도 말살시켜버리려 든다. 그 말살은 근본적으로 인간에 대한 신뢰 자체를 난센스로 만들어버릴 것이다. 인간은 폭력의 구조에 놀아나는 꼭두각시가 되어버리고 말 테니까 말이다. 그렇다면 싸움은 폭력성 자체와의 싸움이 되어야 한다. 임철우가 추구하는 화해는 그 싸움에서의 승리를 겨냥한다.「물 그림자」의 일인칭 화자는 새로운 소설을 쓰기로 결심한다.

문득 벽장 속에 처박아놓은 소설 생각을 했다. 아니, 그건 팽개치고 처음부터 새로 다시 시작해야 할 것이다. 쓰자, 써야 한다.

그 소설쓰기는 곧 임철우 자신이 선택한 싸움의 방식이다. 폭력으로 인해 죽어버린 세계, 이 죽음의 세계가 그 싸움을 통해 재생을 얻게 될 것이다. (1991)

부패와 테러, 그리고 소설의 힘
── 이순원의 『그곳엔 비상구가 없다』에 부쳐

1

 『그곳엔 비상구가 없다』는 창작집 『그 여름의 꽃게』를 펴낸 이후 참신한 소설적 가능성으로 주목받아온 이순원의 첫 장편 소설이 된다. 그동안의 중단편을 통해 이 세상을 지배하는 '부패와 타락의 보이지 않는 감옥'에 대해, 그리고 그것이 행사하는 음험한 폭력과 그로 인한 주체의 위기에 대해 진술하고 묘사해온 이순원은, 아직까지는 상대적으로 완결된 형태의 소설 세계를 정립하기보다는 미정형의 상태에서 자신의 세계를 다채롭게 넓혀가는 과정에 있는 것처럼 보인다. 이번에 발표되는 그의 첫 장편 소설 『그곳엔 비상구가 없다』 역시 그 과정 속에 자기 자리를 가질 터인데, 그러나 이 작품은 이 작가의 세계에 어느 정도 비약적인 확대를 마련해주고 있다는 점에서 각별한 주목의 대상이 될 법하다.
 표면적으로만 보면 『그곳엔 비상구가 없다』는 신흥 부촌으로 알려진 압구정동(혹은 강남)이라는 공간 속에서 영위되는 부패하고 타락한 삶의 여러 개별적 양상들을 폭로하는 작품이다. 그러나 조금만 더 깊이 들여다보아도 이 작품이 그런 단순한 폭로성에 국한되는 것이 아님은 명백해진다. 우선 여기서의 압구정동(혹은 강남)은 실제 지명인 동시에 하나의 상징이기도 하다. 그것은, 화자의 진술처럼, "좋게 말하면 이 땅 신흥 자본 상류층의 집단

대명사요 넘치는 부의 상징"이며 "체면 가릴 것 없이 기분대로 부르면 이 땅 졸부들의 끝없는 욕망과 타락의 전시장, 아니 똥통같이 왜곡된 한국 자본주의가 미덕(?)처럼 내세우는 환락의 별칭적 대명사"이다. 그러니까 이 작품이 겨냥하는 것은 한국 자본주의가 낳은 부-타락인 것이다. 그러나 이 작품의 겨냥이 부의 과잉은 부패와 타락을 낳는다는 명제 정도에 머무르는 것은 아니다. 더 중요한 것은 그것이 욕망이라는 보편적 차원으로 연결되고 있다는 점이다. 부의 과잉이 부패와 타락으로 귀결되는 것은 욕망이라는 매개를 통해서이다. 그 욕망은 부를 소유한 자들뿐만 아니라 소유하지 못한 자들에게서도 꿈틀거리고 있다. 그 욕망의 꿈틀거림은 부를 소유하지 못한 자들의 영혼 또한 이미 부패와 타락으로 감염시키고 있는 것이다. 그렇다면 문제는 욕망인데, 그 욕망은 그냥 욕망이 아니라 자본주의 사회에서 자본의 논리에 따라 창출되고 제도화된 욕망이다. 그 욕망은 보편이 되어 사회 구성원 모두를 지배하려 하며 그런 의미에서 이 세상은 '부패와 타락의 보이지 않는 감옥'이 되는 것이고 우리는 아무도 그 감옥에서 자유롭지 못한 것이다. 이 작품의 깊은 겨냥은 여기에까지 닿아 있다.

　이 작품에서 또 하나 주목할 것은, '부패와 타락의 보이지 않는 감옥'에 대한 저항과 대결의 한 방식으로 테러를 제시하고 있다는 점이다. 그 정체가 끝내 밝혀지지 않는 한 테러리스트가 부패와 타락의 삶의 양상으로 예시되는 인물들을 하나씩 살해해간다는 것이 그 인물들 각각의 서로 고립된 단편적인 묘사들을 한데 엮는 기둥 줄거리가 되어 이 작품에 서사성을 부여해주거니와, 이 테러는 이 작품을 유하의 시집『바람부는 날이면 압구정동에 가야 한다』와 구분되게 해준다. 유하의 압구정동 역시 자본의 논리에 따라 창출되고 제도화된 욕망의 압구정동이다. 그 욕망과 그 압구정동은 우리 모두에게, 유하에 따르면 특히 그들 세대에 내면 깊숙이 감염되어 있다. 유하의 모색은 그 깊숙한 감염에도 불구하고 그 감염을 극복할 수 있을 어떤 계기를 향하고 있고 내면에의 반성적 성찰을 통해 그것을 찾으려고 하고 있다. 그러나 이순원은 테러라는 극단적 방법을 그의 소설 공간 속에서 시도해보는 것이다. 그 테러는 부패와 타락에 대한 경고이며 왜곡된 욕망에 대한 경고이다. 그것은 압구정동 사람들을 향한 경고인 것만이 아니고 바로 우리 모두에 대한, 심지어는 그 자신에 대한 경고이기도 한데, 그것은 또한 왜곡된 욕망의 체제를 만들어내는 체제에 대한 도전이기도 하다.

2

좀 더 자세히 살펴보면, 이순원은 부패와 타락을 우선 성적인 것에서부터 발견하고 있다. 이 작품에서 압구정동의 부패하고 타락한 삶의 예로 제시되는 인물들은 모두 여섯 명인데 그들은 양상과 정도의 차이는 있으나 예외 없이 왜곡된 성적 욕망과 관련된다. 가장 극심한 경우가 노파와 강혜리이다. 노파는 포르노 비디오를 보며 자위 행위를 하지 않으면 견디지 못하는 중독증에 걸렸고, 강혜리는 이른바 게이로서 성전환 수술을 하고 여자로서 살아가는 성전환증 환자이다. 이들에 비하면 병리학적으로 병적이라고 할 수는 없겠지만 양재동 빌라의 여대생, 남해성 부사장, 까만 가죽 치마, 그리고 태양전자 출신의 여자 아이 등도 건전하지 못한 성에 탐닉하거나 그에 관여한다. 양재동 빌라의 여대생은 압구정동 아파트의 한 대학생과 무시로 성관계를 하면서 핸드백에 피임약을 넣고 다니고, 남해성 부사장은 도박에 코카인을 하면서 룸살롱 '스타'들과 섹스 파티를 즐기고, 까만 가죽 치마는 호스트 바의 어린 사내들을 돈으로 사며, 태양전자 출신의 여자 아이는 압구정동의 룸살롱에 나가는 호스티스이다.

부패와 타락의 양상을 성적인 것에서부터 주로 찾는 데는 자칫 완고한 도덕주의로 빠질 염려가 없지 않다. 건전한 성이라는 개념 자체가 제도적 억압과 권력에 잔뜩 침윤된 것일 수 있기 때문에 건전함과 건전치 못함의 분별 기준을 세우는 일 자체가 쉽지 않은 것이다. 그러나 이순원의 관심은 건전한 성의 올바른 개념화를 시도하거나 성도덕의 회복을 주장하는 데 있는 것이 아니므로 그런 염려와 관련지을 필요는 없어 보인다. 이순원의 의도는 부패와 타락의 주된 양상으로 성적 욕망의 왜곡을 듦으로써 부패와 타락이라는 것이 외면적인 것이 아니라 내면적인 것임을, 다시 말해 인간성 자체의 부패이며 타락이라는 것을 드러내는 데 있는 것이다. 성중독증의 노파나 성전환증의 강혜리에게서 작가의 그런 의도는 뚜렷이 나타나고 있다. 또한 그 인간성 자체의 부패와 타락이라는 것이 자본주의 논리의 지배를 받으며 그의 부추김을 받는다는 것을 작가는 성의 상품화를 통해 극명히 보여주고 싶어 했던 것이다. 이에 대해 작가는 잡지 기자로 나오는 한 작중 인물의 펜을 빌려 다음과 같이 개념적으로 설명하고 있다.

일찍이 미국에 세이라는 경제학자가 있어 공급은 스스로 수요를 창조한다고 말했다. 그의 그릇된 (그리고 부정된) 이론에 따르면 게이가 호모를 만들고 변태를 만든다. 그러나 아니다. 공급은 스스로 수요를 창조하지 않는다. 자본주의의 끝간 데 모를 향락적 부패와 타락이 성의 다양한 욕구를 부추기고 모든 성적 수단의 상품화 과정에서 일부 대책 없는 불량품으로 호모를 만들고 변태를 생산한다. 그리고 강한 흡인력으로 그 불량품들의 욕구 수요에 필요한 왜곡된 성의 상품화를 부추긴다. 그리고 그렇게 부추겨 만든 상품들을 그 대책 없는 수요들에 공급한다.

왜곡된 성에 대한 이러한 해석은 물론 전면적인 것은 못 되겠지만, 이 작품이 성적인 것에 대해 일관되게 쏟는 관심의 이유는 이 해석을 통해 충분히 드러난다.
그런데 이 작품의 여섯 인물들의 성적인 부패와 타락은 중요한 각도에서 두 가지 종류로 변별해볼 수 있다. 그 인물들이 피해자이냐 가해자이냐 하는 점을 고려하지 않을 수 없다는 것이다. 이 각도에서 보면 노파와 강혜리, 그리고 태양전자 출신의 여자 아이는 피해자이다. 노파는 일찍 홀몸이 된 뒤 혼자 힘으로 자식들을 '훌륭히' 키웠으며 그리하여 장한 어머니 상까지 받았으나, 지금은 철저히 소외된 삶을 살고 있다. 노인의 소외는 실제로 일반적인 사회 문제가 되고 있으나, 이 노파의 경우는 그 자식들의 압구정동적 삶으로 인해 더욱 심한 소외를 겪고 있다. 노파가 미국에 이민간 딸네 집으로 다니러 가게 된 것도 아들에 의해서이고, 그곳에서 처음 포르노 비디오를 접하게 된 것도 극심한 외로움 속에서, 딸과 사위가 보던 비디오테이프를 통해서였다. 강혜리의 경우는, 다시 잡지 기자로 나오는 작중 인물의 펜을 빌리면, "이 땅의 타락하고 부패한 자본주의가 그의 소아기 발병에까지 강압적으로 상관하지까지는 않았다 하더라도 이후 사춘기에서부터 고등학교를 졸업한 후 본격적인 게이 생활로 뛰어들기까지 어느 한 부분 책임지지 않을 부분은 없을 것"이다. 태양전자 출신의 여자 아이는 더 말할 것도 없다. 여공이었던 그녀는 태양전자의 사장 아들인 전무의 성적 노리개가 되는데 그 관계 또한 일종의 착취라 할 수 있다. 전무에게 받은 돈으로 시골 집의 생활비와 아버지의 약값을 대던 그녀는 아버지의 죽음과 함께 태양전자를 떠나 압구정동의 룸살롱으로 간다. 이들 세 인물은 피해자들이다. 반면, 양재동 빌라의 여대생과 남해성 부사장, 까만 가죽 치마는 가해자들이다. 재벌 회사 회장 아들인 남해성 부사장이나 부동산 투기로 돈을 벌었고 룸살롱을 경영하고 있는 까만 가죽 치마에 대해서는 더 말할 것도 없겠고, "애, 넌 무슨 애가 7만원짜리 옷 하나 사며 그렇게 부들부들 떠니? 같이 온 사람 창피스럽게……"라든지 "너희들 부자를 너무 미워하지 말아"라고 말하는 양재동 빌라의 여대생 또한 가해자인 것이다.

 테러는 이 여섯 인물 중 태양전자 출신의 여자 아이 하나만을 놓아준다 (남해성 부사장은 작품이 끝날 때까지 살아 있지만 플롯상 다음번 살해 대상으로 자연스럽게 예정되어 있다). 세 피해자 중 하나만 남기고 둘은 죽이는 것이다. 작가를 대신하는 작중의 잡지 기자에 따르면, 노파와 강혜리는 "자본주의의 끝간 데 모를 부패와 타락이 생산해낸 쓰레기"이다. 이들로부터 시작하여 여대생, 까만 가죽 치마로 이어지는 연쇄 살인에 대해, 그 잡지 기자는, 테러의 대상은 자본이 아니라 자본의 부패와 타락이며, 그 부패와 타락이 생산해낸 쓰레기에서 그런 쓰레기를 생산하는 자본의 실질적 주체로 테러 대상이 에스컬레이트될 것이라고 진단한다. 이 맥락에서 보면 그들은 테러 대상이 될 수 있는 것이다. 가장 처참한 피해자라 할 노파와 강혜리는 그 인간성이 돌이킬 수 없이 왜곡되고 파괴당한 상태에서 살해당하는데, 그 살해의 모습은 마치 안락사와도 같다. 살해자는 그들에게 "잘 가라, 불쌍한 인생"이라고 말해주고 그들은 아무런 저항 없이 편안히 죽음을 맞는 것이다(여대생부터는 살해자와 피살자 사이에 적의가 나타나고 피살자의 저항이 나타난다). 쓰레기라 할지라도 피해자이므로 작가는 그 살해를 안락사처럼 묘사한 것인데, 약간 지나친 해석일 수도 있겠으나 여기서 피살자에게는 은연중 희생양의 모습이 떠오른다.

 테러리스트는 태양전자 출신의 여자 아이만을 살려준다. 살려줄 뿐만 아니라 그 여자 아이의 오빠에게 전화를 걸어 그녀의 주소를 알려준다. 오빠가 여동생의 집을 찾아오는 마지막 장면 바로 앞은 형사와 기자가 비상구를 찾지 못해 건물 안을 헤매는 장면인데, 이 몽타주는 이 세상의 부패와 타락에서의 출구를 암시한다. 그 출구는 태양전자 출신의 여자 아이에게 있는 것이다. 그녀는 비록 부패와 타락 속에 몸을 담갔지만, 그녀에게는 이타성이 있고 노동의 기억이 있으며 무엇보다도 사랑의 가능성이 있는 것이다. 이 여자 아이는 십여 년 전 조세희의 『난장이가 쏘아올린 작은 공』에 나왔던 영희를 생각나게 한다. 영희는 부동산 투기를 하는 남자의 성적 노리개가 되었다가 자기 몫의 아파트 입주권을 되찾아가지고 행복동으로 돌아갔고, 그뒤로는 노동 운동에 참여했다. 태양전자 출신의 여자 아이는 압구정동에서 집으로 돌아가면 무엇을 할까. 그러고 보면 『그곳엔 비상구가 없다』

와 『난장이가 쏘아올린 작은 공』 사이에 상당한 문체적 유사성도 엿보인다. 테러라는 모티프도 똑같이 등장한다. 『난장이가 쏘아올린 작은 공』의 테러는 노동자인 영수가 자본가인 은강 그룹 회장을 겨냥한 것이었다. 그러나 『그곳엔 비상구가 없다』의 테러는 얼굴 없는 테러리스트가 자본의 부패와 타락을 겨냥한 것이다. 그 차이는 두 작품 사이의 시차 동안 이루어진 현실의 변화를 암시하는 것처럼 보인다. 『난장이가 쏘아올린 작은 공』 때는 산업 사회가 이야기되고 있었고 지금은 후기 산업 사회가 이야기되고 있는 것이다.

3

 『그곳엔 비상구가 없다』의 테러는 오래전 서양에서 있었던 바더 마인호프 사건을 돌이켜보게 한다. 그 의도는 본질적으로 유사하다 할 수 있겠으나, 그러나 두 테러 사이에는 결정적인 차이가 있다. 백화점에서 총기를 난사한 바더 마인호프 사건은 불특정 다수를 향한 테러였으되, 『그곳엔 비상구가 없다』의 테러는 아주 정밀한 대상 선정하에 실행되는 테러인 것이다. 사실을 말하자면 이순원의 테러는 그럴듯하지 못하다. 다시 말해 개연성이 없다. 이순원의 테러리스트는 살해 현장 말고는 단 한 번, 양재동 빌라의 여대생과 압구정동 아파트의 대학생이 만나 부패한 대화를 나누는 곳에만 얼핏 모습을 보인다. 그가 죽인 네 사람과 살려준 한 사람에 대해 그는 어떻게 그렇게 정확한 정보를 입수하여 정확한 윤리적 판단을 내릴 수 있었을까. 이 테러리스트는 현실적 존재가 아닌 것이다. 그는 『그곳엔 비상구가 없다』라는 소설 속의 현실에만, 그것도 비유적이거나 허구적으로만 존재하는 하나의 추상이다.

 고전적 리얼리즘 미학에 입각해서 보면 치명적 결함으로 지적될 수밖에 없을 이 테러리스트의 추상적 존재는 『그곳엔 비상구가 없다』의 여러 단편적 묘사들을 한 줄기로 꿰는 줄인데 그 줄의 성격은 윤리적이라는 데 있다. 윤리성을 놓치지 않기 위해서는 그 테러리스트는 현실적 존재가 될 수 없는 것이다. 윤리는 본디 추상이 아닌가. 이 윤리적인 테러리스트는, 물론, 소설 속에서만, 즉 허구 속에서만 가능하다. 그는 소설 속에서 몇 사람들에게 테러를 가하면서 동시에 소설 밖으로는 소설을 읽고 있는 독자에게 테러를 가하고, 독자는 자신에게 감염된 부패와 타락을 스스로 까발린다. 이것이 소설의 힘이다. (1991)

진정한 가치를 향한 소설적 탐구

사회주의권이 몰락하고 자본주의가 세계적으로 승리해가는 듯이 보이면서부터일 것이다. 긍정적인 진정한 가치의 존재 자체에 대한 회의가 널리 유포되기 시작했다. 근대 이후의 중심 담론인 이성·과학·주체 등에 허위성과 억압성이 담겨 있다는 정당한 비판이 급격히 속화되면서 일종의 허무주의로 함몰되고, 아예 진정한 가치의 추구 자체를 난센스로 치부하는, 절망과 자기 파괴에의 탐닉이 만연하고 있는 것이다. 진정한 가치의 추구가 타락한 가치라는 매개를 통하지 않을 수 없었던 근대적 상황보다 현금의 상황이 더욱 열악한 것이라는 점은 분명하지만, 그렇다고 그 추구 자체를 난센스로 취급하는 것은 패배주의 바로 그것이라 할 수밖에 없다.

이창동의 두번째 소설집은 진정한 가치를 향한 탐구의 간고한 모습을 감동적으로 보여준다. 첫 소설집 『소지(燒紙)』(1987)가 흔히 미체험 세대의 분단 소설의 한 전형으로 평가받고 그 샤머니즘 수용에 대한 논란을 야기하기도 하였지만 기실 그 소설집의 주제는 진정한 가치의 탐색이었다. 그것을 올바르게 파악한 진형준은 거기에 "전통적 삶을 싸안는 성숙한 인식"이라는 이름을 붙여주었거니와, 이창동의 탐색은 사회주의적 전망과 관련되거나 전통/현대라는 이분법과 관련되는 인간 이해의 여러 도식들과 싸우며 그 도식들을 넘어서서 삶의 진실을 포착하는 데 초점을 맞추고 있었다. 그 탐색을 중단 없이 계속하면서 과작의 이창동은 그의 두번째 소설집에서 그 도식 넘어서기를 한층 적극화하고 있다.

　도식 넘어서기의 적극화는 삶의 진실의 착잡한 복합성을 구현하는 인물에 대한 섬세한 조명으로, 우선, 나타난다. 가령 「하늘등(燈)」의 신혜는 이른바 운동권 대학생이지만 자기 정체성에 대한 혼란을 겪고 있다. 그녀는 운동에 대해 확고한 신념을 가지지 못하고 의심과 갈등에 빠져 있는데, 그것은 그녀가 노동자 혹은 민중과의 일체감을 이루지 못하는 데서 비롯된다. "나는 그들의 고통, 그들의 생각과 분노를 내 것으로 하려고 무진 애를 써 봤지요. 그러나 아무리 노력해도 나는 나, 결코 그들이 될 수 없었어요. 아니 그들과 닮아지려고 노력하면 노력할수록 나는 내가 정직하지 못하다는 것, 내가 아닌 다른 그 무엇으로, 마치 연극 속의 어릿광대처럼 어색한 연기를 하고 있다는 느낌이었어요." 이런 의심과 갈등은 80년대 이후의 우리 소설에서 자주 나타나는 것이어서 별로 새삼스러울 바가 없는 것이지만, 신혜의 경우 특이한 것은 그녀가 홀어머니 슬하에서 아주 가난하게 자랐고 지금도 그 혹심한 가난에서 벗어나지 못하고 있다는 점이다. 대학생이 되었다는 것뿐, 그 밖의 삶의 조건은 '그들'과 동일하거나 심지어 더욱 열악하다. 지금 그녀는 등록금을 벌기 위해 광산촌의 다방 레지 일을 하고 있다. 그런 신혜에게 이 세계는 도식을 강요한다. 어머니는 장래의 국민학교 선생님을, 운동권의 동료들은 신념에 찬 투사를, 경찰은 광산촌에 잠입한 선동가를 그녀에게 강요하는 것이다. "당신들은 지금 나를 내가 아닌 다른 무엇으로 강요하고 있다"는 항변 속에 그녀의 진실이 담겨 있다.

　이창동의 인물들 중에도 거짓 없고 회의 없는 신념에 찬 인물이 없는 것은 아니다. 「하늘등」의 수임, 「녹천(鹿川)에는 똥이 많다」의 민우, 「진짜 사나이」의 장병만 씨 등이 그렇다. 그러나 이창동의 조명은 그들에게 맞추어지지 않는다. 「하늘등」은 신혜의 회술 속에서만 단편적으로 수임을 등장시킨다. 「녹천에는 똥이 많다」는 민우가 아니라 민우와의 만남에서 정체성의 혼란을 겪는 이복형 준식의 갈등에 초점을 맞추고 있다. 예외적으로 「진짜 사나이」는 장병만 씨를 조명하는 데 초점을 맞추고 있지만 그러나 그 조명 역시 직접적인 것이 아니고 일인칭 화자로 등장하는 소설가의 관찰을 통해서 이루어진다.

되풀이하자면, 이러한 구조적 특징은 도식을 넘어서서 삶의 진실의 복합성을 포착하려는 의도에서 비롯된 것이다. 그 복합성 속에서 이창동은 진정한 가치의 방향과 가능성을 탐색한다. 다시「하늘등」으로 돌아가보면, 신혜는 혹독한 고문을 받는 가운데 끊임없이 자신을 되돌아보고 마침내 다음과 같은 깨달음에 도달한다.

난 이제 겨우 내 잘못을, 구제받을 수 없는 죄를 깨닫습니다. 나 자신을 버리지 못한 죄, 한 번도 스스로 희망을 찾아보려고 노력해보지 않은 죄, 남에게 손을 내밀어보지 못하고 남의 손을 잡아보려고 생각하지 못한 죄, 나를 위해서가 아니라, 남을 위해서 단 한 번도 눈물을 흘려보지 못한 죄.
내 죄를 용서해주세요.

그 깨달음이 그녀로 하여금 김광배에게 몸을 허락하게 하고 자신의 한 달 수입을 낙반 사고로 죽은 늙은 광부의 상가에 조의금으로 내게 한다. 그것은 "그녀 자신도 전혀 예상하지 못했던 행동"이었다. 그 행동의 의미는 이타성·사랑 같은 것이라 해석될 수 있겠는데, 중요한 것은 그것이 삶의 진실의 착잡한 복합성 속에서 피어오르는 것이라는 점이다.

외관은 판이하지만「운명에 관하여」역시 동일한 맥락에서 읽을 수 있다. 이 작품은 삶의 진실의 복합성을 허위와 진실의 착종으로 구조화하고 있다. 홍남은 유산을 노리고 김영감의 아들 광일을 사칭한다. 그러나 광일은 김영감이 잃은 아들의 호적상의 본명일 뿐이고 실제로 불리던 이름은 홍남이었다. 지나친 우연이기는 하지만, 홍남이 바로 김영감의 잃어버린 아들이었던 것이다. 홍남이 자신의 진짜 이름을 버리고 광일이고자 할 때 그는 가짜이지만, 자신의 진짜 이름으로 되돌아갈 때 그는 진짜 아들이 된다. 이것이 진실이다. 그러나 김영감이 아무 말도 남기지 못하고 급서하자 광일만이 김영감의 아들이 되고 김홍남은 아들을 사칭하는 것이 되어버린다. 진실과 허위가 두 번에 걸쳐 뒤바뀌는 것이다. 그 착종이 홍남을 미치게 한다.

미친 홍남의 치유는 진실의 확인에 의해 가능해진다. 그 진실은 김영감이 남긴 고물 시계로 표상된다. 애당초 홍남이 노렸던 수십 억 재산은 남의 손에 돌아가버렸지만 정말 귀중한 진실의 증거인 고물 시계는 홍남에게 되돌아온다. 그 되돌아옴에 대해 홍남은 다음과 같이 묻는다.

> 만약에 운명의 신이란 것이 없다면 아버지가 남긴 이 유일한 유산이 내 손에 들어오게 된 것을 어떻게 설명할 수 있겠습니까? 이 고물 시계가 내 손에 들어온 것이 어쩌면 피할 수 없는 운명이 아니었을까요? 그리고 이게 하나님의 뜻이라면 과연 그 뜻이 무엇인가를 나는 곰곰이 생각하고 있습니다.

이 작품의 플롯은 전체적으로 지나치게 작위적이라는 지적을 받아야 한다. 그러나 그 지적과는 별도로, 그 작위 자체에 작가의 의도가 강하게 배어 있다는 점이 숙고되지 않으면 안 된다. 고물 시계의 되돌아옴은 이 작가의 인간에 대한 근원적 신뢰에서 비롯되는 설정인 것이다. 그 신뢰가 아름답게 표현되고 있는 곳이 중편 「하늘등」의 제목을 낳게 한 다음과 같은 대목이다.

> 누가 저 높은 곳에 꺼지지 않는 등불 하나를 켜두고 있는 것일까.
> 고개를 뒤로 젖힌 채 그녀는 오랫동안 그 별을 올려다보았다. 별을 이렇게 가까이 느껴본 것은 그녀의 생애에 단 한 번도 없었다. 자신이 경찰서에서 그 끔찍한 일을 당하고 있던 때에도, 김광배와 함께 있던 시간에도, 그리고 바로 지금 이 순간에도 지구는 변함없이 자기 궤도를 돌고 있고, 우주 속의 저 별

은 외롭게 자기 자리를 지키며 반짝이고 있는 것이었다.

　다음 순간 신혜는 얼음을 뒤집어쓴 것 같은 오한과 함께 자신의 내부에서 뭔가 혼돈을 뚫고 깨어나는 것을 느꼈다. 하늘에는 저 별이 있고 나는 여기 이렇게 서 있다. 아무도, 그 무엇으로도 저 별의 자리를 빼앗지는 못하리라. 그리고 내 가슴속에도 어떤 세상의 힘으로도 빼앗지 못할 별 하나 있으리라. 그래, 난 이렇게 살아 있다. 그리고 살고 싶다는 감정이 벅차도록 가슴에 파고들었다. 문득 그 별이 그녀의 눈앞에까지 날아와 부서졌다. 어느샌가 까닭을 알 수 없는 눈물이 흐르고 있었던 것이다.

　아마도 우리 소설에서 손꼽힐 만큼 아름답고 감동적인 묘사일 것이다. 이 '하늘등'과 「운명에 관하여」의 '고물 시계'는 인간에 대한 근원적 신뢰의 표상이다. 그것들은 혼돈에 빠져 있던 신혜와 광증을 앓고 있던 홍남을 치유케 한다.
　이 인간에 대한 근원적 신뢰는 아름답고 감동적이지만 그러나 냉혹한 현실주의에 입각해서 보자면 다소간 낭만주의적이라는 지적에서 자유롭지 못할 것이다. 이창동의 소설이 갖는 힘은 그 신뢰의 낭만적 표출 자체에 있는 것이 아니라 그 신뢰를 원동력으로 하여 우리 삶의, 때로 비극적인, 착잡한 복합성을 천착하며 진정한 가치의 방향과 가능성에 대해 고통스러운 질문을 던지는 데서 우러나온다. 그 고통스러운 질문은, 인간에 대한 신뢰라는 것도 그 자체에의 관념적 집착 내지 맹목적 신앙에 그칠 때 그 역시 하나의 도식으로 추락해버릴 수 있는 것이 아닌가 하는 반성을 불러일으킨다.
　「용천뱅이」는 짧은 단편이지만, 많은 이야기를 담고 있다. 젊은 시절 남로당원으로 공산주의 운동을 했고 그 때문에 6·25 전후 형무소 생활을 하다 나온 김학규는 평생을 폐인으로, 하나의 용천뱅이로 살아왔다. 아들의 이름을 마르크스를 본떠 막수라고 지을 만큼 자신의 이념을 지키려 애쓰지만 그는 그 이념을 위한 실천으로는 한 발자국도 나아가지 못하며 평생을 보냈다. 대신 그는 남한의 자본주의 사회에의 편입을 완강히 거부해왔다. 그 거부는 최소한의 생존을 위한 돈벌이마저 거부하게 하고 그를 술 속에 빠뜨렸다. 그런 그가 갑자기 간첩 죄를 자청하는 것이다. 그 자청 속에는 자신의 인간을 지키고자 하는 눈물겨운 몸부림이 담겨 있다. 그는 아들에게 용천뱅이의 비유를 들어 이렇게 말한다.

내가 인제 살면 얼매나 더 살겠노. 너거한테는 못 할 짓이지만 나는 결심을 했다. 죽을 때까지 용천뱅이 신세로 살지는 말자꼬. 내 할 말은 이것뿐이다.

그런 아버지에 대해 아들은 신랄하게 비판한다. 아들에게 아버지는 평생을 가족들에게 고통만 안겨주었고 자기를 대신해서 자기 아내를 '돈벌레'로 만든 비겁한 인간이었던 것이다. 그 아버지의 간첩놀음은 아들이 보기에는 또 다른 용천뱅이짓에 지나지 않는다.

그런다고 지금까지 살아온 아버지의 삶이 바뀌어집니까. 그것이야말로 아버지의 삶을 철저히 속이고자 하는 바보짓이 아니고 무엇이냐 말입니다. 그건 제가 생각하기엔 미친 짓에 불과합니다. 또 다른 용천뱅이가 되는 것이란 말입니다.

허위를 통해 진실을 되찾고자 하는 아버지와 그것을 또 다른 용천뱅이짓이라고 비판하는 아들 사이의 건널 수 없는 심연은 우리에게 고통스러운 질문으로 다가든다. 그 심연은 우리의 실존과 우리의 역사 모두에 걸쳐 진정한 가치의 추구를 왜곡시키는 억압으로 이루어져 있다. 이창동은 아버지라는 현실에서 멀리 도망쳐 살아가는 아들에게 갑작스런 포용의 자세를 부여하고 그럼으로써 그 심연을 메우는 결말을 거부한다. 이창동이 그리는 아들은 "꽉 잠긴 목구멍으로 한 덩어리의 설움 같은 것이 비집고 나오려" 하는 상태로, 암담한 절망감에 가득 찬 채, "무덤 같은 정적 속에 빠져 있"는 구치소의 "거대한 건물"을 되돌아볼 뿐이다. 그 심연 앞의 절망감은 우리 삶에 가해지는 총체적 억압에 대한 고통스러운 질문의 표정이다.

고통스러운 질문이라는 점에서 이 소설집 중 가장 주목되어야 할 작품은 「녹천에는 똥이 많다」이다. 이 작품에는 이복형제 준식과 민우가 등장한다. 민우는 학생 운동 출신의 사회 운동가이다. 첫머리에서 묘사되는 모습(전철에 끼어 앉아 졸면서 악몽을 꾸는 모습)으로 보아 그에게도 고뇌가 있으리라 짐작되지만 이 작품은 민우의 내면에는 전혀 접근하지 않는다. 민우는 다만 준식에 의해 관찰되는 정도로만 그려진다. 이 작품은 민우와는 달리 전형적인 소시민의 삶을 살아가는 준식의 내면을 그리는 데 바쳐지고 있다. 말하자면 「하늘등」과는 시각을 반대로 하고 있는 것이다.

준식은 국민학교 사환을 하면서 야간 대학을 나와 마침내 정교사가 되었고 악전고투 끝에 드디어 제 힘으로 조그만 아파트를 장만해낸 소시민적 성공의 입지전적 인물이다. 그러나 그는 여전히 타인의 멸시에서 벗어나지 못했다. 직장에서뿐만 아니라 집에서도 그렇다. 그의 아내는 같은 학교 서무과 직원 출신으로 그와 충동적인 결혼을 했고 그들의 결혼 생활은 최소한의 상호 이해나 연대감조차 없는 그러한 것이었다. 그 공간에 이복동생 민우가 끼어들면서 변화가 생겨난다. 준식의 아내는 민우에게서 준식에게 결핍된 것을 보며 그러자 준식과의 결혼 생활에 본격적인 회의를 느끼기 시작한다. 준식의 아내는 노골적으로 준식을 경멸하고 은근히 민우에게 마음이 끌린다. 그리하여 민우와 관련하여 어려서부터 쌓여온 준식의 피해 의식이 첨예화되고, 마침내 준식은 민우의 소재를 경찰에 알리고 만다.

이 세 인물에게는 저마다 나름대로의 진실이 있다. 준식은 민우의 일의 의미를 이해하지 못하며 사람답게 산다는 것에 대한 실존적 성찰을 전혀 결하고 있다. 그러나 끔찍하게 가난했던 과거에서 자유롭지 못한 그가 무거운 수족관을 어깨에 메고 귀가하며 독백하는 장면에는 처절한 진실이 담겨 있다. 준식의 아내에게는 다소간 허영기가 엿보이며 준식과의 결혼 생활을 의미있는 것으로 바꾸려는 진지한 노력이 전적으로 결여되어 있다. 그러나 자신의 소시민적 삶에 대한 회의와 진실한 삶에 대한 막연한 대로의 열망에는 역시 진실이 담겨 있다. 민우에게는 약간의 철없음이 엿보인다. 그러나 그 철없음은 그의 순수함의 표현이기도 하며 그의 순수함은 그의 실천적 삶의 바탕이 되고 있다.

민우의 출현은 준식 가정의 삶이 "냄새 나고 더러운 쓰레기 위에 세워진 거짓의 삶"이라는 것을 드러나게 하는 계기가 된다. 그 드러남 속에서 세 인물의 진실이 서로 얽히며 갈등하는 것이다. 그 갈등에서 이창동이 준식을 시점으로 선택했다는 것은 중시되어야 한다. 민우가 시점이라면 그 갈등은 계몽주의적으로 해석되기 쉽겠고, 준식의 아내가 시점이라면 소시민적 일상에 대한 환멸이라는 낭만주의적 해석으로 이끌리기 쉬울 것이다. 그러나 준식을 시점으로 함으로 해서 그 갈등에 내재되어 있는, 아니 그 갈등의 조건이 되고 있는 사회적 보편성과 그것이 빚어내는 심연을 이 작품은 치열하게 그려낼 수 있었다. 과연 이러한 삶의 조건 속에서 인간답게 산다는 것은 무엇인가, 그것은 어떻게 가능한가. 이창동은 이 질문을 한층 무겁고 한층 아프게 제기하고 있는 것이다. 민우가 잡혀간 뒤 똥구덩이에 주저앉은 채 우는 준식의 모습은 가슴을 저민다.

그는 울기 시작했다. 그의 눈에서 끊임없이 눈물이 흘러내렸고, 그 눈물이 더욱 그를 서럽게 만들었다. 그가 우는 것은 후회 때문도 아니었고 자책감 때문도 아니었다. 그저 가슴이 찢어지도록 자기 자신이 비참하다는 느낌, 아무도 이해하지 못할, 아무에게도 설명하지 못할 그 자신만의 슬픔이 그를 울게 만들었다. 아주 오랜 시간 동안 그는 똥구덩이에 엉덩이를 깔고 앉은 채 일어날 생각도 않고 어린애처럼 소리내어 울고 있었다. 가슴속에 있는 모든 슬픔의 덩어리가 한꺼번에 터져나온 듯이 얼굴을 일그러뜨리고 울었다. 너무나

오랜 세월 그의 몸 안에 뭉쳐져 있던 슬픔, 어찌할 수 없는 허망함에 완전히 자신을 내맡기고 울었다.

준식의 울음은 고통스럽기 짝이 없는 질문이 되어 우리를 고문한다. 나는 이 고문 속에서 진정한 가치를 향한 이창동의 소설적 탐구의 가장 치열한 양상을 본다. 그것은 음험하거나 억압적인 모든 도식을 넘어서서 우리를 착잡한 진실과 대면케 한다. 그 착잡한 진실 속에서만 말의 참뜻에서의 진정한 가치가 솟아날 수 있는 것이 아닌가. (1992)

자전적 성장 소설의 실패와 성공

작가들은 나이가 들면 자기 이야기를 가지고 소설을 쓰고 싶어지는 것일까? 그렇기도 하고 그렇지 않기도 하다. 어떤 문학 이론가들이 특히 강조하는 것처럼 모든 작품이 그 작가 자신의 삶을 어떤 방식으로든 반영하는 것이라면 그런 식의 물음은 별로 의미 없는 물음이 될 것이다. 거기서는 그 반영의 방식이 문제가 될 것이다. 외관상 작가 자신의 삶과 전혀 무관해 보이는 이야기 속에서도 우리는 작가 자신의 모습(외적인 데서 내적인 데에 이르는, 통시적인 데서 공시적인 데에 이르는)을 얼마든지 발견할 수 있고 많은 경우 그 발견은 그 작품을 이해하고 공감하는 데 유익하다. 또 반대로 작가가 의식적으로, 심지어는 공개적으로 자전을 추구하고 표명하는 경우에도, 거기에서 우리는 자전적 사실들의 많은 부분이(어쩌면 그 대부분이) 일정 정도 변형·굴절되고 있음을 알아차릴 수 있다. 그 변형·굴절은 의식적인 것도 있겠고 무의식적인 것도 있겠는데 그것을 통어하여 작품 전체와 결합시키는 것은 소설 혹은 서사(넓게는 문학 혹은 예술)의 원리이다. 그러니까 내밀한 것이든 공개적인 것이든, 부분적인 것이든 전면적인 것이든, 자전적 사실들의 소설 작품 속에서의 반영은 항상 소설적 반영인 것이며 또 그래야 하는 것이다. 요컨대 자전적 소설은 자전이기에 앞서 우선 소설인 것이다.

박완서의 전작 장편 『그 많던 싱아는 누가 다 먹었을까』는 일단 자전적 성장 소설이라 할 수 있다. 작가 자신이 「서문」에서 "웅진에서 성장 소설을 써보라는 유혹을 받았을 때, 성장 소설이란 인물이나 줄거리를 새롭게 창조할 부담 없이 쓸 수 있는 자서전 비슷한 거려니 했기 때문에 솔깃하게 들었다" "화가가 자화상 한두 장쯤 그려보고 싶은 심정 정도로 썼다"고 말하고 있기도 하거니와, 실제로 이 작품은 작가 자신의 유년 시절에서부터 시작하여 소녀 시절의 6·25 체험에 이르기까지 일인칭의 회상체로 서술하고 있다. 박완서 소설에 있어서 자전적 요소는 사실 새삼스러운 것은 아니다. 시점이 되는 작중 인물의 대부분이 작가 자신을 강하게 반영하고 있으며, 그 주변 인물들 역시 작가 자신의 주변 인물을 강하게 반영하고 있다. 예컨대, 박완서의 데뷔작『나목』만 해도 자전적 성격이 아주 짙은 것이다. 이러한 자전적 사실들의 반영은 상당히 큰 변형·굴절을 거쳐 이루어지고 있다. 그에 비해,『그 많던 싱아는 누가 다 먹었을까』는 그러한 변형·굴절이 거의 나타나지 않는다. 말하자면 자전적 사실들이 직접태로 드러나고 있는 것이다.

그러나 자전적 사실들의 직접적인 드러냄이라고 해서『그 많던 싱아는 누가 다 먹었을까』가 소설이 아닌 자서전이 되는 것은 아니다. 작가 자신이 이 작품을 장편 소설로 규정하고 있으며 독자 역시 이 작품을 소설이라는 전제 위에서 읽는다. 소설인 한 이 작품은 하나의 전체적 완결 구조를 가지는 '허구'가 아닐 수 없다.

소극적으로 보자면, 소설이라는 구조를 위해 자전적 사실의 선택, 최소한의 변형, 최소한의 허구적 덧붙임이 불가피해진다. 그래서 작가는 "소설이라는 집의 규모와 균형을 위해선 기억의 더미로부터의 취사 선택은 불가피했고, 지워진 기억과 기억 사이를 자연스럽게 이어주기 위해서는 상상력으로 연결 고리를 만들어주지 않으면 안 되었다"라고 말하고 있는 것이다.

적극적으로 보자면, 바로 그러한 선택, 변형, 덧붙임, 그리고 그것들을 바탕으로 한 구조화에 의해 완전한 소설 공간을 창조해내야 한다. 선택, 변형, 덧붙임은 불가피한 것이 아니라 필수적인 것이며 그것들을 통어하는 것은 소설의 원리인 것이다.

당겨 말하면, 『그 많던 싱아는 누가 다 먹었을까』는 소설적 구조화에 있어서 소극적 측면에 머물고 있고 적극적 측면으로까지 나아가지 못했다. 이는 이 작품의 결함이 아닐 수 없다. 가령,

> 엄마는 우리 남매를 별로 야단치지 않았고 주인 여자 욕도 하지 않았다. 그런 엄마가 나는 더 무서웠다. 꼭 무슨 일을 저지를 것 같았다. 그후 현저동에 처음으로 집을 산 경위를 『경제정의』지에 소상하게 소개한 적이 있어 여기 그 중 몇 대목을 인용한다.

와 같은 대목은 오히려 가능하며 효과적인 하나의 기법이라고 볼 수 있다. 문제가 되는 것은 소극적 측면에 얽매인 탓에 서술의 균형을 상실하고 있다는 점이다. 이 작품은 일인칭 화자가 문학에의 예감 내지 소명을 느끼는 것으로 종결된다.

> 그때 문득 막다른 골목까지 쫓긴 도망자가 휙 돌아서는 것처럼 찰나적으로 사고의 전환이 왔다. 나만 보았다는 데 무슨 뜻이 있을 것 같았다. 우리만 여기 남기까지 얼마나 많은 고약한 우연이 엎치고 덮쳤던가. 그래, 나 홀로 보았다면 반드시 그걸 증언할 책무가 있을 것이다. 그거야말로 고약한 우연에 대한 정당한 복수다. 증언할 게 어찌 이 거대한 공허뿐이랴. 벌레의 시간도 증언해야지. 그래야 난 벌레를 벗어날 수가 있다.
> 그건 앞으로 언젠가 글을 쓸 것 같은 예감이었다.

이 작품은 세계와 자아에 대한 눈뜸이 문학에의 소명으로 이어지는 성장소설이다. 그렇다면 그 공허와 벌레의 시간에 대한 자아의 맞섬이 가장 중요한 요소가 되어야 한다. 그러나 이 작품은 전반부의 소외와 상실의 유년기 체험에 대해서는 치밀한 서술을 한 데 비해 후반부의 해방 이후의 소녀

기 체험에 대해서는 서술이 훨씬 소략하다. 그런 탓에 종결부의 각성이 다소 낯설고 돌연한 것으로 느껴진다. 그 밖에 부분적으로 산만한 서술은 도처에서 눈에 띈다. 예컨대 184페이지의 "먼 훗날, 신문 같은 데에 시골 선비 집에서 귀중한 자료가 될 만한 고서나 국보적 가치가 있는 문헌이 발견됐단 소식이 나면 엄마는……" 같은 대목이 그러하다.

그러나 이러한 소설적 결함에도 불구하고 이 작품은 박완서 독자의 관심을 끌기에 족하며 나름대로 사랑을 받을 만하다. 그것은 이 작품이 박완서 소설을 이해하기 위한 좋은 길잡이가 되어주며 인간 박완서를 이해하는 좋은 창구가 되어주기 때문이다. 낮은 차원에서 보자면, 박완서 소설의 허구 뒤에 숨어 있는 전기적 사실, 그 본래 이야기를 알 수 있기 때문이다. 박완서 소설의 개성적 인물들, 그리고 그 인물들 사이의 갈등, 그 관계의 가족적 성격 등의 밑그림을 이 작품은 보여준다. 높은 차원에서 보자면, 그 밑그림과 소설 사이에 존재하는 변형과 굴절의 과정 및 그 내용을 알 수 있기 때문이다. 그 과정과 내용에서 우리는 박완서 소설의 허구 공간이 갖는 적극적이고 창조적인 의미를 좀 더 명확히 파악할 수 있는 것이다.

그러나 『그 많던 싱아는 누가 다 먹었을까』는 하나의 독립된 소설로서도, 비록 상술한 소설적 결함을 가진 채로이지만, 주목할 만한 성과는 이루고 있다. 하나의 독립된 소설인 이상 이 대목이 무엇보다도 중요할 것이다. 우선 유년기의 소설에서 뚜렷이 나타나는 주제와 그것의 형상화에 주목해야 한다. 그것은 상실감이다. 어린 박완서가 현저동으로 이사 와서 고향의 싱아를 찾아 인왕산 자락을 헤매는 대목에 그 상실감은 선명히 표현된다.

나는 마치 상처난 몸에 붙일 약초를 찾는 짐승처럼 조급하고도 간절하게 산속을 찾아 헤맸지만 싱아는 한 포기도 없었다. 그 많던 싱아는 누가 다 먹었을까? 나는 하늘이 노래질 때까지 헛구역질을 하느라 그곳과 우리 고향 뒷동산을 헷갈리고 있었다.

그 상실감은 뒤에 가서 잃은 것에 대한 간절한 동경이라든지 회복에의 들뜬 예감으로 변하기도 한다. 대학에 갓 입학했을 때의 다음과 같은 대목을 보자.

스무 살에 꿀 수 있는 온갖 황홀한 꿈 때문에 그 길이 그렇게 좋았던지, 그 길의 나무와 꽃과 풀과 훈풍이 그렇게 가슴을 울렁거리게 했는지, 그 길은 단순한 자연의 아름다움이라고만 볼 수 없는 매혹으로 가득 차 있었다.
그렇다, 그 계절에 나를 매혹시킨 것은 자유에의 예감이었다.

여기서 자유라는 말로 표현되는 어떤 가치, 그것의 상실감, 그것에의 동경과 욕망, 그것을 침해하는 일상적이고 속된 것들에 대한 조소와 풍자, 이런 것들이 박완서 소설의 본질이다. 갓 잡아올린 생선처럼 싱싱하게 요동치는 자유, 싱아라는 식용이 가능한 풀은 그것의 상징이며 박완서에게 있어서는 그것의 원형이다. 이 맥락이 작품의 후반부 및 결미와 유기적으로 연결되며 작품을 관통했더라면 이 작품은 보다 훌륭하고 감동적인 것이 될 수 있었으리라는 생각이 든다. (1993)

침잠의 언어와 그 변주

　김유택은 『소설문학』, 1985년 4월호에 단편 소설 「시창작 실습기」를 발표하면서 문단에 나왔다. 그러나 실제로 그가 문단에 소개된 것은 그보다 2년이 더 빨랐는데, 그것은 1983년에 발표된 김신의 장편 소설 『대학별곡』의 작중 인물이라는 모습으로였다. 이런 일은 아주 드문 일이고 더구나 『대학별곡』이 당시 베스트 셀러였다는 점까지 고려하면 김유택의 등단은 충분히 저널리즘의 관심을 끌 만했다. 그러나 실제로는, 기이하게도, 김유택의 등단은 거의 화제가 되지 않았다. 이 점은 김유택에게 불행한 일일 수도 있고 다행한 일일 수도 있다. 그 내용이야 어떻든 쉽게 유명해질 수 있는 기회를 얻지 못했다는 점에서는 불행일 수 있고, 그의 문학에 대한 사람들의 이해가 오도되고 왜곡될 수 있는 위험을 피했다는 점에서는 다행일 수 있는 것이다. 김유택 소설 세계의 가장 두드러진 특징은 도저한 감상(感傷)이다. 가령 다음과 같은 문단을 보라.

　소를 키우던 시절 석양이 되면 그는 저 붉은 노을을 지키며 그가 한때 거주했던 도시의 인연들에 얼마나 가슴이 미어졌던가. 펑펑 폭설이 쏟아지던 새벽에 아궁이 물을 끓이며 그 불꽃을 지키던 세월. 어느 날 문득 가을이 되었을 때 산속의 그 시퍼런 하늘은 왜 그리 서럽던가. 해는 왜 그리 일찍 사라지며 이슥한 초저녁 군불을 지피며 그 불덩어리의 시체 위에 냄비를 올려놓고

밥을 끓일 때 그 쓸쓸한 고적, 그 허전한 음식, 한 숟갈을 떠 입에 넣으며 그 밥알들을 씹어먹으며, 눈물은 또 어디서 주르르 흘러, 사는 것이 무엇이냐, 주르르 흐르고 주르르 흐르던 저녁의 식사, 신지하씨는 그 시절 이렇게 그의 삶을 정리하였다. 슬픔 그것은 내 천생의 몫이다. (「어메이징 그라스」)

쉼표를 별로 사용하지 않으면서 유연하게 이어지는 리듬과 달변인가 하면 매우 절제된 언어이기도 하고 날렵하면서 때로는 적절히 무거워지기도 하는 어조로 슬픔의 양감과 질감을 풍성히 구현하고 있는 이러한 문단은, 나의 과문 탓인지는 모르겠으나, 적어도 60년대 이후의 한국 문학에서는 아주 보기 드문 것이라 생각된다. 이 감상의 의미를 캐는 일이 김유택 소설을 이해하는 데 중요한 관건이 되는데,『대학별곡』의 작중 인물이 보여주는 극도의 퇴폐적 낭만주의는 그에 대해 적절치 못한 선입견으로 작용하기 쉬운 것이다.『대학별곡』의 작중 인물과 실존 인물 김유택 사이에 차별이 엄연히 존재할 것이라는 점을 잊어서는 안 되며, 설사 그 차별이 극소한 것이라 하더라도 대학 시절의 김유택(그는 1973년에 대학을 졸업했다)과 80년대의 김유택 사이에는 커다란 변화가 존재할 것이라는 점을 중시해야 한다. 당겨 말하면 그 변화의 근저에 있는 것은 1980년 봄의 광주이다. 그 광주 체험이 김유택의 감상에 질적 변화를 일으켰고, 그리하여 거기에 사회적 의미의 풍부한 자장이 생겨나게 된 것이다.

김유택 자신의 삶이 비교적 직접적으로 반영되고 있는 작품들은 1980년 봄 전후의 그의 삶에 대한 파악을 어느 정도 가능케 해준다.「목부 이야기」에 비추어보면, 김유택은 망월동 뒤쪽 산골짜기에서 조그만 농장을 경영하고 있었다. 주로 젖소를 길러 우유를 내다 판 것으로 보이는데, 그의 농업은 뜻과 같지 않아 실패 일로를 걸었고, 그 자신은 이미 고질이 된 알코올 중독과의 힘든 싸움을 벌이며 그 싸움에서 계속 지고 있었다. 그런 중에 광주 사태가 발발한다.「어메이징 그라스」는 그 며칠 간을 다음과 같이 간략히 서술하고 있다(「어메이징 그라스」의 신지하씨는 물론 작가 자신의 투영이다. 신지하라는 명명과 「먼 길」의 신기루라는 명명은 김유택의 아내의 성이 신씨라는 사실—광주 출신의 한 친구로부터 들어서 안 사실이지만—과 관련이 있을 것이다. 「먼 길」에 따르면 그의 아내는 약사인 모양인데 그는 왜 아내의 성을 차용한 것일까).

유방염에 걸린 놈을 치료하기 위해 주사약을 사러 나왔다가 꼼짝없이 갇혀버렸던 그날들. 붉은 페인트칠한 군용 지프차가 질주하던 빗속의 외곽 도로. 시 변두리의 국민학교 운동장에 주차해 있던 그 많은 차량들의 집합. 그러나 사람의 그림자조차 보이지 않던 정적. 증발된 도시. 진공의 도시가 그곳에 있었다. 어느 날 새벽 어떤 여인의 목소리가 절규로 끝맺은 후 신지하씨는 산으로 돌아왔다.

그 이후 김유택은 "살아 있음을 부끄럽게 느끼"며 황폐화되어가는 자신의 농업과 더불어 육체적·정신적 황폐화의 길을 걷는다.

이것을 보면, 김유택의 삶은 현실과의 관련을 거의 상실한 그러한 삶이었다고 할 수 있다. 석양이 되면 붉은 노을을 지키며 그가 한때 거주했던 도시의 인연들에 가슴이 미어졌지만, 그러나 현실과의 관련을 되찾기 위한 적극적 노력을 그는 하지 못하거나 하지 않는다. 그 중간에 광주 사태가 있었고 광주에서의 며칠 간이 있었다. 김유택은 그 며칠 간에 대해 입을 다물고 있지만 그것이 비겁한 도피의 시간이었음을 도처에서 암시하고 있다. 그 광주 체험 이후 현실 관련의 상실은 더욱 심해지지만, 그러나 그 상실은 실존적인 것에서 사회적인 것으로 그 의미의 확장을 이루고, 그 확장과 더불어 그의 소설쓰기가 시작되는 것이다. 여기서 우리는 그의 소설쓰기가 일정한 의미에서 그 자체로 현실 관련의 회복이라는 점에 주목해야 한다. 그의 소설쓰기란 다름 아니라 현실 관련을 상실한 자신의 삶을 되돌아보고 그것을 객관화하는 작업인 것이며, 그 작업은 그 개인의 삶에 국한되는 것이 아니라 다양한 변주를 통해 당대의 삶의 보편에 대한 성찰과 객관화로 확장되어가는 것이다.

그렇게 해서 김유택이 제시하는 당대 삶의 보편은 침잠의 삶이다. 「어메이징 그라스」의 신지하씨, 「먼 길」의 신기루씨처럼 작가 자신이 직접 투영된 인물들은 물론이고 「달도 밝다」의 해직 기자 요섭, 「시간의 거울」의 전직 교사 등 김유택의 대부분의 작중 인물들은 현실과의 관련을 상실한 채 우울한 몽상과 삶의 무의미함에 침잠하고 있다. 그들 대부분이 광주 체험의 상처를 앓고 있는바, 그들의 침잠은 그 상처에 뿌리를 내리고 있다. 가령 구원을 호소하는 여인의 울부짖는 소리를 들으며 요강을 들고 비겁하게 서 있었을 뿐인 요섭은 죄의식에 사로잡힌 채 한쪽 팔에 의수를 단 작부의 모멸에 찬 시선을 피해 먼 길을 우회해 다닌다. 「시간의 거울」의 전직 교사를 비롯한 예비군들과 방위병 등은 한결같이 살육의 기억과 상처로 괴로워하며 무의미한 세계와 무의미한 삶에 대한 허망하고 무의미한 되새김질을 계속한다. 김유택은 그 침잠의 의식을, 그 의식과 외부 세계와의 교차를 집요하게 그리는 것이다.

「시창작 실습기」와 「자메이카여 안녕」은 광주 체험의 뿌리를 직접 드러내지 않고 있지만 그렇기 때문에 오히려 이 작품들이 그리고 있는 침잠의 삶은 당대 삶의 보편으로 확장된다. 우스꽝스럽고 좀 모자라는 인물로 희화화되고 있는 「시창작 실습기」의 석만돌씨는 때묻지 않은 의식이 어떻게 현실과의 관련을 이루지 못하고 침잠할 수밖에 없는가를 잘 보여준다. 「자메이카여 안녕」은 통합 병원의 한여름을 끈질기게 묘사하는데 "무료하고 권태로운 나날이 계속"될 뿐인 이 병원이라는 공간은 무의미한 공간이며 그곳에서의 삶은 무의미한 삶일 뿐이다. 거기서 일어나는 온갖 에피소드는 모두 무료와 권태의 양상일 따름인바, 염산을 마신 공수부대 하사의 출현(우리는 이 인물로부터 광주 체험과의 관련을 암시받는다)과 그의 정신병 증세,

그리고 그의, 아마도 진실된 것일, 부르짖음까지도 모두 무의미의 심연 속으로 함몰되어간다. 그 함몰을 작가는 다음과 같이 묘사하고 있다.

    야유의 언성이 높아지면서 강당은 다시 술렁였다. 반주는 세번째로 되돌아왔다. 그때였다. 벌겋게 상기된 얼굴로 굳게 입을 다문 채 우리들을 노려보고 섰던 하사가 마이크를 치켜들었다.
    "우리들은…… 우리들은……"
    그러나 하사의 목소리는 소음 속에 금방 파묻히고 말았다. 우리들은 하사의 발언에 온전히 귀를 기울일 수 없었다. 다만 우리들은 잠시 후 미친 듯이 웃어젖히며 자신의 옷을 쥐어뜯는 장면을 보았을 따름이다.

그 함몰은 한없이 슬프지만 그 슬픔마저도 또한 함몰을 피하지 못한다. 세계는 이 통합 병원과도 같다는 작가의 가슴 아픈 전언만이 남을 뿐이다.
그러나 더욱 중요한 것은 김유택의 침잠이 동시에 삶의 의미를 되찾고 싶은 열망이기도 하다는 점이다. 이 점이 김유택의 소설쓰기에 보다 적극적인 의미를 부여해주는데, 그 열망이 대부분의 작품의 말미에서 역동적인 장면을 빚어내고 있다는 데 주목할 필요가 있다. 가령 「자메이카여 안녕」의 말미에서는 그 열망이 오랜 가뭄을 마무리짓는 비를 오게 하며, 그 장면은 다음과 같이 역동적으로 묘사되고 있다.

    정말 거짓말처럼 비가 오고 있었다. 비는 내리는 것이 아니라 오는 것이었다. 그리고 비는 소리만이 아니라 냄새로도 오는 것이었다.
    파바바박!
    땅이 튀면서 솟은 물의 먼지가 하늘로 올라갔다. 마치 부활하는 대지의 메시지를 하늘에 전하는 것처럼.

「시창작 실습기」의 말미는 석만돌씨가 바람난 유부녀에의 '육보시'를 방해하기 위해 계곡의 능선 아래로 몸을 굴리는 장면을 다음과 같이 그리고 있다.

"오메, 사람 죽네……"
여인이 그 자리에서 팔딱 일어서고 있었다. 조지만과 한돈도 뛰어왔다. 헐벗은 계곡의 모래흙에 미끌린 석만돌의 몸뚱어리는 흰 먼지를 날리며 저 아래로 천천히 굴러가고 있었다.
그러나 그들 중 누구도 석만돌씨의 숨은 뜻을 알아채는 사람은 없었다. 자신의 육체로 평생에 한 편의 시를 써버린 듯한 후련함을 느끼면서 자꾸만 저 아래로 몸을 굴리고 싶어하는 석만돌씨의 속마음을 아직 알아채지 못하고 있었다.

석만돌씨의 죽음을 무릅쓴 몸굴리기는 현실과의 관련의 획득에 다름 아니다. 「어메이징 그라스」의 말미에서 신지하씨가 "무슨 원수를 갚으려는 듯한 충혈된 눈빛으로 그날 하루 종일 꼬박 이빨만 찾"는 것 또한 같은 맥락으로 이해될 수 있다. 어메이징 그라스인 줄 알고 좋아했던(그는 소를 키우는 사람이고 소는 풀을 먹는 짐승이다) 노래의 제목이 실은 어메이징 그레이스라는 것을 알았을 때 신지하씨는 충격을 받고 미친 듯한 반응을 보이는 것인데, 이 형태는 절망의 심화라기보다는 침잠의 늪으로부터의 돌연한 솟아오름인 것이다. 「달도 밝다」의 말미는 삶의 의미를 되찾고 싶은 열망을 같은 맥락의 어떤 장면보다도 더욱 감동적으로 표출하고 있다. 우선 여기서는 몽상이 아니라 자기 성찰이 나타난다.

나는 왜 줄곧 또다시 주위를 의식하는 굴레에 매이게 되었던가. 그것은 내가 내 자신에게 한 번도 주인이 되어본 적이 없어서이다. 의수를 끼었던 그 여자도 말하지 않았던가. 자신이 주인이라고 믿는 사람은 결코 도망가지 않는다고. 주인은 타인들에게 자신이 주인이라고 말하지 않는다. 그리고 또 자신이 주인인 것은 자신밖에 알 수 없다고.

이 성찰은 등화 관제로 온 도시가 어둠에 묻힌 때에 이루어진다. 그것은 "말하자면 쫓고 쫓기고, 앞서고 뒤서고, 가지고 있고 가지지 않고 있고, 잘 나고 못나고, 높고 낮음이 잠시 보이지 않는 유일한 시간대"인바, 작가는 "비록 그것들이 소멸되는 것은 아닐지라도 어둠 속에 가려진 착각은 의미가 있다"고 진술한다. 「어메이징 그라스」의 주된 시간인 황혼이 "매일 홀로 견디어내야 하는 고통스럽고 우울한 잿빛의 시간대"였던 데 비교하면 이는 상당한 변화라고 하지 않을 수 없다. 그 어둠의 시간대가 성찰을 일으키고, 그 어둠이 달빛으로 환하게 밝혀지자 거기에 민중적 연대의 아름다운 공간이 생겨나며 그 아름다운 공간 속에서 요셉은 울기 시작한다. 그 울음은 단순한 감상의 울음이 아니라 정화(淨化)의 울음이다. 이 작품이 발표된 당시에 나는 이 울음 이후에 무엇이 올 수 있을까, 물은 적이 있다. 그리고 그것이 현실과의 관련의 회복, 삶의 의미의 생성, 세계에 의미를 부여하는 주체적 작용 같은 것들이기를 기대했다.

그러나 김유택은 그 울음 이후로 나아가지 못한다. 후속작인 「목부 이야기」와 「먼 길」의 말미는 역동적 전환의 장면을 '나'나 '신기루씨' 자신의 것이 아니라 다른 인물의 발언을 통해 제시하는 것으로 훨씬 약화된다. 「목부 이야기」에서는 박씨 노인이 "아, 담룡이가 딸딸이를 몰고 가다 나를 보고 알은체하데…… 자네도 잘 기시냐고…… 언제 차분할 때 한번 들른다고 말이시……"라고 말하는데 '나'는 그것이 꿈속의 일인지 아니면 과거에 실제 있었던 일인지조차 구분하지 못한다. 「먼 길」에서는 집시법 위반으로 함께 수감되었던 웨이터가 "좀…… 당당하세요. 아저씨 예의는 병이 들었어요. 아저씨가 잘못한 게 뭡니까? 아저씨보다 더 어렵게 사는 사람이 얼마나 많은데요…… 힘내시고…… 꼭 오세요"라고 말하지만 신기루씨는 경찰서에서 나와 또 술을 마시고 막막한 비포장길 국도를 하염없이 걸어 집으로 돌아간다. 신기루씨는 취중에 시위 대열에 앞장섰던 것인데 그 용감했던 행동을 조금도 기억하지 못하는 것이다. 더욱이 1989년에 발표된 「마스터여 용서하라」와 「당신의 세월」에 이르게 되면 그나마의 역동성의 추구도 사라지고 비관과 좌절로 소설 공간을 닫을 뿐이다. 「마스터여 용서하라」의 작중 화자는 "오늘에 와서 나는 안다. 나는 알코올 중독에 걸려 있었고 그때 내가 본 것은 '환시'였다는 것을"이라고 진술하며, 「당신의 세월」은 "그러나 시 변두리에 위치한 목욕탕의 셔터는 내려져 있었다"라는 진술로 끝을 맺는 것이다.

　이러한 변화의 추이는 일종의 축소이다. 그것은 김유택의 작품 활동의 지면에도 나타나고 있다. 『소설문학』『문예중앙』『문학사상』이 마지막 두 작품에서는 광주에서 간행되는 『예향』과 『금오문화』로 바뀌는 것이다. 그리고 그 축소의 끝은 작품 발표의 중단이다. 이번에 상자되는 김유택의 첫 작품집이 1985년의 데뷔작에서부터 1989년의 두 작품에 이르기까지의 9편의 단편만을 싣게 된 것은 그 때문이다. 아마도 첫 작품집의 뒤늦은 상자가 의미하는 것은 김유택의 소설쓰기가 재개된다는 것일 터인데, 이 새로운 출발에 기대를 거는 데에는 충분히 그럴 만한 이유가 있다. 무엇보다도 이 작가의 정직성을 믿기 때문이다.

　돌이켜보면, 1986년에 발표된 「달도 밝다」와 「자메이카여 안녕」 이후 걸어온 축소의 노정은 이 작가의 정직성의 소산이기도 하다는 점에서 새롭게 곱씹어볼 필요가 있다. 그 축소는 엄연한 현실의 경향이어온 광주의 의미의 약화, 광주 체험의 위기의 증대에 대한 정직한 반영인 것이 아닐까. 6·29 이후의 위장된 유화 국면, 87년 대통령 선거의 상처, 중산층의 보수화, 광주 체험의 보편성을 약화시키고 고립시켜 끝내 소멸시키고자 하는 체제의 이데올로기적 공세, 후기 산업 사회적 징후의 확대 ─ 이러한 현실의 변화 속에서 직접적으로 광주 체험의 상처에 의해 규정당한 삶은 그 의미의 회복을 어떻게 이룰 것인가. 이 위기 의식이 1989년작인 「마스터여 용서하라」와 「당신의 세월」에 절절히 배어 있는 것이다. 「당신의 세월」에서,

> 시내는 조선대생 이철규의 변사체 사진, 사인에 대한 의문을 제기하는 대자보가 즐비하게 붙어 있었다. 검게 타버린 끔찍한 얼굴의 주인공이 바로 며칠 전까지만 해도 화실을 드나들던 젊은이였다고는 도저히 생각할 수 없었다.

라는 진술에 이어지는, "무섭군요. 이게 가능한 일입니까. 이럴 수도 있는 겁니까. 두렵소. 이제 산 사람들은 어떻게 처신해야 하는 것인지"라는 한 작중 인물의 발언은 그 위기 의식을 단적으로 표출하고 있다. 「마스터여 용서하라」에서 단식을 하고 요가를 배우며 마스터의 지시에 따라 울고 웃고 짐승 시늉을 하고 발가벗고 하는 모습은 삶의 의미를 회복할 통로가 막혀버린 사람들의 처참한 몸부림으로 읽힌다. '옴'자의 글씨에 하얀 야광의 테두리가 쳐지고 그것이 움직이는 현상이 실은 알코올 중독으로 인한 환시에 지나지 않았다는 작중 화자의 고백에는 그 처참한 몸부림에 대한 쓰디쓴 연민의 정이 담겨 있다. 「당신의 세월」의 '나'에게 의사는 육체를 바로 일으켜세우면 황폐화된 정신을 구출할 수 있다고 하며 냉온탕을 권하지만 그러나 그 정신의 황폐화는 사회성을 띠고 있는 것이어서 냉온탕으로 해결될 성질의 것이 아니다. 목욕탕의 셔터가 내려짐으로써 '나'의 냉온탕이 금지되는 말미가 그 점을 강력히 환기시킨다(물론 이것은 '나'의 정신의 황폐화의 책임을 사회적인 데로 전가하는 것과는 다르다).

 그러고 보면, 우리가 던져야 할 가장 중요한 질문에 대한 답의 방향이 뚜렷해진다. 이른바 문민 정부의 성립, 신한국의 출범, 신세대의 선전, 후기 산업 사회적 징후의 확산, 사회주의의 몰락 등의 명분 아래 엄존하고 있는 사회적 갈등과 모순이 은폐되고 자본의 논리에의 일방적 투항이 찬양되고

소비 욕망에의 굴종이 부추겨지고 있는 90년대의 현실 속에서 80년대의 현실을 광주 체험이라는 뿌리 위에서 고통스럽게 저작한 김유택의 침잠의 언어가 어떠한 현재적 의미를 갖는가 하는 질문을 우리는 제기해야 한다. 직접적으로 광주 체험에 의해 규정당한 삶의 고통스러운 저작은 90년대 현실의 미망 속에서 마비되어가고 있는 우리의 양심과 상실되어가고 있는 우리 삶의 도덕적 정당성에 대한 근본적인 반성을 촉구하는 것이 아닌가. 그런 의미에서 김유택의 첫 작품집은 때늦은 것이 아니다. 그것은 90년대적 삶의 허구를 날카롭게 꿰뚫고 있는 것이다.

앞으로의 김유택을 위해 첨언하자면, 사소설적 경향에의 편향을 극복해야 하리라 생각된다. 작가에 따라 다르겠지만 김유택의 경우에는 사소설적 경향이 객관화 및 보편화의 부족이라는 한계와 관련되는 것처럼 보인다. 「마스터여 용서하라」「당신의 세월」「먼 길」「목부 이야기」「어메이징 그라스」 등이 모두 그러하다. 「달도 밝다」와 더불어 그의 가장 뛰어난 작품이 되는 「자메이카여 안녕」의 경우, 작중 인물 중의 하나인 소설가 지망생 우상병은 아마도 작가 자신의 모습일 듯한데 그를 시점으로 하지 않고, 환자 중의 하나를 가장한 채 모습을 드러내지 않는 화자에 의한 서술을 함으로써 훌륭한 소설적 효과를 얻고 있는 것을 되돌아볼 필요가 있을 것이다. 당연한 이야기이겠지만 소설의 허구성의 의미와 그 형식화의 열린 가능성은 항상 숙고되어야 한다. (1993)

불온한 문학, 그리고 진실

이승우는 흔히 초월이라는 형이상학적 주제를 집요하게 천착하는 작가로 여겨져왔다. 신학대학 및 신학대학원 수학이라는 그의 이력과 「에리직톤의 초상」(1981)에서 시작되는 그의 초기작들은 우리를 그런 인식에 힘껏 붙들어맨다. 이승우의 초기작들은, 확실히, 초월과 긴밀히 관련되어 있다. 그 초월은 수직성, 즉 신과의 수직 관계와 수평성, 즉 인간들 사이의 수평 관계, 두 계기의 얽힘으로 파악되는 초월이다. 이 두 계기는 각각 존재론적 고통과 사회 정치적 고통으로 나타나는바 초기의 이승우는 양자 사이의 조응이나 갈등에 주목하였다.

그러나 이승우는 여기에만 머물지 않고 움직인다. 초월에서 권력으로. 끝없는 움직임은 작가의 숙명이기도 하겠지만, 이승우의 움직임은 단순한 이행이 아니다. 그것은 후자가 전자를 감싸는 이행, 즉 일종의 확장이다. 가령 장편 『가시나무 그늘』(1990)은 권력, 즉 지배와 복종의 메커니즘을 몇 가지 층위에서 겹쳐 그려보이고 있다. 어떻게 고대 페니키아인들이 스스로 우상을 만들고 그 지배에 복종하는지를 통렬히 비판하는 예언자의 담화가 있고, 그 담화를 소설로 쓴 문희규와 일인칭 화자가 겪는 군대 체험이 있고, 또 '나'가 근무하는 회사라는 소집단 안의 생활이 있다. 그리고 이 모든 것을 감싸는, 80년 봄의 정치 상황이 있다. 이 여러 층위들에서 똑같은 지배와 복종의 메커니즘이 발현되고 있는바 이승우는 그것을 집요하게 그려내는 것이다. 그런데 『가시나무 그늘』의 예언자는 「에리직톤의 초상」의 에리직톤을 새롭게 바라보게 해준다. 예언자는 식인의 신 몰록의 지배에 맞섰다가 불에 타 죽는다. 에리직톤은 여신 시어리즈가 아끼는 신성한 나무를 베어 넘겼다가 굶주림의 형벌을 받고 필경 자신의 팔다리를 뜯어먹다가 죽는다. 권력이라는 관점에서 보면 에리직톤은 독신의 죄를 범한 자가 아니라 페니키아의 예언자처럼 신성의 이름으로 인간성을 억압하는 권력에 불복종한 자, 저항한 자가 되는 것이다.

이승우의 새 창작집은 일단 『가시나무 그늘』의 연장선상에 있다. 「해는 어떻게 뜨는가」 같은 경우 그 점은 아주 분명하다. 전형적인 우화 소설인 이 작품은 한 부족의 닫힌 세계 안에서 지배와 복종의 메커니즘이 어떻게 형성되는가를 그린다. 주술의 힘으로 해를 뜨게 해주는 대신 자신에게 복종할 것을 요구하는 주술사에게서 이 부족은 '거역할 수 없는 힘'을 느낀다. 그러나 그 '힘'은 주술사에게 본래적인 것이 아니라 사람들이 그에게 부여해준 것일 뿐이다.

> 그 힘은 어디서 나온 것인가. 사람들은 알지 못했다. 바로 자신들이 부여한 힘이라는 것을. 바로 자신들이 그에게 그만한 권위를 갖게 했다는 사실을.

문제는 여기에 있다. 지배와 복종의 관계는 실은 지배당하는 자 내부에서부터 비롯되는 것이다. 그것은 외부에서 강요되는 것이 아니다. 이 권력 관계의 형성에 반대한 장로는 추방당하고 살해당한다. 여기까지는 『가시나무 그늘』의 구도와 동일한데, 그러나 여기서부터 달라진다. 우선 주술사가 몰록과는 달리 이방인이며 음모를 꾸며 부족민들을 유도하였다는 점. 『가시나무 그늘』의 자발성과 달리 기만에 바탕하고 있기 때문에 이는 상황의 변화에 따라 반전이 가능한 것이다. 기나긴 장마가 오자 마침내 견고하기만 하던 권력 관계는 해체되고 주술사는 처형되며 진실을 깨닫게 된 부족민들은 원래의 자연스러운 삶으로 돌아간다. 이렇게 보면 「해는 어떻게 뜨는가」는 권력 관계의 해체에 대한 낙관적 전망을 겨냥하는 작품이라 할 수 있고 그런 의미에서 『가시나무 그늘』의 연장선상에 있지만 그 비관적 전망으로부터 180도 선회한 것이라 할 수 있다. 그러나 사정은 그렇게 단순하지만은 않은 것 같다. 반전의 과정에서 제비뽑기의 모티프가 사용될 수밖에 없었다는 것이 그 점을 암시한다. 아무리 우화라지만 부정한 자를 가리는 제비를 하필 주술사가 연거푸 두 번씩 뽑는 데는 너무 개연성이 없다. 그 제비뽑기는 「해는 어떻게 뜨는가」의 낙관적 전망이 실은 비관적 전망의 작위적 전복에 불과하다는 것을 말해준다.

「수상은 죽지 않는다」「선고」 같은 우화적 작품들이 보여주는 것은 『가시나무 그늘』에 못지 않은 비관이다. 「수상은 죽지 않는다」에서 수상의 존재에 대한 의심을 소설로 쓰려 한 소설가 K. M. S.는 체포되어 처형당하게 된다. 수상의 존재에 대한 의심은, 사실 여부와 관계 없이, 19년 간 계속되어 온 정치 권력의 정당성에 대한 의심이기 때문이다. 권력의 메커니즘이 자신의 해체에 기여할 수 있을 위험 요소로 여겨 소설가를 세상에서 격리시키는 것이다. 그리고 보면 추방·격리·실종 같은 모티프의 등장은 이승우 소설에 편재하는 현상이다(비교적 전통적 사실주의 소설에 가까우며 권력이라는 주제와는 거리를 둔 작품들에서도 그러하다. 「하얀 길」의 일인칭 화자는 능수라는 곳으로 스스로를 실종시키고, 「일기」의 동생은 구치소에 격리되어 있으며, 「홍콩 박」의 박홍달은 회사를 뛰쳐나가 실종된다. 실종의 구조와 의미에 대해서는 별도의 고찰이 필요할 것이다). 『가시나무 그늘』이나 「해는 어떻게 뜨는가」「수상은 죽지 않는다」 등에서 그것은 강요되는 것으로 나타나지만, 「선고」에서의 그것은 자발적인 것으로 나타난다. 카프카를 연상시키는 우화 소설 「선고」의 주인공 F는 일상적 삶이 모순으로 가득 차 있다고 느끼며 "그 모순이야말로 당신이 견뎌야 할 세상과 삶의 참 얼굴이라는 인식"을 거부한다. 대신 그는 이 세상의 질서에 충격을 가하고 균열을 일으키기를 바라며 세상을 모욕하고 저주한다. 그가 산속의 이상한 세계, '이 세상이 아닌 다른 세계'로 들어가는 것은 이 세상으로부터의 자발적 실종이다. 그러나 그 자발적 실종이 새로이 만나는 것은 더욱 끔찍한, 부조리한 세계이다. 벗어날 수 없는 미로의 세계. 거기에 갇힌 사람들은 "자기들이 살아 있다는 증거를 남기기 위해 자기들을 이곳에 영원히 묶어두는 미로를 애써 만들"면서 권력 놀이를 하고 산다. 날마다 새로 왕을 제비뽑고 하룻동안 왕이었던 자를 다음날 죽여 그 고기를 먹고 산다는 것은 권력의 알레고리로서는 아마도 가장 절망적인 것일 터이다. 이 미로의 세계는 '이 세상이 아닌 다른 세계'가 아니라 실은 이 세상의 추상화인 것이니, 이 작품의 전언이야말로 얼마나 비관적인 것인가. (권력이라는 주제와는 거리를 둔 작품들도 비관적이기는 마찬가지이다. 「하얀 길」의 일인칭 화자는 능수에서 행복한 삶의 존재와 가능성을 발견하지 못하고 환멸에 빠지는데 더구나 두고 온 여자와의 연락마저 끊기고, 「일기」의 일인칭 화자는 재앙에 길드는 일상적 삶의 무의미한 이어짐 앞에 처연해진다. 「홍콩 박」의 박홍달은 희망에 기대어 삶을 견디지만 그 희망은 끝없이 지연될 뿐이다.)

    이 창작집에 나타나는 이승우의 진정한 변모는 다른 곳에 있다. 권력에의 저항이 필경 맞이하게 되는, 김윤식(「재앙 감추기와 재앙 드러내기」)의 표현을 빌리면, '재앙'의 자리에서 솟아오르는 예술의 의미에 대해 천착하기 시작했다는 것이 그것이다. 그 예술은 불온한 예술이다. '재앙'의 자리에서 솟아오르는 불온한 예술이라는 구도를 뚜렷이 보여주는 작품이 중편 「동굴」이다.

    「동굴」은 이승우 소설의 전형적인 구성을 그대로 따르고 있다. 신화와 현실의 중첩이 그것이다. 돌이켜보면 데뷔작 「에리직톤의 초상」에서부터 『가시나무 그늘』에 이르기까지 그것은 아주 빈번히 채용되어온 구성이다. 그 구성이 이번 창작집에서는 유일하게 「동굴」에서만 채용되고 있다. 대신, 현실이 탈락되고 신화만 나타남으로써 우화가 되어버린 작품들이 주조를 이루는 게 이번 창작집의 특색이다. 그러나 새 창작집에서 가장 주목되는 작품은, 물론 그 구성 때문에 주목되어야 한다는 뜻은 아니지만, 여전히 이승우적 구성의 「동굴」이다. 「동굴」의 신화는 소설의 모습을 하고 있다. H. M. 호프의 『예술가』가 그것이다(호프가 실제 작가인지, 『예술가』가 실제 작품인지, 아니면 둘 다 허구인지는 모르겠다. 아마 허구이리라 짐작되지만, 설사 실제라 하더라도 이 작품에 대한 해석이 크게 달라지지는 않을 것이다).

 호프의 『예술가』는 구석기 시대의 한 동굴 벽화에서 출발하여 상상의 세계를 펼친다. 구석기 시대의 한 주술사가 주인공이다. 그가 그리는 그림은 마술로서의 자연주의 양식의 그림이고, 그림을 그리는 일은 주술적인 행위이다. 주술적인 것 이외의 그림은 금지되어 있다. 그런 그가 사모하는 여자의 그림을 그리는 바람에 그 벌로 동굴에 갇힌다. 그가 동굴에서 나왔을 때 추장의 권력은 훨씬 강화되어 있었고 갈수록 강화된다. 그 권력에 도전하는 젊은 세력의 대표자를 저주하는 그림을 그려달라는 추장의 명령을 거절하고서 그는 다시 동굴에 갇힌다. 죽음을 앞두고 깨달음이 온다. 그는 자신의 피로 그림을 그린다. 퍼덕이는 날개를 가졌지만 몸이 나무처럼 땅에 박혀 하늘로 날아오르지 못하는 사람을 그리고 그는 죽는다.

 작중의 소설인 『예술가』의 이야기는 이문열의 중편 「들소」와 관계된다. 「들소」역시 구석기 시대를 배경으로 권력과 예술의 관계를 천착하고 있다. 「들소」에는 노래를 부르는 '큰목소리,' 이야기를 하는 '이야기꾼,' 그리고 그림을 그리는 주인공 등 장르가 다른 세 명의 예술가가 등장한다. 권력이 발생하고 개인의 소멸과 자유의 박탈이라는 위기가 찾아들자 세 예술가는 서로 다른 대응을 한다. '이야기꾼'은 권력자의 신화를 읊고, '큰목소리'는 저항이라는 정치적 행동을 택한다. 주인공은 처음에는 권력자를 위한 그림을 그리다가 나중에는 정치적 행동을 시도하고 거기에 실패한 뒤 마침내 '그림 그 자체의 가치'를 깨닫고 '그림 그 자체를 위한 그림'을 그린다. 그는 들소 그림을 채 완성하지 못하고 죽는다. 「들소」의 '그림 그 자체를 위한 그림'은 예술 지상주의적 그림이다.
　『예술가』의 여자 그림이나 날개 달린 사람 그림은 '그림 그 자체를 위한 그림'이 아니다. 그것은 우선 자유의 의미를 지닌다.

　　그러나 그는 한때 자신이 사랑하는 여자의 그림을 거의 무의식적으로 그렸다는 걸 기억해냈다. 그리고 그때 자신의 마음속이 거의 처음 느껴보는 색다른 충만감에 휩싸였다는 걸 기억해냈다. 그 색다른 충만감은 어디서 기인하는 것이었을까. 그것은 그에게 주어진 것을 그리는 것이 아니라 그가 그리고 싶은 것을 그렸기 때문이었다. 그는 자신을 살아 있게 하는 것의 정체를 보았다. 그것은 자유였다.

　그것은 권력, 즉 지배와 복종의 메커니즘에서 벗어난 개인의 자유이다. 여자 그림은 그리고 싶은 것을 그렸다는 소극적 의미에서의 자유의 그림이지만, 날개 달린 사람 그림은 자유를 주제로 그렸다는 점에서 적극적 의미에서의 자유의 그림이다. 땅에 묻힌 하반신은 권력에의 묶임을, 퍼덕이는 날개는 자유를 향한 비상을 각각 의미한다. 이 그림은 권력의 메커니즘의 입장에서 보면 정치적 의미로 충만한 불온한 그림이다. 동굴에의 감금이라는 '재앙'의 자리에서 불온한 예술이 솟아오르는 것이다. 그리고 불온한 예술을 통해 초월이 이루어진다.

　　그의 피는 한 방울도 남지 않고 모조리 그의 몸 밖으로 빠져나와 그림이 되었던 것이다. 그러자 그의 몸은 날개처럼 가벼워졌다. 그의 날개처럼 가벼운 몸은 공중으로 둥둥 떠서 동굴 밖으로 날아갔다.

　「동굴」의 현실은 일인칭 화자로 등장하는 한 소설가의 현실이다. '나'는 『예술가』를 번역하던 중, 변호사 김기홍의 자서전을 대필하는 일을 맡게 된다. 김기홍은 '나'의 고교 동기로 정치 입문을 꿈꾸고 있다. 여기서 김기홍은 지배하는 자이고 '나'는 복종하는 자이다. 자서전 대필은 이 권력 관계 속에서 권력에의 봉사이다. 똑같은 자서전 대필이지만 「동굴」의 그것이 이승우 자신의 「세상 밖으로」나 이청준의 「언어사회학 서설」 연작에서의 그것과 다른 것은 바로 이 점에서이다. 「세상 밖으로」의 그것은 글쓰기의 신성성을 상실했다는 의미에서의 타락이고 「언어사회학 서설」 연작의 그것은 언어 자체의 타락인 것이다. 『예술가』의 주인공이 그러한 것처럼 '나'는 다른 사람을 위해하는 글을 요구받게 되자 그 요구를 거절한다. 그리고는 '동굴'로 갈 것을 선언한다. 자발적으로 선택한 '동굴'에서 '나'를 기다리는 것은 권력을 거부하고 자유를 꿈꾸는 불온한 예술, 불온한 문학일 것이다(「동굴」은 여러모로 흥미로운 작품이다. 이문열의 「들소」 및 이청준의 「언어사회학 서설」 연작과의 간텍스트적 관계를 따져보는 일도 흥미로울 것이다).

이 불온한 문학이라는 관점에서 보면 앞에서 잠깐 살펴보았던 「수상은 죽지 않는다」 역시 권력에의 저항이 맞이하는 '재앙' 이상의 의미를 드러낸다. 이 우화는 수상이 진짜인지 가짜인지에 대해서는 분명히 밝히지 않는데, 그것은 그 점이 중요하지 않기 때문이다. 문제는 수상이 가짜라는 허구와 그것을 지어내는 상상력 자체가 불온하고 위험한 것이라는 데 있다. 그 허구가 사실과 부합하는가 어떤가는 또 다른 문제이다. 불온한 문학은 이미 권력의 메커니즘을 벗어나 있거나 자기 내부에서 권력의 메커니즘을 해체하고 있는 것인데, 그것이 그럴 수 있는 것은 전적으로 그것이 허구라는 데에서 비롯된다.

그런데 K. M. S.는 어째서 그 익숙한 몸짓에 대해 다른 해석을 하고 있는 것일까. 사람의 상상력의 경계 없는 자유로움을 끌어대면 어떨까. 〔……〕
K. M. S.는 눈으로는 텔레비전 화면을 주시하면서 기묘한 허구의 세계 속으로 빠져들어갔다. 아는 사람은 알겠지만 머릿속의 상상의 공간은 언제나

현실의 공간보다 넓고 광활하다. 이 소설가의 경우는 두말할 것이 없다. 현실의 이면에 대한 그의 관심은 매우 집요해서 자주 시도 때도 없이 백일몽의 환각 속으로 그를 이끌어들이곤 했다.

상상의 공간은 '현실의 공간보다 광활'한데 그것은 '상상력의 경계 없는 자유로움' 때문이다. 요컨대 상상과 허구는 현실의 권력 메커니즘에 통제받지 않는 것이다. 그 통제받지 않음은 그것이 '백일몽의 환각' 속에서, 즉 의식의 차원이 아니라 무의식의 차원에서 형성된다는 데서 한층 분명해진다. 통제받지 않는다는 것 자체가 불온하지만 적극적으로는 그것이 권력 메커니즘을 자기 내부에서 해체하고 있기 때문에 불온하다. 여기에 상상과 허구가 진실과 관계하는 방식이 있다. 이는 소설 발생의 역사적 과정과도 상통한다. 소설은 당대의 보편 이념에 대한 괴리와 균열에서 발생하며, 탈신성화·탈경전화의 의도 아래 패러디의 형태로 탄생한다. 장르의 계통 발생에서의 그 과정은 작품의 개체 발생에서 다시 되풀이된다. 그러니까 소설적 상상과 소설적 허구는 끊임없이 갱신되는 패러디인 것이며 그것의 진실은 보편 이념에 대한 패러디적 해체 속에서 솟아오르는 것이다.

「미궁에 대한 추측」은 불온한 문학의 이러한 진실 생성에 대해 집중적으로 통찰하고 있다. 이 작품은 가상의 작가 장 델뢱의 가상의 소설 『미궁에 대한 추측』을 소개하는 번역자의 서문 형식으로 되어 있다. 우선 이 낯선 형식부터가 관심을 끈다. 이는 이승우적 구성의 가장 두드러진 특징인 신화와 현실의 중첩이 변형된 것이다. 김윤식에 따르면 이 중첩은 "권력을 가운데 둔 인류사의 재앙을 신화적 수준에서 이끌어내려" "일상적 삶 속에서 보여주"는 일이다. 뒤집어 말하면 "일상적 재앙을 흡사 삶 그 자체인 듯이 그리"는 것이 아니라 신화적 보편성으로 감싸 설명하는 것이다. 그 중첩이 이 작품에서는 가상의 작가 장 델뢱의 가상의 소설 『미궁에 대한 추측』과 그것을 소개하는 형식으로 된 이승우의 소설 「미궁에 대한 추측」의 중첩으로 변형되고 있다. 이러한 변형은 신화와 현실의 중첩을 새롭게 바라볼 것을 요구한다. 이 중첩은 서로가 서로를 해체하는, 그리하여 결국 자기 해체를 낳는 일종의 상호 패러디의 가능성을 시사한다.

이 작품은 우선 허구가 감추어진 진실을 드러낼 수 있다는 데 대해 많은 지면을 들여 논의한다.

이야기들은 상상력의 산물이지만, 그래서 자유롭게 허공을 날아다니지만, 그 상상력은 땅의 견고함에 기초하고 있다. 사실의 기반 위에서만 상상력은 날개를 단다. 그러므로 우리가 어떤 이야기 속에 묻어 있는 상상력의 층을 구별해낼 수만 있다면, 우리는 그 이야기를 붙들고 있는 본래의 역사적 사실에 접근할 수 있을 것이다.

'비신화화'의 작업에 의해 신화에서 역사적 사실을 길어낼 수 있다는 주장은 얼핏 역사주의적 신화학의 입장과 다르지 않은 것으로 보인다. 물론 이 주장은 역사주의적 신화학의 그것이 아니다. 신화라는 이야기 속에 감추어진 진실을 전제한다는 점에서는 동일하지만, 그 진실을 찾아가는 방식인 또 다른 이야기, 즉 허구와 상상에 초점을 맞추기 때문이다. 그렇지만, 장 델륔의 『미궁에 대한 추측』의 허구·상상이 그로부터 50년 뒤 상형 문자와 선문자 해독에 성공함으로써 밝혀진 미궁 건립의 역사적 정황과 일치하기 때문에 이 책을 번역하기로 마음먹었다는 화자의 발언은 여전히 역사주의적 관점에 가까이 서 있다. 여기서 감추어진 진실이란 실종된 역사적 사실이라는 의미에 가깝다. 그러나 이 작품의 후반부는 실종된 역사적 사실과는 차원이 다른 진실에 초점을 맞춘다. 여기서 중요한 것은 신화라는 이야기와 그것이 감추고 있는 역사적 사실이 아니라 그것에 대한 또 다른 이야기, 그 허구와 상상으로부터 새롭게 솟아오르는 진실이다. 그리하여 법률가·종교학자·건축가·연극배우, 이렇게 네 사람의 서로 다른 네 가지 이야기, 즉 허구·상상을 소개한 뒤 작가는 다음과 같이 진술하는 것이다.

> 차라리 그 네 사람의 입을 통해 말해진 각기 상이한 해석들이 모두 나름대로의 진실을 담고 있다는 편이 보다 진실에 가까울 것이다. [……] 하나의 사실을 둘러싸고 있는 네 개의 각기 다른 진실. 이것은 개수의 문제가 아니라, 객관적 사실과 주관적 진실 사이의 문제이다. 사실은 딱딱하고 고정되어 있지만, 진실은 부드럽고 유연하다. 진실이 넷인 것은 네 명의 인물, 네 개의 정황이 있기 때문이다.

이는 흔히 말해지는 바의 소설적 진실과 다르지 않다. 이승우가 말하고 싶었던 것은 이 소설적 진실에 대해서였을까. 아니다. 여기서 한 걸음 더 나아가야 한다. 그것은 이 작품의 말미에 이르러서야 비로소, 그것도 간략히 언급된다.

> 상상력이란, 이를테면 다이달로스가 그의 아들 이카로스와 함께 만들어 달고 미궁을 빠져나왔다고 하는 그 밀랍의 날개와 같은 것이다. 이 책이 부디 독자들의 어깨에 날개를 달아주기를. 그리하여 미궁과 같은 이 세상을 빠져나가 시실리의 풍요롭고 자유로운 하늘로 날아갈 수 있게 되기를……

허구와 상상이 '미궁과 같은 이 세상'으로부터의 벗어남을 가능하게 해준다는 것, 이것이 허구와 상상으로부터 새롭게 솟아오르는 진실이다. 그 벗어남은 단순한 도피나 이탈이나 초월에 그치는 것이 아니다. 밖에서 볼 때 벗어남이지만, 안에서 볼 때 그것은 '미궁과 같은 이 세상'의 해체와 다름 아니기 때문이다. 불온한 문학은 그 해체 때문에 불온하다. (1994)

삶의 비의와 소설

첫 장편 소설을 쓸 때의 작가의 심정은 어떨까. 그것은 마치 연애의 시간을 매듭짓고 결혼식을 준비하는 연인들의 심정과 흡사하지 않을까. 이는 윤대녕의 첫 장편 소설 『옛날 영화를 보러 갔다』를 읽는 중에 문득 떠오른 상념이다. 같은 소설이기는 하지만 중단편 소설과 장편 소설은 너무도 차이가 커서 그것들을 대하는 우리의 태도는 크게 달라질 수밖에 없다. 대체로 보아 장편 소설의 융성을 그 나라 서사 문학의 발전 정도의 지표로 삼아 크게 무리가 없다 하겠는데, 이는 개별 작가의 경우에도 어느 정도 그러하다고 할 수 있다. 중단편만을 써온 신진 작가들에게 좋은 장편 소설을 기대하는 것은 그런 맥락에서이다. 그것은 작가 자신에게도 마찬가지여서 첫 장편 소설을 쓰는 일은 야심과 우려, 의욕과 회의의 갈등에 시달리게 된다. 무엇보다도 장편 소설의 장르적 논리는 중단편 소설의 그것과 아주 다른 것이므로 작가는 기왕의 자기 세계와의 연속성이라는 문제와 새로운 소설 논리의 획득이라는 문제를 함께 얼싸안아야 하는데, 이는 결코 쉬운 일이 아닌 것이다. 윤대녕의 첫 장편 소설에는 이러저러한 작가의 고민의 흔적이, 신선하고 믿음 직하게, 역력하다.

1990년에 등단하여 1994년에 첫 창작집 『은어낚시 통신』을 상자, 자신의 개성적 소설 세계를 유감없이 펼쳐 보여준 윤대녕은 그에 값하는 독자의 주목을 받았다. 소설사적으로 보면 윤대녕은 선배 작가 윤후명과 이어진다.

『은어낚시 통신』의 주제는 시원으로의 회귀이다. 그것은 일상의 실존적 무의미로부터 시원의 실존적 충일로의 회귀인바, 그 회귀는 현실과 환상의 교차 속에서 이루어지거나 추구된다. 이런 구도는 윤후명의 근원 추구의 구도와 흡사한 것이다. 그러나 윤대녕의 회귀는 나름대로의 특성을 지닌다. 여성 인물을 매개로 한다는 점, 달이나 밤 같은 여성성의 세계와 관계된다는 점, 물의 상상력 및 하강의 상상력과 긴밀히 관계된다는 점, 그리고 그의 일상은 후기 산업 사회적 각인이 뚜렷이 새겨진 그것이라는 점 등이 그러하다. 윤후명의 존재론적 소외에 비하면 윤대녕의 그것에는 사회적 소외의 색채가 함께 얼룩져 있고, 윤후명의 근원이 정화의 밝은 빛을 뿜는다면 윤대녕의 시원은 죽음의 괴기한 냄새를 피우는 것이다. (사족을 달자. 윤대녕의 예술 취미는 대단한 것 같다. 『은어낚시 통신』에서도 그랬지만 『옛날 영화를 보러 갔다』에서는 더욱 현저하다. 현대 미술과 영화, 특히 록과 재즈에서 클래식에 이르는 음악에 대한 취미가 그의 소설에서 단순히 장식으로 그치는 것인지 아니면 플롯과의 관계에서 필연적인 디테일로 작용하는 것인지 때로 분명치 않을 경우가 있다. 절제가 필요할는지 모른다.)

 윤대녕의 첫 장편 소설 『옛날 영화를 보러 갔다』 역시 기본적으로 『은어낚시 통신』의 소설 세계의 자기 동일성을 유지하고 있다. 『옛날 영화를 보러 갔다』의 일인칭 화자 '나' 역시 시원으로의 회귀를 꿈꾼다. 여기서의 시원은 잃어버린 기억이다. '나'는 말한다. "사실 난 그때 기억이 온전하지가 않아. 굉장한 틈이 벌어져서 그전과 그후가 뚝 끊어져 있어. 그 사이는 컴컴한 강물이고 말이야." '나'에게 그 잃어버린 기억을 되찾는 일은 "내 정체성을 회복"하는 일이다. 정체성을 상실한 상태, 그것은 뗏목을 타고 컴컴한 강물로 떠내려가고 있다는 느낌, 여기 어디에도 닿아 있지 않다는 느낌을 들게 하는데, 그 느낌은 '나'를 뒤숭숭하고 견디기 힘들게 만든다. 요컨대 시원―정체성을 상실하였으므로 일상은, 바둑판의 돌멩이의 비유에서 보듯, 실존적 무의미일 뿐인 것이다. '나'에게 시원―정체성의 회복은 실존적 충일의 획득에 다름 아니다.

시원으로의 회귀에 간여하는 매개자는 어린 시절의 친구였던 E다. E는 남성이지만 그의 병약함은 여성성의 징표이다. '내'가 잃어버린 기억을 E는 잃지 않고 있다. E는 '나'의 회귀를 유도하고, '나'는 그의 유도에 따라 회귀를 이룬다. 그 회귀의 장소에 있는 것은 한 소녀의 죽음이다.

'회귀'의 과정에는 현실과 환상의 교차가 무수히 점철되어 있다. 예컨대 술집 '산수유'에서 얼핏 본 여자, '쇼팽네 가게'의 여주인들에게서 '나'는 잃어버린 기억의 자리에 숨어 있는 소녀 유진의 환영을 보며, 그 환영보기와 함께 정신 분석에서 데자뷔(기시감)라고 부르는 증세를 일으킨다. 하다못해 풍경을 묘사하는 데에서도 현실과 환상의 교차는 빈번히 나타난다.

1) 그때, 갑자기 지진이라도 난 듯 상점 건물들이 마구 흔들거렸다. 파적! 새떼 소리였다.
내가 안주머니를 뒤져 담배를 꺼내 불을 붙이고 있는 사이 어디선가 새떼 날아가는 소리가 귀청을 때리고 들려왔던 것이다. 무거운 정적에 눌려 있던 지붕들이 순식간에 파르르 떨고 나는 손에 쥐고 있던 담배를 떨어뜨린 채 화닥 사방을 휘둘러보았다.

2) 버스가 서대문 로터리를 지날 때 창밖을 보니 어디선가 총성이 울리기라도 한 듯 황량한 거리의 가로수들이 일제히 떨고 있는 게 보였다.

이런 묘사의 예는 하도 많아 일일이 예거할 수가 없거니와, 물의 이미지에 대한 끈질긴 집착 역시 그러하다. 우선 잃어버린 기억을 컴컴한 강물에 비유하는 것부터가 그러하고,

짧은 메아리 같은 목소리. 호수 저쪽으로부터 잔잔히 물결이 다가왔다. 나

는 수면에 반쯤 잠긴 낚싯대의 부봉을 바라보고 있다가 물결이 비롯된 곳을 아득히 쳐다보았다.

같은 대목이 무수히 등장하는 것이다.

그러나 『옛날 영화를 보러 갔다』는 회귀의 과정이 단선적이지 않고 회귀 자체도 이중적 성격을 띤다는 점에서 『은어낚시 통신』과는 달라졌다. 많은 동일성에도 불구하고 이 달라짐은 선연히 눈에 띄는데 이 달라짐이 중요한 것은 그것이 전체의 틀과 관련되는 것이기 때문이다. '내'가 잃어버린 기억을 되찾았을 때, 다시 말해 시원으로의 회귀를 이루었을 때, 거기서 만나는 것은 또 하나의 회귀의 몸짓이다. 벌레 구멍을 통해 시원으로 회귀할 것을 꿈꾸던 소녀 유진의 죽음은 또 하나의 회귀의 몸짓인 것이다. 유진은 온몸에 하얗게 명주실을 감고 장독만한 고치가 되어 "우리로서는 도저히 알 길 없는 '저쪽'으로 영원히 가버리고 만 것"이었다. 여기서 윤대녕의 시원은 죽음의 괴기한 냄새를 물씬 풍기는데, 그러나 그 괴기한 냄새에 현혹되는 대신 우리는 회귀의 이중화가 이 소설에 새로운 성찰의 길을 열어놓는다는 점에 주목하여야 한다.

그것은 E와 '나'의 대립에서 선명히 표현된다. '내'가 기억을 잃고 컴컴한 강물로 떠내려가며 여기 어디에도 닿아 있지 않다는 느낌에 시달리고 있는 동안, E는 오히려 기억에 단단히 붙들린 채 시간의 흐름을 거부하여왔다. 기억을 잃었든 기억에 붙들렸든, 그로 인해 정상적인 삶을 영위하지 못해왔다는 점에서는 양자가 동일하다. '나'의 '여기 어디에도 닿아 있지 않다는 느낌'은 '나'의 삶을 현실로부터 부단히 고립시켜왔다. 결혼 생활의 실패, 독신의 삶으로의 퇴각, 대기업의 중견 사원에서 잡지사 기자를 거쳐 번역가로 이르는 직업의 변화 등은 그 고립화의 양상들이다. 반면 E는 기억에 붙들려 기억의 재현 속에서 살아왔다. 아마도 고용한 것일 터인데, 유진을 닮은 여자를 누에 사람으로, 즉 유진의 최후의 모습으로 분장시키고 그 앞에서 술을 마시며 시간의 흐름을 거부해온 것이다. E의 소망은 시간의 순환에 의해 유진을 다시 만나는 것이고, 그리하여 그는 끊임없이 그 경로를 모색해왔다.

  E의 논리는 어린 시절 세 사람이 공유했던 논리의 연속이다. 그것은 영원회귀, 순환적 시간의 논리이다. E가 '나'에게 번역을 맡긴 『시간의 화살』이라는 책의 한 대목은 다음과 같이 이 논리의 틀을 제시하고 있다.

> 고대인들은 시간을 순환적 성격을 지닌 것이라고 믿었다. 세계는 결국 파멸되고 그후에 재창조된 새로운 주기가 시작된다고 하는 신화가 어느 시대의 문명에서도 보인다. 이런 신화에 의하면, 세계는 몇 번이나 반복되도록 정해진 시간을 되풀이하는 것이다. 〔……〕 철학자 피타고라스의 후계자들 중에는 영원 회귀설을 믿는 사람들이 있었다. 살아 있는 인간은 미래의 주기에 다시 태어나도록 운명지어져 있고 동일한(또는 같은) 사건이 몇 번이나 일어나는 것으로 생각하고 있었다. 다른 아테네, 다른 소크라테스, 다른 재판, 다른 독배가 반복된다고 믿는 사람들도 있었다.

  이 역사적 시간의 순환적 반복 위에 개인적 시간의 지평을 겹쳐놓은 것이 E의 논리이다. 하나의 사건, 하나의 개인이 이미 과거에 나타났던 것이고 지금 나타나 있는 것이고 또 하나의 순환이 그 주기에 따라 다시 제자리에 돌아올 때 나타날 것이라는 전망은 일종의 역사적 전망인 것인데, 이것을 개인적 시간의 지평과 결합시키는 방법은 두 가지가 있을 수 있다. 하나는 개인적 시간의 지평 속에서도 순환이 일어난다고 보는 것이고, 다른 하나는 개인적 시간의 지평을 이탈하여 역사적 시간 속으로 차원 이동을 함으로써 회귀를 이룬다고 보는 것이다. 두 방법의 혼란스러운 얽힘 속에서 어린 시절 유진을 중심으로 E와 '나' 셋은 이 논리를 함께 놀이하고 연습했다. 이 놀이와 연습의 끝에서 유진은 영원으로의 회귀를 위해 스스로 목숨을 끊었던 것이고, E는 그 논리에 따라 회귀의 순간 유진과의 재회를 이루게 되기를 기다려온 것이다. E는 말한다.

그래, 나는 시간의 목을 쥐고 그 자리에 멈춰 있었네. 생각나겠지. 바다가 보이는 언덕의 빨간 자동차. 나는 그 빨간 자동차처럼 지금까지 거기에 죽 서 있었네. 주인을 기다리며 말일세, 영원 회귀의 순간을 기다리며 말일세.

이 회귀의 논리는 단순성의 논리이다. 작품 중의 관념적 진술의 대부분을 차지하는 이 논리는 그러나 이 소설의 진정한 주제가 아니다. 만약 그것이 주제였다면 이 소설은 가장 중요한 대목을 관념적 진술에 기댄 타작으로 떨어져버렸을 것이다. 이 소설이 겨냥하는 것은 그 단순성의 논리를 구체적으로 넘어서는 일이다. 잃어버린 기억을 되찾은 '나'는 '거기에 있는 여기'와 '여기에 있는 거기'를 구별함으로써 그 단순성의 논리를 넘어선다. '나'에 따르면, '거기에 있는 여기'에서는 동일한 그 어떤 일도 일어나지 않는다. 빨간 자동차를 예로 들면, 자동차는 그 자리에 서 있지만 성질을 달리해서 서 있으므로 주인은 동일한 공간으로는 돌아갈 수 없는 것이며 돌아온 주인도 이미 동일한 주인은 아닌 것이다. 영원 회귀의 순간은 '여기에 있는 거기'에서만, 즉 현실의 공간에서만 일어난다. '나'는 '쇼팽네 가게' 여주인인 최선주에게서 유진을 발견하는데, 그것은 기억의 과거 속의 유진이 아니라 기억의 현재 속의 유진이고, 나아가서는 유진의 환영이 아니라 현실의 최선주이다. 그러니까 E는 잃어버린 기억을 회복시켜줌으로써 '나'에게 '현실인 나'를 일깨워준 것이다.

그러고 보면 이 소설은 잃어버린 자아의 회복에 관한 이야기이며, 현실에의 정당한 편입으로서의 성장에 관한 이야기이다. 이는 분명, 『은어낚시 통신』에서의 시원으로의 회귀와는 성격을 달리한다. 이 소설의 회귀는 시원으로의 회귀인 동시에 현실로의 복귀이기도 한 것이다. 그리고 이 성격 다름이 이 소설이 장편 소설일 수 있는 중요한 근거를 마련해준다. 윤대녕의 시원으로의 회귀는 윤후명이 정화의 체험을 겨냥하는 것과는 달리 삶의 비의(祕意)에의 도달을 겨냥한다고 볼 수 있다. 삶의 비의라는 것은 대체로 산문적인 것이 아니라 시적인 것이라 할 수 있다. 그것은 추억의 형태로, 혹은 공시태로, 순간적 진실로 파악되는 어떤 것이다. 윤대녕은 그것을 소설을 통해 탐색한다. 소설이란 무엇보다도 흐름이고 변화이다. 공시태인 삶의 비의와 통시태인 소설을 결합시키는 것은 중단편 소설에서는 비교적 가능한 일이지만 장편 소설에서는 어려울 수밖에 없다.『옛날 영화를 보러 갔다』는 그 어려움과 싸운 노력의 소산이다. 그 싸움의 과정에서 윤대녕은 자신의 회귀 개념에 대한 재성찰이 불가피했던 것 같다. 여기서 굴복한 것은 장편 소설의 논리가 아니라 기왕의 회귀 개념이다. 이 소설의 처음과 끝을 장식하는 되새떼의 이야기는, 되새떼의 날아옴이 회귀인가 아니면 날아감이 회귀인가 하는 의문과 함께, 올해의 되새떼가 작년의 되새떼와 결코 같은 것이 아니라는 산문적 진실, 다시 말해 현실적 진실을 강력히 일깨워준다.『은어낚시 통신』의 회귀가 대체로 현실 도피 내지 현실 초월의 색채를 띠고 있다면『옛날 영화를 보러 갔다』의 회귀는 비교적 현실 복귀 내지 현실 적응의 색채를 띠고 있다. '나'의 다음과 같은 내적 독백은 그 점을 분명히 알려준다.

  이제부터는 결코 잃어버리지 않으련다. 살아가며 느끼게 마련인 견딜 수 없는 고통, 용서되지 않는 시간, 이 추운 겨울의 막막함, 혼자라는 두려움, 혹은 서투른 사랑 하나하나까지도. 이 모든 것을 뜨겁게 가슴에 끌어안고 살아가련다.

이 내적 독백의 뒤를 최선주와의 결합이 잇는 것은 자연스럽다.
윤대녕의 탐색은 삶의 비의와 소설의 논리와의 싸움 속에서 이루어지고 있다. 그 싸움의 갈등과 긴장을 팽팽히 견뎌낼 때 윤대녕의 성찰은 신선하게 빛난다. 그 신선한 빛의 확산과 심화 속에서 아마도 우리는 한국 소설의 새로운 지평을 만나게 될 것이다. (1994)

파괴적 시간과 존재의 비극

　등단작「완구점 여인」(1968)에서부터 세번째 소설집『바람의 넋』(1986)에 이르기까지 오정희는, 소위 문단의 유행과는 동떨어진 곳에서, 자기만의 독특한 세계를 추구해왔다. 이런 경우 정당한 평가를 받지 못하는 일이 흔한 데 비하면, 오정희는 보기 드물게 행복한 작가이다. 동시대의 비평이 그의 소설 세계를 항상 주목해왔고, 더욱 중요하게는 많은 후배 작가들이 그를 나름대로 계승하면서 태어났고 또 지금도 태어나고 있기 때문이다. 90년대 소설의 주요한 젊은 여성 작가들에게서 오정희류의 계승을 발견하는 것은 그다지 어려운 일이 아니다.
　오정희 소설의 요점은 여성 화자의 서술에 의한 섬세한 내면 묘사, 정밀하고 세련되었으면서 고도로 절제된 문체, 존재의 진실을 응시하고 그에 맞서는 치열한 자세, 그리하여 전체적으로 빚어지는 어떤 섬뜩함의 세계 같은 것들로 파악될 수 있다. 오정희 소설은 우리의 평범한 일상이 결코 평범한 것이 아님을 섬뜩하게 보여준다. 기실 존재하는 것은 평범한 일상이 아니라 일상을 평범한 것으로 여기는 관습화된 관념일 뿐이다. 우리는 오정희 소설을 통해 일상이 존재의 심연과 동떨어져 있지 않고 양자가 뒤얽혀 있음을 깨닫게 된다. 이미 일상 자체가 존재의 심연이 현현되는 유일한 장소인 것이니, 이 진실에 직면할 때 우리는 전율하지 않을 수 없다.
　오정희의 네번째 소설집『불꽃놀이』는 5편의 중단편 소설을 싣고 있다.

연대상으로 보면, 그중 「불망비(不忘碑)」는 1983년작이니 세번째 소설집 『바람의 넋』 이전의 것이고, 「불꽃놀이」와 「그림자 밟기」는 『바람의 넋』 직후인 1986, 87년작이며, 「파로호(破虜湖)」가 1989년작, 그리고 「옛우물」이 1994년작이다. 이번 소설집에서 이 연대적 사실은 해석상의 중요한 지표가 된다.

우선, 「불망비」는 오정희 소설에 처음 나타나는 시간대를 그리고 있다. 식민지 시대 말기에서 해방 직후에 이르는 시간대이니 이는 1947년생인 작가가 태어나기 이전이다. 작중의 가족 구성과 이 가족이 밀항선을 타고 월남하기까지의 과정을 살펴보면 이 가족은 바로 작가 자신의 그것인 것으로 여겨진다. 말하자면 월남 당시 '어머니'의 뱃속에 있는 태아가 바로 작가인 것이다. 작가는 왜 자신의 출생 이전의 가족사를 이런 식으로 쓴 것일까. 새로운 생명의 잉태가 미래에 대한 희망으로 제시되는 일반적인 경우와는 달리 여기서의 잉태는 어떤 불길함, 고통스러운 실존의 피할 수 없는 운명적 계승이라는 의미로 울린다. 이 작품이 혈연적 전사(前史)에서 자기 존재의 뿌리를 발굴해내려는 것이었다면 여기서 발굴된 것은 그 운명적 계승의 실감인 것이다.

「불꽃놀이」는 오정희 소설 중 유일하게 시점의 복합화를 시도한 작품이다. 영조—인자—관희—영조—관희—인자의 순으로 나타나는 이 복합적 시점의 서술은 오정희 소설에 일관되어온 단일 시점의 서술과 비교해볼 때 퍽 의미심장한 바가 있다. 여성 화자에 의한 단일 시점의 서술이 화자 자신의 실존적 고뇌의 부피와 깊이를 생생하게 부각시키는 대신 흔히 다른 인물들(특히 화자의 남편)을 실존적 불감증의 상태에 머물게 하는 것과 달리, 이 작품의 복합적 시점은 남편인 관희와 아들인 영조의 실존을 드러내며 아내 인자의 주관을 상대화시키고 있는 것이다. 그런 점에서 이 작품은 오정희 소설사에서 하나의 획기가 될 법한 것이었는데, 그러나 이러한 방향으로의 확대는 오정희에게서 더 이상 나타나지 않는다. 바로 뒤를 이은 작품

「그림자 밟기」에서부터 다시 오정희 소설의 전형적 서술로의 복귀가 이루어지는 것이다. 이는 「불꽃놀이」의 각 인물의 내면 성찰에서 오정희다운 칼날 같은 예리한 긴장이 한결 누그러지고 있는 것과 관계되는 듯하다. 그 점을 작가 스스로 분명하게 인식하고 있었던 것이 아닐까. 내면 성찰의 긴장을 자기 소설의 본령으로 여길 때 그것의 약화를 수반하는 방향을 버리고 그것의 강화를 향해 나아가는 것은 자연스러운 일이다.

「그림자 밟기」는, 과연, 대단히 오정희다운 소설이다. 여성 화자에 의한 단일 시점의 서술, "자신의 내부에서 들끓는, 말하고자 하는 무절제한 욕구, 평온한 날의 지진이라는 예를 빌려 현상계 이면의 것을, 보이지 않는 것의 존재함을 증명하고자 하는 시인 기질," 남편과 함께 외출했다가 혼자 귀가하는 구성, 그리고 무엇보다도 '술도 안주도 알맞고 화제도 편안'했던 자리에서 홀로 갖는 '이 깊이 상처받은 느낌' 등이 그러하다. 그런데 그 위에 다시 한 가지 요소가 추가되고 있음이 눈길을 끈다.

그것은 시간의 파괴성에 대한 절박한 인식이다. 시간의 파괴성은 종래의 오정희 소설에서도 알지 못하는 사이에 쌓이는 먼지의 이미지를 통해 그려지고 있었지만, 직접적으로 언명되지는 않았고 그렇게 절박하게 나타나지도 않았다. 그것이 「그림자 밟기」에서는 다음과 같이 나타난다.

> 사람이 늙으면 먼 미래를 생각할 수 없기에 아침 첫눈 떠 맞게 되는 하루하루를 남아 있는 생 전체로 생각하게 되는 것일까. 〔……〕 아마 노파만큼 늙으면 자신도 고작 스물네 시간의 하루 안에 여생의 계획을 모두 담아야 하리라. (p. 101)

「파로호」와 「옛우물」에 이르면 시간의 파괴성은 주제상으로 전경화된다. 「옛우물」의 일인칭 여성 화자는 45년 전의 자신의 출생을 '시간의 그물에 걸려든' 것으로 인식한다. 시간의 그물에 걸려듦으로써만 성립되는 실존은 시간의 진행과 더불어 조금씩 조금씩 파괴되고 마침내 '물과 불과 먼지와 바람'으로 흩어져버리는 것이다. 「옛우물」은 '그'의 부재라는 새로운 조건 속에서의 '나'의 외출에 관한 이야기이다. 이 외출은 존재의 갈증을 해소시켜주기는커녕 시간의 진행과 더불어 소멸되어가는 것들, 늘어가는 부재들을 확인시켜준다. 나무를 끌어안고 몸부림치는 '나'의 관능은 존재의 갈증의 표현이라기보다는 시간의 파괴성 앞에 속절없이 팽개쳐진 비극적 존재의 절망의 표현이다.

「파로호」의 여성 화자 혜순은 더욱더 절망적인 상태에 있다. 그녀는 미국에 가족을 남겨둔 채 혼자 귀국했다. 이 귀국은 미국의 가족으로부터 행한 하나의 외출인바, 미국의 가족은 실존적으로 허위와 나태에 침윤된, 그리하여 나날이 황폐해져가는 삶을 그 내용으로 한다. 그곳에서 탈출하여 혜순은 이 땅의 삶 속에서 자신의 언어를, 그리하여 실존적 충일을 되찾고자 하는 것인데, 그러나 이 외출은 귀가의 길이 없는, 말하자면 마지막 외출이다. 오정희 소설의 외출이 항상 귀가를 전제한 외출이었던 데 비하면 이는 절망적인 상태라 하지 않을 수 없다. 그 절망적인 상태에서 혜순은 파로호를 찾고, '바닥을 드러낸 거대한 호수의 황량한 모습'에서 '텅 빈 충만함'을 발견한다. '바닥을 드러낸 거대한 호수의 황량한 모습'은 일상 속에 숨어 있는 존재의 심연의 모습에 다름 아니다. 존재의 텅 빈 심연을 채우는 텅 빈 충만함이란 무엇인가. 그것은 '사십 년을 땅 속에 숨어 있다가 물 빠질 때를 기다려 싹을 틔운 조화'이고, '수만 년의 세월 뒤 흙을 털고 일어난 여인'이다. 즉 시간의 파괴성을 뛰어넘는 신비인 것이다. 혜순은 "돌을 손바닥 위에 얹고, 해독할 수 없는 암호를 바라보듯 그 표정을 읽으려 애"쓴다.

「옛우물」과 「파로호」 사이에 현재의 오정희가 있다. 「옛우물」에서는 우물을 치자 금빛 잉어가 없다는 것이 확인되지만, 「파로호」에서는 호수에 물이 빠지자 여자의 얼굴이 새겨진 선사 시대의 돌이 발견되는 것이다. 존재의 텅 빈 심연에 있는 것은 텅 빈 공허인가, 텅 빈 충만함인가. 시간의 파괴성

앞에 선 존재의 선택은 어디로 향할 것인가. 비극에의 몰입인가, 초월에의 지향인가. 『불꽃놀이』 이후의 오정희는, 잘못된 물음에 대해서는 그 잘못됨을 밝히는 것이 올바른 답이라는 점까지를 포함하여, 이 물음에 대한 대답 속에서 새롭게 형성되어갈 것이다. (1995)

성장 없는 성장의 시대

배수아의 첫 장편 소설 『랩소디 인 블루』는 일종의 성장 소설이다. 1993년 겨울에 등단한 배수아는 등단 이후 활발한 작품 활동을 전개하면서 신세대 새로운 작가의 대표적인 예로 단연 주목을 받아왔다. 첫 창작집 『푸른 사과가 있는 국도』가 간행되었을 때, 필자는 배수아 소설을 신세대적 일상과 그 일상의 밑(혹은 뒤)에 숨어 있는 존재의 불안이 겹쳐지는 삶의 이중적 풍경에 대한 감각적 묘사로 파악하였다. 그리고 비평가 정과리는, 좀 더 정밀하게, '어른이 없는, 어른 된, 어른이 아닌' 아이들의 모의의 삶과 그것에 대한 체념 · 회의 · 반항의 비관적 묘사로 파악하였다. 일종의 성장 소설로서의 『랩소디 인 블루』는 그러한 신세대적 삶의 발생사적 뿌리에 대한 주체적 반성의 소산이라 할 수 있다. 아니, 반성의 소산이라기보다는 그 자체로 반성 행위라 하는 편이 더 적합할 것이다. 그런데 이 반성은 질서를 구축해가고 체계를 형성해가는 그런 반성이 아니다. 그것은 오히려 무질서와 비체계 속에서의 혼란의 모습을 보이고 있다.

형태상으로 보면 『랩소디 인 블루』는 회상형 소설인데, 그 회상은 세 가지 시간대의 복합으로 이루어진다. 혼란은 우선 이 복합의 양상에서부터 나타난다. 일인칭 화자의 나이를 기준으로 말하면(미호라는 이름의 이 일인칭 화자의 나이는 작가 자신의 그것과 일치한다) 세 가지 시간대는 각각 '열아홉의 밤'과 '스물네 살의 여름,' 그리고 '서른 살이 금방 지나 돌아온 오늘'이라고 할 수 있다. '서른 살이 금방 지나 돌아온 오늘'은 물론 서술의 현재이다. 이 시간대는 소설 첫머리에서 다음과 같이 제시된다.

문득, 나에 대해서 이야기하고 싶습니다.
무엇에 대해서부터 말해야 진짜 나의 모습을 당신이 알게 할 수 있을까. 머릿속이 혼란스러워져요.

그러니까 이 작품은 1995년에 서른 살이 된 한 여자가 '진짜 나의 모습'을 찾아 떠나는, 회상이라는 이름의 여행기인 셈이다. 미호의 회상은 먼저 '열아홉 살의 밤'을 향한다. '열아홉 살의 밤'에 무슨 일이 있었는가. 그때는 미호가 고등학교를 중퇴하고 입시 학원을 다니다가 막 대입 시험을 치른 직후였다. 미호는 친구들과 어울려 영화를 보고 신이의 집으로 몰려가 하룻밤을 보낸다. '열아홉 살의 밤'은 바로 그 밤이다. 물론 회상이 그 밤에만 집중되는 것은 아니고 그전과 그후를 향해서도 펼쳐지지만 이 시간대의 중심은 그 밤에 놓여 있다. 거기서 미호의 회상은 '스물네 살의 여름'으로 건너뛴다. 그 여름에 대학 졸업반인 미호는 친구들과 함께 강릉의 한 콘도로 여행을 갔다. 그 여행은 불의의 사고로 마감되고 이 아이들 동아리를 해체시킨다. 그리고서 회상은 다시 서술의 현재와 동일한 시간대로 건너뛴다. 여기서 미호는 화실을 그만두고 양양으로 여행을 간다.
이렇게 정리해놓고 보면 이 회상은 상당히 질서정연한 것 같다. 그러나 서술의 실제는 전혀 그렇지 않다. 우선 회상의 현재가 어디인지가 불분명하다. 소설 첫머리에 따르면 '나'는 지금(서술의 현재) "서울의 한 외곽에 있는 공원 분수가에서 종이 봉투에 싼 김초밥을 먹고 있"다. 그리고 소설 끝부분에서 '나'는 양양의 바닷가에 서 있다.

나는 바다에 두 손을 담근다. 모래밭에는 트럭이 서 있다. [……] 하이웨이를 달려온 트럭은 잠든 짐승처럼 움직이지 않는다. 우리는 모두 잠든 짐승처럼 외롭다.

회상 중에 서울에서 양양으로의 이동이 이루어진 것일까. 아니면 양양에서 서울로 되돌아온 뒤에 회상이 시작된 것일까. 일반적으로 회상형 서술에는 두 가지가 있다. 이를테면 진행형과 수미쌍관형이 그것이다. 진행형에서는 회상하는 시점에서의 사건의 진행도 함께 서술되지만, 수미쌍관형에서는 회상 내용이 회상하는 시점에 의해 앞뒤로 감싸진다.『랩소디 인 블루』의 회상형 서술은 그중 어디에 속하는지가 불분명하다. 진행형이라기엔 회상하는 시점에서의 사건의 진행이 서술되지 않고 있고, 수미쌍관형이라기엔 회상을 닫는 현재의 서술이 부재하는 것이다. 더구나 이 소설은 양양의 바닷가에서 끝나는 것도 아니고 그 뒤로 두 단락이 더 붙어 있는데 그 두 단락은 정이와 '오케스트라의 아이'를 시점으로 3인칭 서술을 하고 있고 여기서 미호는 "어디로 갔는지 아무도 모르게 사라져버린 지 오래"인 상태이며 시간은 양양의 바닷가 이후 여러 해가("오케스트라의 아이는 졸업생을 위한 연주회에서「랩소디 인 블루」가 시작되는 그 순간에서부터 앞으로 십일 년을 더 살게 된다"라는 진술에 비추어 보면 대략 5년 정도로 추정된다) 지난 뒤이다. 이 시간은, 역산해보면, 미호가 서른다섯 살이 되는 때이다. 그러나 군데군데 나타나는 회상의 현재는, "지금 날카로운 두통처럼 정확히 느낄 수 있는 것은, 나는 내가 스물네 살의 여름과 열아홉의 밤과 그리고 서른 살이 금방 지나 돌아온 오늘의 어디쯤에 서 있는지 알 수가 없다는 것이다"라는 구절에서 보듯, 명백히 미호의 서른 살이다. 그러니까 마지막 두 단락은 회상이 아니라 미래에 대한 상상인 것이다. 이렇게 보면 회상의 현재는 더욱 모호해진다. 이미 양양행부터가, 혹은 그 이전 어디서부턴가가 미래에 속하는 것일 수도 있기 때문이다. 이에 대해 작가는 분명한 표지를 제시하지 않고 있다.

서술의 시점을 검토해보면 그 표지가 약간은 감지될 듯도 하다. 마지막 두 단락뿐만이 아니라 앞쪽에도 3인칭으로 서술되는 단락들이 나타난다. 정이를 시점으로 한 두 단락과 오빠를 시점으로 한 한 단락, 그리고 잡지 편집장이 윤이에게 말하는 한 단락이 그것들인데, 앞의 세 단락은 미호가 정이와 오빠에게 들은 이야기를 3인칭 서술로 바꾸어놓은 것이라 할 수 있겠지만 뒤의 한 단락은 좀 다르다. 이 단락은 윤이가 귀국하여 프리랜서 일을 시작하고 신유리를 인터뷰하며 그 인터뷰 기사가 실린 잡지를 뒤에 정이가 읽게 되는 대목인데 이 내용은 미호가 알 수 없는 것이기 때문이다. 이 단락은 회상이 아니라 상상에 속한다고 보아야 할 것이다. 이 단락이 양양행 서술의 중간에 삽입되어 있다는 것은 어쩌면 양양행도 상상 속의 것인지도 모른다는 생각을 불러일으킨다. 이 소설이 회상에서 상상으로 옮겨가는 것은 근친상간에 대한 암시가 나오는 대목에서부터 파티용 구두 대목을 거쳐 양양의 바닷가에 도착하기까지 사이의 어디쯤에서부터일 터인데, 그러나 회상과 상상의 경계는 여전히 모호하다. 결국 우리는 이렇게 재구성해볼 수 있다. '나'의 회상은 '서울의 한 외곽에 있는 공원 분수가'에서 이루어지는데 혼란스럽게 진행되는 그 회상은 어디서부턴가 상상으로 바뀌고 일인칭 화자는 그 바뀜에 대한 뚜렷한 의식 없이 관성적으로 서술을 진행하는 것이다.

회상과 상상이 모호하고 혼란스럽게 뒤얽힌 여행 속에서 미호의 '진짜 나의 모습'은 어떻게 드러나는가. 먼저 미호의 삶의 이력을 정리해보자.

　그보다 한참이나 더 거슬러 올라가서 내 기억의 처음 부분을 잡으려고 노력하기 시작하면 갑자기, 모든 얼굴들과 소리들이 깊은 강물 속으로 가라앉아가고 있는 머리카락처럼 끝도 없는 침묵과 완벽한 혼란 속으로 빠져버리게 된다.

미호의 기억의 처음 부분에 있는 것은 머리를 다친 사건이다. 이혼한 부모가 저마다 재혼하려는 기미를 보일 때 그 문제로 오빠인 준호와 다투다가 미호는 물속으로 넘어져 바위에 머리를 부딪쳤다. 그뒤로 두통은 미호의 고질이 된다. 미호는 학교를 그만두고 입시 학원에 다니며 대입 준비를 하는데 거기서 친구들을 사귄다. 입시를 치르고 난 어느 날 그들은 신이네 집으로 몰려가 하룻밤을 보낸다. 대학에 들어간 미호는 신이와 사귄다. 스물네 살의 여름에 강릉 콘도에서 벌어진 사건이 마무리된 뒤 미호는 가출하여 신이와 결혼을 하고자 하지만 신이의 포기로 인해 실패한다. 서른 살이 된 미호는 고등학교 때의 미술 선생과 관계를 가지고 그의 모델이 되어주기도 하고 스스로도 그림을 그린다. 미호는 트럭 운전사로 일하는 신이를 양양에서 보았다는 소식을 접한다. 화실을 그만두고 며칠 여행을 다녀온 미호는 오빠 준호와 같이 자고, 그리고서 양양으로 간다.

열아홉의 밤에서부터 서른 살의 오늘에 이르기까지 미호의 삶은 자기 정체성의 모호화 속에서 이루어져왔다. "나는 나 자신을 잘 모르고 있다는 것을 알게 됩니다"라고, 회상하는 '나'는 고백한다. 그것이 서른 살의 '나'로 하여금 뒤를 돌아다보게 하는 것이지만, 과연 돌아다본 '나'의 삶은 주체적 실감이라는 점에서는 텅 빈 삶이다. 그것은 우선 소비 사회의 조작된 이미지들에 의해 지배되는 가상의 삶이다. 가령 대부분의 직유가 자연 이미지에 의하지 않고 소비 사회의 상품 이미지에 의하고 있는 것도 그 한 양상이다 〔아래 인용의 고딕: 인용자〕.

1) 아주 상냥하고, 마치 잘 만들어진 **크림 케이크** 같은 얼굴을 갖고 있어.

2) 아멜리라는 이름은 푸른 하늘에 둥실 떠 있는 소녀의 **여름 드레스를** 생각나게 하였다.

3) 커다란 바퀴가 달린 관광객을 위한 마차가 사람들을 가득 실은 채로 느

린 햇빛 속을 마치 버터가 뜨거운 팬에서 녹아가듯이 사라져갔다.

    4) 윤기 있는 마룻바닥 위로 저녁의 빗소리가 균형 있는 오보에 연주자의 솔로처럼 들려오고 있을 뿐이다.

인공적인 것. 특히 소비 사회의 상품의 이미지가 낯익은 것, 실감 있는 것이고 자연적인 것은 오히려 낯선 것, 설명되어야 알 수 있는 것이 되고 있다. 일상에서 탈출하여 가고 싶어 하는 곳도 상품 이미지에 의해 구성된다.

    난 오토바이를 타고 싶어. 한밤에 미시령이나 그런 델 오토바이를 타고 달려가고 싶어. 가장 하고 싶은 일은 그거야. 미칠 것같이 바람이 불어오고 숲에서 검은 늑대들이 달려나오는 그런 도로에 있고 싶어.

    위 인용은 텔레비전 상품 광고의 이미지들로 구성되어 있을 뿐 실제적이고 실존적인 의미를 생성하지는 못한다.
    이 가상의 삶 속에서 '나'는 무엇으로 고민하는가. 고민의 원인은 다른 사람들에게서 '보호받고 사랑받는다는 느낌'의 부재에 있다. 즐거웠던 유년기는 그 느낌이 사라지면서 끝난다. '나'는 "그들이 나를 싫어하거나 더 심하게는 무관심하게 되는 것이 두렵"고 "완벽하게 혼자가 될 때 내가 뭔지 알 수가 없게" 된다. 비슷한 친구들과 열심히 어울리는 것은 그것 때문이다. 가족은 이미 해체되었다. 부모는 이혼했고 각각 재혼했다. 이 고민은 아이의 고민이다. 오빠의 다그침은 그것을 겨냥한다.

    넌 한마디로 천치 같은 기집애야. 너밖에 몰라. 넌 공주가 아니야. 왜 사람들이 너만 이뻐하고 너에게 먼저 아는 척해주고 그래야 되는 건데. 엄마 아빠가 이혼했다고 해서 넌 하나도 불행한 것 없잖아. 괜히 가엾은 표정 하고 돌아다니지 말아. 그 나이 정도 됐으면 이젠 알아야 되잖아.

이 다그침이 사고를 부르고 '나'는 머리를 다친다. 그후로 항상 따라다니는 두통은 어른이 되어야 한다는 당위와 그러지 못하는 현실 사이의 갈등의 표상이다. 오빠는 말한다. "넌 이제 어른처럼 되어야 해. 어른이 되지 않았어도 어른처럼은 되어야 해." 그러나 '나'는 말한다. "난 어른이 되기 싫어." 어른이 되기 싫고 어른이 되지 못한 '나'는 "세상이 어떻게 돌아가고 있는가 하는 것은 다 알 수가 있"지만 "아무런 할 일이 없"다. 대신 '나'는 자신이 혼자가 아니라는 느낌을 줄 수 있는 상대를 갈구한다. 신이, 오케스트라의 아이, 고등학교 때 미술 선생님이었던 화가 김형식, 그리고 오랜만에 다시 만난 오빠 들이 그들인데, 그러나 그들은 모두 '나'의 곁을 떠나거나 거꾸로 '내'가 그 곁을 떠난다. 신이는 이제 결혼한 트럭 운전사가 되어 있고, 오케스트라의 아이는 다른 여자와 결혼하였고, 김형식은 지겨워져 '내'가 그 곁을 떠나고, 같이 잔 오빠 역시 '나'의 곁을 떠난다. 필경 미호가 확인하는 것은 '우리는 모두 짐승처럼 외롭다'는 사실일 뿐이다. 삶은 무의미하다. 시간을 초월하여 이월되는 것은 없다. 있는 것은 오직, "변하고 있는 것들의 일회성, 영원히 그 순간에만 행복한 생의 장면들"뿐이다. 열아홉의 밤에서부터 서른 살의 오늘에 이르는 '나'의 회상은 위와 같은 사정들을 섬세하게, 그러나 혼란스럽게, 감각적으로 음미하고 저작한다. 감각적인 음미와 저작은 회상을 더욱 비관적인 회상으로 만들고 그 회상을 미래에 대한 상상과 뒤섞어버리는데 미래에 대한 상상 역시 비관적인 색채로 짙게 물들인다. 첫머리에서의,

어느 날 비를 맞으면서 부둣가에 서 있던 열아홉 살의 마음을 나는 버리지 못하였습니다.

라는 고백처럼, 미호는 열아홉 살 이래로 서른이 된 오늘까지 성장하지 못한 것이다. 미래에 대한 상상이 암시하는 것처럼 미호는 5년 뒤에도 여전히 성장하지 못한 채로 있을 것이다. 이것이 '나'의 회상적 여행이 찾아낸 '진짜 나의 모습'이다.

『랩소디 인 블루』는 성장 없는 성장을 내용으로 하는 특이한 성장 소설이다. 여기서의 성장 없는 성장은 유별난 개인으로서의 미호의 문제일 뿐만 아니라 미호 나이의 세대적 문제이기도 하다. 신이도, 정이도, 신유리도, 때로 어른처럼 말할 줄 아는 오빠도, 오케스트라의 아이도 마찬가지다. 그들은 모두 짐승처럼 외롭다. 그들에게 있는 것은 "영원히 그 순간에만 행복한 생의 장면들"뿐이다. 그것은 뒤집어 말하면 실제로 아무 일도 일어나지 않았다는 것과 동의어가 된다. 성장했지만 성장의 내용은 없다. 성장 없는 성장 이후에 오는 것은 단지 쇠락일 뿐이다. 성공한 영화 배우였으나 이제 한물가버린 신유리는 인터뷰에서 말한다. "이 세상에는 아주 평범한 것 말고도 다른 무엇인가가 있을 것이라는 지극한 기대 때문이라고 할 수 있겠지요. 〔……〕 연기에는 내 인생의 평범한 것을 뛰어넘는 무엇이 있었지요." 이 말은 얼마나 공허하게 울리는가. 그것이 당위라면 신유리의 삶의 실제는 온통 쇠락의 이미지로 가득한 것이다.

그러나 곰곰이 생각해보면 성장 없는 성장은 이들 젊은 세대만의 문제가 아니다. 적어도 『랩소디 인 블루』는 그것이 시대의 문제임을 분명하게 그려내고 있다. 미호의 고등학교 때 미술 선생님 김형식이나, 미호의 부모와 고모들의 삶이 그 점을 웅변해준다. 김형식은 화가로 성공했지만 옛 제자와의 불륜에 빠지고 도박에 빠져 경제적 위기에 몰리며 가족에게 소외된다. 그는 이미 어른이면서도 어른이 되지 못한 어른이다. 미호의 부모는 각각 재혼을 했지만 그 재혼의 삶은 쇠락의 그것으로 귀결된다. 그들은 결혼하여 미호와 준호를 낳고 키우던 그 시절부터 지금까지 달라진 바가 없다. 그들 역시 여전히 어른이 되지 못했다. 고모들은 애당초 결혼의 삶을 거부하고 살아왔고 지금은 양로원에서 살고 있지만 그들 또한 마찬가지다. 요컨대 성장 없는 성장은 세대를 뛰어넘는 보편적인 시대의 문제로 발현되고 있는 것이다. 성장 없는 성장의 텅 빈 공간을 채우는 것은 오직 쇠락의 이미지들뿐이다.

성장 없는 성장의 시대가 어디에서 비롯되는 것인지 우리는 막연하지만 짐작하지 못할 바가 아니다. 그것은 고도의 자본주의적 발전이 수반하는 각종 현상들, 대중 사회, 소비 사회, 정보화 사회, 탈정치적 사회 들이 인간으로부터 능동적이고 주체적인 삶을 박탈해가는 데서 비롯된다. 성장은 능동성과 주체성 속에서 배태되는 것이지 않은가. 그 능동성과 주체성이 박탈된 빈자리를 가상과 모의가 채우고, 가상과 모의의 메커니즘을 통해 자본은 인간을 치밀하게 관리한다. 『랩소디 인 블루』는 신세대의 성장 소설이라는 형태로, 관리되는 삶에 대한 비극적이고 허무적인 전망을 제시하고 있거니와, 그러나 그것이 반성 행위이며 객관화하고 의식화하는 일임을 우리는 주목해야 한다. 거짓 행복의 미망에서 깨어나 진실을 의식하는 일로부터 인간 회복의 첫걸음이 시작될 수 있을 테니까 말이다. (1995)

문명의 야만, 야만의 문명

　백민석의 장편 소설 『헤이, 우리 소풍 간다』는 문명사적, 혹은 인류사적 조망을 포함하고 있다. 그에 따르면 '인류 최초의 도구'는 '살해 무기'였던 바, 그것은 '인류 최초의 동종 살해'와 함께 출현하였다. 수백만 년 전 한 유인원이 플리오히푸스의 대퇴골을 집어들고, 다른 한 유인원의 머리를 그것으로 내리쳤다.

　〔……〕 인류 최초의 **살인**.
　인류 최초의 **죽임**. 그러곤, 그 인류 최초의 동종 살해자는 제 손에 문득 쥐어져 있는 그 대퇴골을
　신기해하고, 일견 낯설어하는 눈으로 바라보았던 거야. 그 인류 최초의 발명품, 문명의 이기,
　그 인류 최초의 **살해 도구**를 말야. 〔……〕
　인류 최초의 도구는 바로 **살해 무기**였던 거야. (p. 153)

　바로 그 최초의 살해 도구에서 비롯되어 발전해온 인류의 문명은 달리 말하면 '죽임의 미로'인 것이고, '죽임과 또 죽임으로 가득찬 현대'는 그 미로의 연장선상에 있는 것이다.

〔……〕 수백만 년 전,

그리고 오늘날에도 끊임없이 영원 변주되는 이 위대한 법칙,

개와 늑대의 기원형인 **토마르쿠스,** 들조차도 깨우치지 못했던 **죽임의 법칙,** 그 진화의 법칙, 을 배웠던 거야. 그렇게,

그렇게 단순히 굶주림과 성욕만으론 설명될 수 없는, 바로 인류만이 소유할 수 있는,

죽음과 공포의 아우라, 가 수백만 년 전의 이 시간, 낮 세시,

바로 이 시간에 눈을 뜬 거야,

죽음과 공포의 아우라, 가 눈을 뜬 거야,

바로,

퐁텐블로가 탄생한 거야, 알겠어? (pp. 153~54)

『헤이, 우리 소풍 간다』는 '죽음과 공포의 아우라'의 현대적 변주에 대해 집요하게 묘사한다. 그 묘사는 네 가지 층위에서, 물론 그것들이 양적으로 서로 비등한 것은 아니지만, 이루어지고, 그것들의 교직으로 소설의 전체가 짜여진다. 하나는 딱따구리 이야기이고, 다른 셋은 K라는 작중 인물의 이야기인바 K의 과거와 현재, K가 쓰는 글, K가 쓴 연극의 공연 들이다.

딱따구리는 TV 만화 영화의 주인공 딱따구리다. 그 딱따구리가 여기서는 '폭력과 광기의 황금색 부리'로 해석된다. 살해 도구에서 시작된 문명이 그 발생부터 야만과, 광기와 폭력을 그 내용으로 하는 야만과 표리를 이루며 존재하게끔 운명지어졌다고 할 때 딱따구리는 그 '문명의 야만,' 혹은 '야만의 문명'의 현대적 발현의 이미지인 것이다.

『헤이, 우리 소풍 간다』는 딱따구리들의 테러 행위를 묘사하는 데서부터 소설 공간을 연다. 일인칭 화자에 의해 딱따구리들이라고 불리는, 이십대 초반으로 여겨지는 한 패의 젊은 남자들이 한 노파를 거의 죽음에 이르도록

폭행하는 것이다. 이 딱따구리들의 테러는 모두 10장으로 되어 있는 이 소설의 각 장 첫머리에서 되풀이하여 등장한다. 딱따구리들은 도시의 밤골목에서 노파를, 산업 도로변 24시간 편의점에서 아르바이트 점원을, 지하 주차장에서 중년 남녀를, 소형 영화관에서 관객들을, 놀이터에서 아이들을, 무허가촌 뒷산에서 아이들을, 야간 지하철에서 승객들을 폭행 치상하거나 폭행 치사한다. 그들의 테러는 잔인하기 짝이 없고 그것을 묘사하는 작가 또한 집요하기 짝이 없다. 끔찍하게도 그 테러에는 합리적 이유가 없다. 딱따구리들은 자신들의 행위에 대해 그 어떤 죄책감도 갖지 않으며 또한 두려움도 갖지 않는다. 그들은 오히려 '아이들처럼 순수하고 무심'하다. 그렇다고 그 테러가 단순한 유희인 것도 아니다. 그들을 테러 행위로 몰고 가는 것은 '채워도 채워도 채워지지 않는' 허기이며, 죽음과 공포의 아우라, 그 현대적 변주인 불안과 스트레스의 아우라다.

　여기서 한 가지 의문이 떠오른다. 이 딱따구리들의 행위는 현실, 즉 소설적 허구 속의 현실인가, 하는 점이다. 그 점은 일인칭 화자의 정체와 관련지어 생각되어야 할 것이다. 이 대목의 일인칭 화자는 뒤로 가면서 차츰 변모한다. 처음에 '나'는 딱따구리들의 테러를 막연히 방관하는 자이다. 그러나 '나' 또한 차츰 딱따구리로 변해간다. "태양이 정점에 오르듯, 그 권태와 의미없음들이 마악 정점에 오"를 때 "우리 중의 누구"도 다 "홀연 딱따구리로 돌변해버릴" 수 있는 것이다(p. 89). 여섯번째의 「꿈, 퐁텐블로」 장에 이르면 '나'는 '부리가 돋아나'려는지 '입이 근지러'워지고, 일곱번째 「잊혀진 만화의 주인공들을 위해」 장에 이르면 드디어 '나'도 그중 하나가 되어 딱따구리들을 '우리'라고 칭하게 된다. 만약 딱따구리들의 행위가 현실이라면 '나'는 1981년 무허가촌 뒷산 적송숲에서 박스바니라는 별명의 아이를 죽인 자들 중의 하나일 것이다. 물론 이렇게 보는 것은 적절치 않다. 현실적 맥락을 따지자면 이 딱따구리 일화들은 시간적으로 합리적인 순서에 따라 배열되어 있지 않다. 그 배열 순서는 심리적 합리성에 의거하고 있다. 그러므로 그 일화들은 상상 속의 그것으로 보아야 한다. 문체상으로도 그 일화들의 상상성과 K의 삶의 현실성은 구별되고 있다. K의 삶을 그리는 부분의 평상적 문체와는 달리 그 일화들은 구어체로 일관하며 하나의 문장 안에서도 자유롭게 행갈이를 하는 것이다(앞에 인용된 대목에 그 점은 충분히 나타나고 있다). 이 상상의 주체인 '나'는 내포 작가의 돌출이거나 아니면 작중 인물인 K의 자의식이거나, 혹은 그 둘의 복합이거나일 것이다. K의 환상을 묘사한 곳(pp. 26~29, 36~39 등을 보라)의 문체가 딱따구리 일화 대목의 문체와 동일한 것을 보면 '나'를 K의 자의식으로 보는 편이 가장 근사할 것 같다.

작중 인물 K가 쓰는 글은 장르상으로 보면 소설과 극본이다. 그 글들은 단편적으로만 소개된다.

　　잠에서 깨자마자 우리는 갑자기, 격렬한 외로움을 느꼈다……(p. 11)

　　……호주머니 속에는 지금 지폐 몇 장만이 들어 있을 뿐이고,
　　우리가 뭘 하고 있었더라, 지난밤에, 그리고 오늘 새벽에. 이미 죽어버린 몇 개의 꽁초들, 허기로 미칠 듯한 창자들, 그리고 우리는 조금씩 더 사나워지지. 더 사나워져……(p. 16)

　　……이젠 뭘 할까? 마리화나를 너무 피우다 달리는 차에서 핸들 위로 고개를 처박은 아이들, 술 취해 욕조에 빠져 죽은 아이들, 라이플 총구를 자기 입 천장에 대고 단번에 제 머리를 날려버린 친구들, 알아?
　　잠에서 깨어보니 그 아이들처럼 우리도 격렬한 외로움에 몸을 떨고 있었다……(p. 39)

위 인용들에서 보듯, K의 글은 외로움·허기에서 사나움·폭력으로 나아

가는 심리적 추이를 묘사하고 있다.

극중극 식으로 묘사되고 있는 K 원작의 연극은 몰락과 소멸의 분위기로 충만하다. K는 이 연극이 '불안에 떨고 어떤 불길함으로 끓어오르는 듯한 효과'를 강화하고 '황폐하고 황량한 이미지'를 강조하기를 연출자에게 요청한다.

K의 글과 극본이 갖는 그러한 성격은 국민학교 5,6학년 시절이었던 1980, 81년의 경험에 그 발생적 뿌리를 대고 있다. 당시 K가 살았던 무허가촌의 삶은 몰락과 소멸, 광기와 폭력, 죽음과 공포 들로 가득 차 있었다. 무허가촌의 어른들의 삶이 그러했고 그 속에서 자라는 아이들의 삶 역시 그러했다.

> 사고가 끊이질 않았고, 어린 K의 눈에도 사람들은 갈수록 사나워지고, 난폭해졌다. (p. 142)

> 그 위치와 방향과 쓸모들이 끊임없이 얽히고, 서로 알 수 없게 되어버린 미로와 같은 골목들 사이에서, 사고는 끊이질 않았고 동네 사람들도 갈수록 사나워지고 미친 듯 난폭해져갔다…… 요컨대 모든 게 폭발 직전의 그 어떤 순간에 놓인 것처럼, 들끓고, 들끓고 있었다. (p. 143)

그 폭발은 결국 동네 사람들의 밀고에 의해 몇 사람이 삼청교육대에 끌려가는 것으로, 그리고 나중에 정신이 파괴된 채 돌아오는 것으로 귀결된다. 어른들의 난폭함 속에서 자라는 아이들 역시 난폭해진다. 아이의 난폭함을 대표하는 것이 박스바니다. 만화 영화의 토끼 캐릭터 이름으로 별명이 붙여진 박스바니는 '말할 수 없을 만치 난폭'했다.

> 어른들이 혀를 내두를 만큼, 사나웠다. 보는 사람을 꼼짝 못 하게 하는 어

떤, 알 수 없는 능력이 있는 것 같았다. 불안에 떠는, 늘 번뜩이는, 그 두 눈이 특히 그러했다. 그 거의 미친 듯한 안광(眼光) 때문이었다. (p. 128)

박스바니를 대장으로 한 K와 그 밖의 친구들은 난폭한 놀이를 즐긴다. 그러나 그들에게 '딱따구리들'이 들이닥치자 그들의 난폭함은 더 큰 난폭함 앞에서 철저히 파괴당한다. 새리는 윤간을 당하고 정신적 충격으로 눈이 멀며, 용감하게 항거한 박스바니는 그들에게 죽임을 당한다. 이 어린 시절의 경험이 K의 내면을 지배하는 것이다.

죽음과 공포의 아우라에 관한, 이 네 가지 층위의 이야기는 혼란스럽게 얽혀 있지만, 그러나 단단한 서사적 구조에 의해 튼튼하게 교직되고 있다. 이 소설은 칼의 봉인을 푸는 데서부터 시작한다. 박스바니가 그것을 가지고 딱따구리들에게 저항하였던 그 칼이다. 칼의 봉인을 푼다는 것은 십 몇 년간 잊어왔던, 혹은 의식적·무의식적으로 회피해왔던 과거의 상처에 이제 새로이 직면하겠다는 뜻이 된다. K의 어린 시절 친구들은 모두 만화 영화의 주인공 이름으로 별명을 삼았다. 별명이 딱따구리인 K는 우선 그날 이후로 눈먼 채 살아온 새리를 만나고, 모교에 음악 선생으로 재직하는 일곱 난쟁이를 만나고, 애인 희(喜)와 함께 옛 무허가촌을 찾는다. 이제 재개발을 위해 철거를 눈앞에 둔 옛 무허가촌을 둘러보며 K는 기억을 하나하나 되살린다. 그리고서 자신의 연극이 공연되는 날 옛 친구들과 한 자리에 모인다. K들은 그날 밤 모교를 방문하여 그날 딱따구리들의 테러가 행해졌던 학교 뒷산의 그 동굴을 찾아간다.

그러나 이러한 노력은 필경 비극으로 귀결되고 만다. 만약 상처의 극복을 이루거나 극복에의 희망을 피력하는 것으로 마무리된다면 그것은 우리가 익히 보아오던 진부한 이야기로 후퇴해버릴 것이다. 애당초 제기된 문제 자체의 심각성에 비추어보면 그러한 결말은 값싼 낙관, 허망한 화해에 지나지 않는다. 문제는 우리 모두가 딱따구리의 내면화에서 자유롭지 않다는 데 있다. 그것은 우선, 우리가 우리 밖의 딱따구리들에 대해 피해자일 뿐만 아니라 동시에 우리 자신이 딱따구리로서 다른 사람들에 대해 가해자가 되기도 한다는 뜻이다. K들이 학교 수위를 딱따구리로 착각하고 공격하여 죽음에 이르게 하는 것은 그 감정적 흥분 상태를 고려하면 있을 수 있는 일이지만, 바로 그렇기 때문에 이 우발적 사고는 운명적인 딱따구리의 내면화를 웅변해준다. 그러나 더욱 심각한 것은 우리가 우리 자신에 대해 딱따구리라는 점이다.

〔……〕 우리는, 각자, 자기 자신에 대해 적인 거야,
우리는, 각자, 자기 자신에 대해 딱따구리인 거야. (p. 271)

딱따구리들의 테러를 서술하는 일인칭 화자가 K의 자의식임을 앞에서 밝혔거니와, 거기서 '나'가 K들에게 테러를 가하는 딱따구리들 중의 하나가 되는 것은 바로 이러한 맥락에서이다. 여기서 딱따구리의 테러는 피해자와 가해자의 일치를 이룬다.

문득, 터져나오는 어떤 것을 참지 못해 통곡하던, 알겠어?
문득, 자기도 모르게, 혹은 몰래, 그런 울음을 흐느껴본 치들은 알 거야. 그랬던 경험이 있는 자는 알 거야.
자기 삶의 지층 저 깊은 아래에,
얼마나 거대한 죽음과 공포의 불연속 힘이 꿈틀대는지, 얼마나 치명적인 불안과 스트레스의 불연속 힘이 발광하고 있는지, 〔……〕 (p. 244)

피해자의 내면에 꿈틀대고 있는 죽음과 공포의, 그리고 불안과 스트레스의 불연속 힘을 가해자가 분출시켜준다는 관계가 성립되는 것이다. 그렇다면 이것은 무서운 일이다.

돌이켜보면, K들의 죽음과 공포, 불안과 스트레스는 여러 차원들에 얽혀 있다. 유년 시절에 당한 폭력이라는 개인적 차원이 있고, 무허가촌으로 표상되는 고통스러운 가난과 허기의 경제적 차원이 있고, 자해적 상호 가해 현상이 두드러지는 빈민 문화(문화라는 말을 사용하는 것이 허용된다면)라는 문화적 차원이 있다. 또한 80, 81년이 의미하는바 정치적 폭력의 차원이 그것들의 배후에 숨어 있다. 작중의 삼청교육대 에피소드에서 그 점은 충분히 시사되고 있다. 그리고 K들의 옛 음악 선생님 안선생의 에피소드가 말해주는 제도적 폭력의 차원이 있다. 마지막으로 이것들을 한데 묶으며 감싸는 문명사적·인류사적 차원이 있는 것이다.

근자의 신세대 담론들은 흔히 오늘의 젊은 세대가 탈정치적·탈역사적이며 삶의 고통을 모르고 소비와 향락에만 기울고 있다고들 지적했지만, 바로 그 신세대에 속하는 1971년생의 작가 백민석이 보여주는, 1980, 81년에 국민학교 5, 6학년이었던 젊은이들은 이미 유소년기에 그 시대의 모순에서 비롯되는 고통을 앓았고 상처에 입었으며(작중의 새리는 "우리가 우리의 나이에 어울리지 않게 날마다 배우고 있던 생활의 막막함이란 무엇일까, 삶의 견딜 수 없음이란 무엇일까에 대해 배우고 있었던 그때"라는 표현으로 어린 시절을 회상한다), 오늘날도 그 상처를 아파하고 있다. 어느 의미에서는 오히려 그들의 앞세대들보다도 훨씬 더 깊게, 더 근본적으로, 더 포괄적으로 아파하고 있는 것이다. 이 깊이와 근본성을 이 소설은 문명의 야만, 야만의 문명이라는 형태로 드러내고 있다. 문명은 야만과 대립되는 것이 아니라 야만과 한몸이다. 그러나 문명은 자신이 야만과 전혀 무관하며, 야만에 대립하고 그것을 배제하려 한다는 구역질 나는 표정을 짓고 있다. 백민석은 딱따구리를 통해 그 표정을 찢어발긴다. '빌어먹을 딱따구리'이지만 그 빌어먹을 테러를 통해 문명의, 제도의 허위를 폭로하는 것이다. "현대적이고 세련된 목조 놀이 기구들"의 안전성에 대한 오만과 과신이 허위임을 딱따구리들은 테러를 통해 폭로한다.

〔……〕이 안녕과 안전의 야간 지하철 역시 자기 자신에 대해 환상과 비현실의 미친 야간 지하철인 거야. 알아? (p. 271)

이 이중성에는 출구가 없다. K들의 차가 과속으로 달리다가 뒤집어지고 그리하여 모두 죽는 결과를 초래하는 것은 그 출구 없음의 비극성에서 비롯되는 필연적인 일이다(수위를 죽였을 때 새리의 눈이 떠지는 것도 그 이중성의 비극을 선명히 보여주는 예다). "헤이, 우리 소풍 간다"라고 외치며 질주하지만 그 질주, 혹은 소풍의 끝은 죽음이다.

그러나 죽음의 순간에 K는 어떤 전망과 마주친다. 마지막 장 「저택」은 1981년의 그 사건의 전말을 비로소 알려주고, 이어서 죽음의 나락으로 떨어지는 순간 K의 소멸 직전의 의식을 조명하는데, 여기서 다음과 같은 진술이 돌출하는 것이다.

박스바니, 란 이 세상의 언어로썬 설명이 가능하지 않다고 말해줬지…… 그건, 박스바니를 죽인 미친 마이티마우스 쥐새끼들이 바로, 이 세상이기 때문이라고 말야, 그러니 그것들—이 세상의 언어로 어떻게 그 박스바니, 를 설명해주겠어?
〔……〕
그러니까 박스바니를 제대로 설명하려면 그것들의 언어가 아닌, 뭔가 다른, 언어가 필요한 거야…… 우리들 자신의 언어, 말야…… 우리들 자신의 언어, 우리들 자신의 박스바니, 니까 말야. (p. 315)

칼의 봉인은 풀렸고 박스바니가 돌아올 것이다. '미친 성난 토끼' 박스바니가 돌아오면 이 이중성의 세계, 이 이중성의 자아를 극복하는 길이 열릴까. 그러나 그전에 할 일이 있다. 그것은 이 이중성의 세상의 언어로는 설명할 수 없는 박스바니를 올바르게 설명하기 위해 '우리들 자신의 언어'를 찾는, 혹은 만드는 일이다. 이 소설은 바로 그 언어를 찾아가는 도정에 있다. 소위 신세대 문학의 진정한 가능성은 이 도정에서 낳아질 것이다.

이와 관련하여 주목되는 것은 이 소설에서 K들의 삶이 철저히 과거, 그러니까 아이 시절에 묶여 있다는 점이다. 그 묶여 있음은, 새리가 말하는 향수병("국민학교 코흘리개로 돌아가려는 향수병에 걸린 애들이 수도 없어") 때문이 아니다. 그것은 앞이 막혀 있기 때문이다. 앞이 막혀 있는 한 그들은 어른이 될 수 없다. '우리들 자신의 언어'를 찾음으로써 비로소 막힌 앞을 뚫을 수 있고, 그럼으로써 그들은 어른이 될 수 있는 것이다. 그때 K들은 다시 살아나 종래의 어른과는 다른, 새로운 어른의 모습으로 우리 앞에 나설 것이다. 그 어른은 어떤 어른일까. 그 어른의 모습을 우리는 다음과 같은 대목에서 엿볼 수 있다.

악기들이, 그 악기들이, 어느 것 하나 처지지도 나서지도 않으면서, 그러나 어떤 이해할 수 없는 평안과 평온으로 빈 터, 전체를 울리고 있는 것을 본다. 끊임없이 반복 변주되는 이 합주는 사내들 각자의 무작위, 자발, 자유로운 선택에 의해 이뤄지는 것이지만, 그 안엔, 어떤 조화에 대한 약속들이 깔려 있고, 지켜지고 있다…… 그렇게 어느 쪽으로 귀를 돌려도, 그 모든 악기의 그 모든 울림들을 감각할 수 있다…… 각각의, 하나하나의 울림들을 각각, 그리고 전체, 조화로운 체계인 물댄동산으로써 들을 수 있다. (p. 255)

문명의 야만, 야만의 문명을 벗어난 이 음악적 조화를 우리의 삶에 어떻게 실현할 수 있을 것인지 나로서는 짐작할 수조차 없지만, 비극적 이중성의 현실 세계에 대한 한 새로운 세대의 강렬한 항의는 그 음악적 조화의 세계에 대한 열망을 품고 있는 것이다. 이 소설의 이야기는 아프고 끔찍하지만 그 열망은 아름답다. (1995)

금속성과 액체성의 대립
—임철우의 소설 세계

　임철우를 빼놓고는 80년대 한국 소설에 대해 말할 수 없다. 그는 80년대 한국 소설을 대표하는 작가이다, 라는 단정적인 표현을 우리는 피하고 싶지 않다. 임철우 소설의 다음과 같은 점들을 소설사 내지 문학사의 맥락에서 돌이켜볼 때, 우리는 오히려 그러한 단정적인 표현이야말로 아주 적합한 것이라는 생각을 갖게 된다.
　무엇보다도 임철우 소설은 80년대 초의 그 침묵의 문화 속에서 '광주 사태'의 소설적 증언의 지평을 열었다. 1984, 85년 두 해 동안 「동행」「직선과 독가스」「봄날」「불임기」「사산하는 여름」 등의 중단편이 잇달아 발표되었다. 그것들은 대체로 '광주 사태'의 후일담이라는 형태를 취했으며 알레고리의 성격을 짙게 띠었는데, 그러한 점은 당시의 정치적 상황에 비추어보면 일견 자연스러워 보인다. '광주 사태'에 대한 언급은 정치적 금기였으며 정치 권력에 의해 진실은 은폐되고 허위가 선전되었던바, 직접적 진술이 불가능한 상태에서 후일담이나 알레고리는 금기의 틈을 여는 썩 유효한 방편이었다고 할 수 있다. 그러나 그렇게만 보는 것은 그다지 온당치 못하다. 그렇게만 볼 때 임철우의 광주 소설은 '광주 사태'의 소설적 증언으로서 아직 미흡한 상태에 있는 것이 되고, 본격적인 광주 소설로 나아가기 위한 중간적 존재로서만 의미를 갖는 것이 된다. 임철우 소설의 후일담과 알레고리는 그 이상이다. 임철우의 광주 소설이 처음 발표되었을 때 그것이 일으킨 충격은 대단히 큰 것이었다. 그 충격이 단지 금기의 돌파에서만 비롯되었던 것일까. 그렇지 않다. 임철우의 광주 소설은 지금 읽어도 여전히 충격적이다. 금기가 사라진 지 오래이고 '광주 사태'의 사실들이 온갖 매체를 통해 그토록 상세히, 직접적으로 밝혀졌음에도 불구하고 그렇다는 것은, 그 충격이 또 다른 맥락을 가지고 있다는 것을 뜻한다. 세대적으로 보자면, '광주 사태'는 '광주 세대'를 널리 형성시켰다. 안에서 겪었건 밖에서 겪었건 광주 체험은 80년대의 젊은 세대의 영혼 깊숙이 각인을 새겼다. 이 세대적 각인은 뿌리 깊은 상처를 담고 있는바, 그것은 역사적인 것이면서 동시에 실존적인 것이다. 역사적인 상처는 역사의 전개에 따라 치유될 수도 있겠지만 실존적인 상처는 치유되기 어려운, 불가해한 상처이다. '광주 세대'(필자도 그중의 하나이지만)는 그 불가해한 상처에 자신의 정체성의 뿌리를 내리고 그에 입각하여 사유하고 감각한다. 그 사유와 감각은 80년대라는 시대의 본질적 측면을 꿰뚫을 뿐만 아니라 나아가서는 시대라는 한시성을 넘어서서 삶의 보편성에까지 가 닿는다. 임철우 소설의 후일담과 알레고리는 그 사유와 감각에서 비롯된, 그 사유와 감각의 개성적 형상화이다.

   임철우의 초기 소설(광주 소설 이전의 작품들)이 발표 당시 주목을 받았던 것은 그것이 보여준, 분단에 대한 새로운 인식 때문이었다. 아마도 그 대표작은 「아버지의 땅」일 것이다. 여기서 분단은, 철사줄에 결박된 채 수십 년 동안 땅속에 묻혀 있는 아버지라는 이미지로 표상된다. 일찍이 김윤식은 이를 두고 전쟁 미체험 세대의 새로운 분단 인식이라고 설명하며 주목한 바 있고, 그뒤로 그러한 관점은 임철우와 동세대의 분단 소설을 설명하는 데 썩 유효한 틀이 되었다. 그런데 이 분단 소설이 먼저고 앞에서 언급한 광주 소설이 나중이라는 시간적 순서를 존중하고 보면 임철우 소설은 분단 인식에서 광주 체험으로 발전, 혹은 변화한 것으로 여겨질 수도 있다. 그러나 사실은 그 역이 아닐까. 이미 초기의 분단 소설에부터 광주 체험이 깊이 용해되어 있는 것이 아닐까. 임철우가 등단한 것은 1981년이었다. 등단작 「개도둑」은 '광주 사태' 직후인 1980년 하반기에 씌어진 것으로 추정되는바, 이미 이 작품의 작중 화자와 개의 관계라든지 아버지의 무덤을 태워버렸던 어린 시절의 기억 같은 것들에도 광주 체험의 암시가 짙게 배어 있다. 분단 소설인 「아버지의 땅」과 「곡두 운동회」의 삽화들에서는 더욱 많은 암시들을 찾아볼 수 있다. 그 암시들은 상당 정도는 작가의 의도적 소산으로 여겨지기도 하지만, 동시에 광주 세대의 사유와 감각에서 무의식적으로 비롯된 것이라고 볼 수도 있다. 어느 쪽으로 보든 간에(아마 그 둘은 양립할 수 있을 것이다), 임철우 소설의 분단 인식은 전쟁 미체험 세대의 그것이라기보다는 광주 세대의 그것이라고 하는 편이 한층 적절할 것이다. 일찍이 이 점을 명민하게 간파한 김병익은 임철우의 세번째 소설집 해설에서 이렇게 말한 바 있다. "그의 내면과 의지, 상상력과 지향은 광주—5월의 사태에 뿌리를 두고 있다. 그가 설령 6·25와 분단의 문제를 다루거나 고향을 잃은 사람들의 우수를 서정적으로 묘사하더라도, 또는 그 사태 후의 일그러진 사람들을 뒷얘기로 그리거나 학생 시위를 응시의 시선으로 기록하더라도, 그의 문학의 큰 덩어리는 광주적 상상력으로 수렴시킬 수 있는 것이다." 그렇다. 위 문단의 논지와 관련하여보면, 광주 세대의 사유와 감각은 임철우의 광주 소설에만 국한되는 것이 아니라 임철우 소설 세계 전체에 걸쳐 두루 관철되고 있는 것이다.

   그러나 이제 우리는 조금은 다른 시각에서의 검토가 필요하다고 생각한다. 그런 생각은 임철우가 90년대 들어 발표한 두 권의 장편 소설 『그 섬에 가고 싶다』와 『등대 아래서 휘파람』에서 비롯된다. 이 두 권의 장편 소설은 작가의 유소년기를 다룬 자전적 성장 소설로서 광주 체험의 암시가 거의 나타나지 않을뿐더러 종래의 임철우 소설과는 사뭇 판이하게, 전적인 화해 지향의 세계를 이루고 있다. 이 장편 소설들은 여러 가지 의문을 불러일으킨다. 이는 임철우 소설의 획기적인 변모를 뜻하는 것일까. 그렇다면 그것은 어떠한 변모인가. 자세히 들여다보면, 그러나 많은 모티프들을 등단작

이래의 종래의 세계와 공유하고 있는 것도 사실이다. 혹시 이 장편 소설들을 더 넓은 틀로 삼아 종래의 세계를 재해석해야 하는 것이 아닐까. 이 장편 소설들이 유소년기의 원초적 체험을 드러내고 있다면 그 원초적 체험과 광주 체험은 어떤 관계에 있는 것일까. 전자의 자장 속에서 후자가 형성된 것일까. 아니면, 후자가 전자의 형상화에 영향을 미치고 있는 것일까. 혹은, 광주의 상처를 극복하고자 하는 노력이 원초적 체험을 찾아가게 한 것일까. 이러한 의문들을 두루 껴안으면서 우리는 1981년의 등단작 「개도둑」에서 1994년의 장편 소설 『등대 아래서 휘파람』에 이르기까지를 전체적으로 조망해보도록 하자.

『그 섬에 가고 싶다』의 「서문」에서 임철우는 다음과 같은 주목할 만한 발언을 하고 있다. "삶이란, 아름다움과 기쁨만으로 치장된 동화 같은 것도 아니지만, 그렇다고 다만 절망과 고통에 뒤틀리고 짓눌려 요동하는 괴물 같은 것만도 아닐 터이다." 얼핏 범상한 이야기처럼 들리지만, 그러나 임철우의 소설 세계에 비추어보면 여기에는 범상치 않은 자기 고백이 숨어 있다. 임철우의 소설 세계는 '절망과 고통'을 한편으로 하고 '아름다움과 기쁨'을 다른 한편으로 하는 비극적 대립의 세계인 것이다. 그것들은 각각 금속성과 액체성이라는 물질적 성격을 띠고 나타난다. 첫 작품집 『아버지의 땅』에서 그것들을 살펴보면 대체로 다음과 같다.

> 트럭 뒤칸에 탄 그 사내들의 철모며 손에 들고 있는 총의 쇠붙이 부분이 달빛을 받아 번들거렸고, 〔……〕 그때마다 그들의 입술 사이에서 유난히도 희게 느껴지는 치아가 무슨 발광체처럼 불길하게 빛나는 것이었다. (「곡두운동회」)

폭력적 가학이 금속성으로 나타나는 대표적인 예이다. 이런 예들은 도처에서 발견된다. "현관 바깥에 매달린 외등에서 가느다란 불빛이 유리창으로 새어들어와 맞은편 벽면처럼 날이 잘 다듬어진 비수처럼 음험한 그림자를 드리우고 있었다"(「그들의 새벽」), "금방이라도 쩔꺽쩔꺽 쇳소리를 낼 듯한 철사줄은 싱싱하게 살아 있었다"(「아버지의 땅」), "하지만 옆구리에 닿는 쇠붙이의 섬뜩한 촉감이 가슴을 무겁게 짓눌러버렸다"(「그밤 호롱불을 밝히고」). 그것들은 위협하고 억압하며 파괴한다. 그 위협과 억압과 파괴 앞에서 사람들은 크게 두 가지 반응을 보인다. 하나는 그 금속성에 감염되는 것이다. 가령, 좌익에게 가족을 잃은 강경위가 복수심을 불태울 때 그의 눈빛은 "기묘하게 번들거리기 시작"한다(「그밤 호롱불을 밝히고」). 불구가 되어 아내에게 배반당한 남자의 눈에서는 "파아란 불꽃이 활활 타오르곤" 한다(「잃어버린 집」). 그 감염은 결국 어머니를 찾아가는 아들을 쏘아 죽이고 바람난 아내를 목졸라 죽이는 것으로, 즉 또 다른 폭력적 가학으로 귀결되고 만다. 다른 하나는 공포이다. 공포 때문에 그는 금속성의 폭력에 맞서지 못하고 그것을 외면하거나 그것과 타협한다. 그리고 그 외면과 타협에 대해 스스로 부끄러워하며 죄책감에 사로잡힌다. 「그들의 새벽」의 아래층 여자, 「뒤안에는 바람 소리」의 을석, 「잃어버린 집」의 아이가 그러하다. 양쪽 모두에게 금속성의 폭력적 가학은 '절망과 고통'을 가져다 준다.

한편, 액체성의 경우는,

1) 어미는 등잔 가까이 가져가 한동안 액자 속 사내의 얼굴을 들여다보았다. 눈곱 탓일까. 거미줄에 덮인 것마냥 시야가 침침했다. 이내 그녀의 꿰적꿰적한 눈에 물이 괴어오르고 있었다. (「그밤 호롱불을 밝히고」)

2) 문득 가슴 한쪽이 싸아 아려와서 그녀는 손수건을 꺼내어 핑 코를 푼다. (「사평역」)

에서처럼, 우선 물의 모습으로 나타난다. 액체성이 물로 나타나는 것은 지극히 당연한 일일 터이지만, 때로 그것은 특이하게도 불로 나타나기도 한다. 어떻게 그럴 수 있는가. 물과 얼음의 차이는 불의 유무에 있다. 불이 없는 물, 즉 얼음은 액체가 아니라 고체인 것이고, 그것은 나아가서 금속성을 띠게 되는 것이다.

위 인용 2)에서 '가슴 한쪽이 싸아 아려오는 것'은 바로 내부의 불에서 비롯되는 것이며 그 불이 콧물을 생성시킨다. 그래서 많은 경우 그 불은,

와락 개를 껴안았다. 뜻밖에 따뜻한 체온이었다. (「개도둑」)

에서처럼, 체온으로 나타난다. 「사평역」의 톱밥 난로는 외부의 불이다. 난롯가에 모여든 사람들의 뺨은 '불빛에 발갛게 상기'된다. 그러니까 임철우의 액체성은 불과 물의 융합을 그 내용으로 한다. 그것은 곧 에로스다. 『그 섬에 가고 싶다』의 「서문」에서 임철우 자신이, "그 따스함과 물기가 바로 사랑임을 나는 안다"라고 쓰고 있는 것은 우연이 아닌 것이다. 그것은 또한 화해이다. 「사평역」의 화해의 공간은 액체성의 공간인 것이다. 그 사랑과 화해는 '아름다움과 기쁨'을 가능케 해준다. 「아버지의 땅」 말미의 눈은 액체성의 눈으로서 추악한 폭력의 세계를 지우고 아름다움을 만들어낸다.

머리 위로 눈은 하염없이 쏟아져내리고 있었다. 함박눈이었다. 굵고 탐스러운 눈송이들은 세상을 가득 채워버리려는 듯이 밭고랑을 지우고, 밭둑을 지우고, 이윽고는 들판과 또 마주 바라뵈는 거대한 산의 몸뚱이마저도 하얗게 하얗게 지워가고 있었다. (「아버지의 땅」)

눈이 항상 액체성으로만 나타나는 것은 아니다. 「사평역」에서의, "어둠

저편에 까맣게 숨어 있다가 느닷없이 수은등의 불빛 속에 뛰어들어오면서 뚱그렇게 놀란 표정을 채 지우지 못한 채 땅바닥으로 곤두박질치"는 눈은 금속성의 눈에 가깝다. 눈을 금속성으로 만드는 것은 바람이다. 임철우 소설에서 바람은 흔히 '광포한 바람'으로서 대표적인 금속성의 이미지 중 하나로 나타나거니와, 「사평역」의 눈은 "바람도 그리 없는데 눈발이 비스듬히 비껴 날리"는 그런 눈이다(그리 없다는 것은 약간 있다는 뜻이다).

첫 작품집의 소설 세계에서 금속성과 액체성의 대립은 대체로 금속성의 우세 속에서 이루어진다. 얼핏 액체성이 우세하지 않은가 싶은 「사평역」의 경우에도 액체성의 발현이 빈번하기는 하지만 그것들은 "어느 찰나에 피어올랐다가 소리 없이 스러져버린 눈물겨운 아름다움 같은" 것에 지나지 않는다. 그렇기는 하나 그 세계는 결코 금속성만으로 이루어진 세계는 아니다. 미약하고 일시적인 것이나마 액체성이 있음으로 해서 삶은 견딜 만한 것이 될 수 있는 것이다.

두번째 작품집 『그리운 남쪽』에서는 대립의 양상이 사뭇 달라진다. 일련의 광주 소설들에서 그것은 아주 뚜렷하다. 여기서는 금속성의 우세가 너무나 압도적이어서 액체성은 거의 소멸된 것처럼 보일 정도이다. 가령, 「사산하는 여름」의 다음과 같은 대목을 보라.

그는 무수한 빛살의 첨예한 마디마디로부터 전해져오는 강한 금속질의 촉감을 확인하고 진저리를 친다. 그것들은 차라리 가늘고 날카로운 철사줄이다. 맹목적인 음험한 살기와 공격성으로 챙강챙강 쇳소리를 지르며 튀어오르는 탄력 있는 철사줄이 마침내 그의 목덜미를 죄어오기 시작한다. 살려줘. 살려줘. 절망적인 비명을 토하며 그는 몸을 비틀어댄다. 도망쳐. 도망쳐야 해. 누군가 또 가슴속에서 다급하게 소리치고, 그는 안간힘을 다해 필사적으로 그 빛 무더기의 덫으로부터 빠져나오려고 허리를 비튼다. 순간 옆구리 어디쯤인가가 뚝 부러져나가는 듯한 고통스런 충격을 느끼며 그는 어억, 외마디

외침과 함께 눈을 뜬다.

오로지 금속성만으로 이루어진 세계라 해도 과언이 아니다. 이러한 세계에서 삶은 더 이상 견딜 만한 것이 되지 못한다. 「사산하는 여름」의 광서형이나 「직선과 독가스」의 만화가, 「봄날」의 상주가 광인으로 나타나는 것은 그러므로 조금도 이상한 일이 아니다. 그들의 언어가 자폐적 독백의 언어인 것은 타인과의 소통이 불가능해진 탓이다. 소통은 액체성 속에서 가능한데 이 세계에는 액체성이 소멸되어버린 것이다. 「불임기」의 아이들의 혀가 잘려 있는 것은 그 소통 불능의 상징이다. 금속성의 전일적 지배 속에서는 생식도 불가능해져서 세계는 불모의 세계가 되어버린다. 불임과 사산이 있을 뿐이다. 「그밤 호롱불을 밝히고」에서의, 미친 여자가 아이를 출산하고 그리하여 "굳게 닫혀져 있던 그 불 켜진 외딴 초가집의 장지문 틈으로 갓난 아이의 가냘픈 울음 소리가 흘러나오기 시작"하는 세계와 「불임기」의 불모의 세계 사이에는 얼마나 큰 거리가 있는 것인지! 그 불모의 세계는 「사산하는 여름」에서 그로테스크한 상징적 이미지를 얻는다. 뒤집어진 자웅 동체의 이미지가 그것이다. 본래 자웅 동체는 완전성의 상징인 것인데 여기서의 자웅 동체는 거꾸로 불모성의 상징일 따름이다. 상피붙은 형수와 시동생(그 관계는 정상적 관계의 왜곡이고 파괴이다)의 결합된 성기가 떨어지지를 않는 것이다. 그것은 액체성의 소멸과 무관하지 않다.

세번째 작품집 『달빛 밟기』에서 대립의 양상은 다시금 변화를 보인다. 금속성이 약화되고 액체성이 강화되는 것이다. 가령, 「알 수 없는 일 1」과 「둥지와 새」에 등장하는 군 출신의 근육질 거인들 정도가 금속성을 대표하는 인물이다. 충분히 공포스럽고 혐오스러운 존재로 그려지고 있지만, 그들은 현역이 아니라 퇴역이며 집단이 아니라 개인이다. 그렇다는 것은 금속성의 약화를 의미한다. 『달빛 밟기』의 여러 인물들은 공포와 부끄러움에 사로잡혀 있지 않다. 대신 그들은 금속성의 세계를 벗어나 액체성의 세계로 가기를 꿈꾸거나 인간으로서의 자존을 지키기 위해 노력한다.

  1) 아아, 돌아갔으면. 이제는 고향으로 돌아가 편안하게 눈감고 드러누웠으면…… 노인의 눈빛이 어느덧 물빛으로 풀린다. (「돌아오는 강」)

  2) 쉬고 싶어. 이젠 정말이지 물처럼 쉬고 싶어졌어…… (「둥지와 새」)

  3) 아아. 돌아갔으면. 이젠 나도 그만 어디론가 돌아가 잠들 수 있었으면…… 불현듯 어떤 간절한 그리움의 덩어리가 명자의 목 안으로 꽉 차올랐다. (「달빛 밟기」)

위협도 억압도 파괴도 없는 세계, 한결같이 물 이미지와 연관되는 순전한 액체성의 세계, 사랑과 화해의 세계로 가고 싶어 하는 것이다. 물론 그러한 세계는 현실에는 존재하지 않으므로 그 소망은 아무리 간절하다 해도 실현될 수 없는 소망이다. 그러나 그 소망은 적어도 이 세계의 액체성을 증대시키는 데에 생산적인 에너지로 작용할 수 있는 것이다. 한편, 인간으로서의 자존을 지키기 위한 노력은 「알 수 없는 일 2」의 당당한 해태 아줌마와 「동전 몇 닢」의 청년, 「알 수 없는 일 1」의 복수를 꿈꾸는 겁쟁이 이발사에게서 발견된다. 해태 아줌마의 당당한 태도를 보고 "곽과 나는 괜시리 흐뭇하고 가슴이 따뜻해져오는 듯한 상큼한 기분에 젖"으며, 겁쟁이 이발사의 분노의 눈물을 통해 작중 화자는 "이 메마른 대지와 어둠을 힘차게 박차고 일어나 바람보다 더 가볍게 솟구쳐오르는 물줄기의 싱싱하고 현란한 비상"을 발견한다. 『달빛 밟기』의 이러한 모습들은 작가가 급속히 액체성에의 지향으로 기울어가고 있음을 말해준다. 표제작 「달빛 밟기」는 그것을 집약적으로 보여준다. 서두의,

사내는 왼쪽 가슴을 슬쩍 더듬어 칼을 확인해본다. 손바닥에 전해져오는 날렵하고 단단한 금속성의 감촉. 그것은 비정하리만치 싸늘한 증오를 숨기고 있는 듯하다.

라는 전형적인 금속성의 세계에서, 말미의,

거기, 물 위엔 달이 잠겨 있다. 볼품없이 이지러져 들어간 그 달 속에서 불현듯 아내의 여윈 얼굴이 소리없이 떠오르는 것을 사내는 본다. 이내 아이를 업은 아내의 모습은 등에 커다란 혹을 단 꼽추 여자의 작고 구부정한 모습으로 바뀌었다.

사내는 품속에서 무엇인가를 꺼내더니, 그것을 다리 아래 수면을 향해 가만히 떨어뜨렸다. 그리고는 마을을 향해 다시 성큼성큼 걸음을 옮겨가기 시작한다.

라는 액체성의 세계로 명확히 옮겨가는 것이다. 이 뚜렷한 액체성 지향이, 똑같이 아름다운 화해의 공간을 그리고 있는 듯한 「사평역」과 「달빛 밟기」의 두 작품을 구별지어준다. 「사평역」의 화해는 일시적인 것이고 금세 사라지고 말 것이지만, 「달빛 밟기」의 화해는 지속의 의지를 담고 있는 것이다.

그리고 『그 섬에 가고 싶다』와 『등대 아래서 휘파람』의 두 장편 소설에 이르게 되면 드디어 온전한 액체성의 세계, 아름다운 화해의 공간이 이루어진다. 그런데 이 두 장편 소설이 유소년기를 다룬 자전적 성장 소설이 된 것은 우연이 아닌 것으로 보인다. 『달빛 밟기』의 몇몇 작품들에서 금속성의 세계를 벗어나 액체성의 세계로 가기를 꿈꿀 때 '가다'가 아니라 '돌아가다'라는 말을 사용하고 있는 데에서 이미 그 점은 암시되고 있었던 셈이다. 돌아간다는 것은 전에 그곳에 있었던 적이 있다는 뜻이 아닌가. 『그 섬에 가고 싶다』와 『등대 아래서 휘파람』은 그곳을 유소년기의 원초적 체험에서 찾고 있는 것이다.

『그 섬에 가고 싶다』에서 금속성과 액체성의 대립은 이중적으로 나타난다. 하나는 성인과 유년의 대립이고, 다른 하나는 도시와 농촌(혹은 어촌)의 대립이다. 현재의 성인과 도시에서 금속성에 지배되는 삶을 보는 작중 화자는 과거의 유년과 농촌에서 온전한 액체성의 삶을 발견한다. 『등대 아래서 휘파람』은 유년기를 다룬 『그 섬에 가고 싶다』의 뒷얘기로서 소년기를 다루고 있다. 『그 섬에 가고 싶다』의 회상은 평일도에서 광주로 이사하게 되는 장면에서 끝나고, 『등대 아래서 휘파람』의 회상은 이삿짐 트럭에서 시작된다. 그러나 두 작품은 인물 설정이 완전히 다르므로 연속되는 작품이라기보다는 별개의 작품으로 보아야 할 것이다. 『등대 아래서 휘파람』의 회상은 『그 섬에 가고 싶다』의 그것과는 맥락이 무척 다르다. 여기서의 도시 변두리 공간과 소년기라는 시간은 결코 사랑과 화해의 시공간이 아니다. 그것은 오히려 어둠과 증오의 시공간이다. 그 시공간에 대한, 15년 후의 회상이 그것을 사랑과 화해의 시선으로 바라볼 수 있게 해주는 것이다. 이렇게 미묘한 차이를 보이는 두 장편 소설은 그러나 사회적 맥락에 비해 혈연적 맥락에 지나치게 편향되어 있다는 공통점을 갖고 있다. 이 두 장편 소설의 공통적인 중심 이미지는 별이다.

인간은 모두가 별이다.
[……]
할머니의 말에 따르면, 밤하늘은 내가 두고 온 고향이었다. 그리고 먼 훗날 이 지상에서의 피곤한 여정을 마치고 나면 우리들 누구나가 다시 되돌아가야 할 그리운 안식처였다. 그러므로 그 무수한 별들은 알고 보면 사랑하는 내 이웃들의 정겨운 얼굴이었으며, 나 역시 잠시 그들 곁을 떠나온 하나의 떠돌이 별에 지나지 않는 거였다. (『그 섬에 가고 싶다』)

별-인간은 탈사회적 개념이다. 그것은 사회적 맥락에서의 개체적 차별성을 무화시키고 혈연적(그리고 지연적) 맥락에서의 동일성을 강조함으로써 성립되는 개념이다. 두 장편 소설의 사랑과 화해는 그러한 별-인간 개념의 안에서만 가능해진다.

돌이켜보면 임철우 소설의 금속성은 대체로 사회적 맥락의 것이고 액체성은 대체로 혈연적 맥락의 것이다(혈연적 맥락에서 나타나는 금속성은 대체로 부자 관계에서이며 모자 관계는 대체로 액체성의 전형으로 나타난다). 금속성의 세계를 벗어나 액체성의 세계로 돌아가고자 하는 임철우 소설의 지향이 만약 사회적 맥락을 떠나 혈연적 맥락으로 칩거하는 것이라면 이는 조심스럽게 비판되어야 할 것이다. 금속성과 액체성의 대립, 사회적인 것과 혈연적인 것의 갈등, 그 팽팽한 긴장을 고통스럽게 감당하는 일이 포기된다면 그것은 유감스러운 일이 아닐 수 없다. 조만간 완성될 것으로 여겨지는 장편 소설 『불의 얼굴』, 그리고 그 이후에 한층 활발해질 것으로 기대되는 임철우의 소설쓰기는 이러한 우려를 단숨에 기우로 만들 것이라고 믿어 의심치 않는다. (1996)

추억의 형식으로서의 소설

　양순석은 보기 드물게 욕심이 없거나, 아니면 반대로 대단히 욕심이 많은 작가일 것이다. 등단 이후 자그마치 14년이 지나서야 비로소 첫 창작집을 내놓는다는 것이 예사롭지 않게 여겨지기 때문이다. 그 예사롭지 않음에는 절제의 빛이 어려 있다. 오늘날 우리 문단의 풍속이 양적 팽창으로 경도되고 있는 가운데 이러한 절제의 빛은 그 자체로 신선하다.
　그 신선한 절제의 빛을 차분히 들여다보노라면 우리는 거기서 자못 흥미로운 점을 발견하게 된다. 우선, 지난 13년 간 드문드문 발표되었던 10편의 소설이 예외 없이 유사한 모양과 유사한 빛깔을 하고 있다. 그런데 그 모양과 빛깔은, 이제 와서의 이야기이지만, 80년대적인 것과는 거리가 멀고 오히려 90년대적인 것에 가깝다. 역사와 현실에 대한, 그리고 상황과 개인에 대한 관심을 축으로 하고 삶의 외면을 중시하는 이성적 서술이 대체로 80년대 소설의 주된 흐름이었다고 할 수 있다면, 90년대 소설은 고립된 개인의 삶의 내면에 대한 감각적 묘사에 주된 관심을 쏟고 있다고 할 수 있다. 양순석의 소설이 90년대적인 것에 가깝다는 것은 그런 의미에서인데, 그 가까움은 90년대 소설의 한 선구적 징후로 읽힐 수 있을 정도이다. 어느 시대에나 다음 시대를 예고하는 징후가 나타나게 마련이며 우리는 문학사에서 그런 예들을 무수히 보아왔다. 그 징후적 존재들은 한 시대와 다음 시대 사이의 단절이라 불리는 틈을 메워주고 거기에 연속성을 부여해주거니와, 여기에는 문학사적으로 중요한 의미가 숨어 있다.

소설 유형으로 말하자면 양순석의 소설은 일종의 추억형 소설이라 할 수 있다. 10편의 수록 작품은 단 하나의 예외도 없이 모두 주인공의 추억이라는 형태로 되어 있다. 양순석의 주인공은 일인칭 혹은 삼인칭으로 나타나는데(일인칭이 6편, 삼인칭이 4편이다), 어떻게 나타나든 철저한 주관적 시점에 의한 서술을 하고 있다는 점에서는 동일하다. 어느 정도냐 하면 삼인칭을 모두 일인칭으로 바꾸어 써도 전혀 차별이 없을 정도이다. 양순석에게 소설은 추억의 형식인 것일까, 그 주인공들은 한결같이 과거를 추억한다. 그런데 그 추억되는 과거에서 중요한 것은 객관적인 사건이나 사물보다도 오히려 주관적인 감정이다. 이 점이 양순석 소설의 가장 두드러진 특징이다.

1) 나는 어머니가 아버지 없는 우리를 어떻게 먹여 살리고 있는가에 무관심하게 살아왔으므로 어머니의 파산이 그다지 실감되지도 않았다. 다만 열세 살의 내가 맞게 될 그 기나긴 겨울이 지레 춥게 느껴졌을 뿐이다. 그러나 열세 살 적 겨울이 유난히 추웠었다는 기억 같은 것은 남아 있지 않다. 그저 그 겨울 기아 된 내가 겪었던 변화와 정체 모를 감정들이 그림자처럼 지워지지 않고 있을 뿐. (「겨울 나무」)

2) 무수히 밟고 지나다녔을 화실 앞의 길을 걸으며 선희는 그녀 자신의 발자국에 실렸었던 그때의 막막함과, 고통과, 희망들이 발길에 채여 먼지가 일 듯 풀풀 되살아나는 것을 느꼈다. 허둥대던 발자국, 갈 곳 몰라 헤매이던 발자국, 되돌아서던 발자국, 어디론가 마구 질주하던 발자국, 그러나 대개는 마냥 하릴없던 발자국, 그 발자국들을 다시 꼭꼭 밟아주듯 선희는 천천히 발에 힘을 눌러주며 걸었다. 예전의 발자국이 묻힌 길 위에 다시 선희의 발자국이 소리없이 찍히고 있었다. (「허공에 걸린 길」)

1)은 열다섯 살의 일인칭 화자가 2년 전의 과거를 추억하는 장면이다. 2년 전의 어머니의 파산은 "내 인생이 곤두박질쳐버린 듯"할 정도로 중대하고도 심각한 사태였지만 '나'는 그 사태가 그다지 실감되지 않았고 다만 맞이해야 할 기나긴 겨울을 지레 춥게 느꼈을 뿐이었는데, 그 느낌조차 지금의 기억 속에는 남아 있지 않다. 지금 기억 속에 남아 있는 것은 "기아 된 내가 겪었던 변화와 정체 모를 감정들"뿐이다. '나'의 추억은 그 감정들의 반추에 다름 아니다. 그 점은 2)에서 분명해진다. 2)의 '나'는 예전에 화실에 다니던 때의 감정을 추억하는데, 막막함, 고통, 희망 같은 그 감정들이 추억하고 있는 지금 되살아난다. 예전의 발자국 위에 다시 발자국을 찍듯, 화자는 옛 감정들을 반추하는 것이다.

감정을 추억하는 언어가 감각적인 것이 되는 것은 자연스러운 일이다. 양순석의 감수는 특히 시각적인 것, 그중에서도 빛깔에 대해 열려 있거나 집중되어 있다.

내 기억 속의 무덤은 뒤늦게 파헤쳐지기 시작했다. 그이와 함께했던 시간들, 그이와 함께 살았던 집, 그이가 만들어준 음식, 그이의 범상하지 않은 습관들까지 고스란히 무덤 위로 올라왔다. 연둣빛의 위력이었다. 그 강렬한 연둣빛은 뇌파에 광선을 쏘듯 내게 묻고 있었다. 왜 잊었느냐고. (「지워지지 않을 그 연둣빛」)

여기서 연둣빛은 우선 추억을 불러일으키는 역할을 하는 감각적 자극이면서, 동시에, "다시는 기억 속에서 지워지지 않을 그이의 연둣빛은 그렇게 높다란 곳에 자리 잡고서 때때로 내 삶에 그 빛을 쏘아대기 시작했다"라는 이 소설의 마지막 문장에서 보듯, 추억의 가장 본질적인 내용이 된다. 이 소설의 추억은 중층적이다. 18년 전의 그이와의 삶, 그리고 8년 전의 연둣빛, 이 두 가지 층위에서 연둣빛은 각각 감각적 자극과 본질적 내용이 되고 있는 것인데, 그 두 층위가 필경 경계 없이 하나로 뒤섞이는 데 이 소설의 묘미가 있다.

물론 이러한 감정의 추억 뒤에는, 혹은 밑에는 견고한 현실이 자리 잡고 있다. 이 작가의 감정 지향은 감정에만 집착하고 그 배경 혹은 뿌리라 할 현실을 의도적으로 은폐하고자 하는 데서 비롯되는 것은 아니다. 오히려 작가는 그것을 치열히 드러내고자 한다. 이 작가에게 현실과 감정은 분리할 수 없게 뒤엉켜 있을 따름이다. 그 현실을 판독해보면 거기서 우리는 일관된 구조를 발견할 수 있다.

양순석 소설의 현실은 우선 가족 내적인 그것이다. 대체로 그 가족은 아버지와 어머니, 그리고 딸들과 아들로 구성된, 외견상 평범한 가족이지만, 실제에 있어서는 불화로 가득 찬, 퍽 예외적인 가족이다. 그 불화는 많은 경우 아버지에게서 비롯된다. 중편 「허공에 걸린 길」의 아버지는 병적인 방랑벽과 바람기로 평생 가족들에게 고통을 안겨주었다. 더욱이 그가 벌이는 사업은 끊임없이 성공과 실패를 되풀이해왔고, 그에 따라 그의 가족은 끊임없이 이합집산을 되풀이해왔다. 사업의 실패와 더불어 그는 세상으로부터 증발해버리고, 그러면 남은 가족은 빚쟁이들을 피해 뿔뿔이 흩어지는 것이다. 「귀향」의 아버지는 한때는 성공한 의사였으나 통일주체국민회의 대의원 선거에서 낙선하면서 몰락과 타락의 함정으로 급격히 추락했고, 자신의 가족에게 가난과 고통만을 가져다 주었다. 「허공에 걸린 길」에서나 「귀향」에서나, 문제는 이 무능하고 무책임한 아버지로 인해 가족 공간이 불화의 공간으로 변해버린다는 데 있다. 그 불화가 어느 정도냐 하면 지옥으로 인식될 정도이다.

6년 만에 찾은 집은 살아 있는 자들의 집 같지 않았다. 6년 전의 집은 지금보다 말할 수 없을 만큼 추악하였다. 그곳은 집이 아니라 소굴이었다. 악의 소굴, 고통의 소굴, 더러운 소굴이었다. 6년이 흐른 뒤에 그녀가 찾아온 집은 그 모든 것이 휩쓸고 지나간 빈자리일 뿐이었다. 인간의 삶이 만들어낼 수 있는 고통과 치욕이라면 남김없이 그 장소에서 타올랐었다. 그리고 연소되었다. 이제는 더 이상 타오를 것이 없었다. 그곳은 마치 진공의 공간과도 같았다. (「귀향」)

이 지옥 같은 불화의 공간을 초래하는 사람이 꼭 아버지만으로 나타나는 것은 아니다. 「거인의 딸」에서는 어머니가 오히려 더 결정적인 작용을 한다. 월남전에서 다리를 잃고 돌아와 가장의 역할을 상실한 채 무기력한 삶을 살아온 아버지와, 아버지가 벌어온 돈으로 사업을 벌여 한때 성공하지만 필경은 파산하고 마는 욕심 많고 천박한 어머니, 「거인의 딸」의 불화의 공간은 이 두 사람의 합작품이다. 「바람의 성」과 「겨울 나무」에서는 아버지는 부재하고 어머니가 온전히 파괴적 역할을 한다. 그런가 하면 「물그림자」에서는 아들이 그 역할을 한다. 아들 수성으로 인하여 가족 구성원들 모두의 삶의 방향은 틀어지고 끝내는 마구 휘저어진다. 「닫힌 문」에서는 큰오빠의 정신병과 어머니의 자살이 그 역할을 한다. 「지워지지 않을 그 연둣빛」에서는 식모 할머니가 그 역할을 하는데 그녀는 여기서 준가족적 존재로 등장한다. 그러니까 가족 구성원 중 불화의 공간에 대해 직접적으로 책임이 없는 자, 가해자가 아닌 자, 혹은 피해자로만 나타나는 것은 딸 혹은 딸들뿐이다.

양순석 소설의 화자와 시점은 예외 없이 그 딸들 중의 하나이다. 그 딸은 지옥 같은 불화의 공간에서 벗어날 것을 꿈꾸는데, 대부분의 경우 성인이 되어 직업을 가지면서 가족 공간을 벗어나 독립된 삶을 살아간다. 「허공에 걸린 길」의 선희는 학교 선생이고, 「바람의 성」의 '나'와 「거인의 딸」의 진옥은 간호사이다. 그들은 가족으로부터 이탈하여 혼자 살아가고 있다. 「물그림자」의 누하는 잡지사 기자 출신의 자유 기고가로서 정신병자가 된 언니와 함께 살고 있지만, 아버지와 남동생을 거부하고 있다는 점에서 동일한 이탈의 맥락에 있다. 간호사 일을 하면서 가족의 생계를 떠맡아오다가 발병

한 언니 순하는 누하에게 가해자가 아니라 자신보다 더한 피해자이므로 그들이 함께 사는 것은 자연스러운 일이다. 「귀향」의 하명의 직업은 아마도 호스티스일 것으로 짐작되는데 그것은 그녀가 독립의 조건이 갖추어지기를 기다리지 못하고 이탈을 서둘렀기 때문이다. 한편 「겨울 나무」와 「지워지지 않을 그 연둣빛」의 딸들은 아직 어리면서도 가족으로부터 이탈되어 있다. 「겨울 나무」의 '나'는 어머니가 빚에 몰려 잠적하게 되자 홀로 용화네 문간방에 맡겨졌다. 「지워지지 않을 그 연둣빛」의 '나'는 잦은 이사와 전학에 적응하지 못하는 까다로운 성미 때문에 중학교 입학과 더불어 분가를 했다.

가족으로부터의 이러한 이탈은, 그러나, 완전한 이탈은 아니다. 공간적으로는 격절되어 있지만 관계 자체는 여전히 작용하므로 끊임없이 가족 내 불화가 틈입해오는 것이다. 「허공에 걸린 길」의 선희는 아버지의 불시의 방문에 시달리고 아버지의 빚쟁이들 때문에 학교를 그만두기까지 한다. 「바람의 성」의 '나'는 어머니로부터 보다 더 이탈하기 위해 소록도행을 계획한다. 가장 극단적인 경우는 「지워지지 않을 그 연둣빛」이다. 여기서 '나'는 가족 대신 준가족적 존재인 식모 할머니와 함께 살아야 하고 이 분가의 공간은 또 하나의 불화의 공간이 되는 것이다.

양순석 소설의 추억은 이처럼 가족으로부터 이탈했지만 그러나 완전히 이탈하지는 못한 딸의, 지옥 같은 불화의 공간에 대한 추억이다. 앞에서 보았듯 이 추억이 사건이나 사물에 대한 기억이기보다도 옛 감정의 반추라면 그것의 현재적 의미는 무엇일까. 옛 감정의 반추를 통해 삶의 존재론적 불화와 그 불가해한 비극성을 드러내는 것일까. 그렇기도 하고 그렇지 않기도 하다. 양순석의 소설을 그 씌어진 순서에 따라 통시적으로 읽지 못한 나로서는 그것들을 공시적 지평 위에 올려놓고 바라볼 수밖에 없는데, 그렇게 보면 양순석의 전망은 적어도 네 가지 방향의 복합 속에서 불안정하게 흔들리고 있다.

「겨울 나무」와 「저녁 길」은 비극적 전망으로 기울고 있다. 「겨울 나무」의

'나'는 용화네 문간방 시절을 '길고 암담했던 겨울'로 추억한다. 사실 그 겨울은 '내'가 수옥언니라는 매개를 통해 유년에서 소년으로의 이행을 이루는 시간이며 그런 의미에서 이 소설에 성장 소설적 색채를 부여해주기도 한다. 수옥언니는 '나'에게 "일찍 어른이 될 수도 있는 길을 매일 밤 은밀히 가르쳐주"었다. 어른이 되는 것만이 가족에의 예속으로부터의 유일한 출구라고 생각하며 그날을 기다리지만, 그러나 그 길에는 어떤 편법도 없는 탓에 더욱 절망하고 있는 '나'에게 "어른이 안 된 상태에서 어른처럼 굴 수 있"는 수옥언니는 경탄의 대상이며 동경의 대상이었던 것이다. 그런데 그 성장은 삶에 대한 비극적 전망의 생성과 궤를 같이하고 있다. 수옥언니는 용화네 오빠의 아이를 낳았고, 그 일은 '나'에게 상처를 주며, "수옥언니와 함께 지냈던, 그 겨울의 유담뽀를 묻어두고 들었던 이야기들"은 신비의 체험에서 잊고 싶은 고통의 그것으로 추락해버리는 것이다. 「닫힌 문」에서 정신병의 유전을 피하기 위해 들인 양자가 선천성 뇌성 소아마비에 걸리는 것은 그 비극적 전망의 정도를 짐작케 해준다. 가족으로부터의 이탈이라는 맥락에서는 멀리 떨어져 있는 작품들이지만 「저녁 길」과 「적지에서 만난 사람」도 양순석의 비극적 전망을 잘 보여준다. "담희는 길에 버림받고서 컴컴한 골목을 돌아 여섯 개의 계단을 밟고 올라가 쪽문의 자물쇠에 열쇠를 꽂는다"라는 「저녁 길」 결미부의 묘사는 양순석의 비극적 전망이 얼마나 도저한가를 실감케 한다.

그러나 양순석은 이 비극적 전망의 반대편에서 화해를 시도하기도 한다. 「물그림자」에서 저수지를 메운 흙 위로 걸어 들어가며 "아버지한테 나도 데려가줄래?"라고 말하는 순하는 화해의 기미이다. 여기서 누하는 "물 위를 걸어서 어둠 속으로 사라져가는 순하를 안타까이 부르며" "물 밖에 서 있"다. 시점이 되고 있는 누하는 아직 화해를 향해 나아가지 않고 있는 것이다. 그에 비해 「귀향」의 하명과 「바람의 성」의 '나'는 화해를 향한 움직임의 발동을 분명히 보여준다. 「귀향」의 하명은 버려진 이복동생을 찾아나설 결심을 하고, 「바람의 성」의 '나'는 정신 병원에 맡겨진 어머니를 만나러 달려가는 것이다. 여기서 우리는 비극적 전망에서 화해로의 전이가 어떻게 이루어지는지를 조심스럽게 살펴보아야 한다. 「바람의 성」에서 그 전이는 돌연히 이루어진다.

> 바로 이때, 단단한 껍질로 겹겹이 싸여 이루어졌던 성이 파열되면서 나는 전혀 새로운 세계에 던져졌다. 누구에 의한, 무엇에 의한 것도 아닌 순간의 파열이었다. 절로 그렇게 되었다. 그렇게 될 수밖에 없었던 것이었을까. 아, 아, 살 것 같다. 한없이 뒤엉키었던 악의 뿌리들에서 나는 춤추며 풀려나오고 있었다. (「바람의 성」)

그러나 묘사와는 달리 이 전이는 돌연히, 아무런 이유 없이 이루어진 것이 아니다. 이 전이에 앞서 반성의 과정이 있었던 것이다.

> 내가 성인이 되어 일하기 시작한 저 암울한 시립 정신 병원에서조차 나는 내 고통과 증오를 뛰어넘지는 못했다. 나는 끝내 내 성에서 벗어나오지 못했다. 그리하여 나는 그곳보다 더 추악한 곳에 나를 던져버림으로써 자유롭고 싶었다. 그러나 그것은 내 자신의 성으로부터 탈출하려는 의지였다기보다 내 고통과 증오의 확인을 위해서였을 것이다. (「바람의 성」)

자신의 이탈의 삶이 '고통과 증오의 확인'일 뿐이었다는 반성적 깨달음이 선행하고 있는 것이다. 「귀향」의 하명은 반성과 정화의 과정을 거친다. "나는 아이를 낳아서 버리지는 않았다고 외치고 외쳐도 그것이 용서받을 수 있는, 면책의 근거이기는커녕 오히려 정녀보다 더 크나큰 죄를 범한 자의 교활함인 것"이 아닌가 하는 반성과, 죽은 태아의 꿈을 꾸고 "미움도, 기억도, 욕망조차도 남김없이 떠나 있음을 느낌"는 정화가 그것들이다.

양순석의 화해는 정화보다는 반성의 맥락 쪽에 더 많이 닿아 있는 것 같다.「겨울 나무」에서는 막연히 '부끄러움'이라고만 표현되고,「바람의 성」「귀향」에서는 단편적으로 나타나는 반성이「지워지지 않을 그 연둣빛」과「거인의 딸」에서는 상당히 전경화되어 나타난다.「지워지지 않을 그 연둣빛」에서 반성은 작품 전체를 감싸는 하나의 틀이 되고 있다. 이 작품이 8년 전과 18년 전이라는 이중의 회상 구조로 되어 있는 것은 우연이 아니다. 여기서 8년은, "다시는 기억 속에서 지워지지 않을 그이의 연둣빛은 그렇게 높다란 곳에 자리 잡고서 때때로 내 삶에 그 빛을 쏘아대기 시작했다"라고 묘사되는 반성의 시간이며 그 시간의 양적 확보가 작품 전체의 구조에 질적 영향을 미치고 있는 것이다.「거인의 딸」에서 반성은 서술상으로 높은 비중을 차지한다. 여기서 반성은 아버지의 진실에 대한 이해의 과정과 겹쳐지는데, 그것의 선행이 진옥의 화해의 울음에 진정성을 부여해준다.

한편,「귀향」에서 얼핏 나타나는 정화의 모티프는 그 밖의 작품들에서는 별로 뚜렷하게 나타나지 않는다. 다만「허공에 걸린 길」은 그것을 구원의 모티프로 발전시켜 집중적으로 탐색하고 있다.「허공에 걸린 길」은 이 창작집의 유일한 중편이며 구성도 그에 걸맞게 복합적인 데다가 개인의 삶과 가족 내적 현실에 갇혀 있지 않고 사회적 현실에까지 그 주제를 확산시키고 있는, 양순석으로서는 다소 예외적이라 할 작품이다. 이 작품의 복합적 구성은 그러나 그 짜임새가 치밀하지 못하고 자못 산만하여 중편 소설로서 그다지 성공적이라고 할 수 없고, 사회적 현실로의 주제의 확산 역시 개인의 삶과 그 자의식이라는 경계를 긍정적으로 넘어섰다고 할 수 없다. 가령 대학 때 만났던 '푸른색 바께스의 남자,' 학교 선생을 그만두고 다니기 시작한 출판사의 사장, 거기서 만난 일본어 번역자 등은 모두 반정부 학생 운동에 관계되는 사람들이지만 주인공 선희에게 그들은 죄의식과 속죄 의식의 촉발자이거나 광주 사태 당시의 암울한 상황의 개별적 증후일 뿐인 것이다. 양순석 소설 세계의 문맥에서 보자면 이 작품은 구원의 모티프가 주도적인 것이 되고 있다는 점에서 주목된다.

「허공에 걸린 길」에서 구원은 길 이미지로 형상화된다. 교직에 사표를 내고 한동안 칩거하던 선희는 "광야에 버려진 자신을 수습할 길"을 찾아나선다. 그 길은 선희가 열일곱에서 스무 살이 될 때까지 지나다니던 길인바, "길의 원형 같은 모습으로 선희의 기억 속에 간직되어 있었다."

> 허공의 작은 방에 갇혀 황량한 사막을 느끼고 있는 선희에게 다시 그 길이 떠올라주었을 때 선희는 아, 그 길, 하며 오래 찾지 않았던 사원을 찾듯 경건하고도 구원에 이르는 느낌으로 길을 찾으러 나선 것이었다. (「허공에 걸린 길」)

> 그 길에 서면 세상은 발 아래로 밀려났다. 참으로 높다란 길이었다. 지금 그 길을 찾아가고 있는 선희에게 길은 마음속에 등불을 밝히듯 떠올라 따뜻하고도 부드러운 힘으로 선희를 이끌고 있었다. (「허공에 걸린 길」)

그 길이 길 자체로서 구원인 것은 아니다. 거기에는 '푸른색 바께스의 남자'가 있다. 그에게서 선희는 "치열한 싸움에서 무장 해제된 자의 자유와 평화"를 보았던 것이다. 선희가 그 길을 다시 찾아가는 것은 그 자유와 평화를 다시 확인하기 위한 것이다. 그러나 그 길은 산과 함께 해체되어 사라져 버렸다. 길이 있던 자리는 이제 허공이 되어버려, "길을 찾으려면 허공을 더듬어 걸어야 한다." 그 길의 사라짐은 사실상 대학 때의 한 사건에서 이미 예고되고 있다. 대학에서 다시 만난 '푸른색 바께스의 남자'의 부탁을 선희는 거절했고, 그 직후 그 남자는 반체제 활동 혐의로 체포되어 투옥되었다. 선희는 "자신을 절실하게 필요로 해준 사람에 대한 가책"에 빠졌고, "그와 다시 걸어보기로 했던 그 길, 길에의 갈망과 꿈은 애처롭게 사라져 갔"던 것이다.

그 길이 소설의 말미에서 다시 나타난다.

　그리고 그 불빛들 사이로 아득히 뻗은 길을 선희는 보았다. 지겹도록 보아 왔던, 버스가 지나다니는 바로 그 길이었다. 그런데 순간 선희는 많은 불빛들 사이로 난 그 길에서 산사태로 사라져버린 길의 모습을 본 것이다. 사라진 그 길이 무지개처럼 나타나 눈앞의 불빛들 사이의 허공에 걸리는 것을 선희는 본 것이다. 길은 아득히 높다랗게 허공에 걸리었고 선희는 버스에 실려 흔들거리는 몸으로 그 길을 향해 오르고 있었다. 선희의 몸은 깃털처럼 가벼이 허공에 걸린 길에 다다르고 있었다. (「허공에 걸린 길」)

　이 '허공에 걸린 길'은 지쳐버린 자의 도피 욕망이 빚어낸 환상 혹은 망상인 것일까. 물론 그렇지 않다. 거기에는 선희의 일종의 존재의 전환이 개재되어 있다. 그 전환은 대지 모신적 전환이다. 상처와 고통에 지친 이형철을 포용하는 일이 이 전환에 선행한다. 이형철에 대한 포용은 그녀를 절실히 필요로 하는 사람에 대한 포용이고, 기억 속의 '푸른색 바께스의 남자'에 대한 포용이다. 나아가서 그것은 광주 사태의 무서운 풍문 속에서 도저한 절망에 빠진 수많은 사람들에 대한 포용으로 확대된다. 양순석의 구원은 모성의 구원인 것이다. 그러고 보면 양순석 소설에서 우리는 일종의 모성의 문학을 발견할 수 있다. 「저녁 길」의 담희와 아이, 「닫힌 문」의 희재와 수장 등의 모녀 혹은 모자 관계는 말할 것도 없고, 「귀향」의 죽은 태아의 꿈과 이복동생을 찾아가고자 하는 결심, 그리고 「거인의 딸」에서 아버지의 잘린 다리의 상흔에 손을 얹고 우는 울음 같은 것들은 모두 모성의 발현과 관련되는 것이다.

　양순석의 추억의 형식은 불화의 삶의 비극성에 대한 도저한 인식에서 반성과 화해, 그리고 모성에 터한 구원의 추구에 이르는, 자못 넓은 의미의 지평 위에서 부유하고 있다. 이 부유가 불안정한 흔들림인지 아니면 어떤 포관적 전망을 향한 모색인지 아직 분명치 않지만, 그것이 근자에 부쩍 성행하고 있는 자기 미화 내지 자기 합리화로서의 회상의 형식과는 근본적으로 변별되는 것이라는 점만은 분명하다. 변별될 뿐만 아니라 그 거짓 회상의 형식들의 거짓됨을 날카롭게 드러내는 거울의 역할을 하기도 한다. 양순석의 추억의 형식은 90년대 문학의 지평에 뚜렷한 하나의 긍정적 가능성으로 떠오르고 있다. (1996)

포스트모던 시대의 자아 탐구

　포스트모던 시대에 자아 탐구라니? 자아 탐구는 근대에나 어울리는 것이지, "나는 내가 아닌 곳에서 생각한다. 고로 나는 내가 생각하지 않는 곳에 존재한다"라는 라캉의 유명한 말로 대변되듯 자아의 동일성이 근본적으로 의심받는 시대에 그것은 진부하고 상투적이며 지극히 시대착오적인 것으로 여겨질 만하다. 그러나 자아 탐구라는 것이 반드시 근대적 자아에 대한 소박한 신뢰 위에서만 이루어지는 것은 아니다. 근대적 자아의 견고성과 완결성이 파괴된 오늘날의 실제적 자아 상황에 대한 냉엄한 성찰 또한 일종의 자아 탐구이기 때문이다. 바로 그런 의미에서의 자아 탐구를 집중적으로 수행하고 있는 작가가 김연경이다. 지금 우리 문단에서 가장 젊은 축에 속하는 김연경(93학번이니까 스무서너 살쯤 된다)이, 자아 상실을 당연한 전제로 받아들인 채 환멸에의 탐닉을 즐기는 바로 윗세대의 일단의 풍조에서 성큼 벗어나 진지한 성찰의 모습을 보이는 것은 무척 고무적인 일이라 하지 않을 수 없다.

　김연경 소설 세계로의 여행의 초입에서 우리는 '언제나 없는 여자'를 만난다. 「언제나 없는 여자」는 1995년도 서울대학교 대학 문학상 수상작으로서 제도적 명분을 떠나 생각하면 실질적으로 김연경의 데뷔작이라고 할 수 있는 작품인데, 김연경 소설 세계의 김연경다움은 이미 여기서부터 뚜렷이 나타나고 있다. 자동 응답 전화에 "공무영입니다. 지금 무영이가 여기에 없으니 메모를 남겨주세요"라고 녹음해두고, "옆으로 가만히 물러나 앉아서, 녹음된 자신의 소리가 흘러나오고 그뒤에 누군가가 소리를 남기는 그 과정을 지켜보는" 여자, 그리고 그녀에게 전화를 걸어 녹음된 메시지를 듣고서 말없이 전화를 끊는 남자 손(孫). 손의 전화걸기와 공무영의 메시지 변경 사이에는 한편으로 투쟁이면서 다른 한편으로 대화인 특이한 관계가 이루어진다. 투쟁이라는 점에서 보면 공무영은 '남자의 심술궂은 장난'을 퇴치하고자 하고 손은 여자의 '관음증적인 즐거움'을 전복시키고자 한다. 그러나 대화라는 점에서 보면 둘은 "실제 나는 여기에 있는데, 동시에 나는 여기에 없다는 것"을 성립시키기 위해 공모하고 있는 셈이다. 손이 공무영의 실체를 확인할 수 있는 기회를 고의적으로 회피해버리는 것은 그 공모 때문이다. 손과 공무영은 우연히도 공통점을 가지고 있다. 손은 눈동자 없음과 발 없음에 대한 강박관념을 가지고 있고, 공무영은 스스로를 "눈동지가 없어서 소름이 끼치는 여자, 발이 없어서 제대로 걸어다닐 수도 없는 여자, 언제나 여기에 없기 때문에 통화를 할 수 없는 여자"라고 소개하고 있다. 여기에는 개연성이 없다. 다시 말해 우연성이 강하다. 그러나 그것은 리얼리즘 소설의 그럴듯함의 원칙에 입각해서 볼 때 그런 것이고, 이를 알레고리로 보게 되면 이야기가 달라진다. 알레고리로 볼 때(사실 공무영, 즉 텅 빔과 그림자 없음이라는 이름부터가 알레고리적이다) 그 공통점은 손과 공무영이 실은 같은 것의 두 측면이라는 사실을 암시한다. 그 둘은 짝패이다. 이 짝패의 관계는 자동 응답기의 메시지를 통해서만 성립된다. 그 관계는 두 차례에 걸쳐 서로 다른 방식으로 파괴된다. 먼저 문학회 회지에 실린 공무영의 글이 그 관계를 파괴한다. 공무영의 글은 공무영의 실체를 확인시켜주고, 이때 공무영은 더 이상 있으면서 없는 존재가 아니라 있는 존재로 변해버린다. 다음에는 자동 응답기의 무응답이 있는 존재 공무영을 다시 없는 존재로 바꾸어버린다. 이때 공무영은 있으면서 없는 존재가 아니라 그냥 없는 존재일 뿐이다. 자동 응답기의 메시지라는 끈이 사라져버렸기 때문이다. 첫번째 파괴에서 멈춘다면 존재는 근대적인 것으로 회귀하는 셈이 될 것이다. 그러나 여기서 중요한 것은 짝패 관계의 존재 방식이고, 짝패 관계의 끈이 끊어져버리는 것이야말로 무서운 일이다. 그래서 이 작품의 마지막 두 문장이, "오직, 없는 눈동자와 없는 발, 없는 그림자, 없는 얼굴만이 남았다. 그것은, 모든 것이 다 사라진 뒤에도 앨리스의 눈 앞에서 없어지지 않은, 고양이의 기분 나쁜 미소처럼 손(孫)의 주위를 맴돌고 있다"라는 음산한 묘사로 처리되는 것이다.

　짝패는 김연경 소설 도처에 등장한다.「아 베, 혹은 생존의 방식」의 아와 베 두 여자,「소희(消稀), 기억의 접점에 서다」의 소희와 지영 두 여자. 아와 베는 성격이나 생활 방식에서 아주 대조적인 모습을 보여준다. 아는 '아름답고 사랑스러운 여자'이고 베는 '엄격하고 철저한 여자'이다. 아는 '자유분방한 생활'을 하고 베는 '금욕적인 생활'을 한다. 둘의 관계는 처음에는 다정한 것이었으나 자유분방이 방탕으로 치닫고 금욕이 자폐에 가까워져감에 따라 차츰 멀어지고 드디어 단절된 관계가 되어버린다. "두 사람은 서로의 완전히 단절된 관계에 만족하고 있었다. 그리고 이 무관심의 깊은 곳에 상대방에 대한 증오와 경멸을 키우고 있었다. 그것이 서로에 대한 질투요, 선망이라는 것을, 두 사람 모두 깨닫지 못하고 있었다." 증오/질투, 경멸/선망의 복합 감정은 이들 두 사람이 짝패라는 것을, 자리 바꿈이 가능한 짝패라는 것을 암시한다. 그 관계는 강간을 당한 베가 자살을 해버림으로써 해체된다. 혼자 남은 아는 차츰 죽은 베를 닮아간다. 소희와 지영은 유년 시절과 사춘기를 함께 보낸 친구이다. 둘은 자라면서 서로를 닮아갔다. "무슨 말을 하면, 그것이 자신의 말인지, 상대방의 말인지 쉽게 잊어버"릴 정도로 둘 사이에는 주객의 경계가 지워졌다. 둘은 서로 이름을 바꾸어서 부르곤 했다. 지영이 죽고서 20년이 지난 뒤 지영의 애인이었던 남자가 소희를 만난다. 이 남자는 혼란을 겪는다. 20년 전 지영의 이름을 소희로 알고 그녀와 사귀었기 때문이다. 그러니까 20년 전의 소희는 '소희(지영)'이고 지금 만난 소희는 '소희(소희)'가 되는 것이다. 결국 남자는 소희(지영)와 소희(소희)를 동일시하게 되고 소희(소희) 역시 자신과 소희(지영)을 동일시하게 된다. 아와 베, 그리고 소희와 지영은 두 인물이지만 알레고리적으로 보면 한 인물의 두 측면이다. 하나가 없어지면 다른 하나는 그 하나로, 즉 아는 베로, 소희(소희)는 소희(지영)로 자리 바꿈을 한다. 자아는 이 짝패와 짝패의 자리 바꿈 속에 불확정형으로 존재한다.

　김연경의 짝패는 대화적 관계에 있다는 특징을 갖는다. 앞에서 보았듯이 「언제나 없는 여자」의 손과 공무영이 그러하고, 「아 베, 혹은 생존의 방식」의 아와 베 또한 그러하다. 「아 베, 혹은 생존의 방식」에서는 그 대화적 관계가 서술 방식으로 발현되고 있다. 시점을 아에서 베로, 다시 베에서 아로 거듭 바꾸어가는 서술은 그래서 나온다. 「'우리는 헤어졌지만 너의 초상은,' 그 시를 찾아서」의 보연과 정후는 아예 번갈아 일인칭 화자로 등장하며 서로가 상대에게 말을 건다. 그런데 이 작품에서의 대화는 소통을 지향하는 대화가 아니다. 두 사람은 대화를 통해 끊임없이 단절을 확인할 뿐이다. 보연의 말처럼 "너의 세계와 나의 세계는 본질적으로 서로 닫혀 있다"는 사실을, '자아와 타자의 간극'을 확인할 뿐인 것이다(「다시 쓰는 '날개'」의 '안해'는 그 간극에 대해 "중요한 것은, 남편의 소리는 남편의 장[場]을 벗어나지 못하고 내 소리는 내 장[場]을 벗어나지 못한다는 점이다. 우리 부부의 세계는 서로가 서로를 완전히 배제한다"라고 말하고 있다). 보연과 정후의 관계는 아와 베, 소희(소희)와 소희(지영)의 관계와는 다르다. 아와 베, 소희(소희)와 소희(지영) 사이에는 자리 바꿈이 일어나지만 보연과 정후 사이에는 자리 바꿈이 일어나지 않는 것이다. 좀 더 자세히 살펴보면 여기서 정후는 실제 정후가 아니라 보연의 상상 속의 정후인 것 같기도 하다. 그렇다면 여기서 정후는 실은 또 다른 보연이라고 해야 할 것이고, 보연과 정후의 대화는 보연의 내면에서의 대화가 될 것이다.

　보연과 정후의 대화가 끊임없이 '자아와 타자의 간극'을 확인하고 있지만 기실 보연이 열망하는 것은 자아와 타자의 합일이다.

> 내게 새로운 것은 성감이 아니었다. 나는, '둘이 있음' '둘이서 하나가 될 수 있음'을 동경하고 있었던 것이다. 타인의 손으로 데위지는 내 육체에, 타인의 입김으로 흥분하는 내 뺨에, 타인의 혀와 뒤엉키는 내 혀에 감동하고 있었던 것이다.

이 합일에의 열망이 구멍 콤플렉스, 삽입 콤플렉스를 낳는다. 여기서 구멍과 삽입은 물론 비유적 의미의 그것이다. "내 질 속으로의 지속적인 삽입을 원하는 것이 아니라, 내 삶 속으로의 지속적인 삽입을 원하는 것이었다"라는 보연의 진술을 보라. 그 구멍과 삽입은, 그러나, 거의 언제나 부정태로만 나타난다. 여기저기 등장하는 거세 모티프는 구멍을 무용한 것으로 만들어버리고, 「바스러지는, 어그러지는 하루」에서는 아예 구멍 자체가 아프다. 한 곳에서,

> '그대'는 '나'를 '그대'의 방으로 데리고 간다. '나'는 '그대'가 이끄는 대로, '그대'의 공간 속으로 들어간다. '나'의 여성(女性)은 건강한 남성(男性)으로 변하고, '그대'는 그런 '나'를 받아들일 몽상하는 공간이 된다. '나'와 '그대'의 물리적인 성(性)이 3차원에서 치환된다. 남성화된 '나'는 여성화된 '그대'를 향해, '그대'의 존재 양태를 향해, 추상의 붉은 팔루스를 서서히 흔들기 시작한다.

라고 아름답게 묘사되는 긍정적인 구멍과 삽입은, 그러나 곧 거세와 아픈 구멍으로 대체되어버린다.

김연경에게 자아는 외적으로는 타자와의 메울 수 없는 거리로 특징지어지고 내적으로는 분열된 두 개의 자아 사이의 대립과 대화와 자리 바꿈 속

에서의 불확정적인 흔들림으로 특징지어진다. 김연경은 그런 자아 상황을 냉혹하다 할 만큼 끈질기게 묘사한다. 그 끈질긴 묘사의 원동력이 안정적인 자아에 대한 열망과 자아와 타자의 합일에 대한 열망이라는 점, 그럼에도 불구하고 그 열망을 값싼 화해나 천박한 환상에 맡겨버리지 않는다는 점이 김연경 소설의 미덕이다.

「고양이의, 고양이에 의한, 고양이를 위한 소설」은 그러한 김연경 소설의 자의식을 소설화한 작품이다. 카프카를 연상케 하는 부조리한 상황의 설정과 극중극 형식이 눈길을 끄는 이 작품은 따뜻하고 밝은 이야기를 쓰고 싶어 하는 작가에 대해 쓰고 있다. '스산'이라는 이름의 이 작가는 해와 달 두 소녀를 주인공으로 하는 따뜻하고 밝은 이야기를 쓴다. 그러나 그 이야기는 반드시 따뜻하고 밝기만 한 것은 아니다. 그것은 '스산'에게 들리는 고양이 울음 소리와 관계된다. '스산'은 그 울음 소리가 '야아—옹' 하는 밝은 소리인지 '아아아—아르' 하는 어두운 소리인지를 구분하지 못한다. 사실은 그 울음 소리가 자기 자신이 내는 소리임에도 그는 그것을 알지 못한다. 그가 쓴 이야기 속의 두 소녀 중 동생은 고양이의 동그란 눈동자를 보았고 언니는 타원형 눈동자를 보았다. 동그란 눈동자와 야아아—옹 하는 소리가 밝은 고양이의 그것이라면 타원형 눈동자와 아아아—아르 하는 소리는 어두운 고양이의 그것이다. 밝음과 어두움 사이에서 불안정하게 흔들리던 '스산'은 결국 어두운 고양이의 발톱에 목숨을 잃는다. '스산'이 죽은 뒤 그 자리에서 밝은 고양이가 나타난다.

> 그에겐 오직 아아으아르르아—, 하는 기분 나쁜 울음만이 현실이었다. 결국 그 울음에 먹힌 것이다. 그 살인적인 울음 속에서 어두운 스산은 사라지고, 밝은 존재가 다시 태어났다.

밝은 이야기를 쓰고 싶지만 어두움만이 현실이고 그래서 그 어두움에 먹혀버리게 되는 것이 작가의 운명이라는 것, 그러나 악령에 사로잡힌 작가의 죽음으로부터 밝은 존재가 태어난다는 것——여기서 김연경의 작가적 자의식을 읽는다면 지나친 것일까. 앞문장을 의문형으로 쓴 것은 이 작품의 알레고리가 다소 산만하고 잘 짜여지지 못한 구석이 적지 않게 눈에 띄었기 때문이다.

김연경 소설에서 주목되는 몇 가지 점들에 대해 단편적이나마 언급이 필요하겠다.

「언제나 없는 여자」의 뒷부분에 손이 꿈을 꾸는 장면에 대한 묘사가 나온다. 이 묘사가 회상의 형태로 되어 있다는 점이 특이하다. 즉

> 몇 시간쯤 지났을까. 孫은 흐느끼면서 눈을 떴다. 한동안 그는 엉엉 소리를 내면서 운명까지 원망했다. 왜 나에게 이런 꿈을 꾸게 하는가. 孫은 자신이 두 달 후면 죽게 될 18세의 폐병장이나 되는 양 감상에 젖어 울음을 그칠 수가 없었다. 아직도 꿈에서 덜 깬 기분이었다. 그는 책상 위에 앉아 현실처럼 생생한 꿈을 회상했다.

라는 문단에 이어 현재 시제로 꿈의 내용을 묘사하고 있는 것이다. 그러니까 여기서 묘사되는 꿈의 내용은 작중 인물 손의 의식에 의해 재구성된 것이다. 재구성이니만큼 여기에는 재구성자의 의식적·무의식적 의도가 포함되어 있다. 이런 재구성의 서술 방식을 김연경은 곳곳에서 사용하여 서술자의 목소리와 인물의 목소리(자기 조작까지 포함한)를 교묘하게 중첩시킨다.

「아 베, 혹은 생존의 방식」의 에필로그는 시간대가 미래로 설정되어 있다. 아와 베의 공동 생활은 90년대 후반을 시간적 배경으로 하고 있는데, 에필로그는 베가 죽은 10년 뒤 아가 35살에 결혼을 하고 54살에 죽고 아의 아들이 정신과 의사가 된 것까지를 이야기하고 있는 것이다. 「소희(消稀), 기

억의 접점에 서다」역시 비슷한 구성을 취하고 있다. 준헌—소희(지영)의 연애와 준헌—소희(소희)의 만남 사이에는 20년이라는 시차가 있다. 소희(소희)는 서울대학교 노문과 출신이다. 그러나 서울대학교 노문과는 창과 20년이 되려면 아직 멀었다. 이처럼 미래 시간을 현재형으로 끌고 들어옴으로써 김연경은 독특한 낯설게 하기 효과를 거둔다. 달리 생각하면 여기에는 작가의 혹종의 욕망 내지 강박이 작용한 것일 수도 있겠다.

또 하나 흥미로운 것은 김연경이 한국 문학 속의 이미지들을 자주 인용하고 있다는 점이다. 가령 「다시 쓰는 '날개'」에서의(이상의 패러디인 만큼 이상을 인용하는 것은 너무도 당연한 것이지만) "나는 마구 뛰어간다. 곧 날아오를 것이다. 내 눈은 저어기 푸른 남해 금산을 향한다"라는 이성복 인용이나 "환생을 꿈꾸며 그대 이슬 속으로 들어가⋯⋯ 그 꿈이 실현되려나"라는 황지우 인용, 그리고 「방에 대한 소고(小考) 1」에서의 "혀끝을 약간씩 굴리는 것이 박완서 소설에 나오는 값비싼 마담 뚜를 연상시킨다"라는 박완서 인용 같은 것들이 그러하다. 이것 자체로는 포폄의 대상으로 삼기 어려우나 다만 한 가지 마음에 걸리는 것은 이것이 패러디의 의도에서 비롯되는 것이 아니라 옛날 한문학에서의 전고(典故) 사용과 마찬가지로 독창적 발상과 표현을 찾는 수고를 선배의 차용으로 손쉽게 대체해버리는 쪽으로 기우는 게 아닌가 하는 우려이다.

한편 「'우리는 헤어졌지만 너의 초상은,' 그 시를 찾아서」에 나오는,

나는, 소설을 통해 익숙해진 문장, 내 음부가 젖어오기 시작했다, 가 두려웠다.

같은 구절도 흥미롭다. 이렇게 쓰는 것과 '나는 내 음부가 젖어오기 시작한 것이 두려웠다'라든지 '나는 내 음부가 젖어오기 시작할까 봐 두려웠다'라고 쓰는 것 사이에는 큰 차이가 있다. '내 음부가 젖어오기 시작했다'라는

'소설을 통해 익숙해진 문장'이 두렵다는 표현은 여러 가지로 해석될 수 있다. 성적 흥분에 대한 직접적 언급을 수치스럽게 느껴서 이를 간접화한 것으로 보거나, 일부러 능청을 부려 낯설게 만들려고 한 것으로 보는 것이 다 가능할 것이다. 혹은 소설과 현실의 경계가 지워진 상태에서 나오는 표현이라거나 소설을 통해 세상을 배웠을 뿐 직접 경험을 하지는 못한 자의 감각에서 나오는 표현이라고 보는 것도 가능할 것이다. 만약 후자의 해석이 옳다면 이는 필경 현 단계 김연경 소설의 모종의 한계와 관련될 터이다.

첫 소설집을 내고 난 뒤 우리의 젊은 소설가 김연경이 또 어떤 발전을 보여줄지 궁금하다. (1997)

분단 소설과 복합 소설

완성된 『불의 제전』을 통독하면서 필자는 깊은 감회에 사로잡히지 않을 수 없었다. 『불의 제전』의 제1부가 씌어진 때가 1980년부터 1982년까지였고 필자가 비평적 글쓰기로 우리 문학에 참여하기 시작한 것이 1982년이었으니 이 장편 소설의 집필 기간은 필자의 비평 경력보다도 더 긴 것이다. 게다가 필자는 1983년에 「관념론의 유혹과 그 극복」이라는 자못 나이브한 글을 쓰면서 『불의 제전』 제1부에 대한 짤막한 언급을 논리 전개의 주요한 고리의 하나로 삼았던 것이다. 돌이켜보면 그뒤로 지금까지 세상은 많이도 변해왔고 필자의 글쓰기 또한 그 변화에 따라 함께 변해왔거니와, 필자의 변화는 사실상 적절성의 충분한 확보 여부가 의심스럽지 않았는가 싶게 위태로운 흔들림 속에서 이루어져온 듯하다. 완성된 『불의 제전』이 그런 느낌을 강력하게 불러일으킨다. 장장 18년에 걸쳐 씌어졌음에도 불구하고 『불의 제전』은 처음부터 끝까지 일관된 구상과 방법을 관철하고 있는 것이다. 물론 세상의 변화에 따라 표현상의 제약 정도가(특히 정치적인 방향에서) 달라져왔다는 것이 묘사의 세부에 영향을 미치고 있음은 분명해 보이지만, 근본적으로 원래의 구상과 방법이 위태롭게 흔들리거나 하지는 않는다. 이를 두고 작가 김원일 자신은 "시대의 변화에 적절하게 대응하지 못하는 아집을 두고 괴로워했"다고 「서문」에서 말하고 있으나, 완성된 『불의 제전』이 결과적으로 보여주는 것은 작가가 '아집'이라고 겸손하게 표현한 것이 실은 표면상의 변화에 현혹되지 않는 심층에의 투시력이라는 점이다. 언제부턴가 우리 문학에서 분단 소설이 거의 자취를 감추었지만 분단은 여전히 우리 민족의 엄연한 역사적 조건인 것이며, 또한 리얼리즘이라고 하면 진부한 것으로 치부해버리는 풍조가 바야흐로 만연하고 있지만 기실 우리의 민족 현실은 여전히 리얼리즘을(리얼리즘만은 아니겠지만) 강력하게 요청하고 있는 것이다. 작가가 1984년에 제1부를 출간하면서 썼던「서문」의 다음과 같은 대목은 지금도 여전히 유효하다.

사실 그 시대는 우리 민족만이 당한, 지금도 증오로 앙갚음하겠다는 분단의 연장선상만은 아니다. 과거에도, 지금 제3세계라 일컫는 세계 여러 나라에서도 동질의 악순환은 되풀이되고 있다. 절대적 빈곤과 질병에 시달리며 생존 자체를 위협받고 있는 나라, 이데올로기나 계층 간의 편견으로부터 해방을 원하는 나라, 사대주의와 민족주의의 간극이 갈등을 빚는 나라, 자유와 민주 또는 평등의 실천적 외침이 통제되는 나라가 있는 한, 이런 소재가 역사의 한 장으로 물러날 수 없으며, 작가란 그런 모순의 현실을 외면해서는 안 된다고 믿는다.

위 인용의 전언은 13년의 시차를 뛰어넘어 표면상의 아류 제국주의적 변화에 현혹되거나 이 변화를 의도적으로 강조하는 오늘의 지배 담론에 힘있게 맞선다. 완성된『불의 제전』은 애당초 이 작품의 구상 자체가 협소한 상황 논리를 뛰어넘어 보편적인 것에 닿아 있었음을 돌이켜 생각하게 하는 것이다.

완성된『불의 제전』을 통독하면서 필자가 우선 주목한 것은 그 서술 방식이다. 잘 알려져 있듯이 이 장편 소설은 1950년 1월부터 10월까지를 그 시간적 대상으로 하고 있는바, 달별로 장을 구분하고 달마다 여섯 날 내지 열두 날을 잡아 날별로 절을 구분하여 외견상 일지 형식을 취하고 있다. 시점은 한 인물에게 고정되지 않고 여러 인물들 사이를 자유롭게 이동한다. 가령 1월 14일 절을 보면 안시원에서 한광조로, 다시 한광조에서 아치골댁으로 시점 이동이 이루어지는데, 그 이동은 대체로 연속성 속의 자연스러운 이동이다. 서교장 댁 사랑방에서의 대화 중에 슬그머니 안시원에서 한광조로 옮겨가는 식이다. 화자는 전지적 입장에 서기를 극력 억제하고 3인칭 주관적 시점을 대체로 엄격히 지킨다. 서술 시제는 현재 시제를 원칙으로 하고 있다. 과거형 서술은 배경 설명이 필요할 때 부분적으로 나타나기도 하지만 대개 3인칭 주관적 시점을 이탈하지는 않는다. 이러한 서술 방식이 의도하는 것은 우선 객관성의 확보이다. 각 인물의 그때그때의 주관성을 존중함으로써 오히려 객관성을 확보하려는 것이다. 여기에는 객관성이란 것이 단일하고 고정 불변하는 것이 아니라 여러 주관성들의 공존 속에서 항상 현재적으로 형성되는 것이라는 생각이 숨어 있다. 따라서 화자의 목소리를 극력 억제하는 것은 당연한 일이다. 조금 각도를 바꾸어 생각해보면 이러한 서술은 일종의 다성적 소설 공간을 만들어낸다. 여러 인물들의 목소리 사이에, 그리고 그것들과 극력 억제되어 있기는 하지만 간간이 표출되곤 하는 화자 자신의 목소리 사이에 대화적 관계가 이루어진다. 이러한 서술로 인해 각 인물은 저마다 나름대로 독특한 삶의 양감과 질감을 갖는 살아 있는 인물이 될 수 있다. 작가는 각 인물의 나름대로의 삶의 진실을 존중한다. 물론 필경은 작가의 전체적인 해석이 그 모든 것을 포괄하며 은밀히 조정하지만, 각 인물의 존중이 작가의 전체적인 해석에 한층 더 설득력을 부여해준다.

『불의 제전』을 올바르게 읽기 위해서는 이러한 각 인물의 다양한 삶의 진실에 주목해야 하는바, 여기서 인물의 일정한 분류 작업이 필요해진다. 그러나 『불의 제전』의 작중 인물들을 계급 내지 출신 성분별로 분류하는 것은 무의미하다. 작가 김원일은 계급 내지 출신 성분의 존재 결정성을 불신한다. 이 작가에게 중요한 것은 오히려 실존적 선택이다. 그것은 이 작가가 유전을 믿지 않고 교육의 힘을 중시하는 것과 맥을 같이한다. 가령 지주 집안 출신인 배종두가 공산주의 운동의 혁명 전사의 길을 선택한다든지 탐욕스럽고 파렴치한 작은 서씨의 아들 서성구가 선량하고 순진한 성품이라든지 하는 설정이 그러하다.『불의 제전』의 작중 인물들은 오히려 이념과의 관계라는 점에서 파악될 때 그 유효한 분류가 가능해진다. 이 대목에서 필자는 14년 전에 한 차례 인용한 적이 있는 허버트 리드의 다음과 같은 말을 당시와는 다른 방식으로 다시 한번 인용할 필요성을 느낀다.

우리 시대의 문제는 양심이나 책임의 문제가 아니다. 다시 말해서 왜 파시즘이나 공산주의를 위해서 또는 그것에 대항해서 기꺼이 죽을 수 있는 선택을 하지 못하는가가 아닌 것이다. 문제는 오히려 사람들이 어떤 종류의 주장에 대해 개인적인 아무런 확신도 없이, 보이지 않는 그물 속으로 물고기떼가 들어가듯이, 불확실하고 막연한 주의를 위해 스스로 고통을 겪어야 하는가 하는 점이다. 문제는 말 못 하고 우매한 대중의 고통이다.

현대의 전쟁은 이러한 대중의 익명의 운명에 대한 묵시적 승인이며 조롱과 자기 연민이 그 승인의 언어적 표현이라는 것, 그래서 우리 시대는 비극적이지만 우리 시대에 비극적인 시는 없다는 것이 허버트 리드의 입장이다. 그러나『불의 제전』은 허버트 리드의 입장과는 아주 다르게 이 문제에 접근하고 있다.『불의 제전』에서도 말 못 하고 우매한 고통받는 대중, 그리고 그 대중의 익명의 운명에 대한 묵시적 승인이 전체적인 사회적 조건으로서 근저에 깔려 있지만 이 작품은 그에 대한 조롱이나 자기 연민으로 손쉽게 흘러버리지 않는다. 대신『불의 제전』에서 전경화되는 것은 우매하지 않은 지식인들이다. 그들은 이념에 대한 확고한 신념과 선택을 보여주거나 주어진 이념 대립의 틀 자체에 대한 회의와 새로운 이념적 모색을 보여준다. 또한 대중은 우매한 대중으로만 나타나는 것이 아니라 한편으로는 광기와 폭력의 가해자이자 피해자로 나타나기도 하고 다른 한편으로는 이념 이전의 원초적 생명력의 활동으로 나타나기도 한다. 작가 김원일의 시선은 훨씬 복합적인 것이며 그의 언어는 독백적이지 않고 다성적인 것이다. 그리하여 조롱과 자기 연민은 김원일의 언어를 결코 지배하지 못한다. 김원일의 언어는 기본적으로 반성적이며 그의 태도는 깊은 의미에서 계몽주의적이다.

우선, 이념에 대한 확고한 신념과 선택을 보여주는 인물은 대부분 좌익 쪽 사람들이다. 배종두와 조민세, 그리고 안진부가 대표적 인물이다. 이들 셋은 그러나 같으면서도 다르다. 빨치산 활동가 배종두는 그야말로 강철 같은 신념의 소유자로서 한 치의 회의도 없이 이념을 위해 헌신한다. 그는 가족주의적 감상에 빠질 것을 꺼려 자신의 갓 태어난 아들을 볼 기회조차 거절하고 동지들에게로 달려간다. 조민세는 탁월한 이론 능력과 실천 능력을 갖춘 공산주의 운동의 고급 지도자이면서 아내와 자식들에 대한 연민, 한정화에 대한 애정, 남로당과 북로당 사이에서 겪는 갈등 등 인간적 고뇌를 앓는 면모도 보인다. 그러나 필경은 북로당계의 대좌 자리를 내놓고 빨치산 부대장이 되어 지리산 지역으로 뛰어든다. 남로당 서울 지도부 자금책으로 활동해온 안진부는 조민세와는 달리 북로당의 남로당 탄압에 환멸을 느끼고 마지막 순간에 전향해버린다. 이들 셋의 차이는 다 나름대로의 상대적 진실이 있는 것으로 그려지고 있다. 반면 우익 쪽 사람들 중에는 확고한 신념과 선택을 보여주는 인물이 거의 나타나지 않는다. 심동호는 봉건 지주에서 자본가로 전신하는 예일 뿐이고, 월남한 지식인 허정우는 병자인 데다가 수동적인 위치에 있을 뿐이며, 기껏 심찬규 정도가 이념이라 할 만한 것을 가지고 있으나 그는 크게 보면 충실한 직업 군인 이상이라 말하기 어렵다. 노기태나 임칠병은 기실 우매한 대중의 광기적·폭력적 발현에 불과하고, 강명길이 비교적 광기와 폭력으로부터 거리를 두고 있으나 그 또한 기능적 직업 경찰일 따름이다. 이들에게서 확고한 신념과 선택을 발견하기란 난망한 일이다.

역시 주목해야 할 것은 이념 대립의 틀 자체에 대해 회의하며 새로운 이념적 모색을 하는 인물들이다. 심찬수와 안시원·박도선·이문달 등이 그들이다. 그러나 좌우 대립은 동지가 아니면 곧 적이라는 폭력적 양자택일의 틀 속으로 들어올 것을 강요하고 심찬수 등은 그 강요에서 결코 자유로울 수 없다. 양심적 교사이자 비판적 지식인이었던 이문달은 결국 좌 쪽에 가담하게 된다. 한때 좌익 운동을 했으나 좌익 이념에 한계를 느낀 뒤 민족주의적 농민 운동에 헌신해온 박도선은 좌익 동조의 혐의로 경찰서에서 고문을 당하고 강제 징집되었다가 실명하여 귀향한다. 근친 결혼의 죄의식을 상처로 안고 있는 안시원은 사려 깊고 분별력 있는 민족주의자로서 말의 참뜻에서의 보수주의와 그 상대적인 긍정적 의의를 보여주는 독특한 인물이지만 그 역시 좌익 동조의 혐의로 경찰서에서 고문을 당한다. 마지막 장면에서의 그의 조용한 죽음은 한 시대의 종언에 대한 암시를 짙게 띠고 있다. 박도선의 실명과 안시원의 죽음 뒤에 그들의 역할을 이어받을 인물로 남는 사람이 심찬수이다. 심찬수는 한때 좌익 운동에 참여했으나 일제 말 학병으로 끌려나갔다가 생존을 위해 인육을 먹는 극한적 경험을 하고 외팔이가 되어 돌아온 뒤 냉소와 허무에 젖어 자학을 일삼아온 인물이지만 그의 의식은 항상 깨어 있고 그의 비판적 지성은 예리하다. 심찬수의 사상적 기조는 민족주의와 휴머니즘이라고 요약될 수 있다. 한편, 심찬수 등과는 다른 한 방향도 간과될 수 없다. 서주희를 대표로 하는 기독교적 삶이 그것이다. 사회주의의 기독교 탄압이 그 반발로 반공주의적 기독교의 득세를 부추겼지만 기실 기독교는 좌우 대립 너머에 있는 것으로서 흔히 사회적 진보성과 긴밀히 결합하곤 한다. 이 작품에서 그것은 서주희와 박도선의 결합에 대한 암시로 나타난다.

원초적 생명력의 활동으로서의 대중 또한 이 작품에서 무시할 수 없는 비중을 차지하고 있다. 그 극명한 두 예로 아치골댁과 봉주댁을 들 수 있다. 빨치산 활동을 하던 소작농 출신 남편이 죽은 뒤 아이들을 데리고 끈질기게 생명을 이어가는 아치골댁은 비록 우매하지만 선량하며 가장 근본적이고 보편적인 의미에서의 인류의 정체성을 암시하는 인물이다. 서유하의 강간으로 인해 태어난 아이에 대한 그녀의 사랑은 거의 대지 모신의 이미지를 연상시킨다. 그녀를 두고 우매한 대중 운운하는 것은 인류에 대한 모독일는지도 모른다. 한편 봉주댁은 지적 능력의 결핍이라든지 봉건 습속에의 감염이라든지 하는 점에서 아치골댁과 마찬가지로 우매한 사람이지만 아치골댁과는 달리 자기 희생적이지 않고 이기적이며 인간적이라기보다는 동물적인 존재이다. 그러나 남편 조민세의 부재를 자기 삶의 불가피한 조건으로 수락한 뒤 그녀 또한 원초적 생명력의 화신으로 변한다. 비록 아치골댁의 소박함과 순수함은 찾아볼 수 없고 속물 근성으로 가득 차 있기는 하지만 말이다. 하긴, 이 속물성과 원초적 생명력의 결합이라는 형태의 어머니가 한국 전쟁 이후 '부(父)의 부재'의 시대에 한국 사회에서 실질적인 아버지 역할을 했던 것이지만.

　김원일은 광기와 폭력의 가해자를 제외한 『불의 제전』의 모든 인물들에 대해 각각 나름대로의 상대적 진실을 인정하고 많은 경우 그들 자신으로 하여금 자신의 목소리로 그것을 말하게 하고 있지만, 그가 좌우 대립이 초래한 광기와 폭력의 현실을 넘어설 전망을 모색하는 곳은 주로 두 군데에 있다. 민족주의적이고 휴머니즘적인 지식인이 그 하나이고 원초적 생명력의 활동으로서의 대중이 그 둘이다. 좌파에 대해서는 그 상대적 진실은 인정하지만 그에 동의하지는 않는다. 좌파 중에서도 남로당 계열과 북로당 계열에 대한 평가가 다르다. 둘 중에서는 상대적으로 남로당 계열에 좀 더 우호적이다. 이러한 김원일의 전체적 해석은 주로 한국 전쟁에 대한 그의 인식 방법과 관련된다. 김원일은 한국 전쟁을 이데올로기 대리 전쟁으로 파악한다. 그것은 이 일곱 권짜리 방대한 장편 소설의 마지막 대목인 투계 장면에서 분명한 비유로 제시된다(이 투계 장면은 적어도 1985년 이전부터 작가가 구상해둔 것임이 분명해 보인다. 작가의 부탁을 받은 화가 오윤이 표지화로 쓰인 판화 투계도를 그려준 것이 1984, 85년경이었으니까 말이다). 한배 태생의 두 마리 싸움닭이 온통 피투성이가 되어 싸우는 모습과 그 구경꾼들의 대화를 보라.

"참말로 정 떨어지구만. 역시 짐생은 짐생인 기라. 지 새끼 잡아묵는 짐생이 읎나, 에미하고 붙어묵는 짐생이 읎나. 성제간끼리 저래 피칠갑해가꼬 달겨드이, 족보고 나발이고 저늠들도 역시 짐생 새끼인께 할 수 읎지러." 방노인이 혀를 찬다.

"사람도 그렇지 머예. 에미 뱃속에서 같이 나와도 따로 키아보이소. 다음에 커서 만내도 성제간인 줄 알아보겠습니꺼. 저늠들도 주인이 다르이까 그저 주인 시키는 대로 충성심을 보이겠다고 저래 죽도록 피를 뿌리지예."

미국과 소련 사이의 대리 전쟁을 치르며 형제간에 피를 흘린 한국 전쟁이 이 닭싸움과 다를 바가 무엇인가. 미국의 대리인을 맡은 남한 권력과 소련의 대리인을 맡은 북한 권력은 그 점에서 마땅히 비판을 받아야 한다. 그러나 남한 권력과는 달리 북한 권력은 구성이 다소 복잡하다. 갑산파 중심의 북로당계는 엄연히 소련의 대리인 노릇을 했다고 할 수 있지만 남로당계는 주로 남한 현실의 모순과의 싸움에 그 연원을 두고 있으며 비교적 순수성을 띤 측면이 있는 것이다. 작중의 조민세·배종두·안진부는 바로 그 순수한 측면을 대표한다. 물론 남로당계에 순수하지 못한 측면도 있다. 그것은 조민세가 전쟁 전 서울 지하당 기관지에 발표한 「유격전의 전략과 전술」이 어떻게 취급받는가 하는 데에 잘 나타난다. 해주 지도부에서는 진실보다는 전략을 중시한다. 그것도 노동당 내부의 남로/북로 간 권력 투쟁에서의 전략이다. 그 글 때문에 숙청당할 뻔했던 조민세가 북로당계에 의해 구함을 받지만 북로당계 역시 조민세의 그 글을 전략적 목적으로 이용하고자 하는 것이다. 이는 어찌 보면 진실과 권력 간의 항상적 갈등의 한 발현이라고 할 수도 있을 터인데, 아무튼 조민세의 순수성은 그가 대좌 계급을 버리고 자원하여 유격대를 이끌고 지리산 지구로 남하하는 데서 뚜렷해진다. 그러나 그 순수성에 대한 상대적 인정 너머에서 김원일은 이것 또한 비판적으로 바라본다. 그것은 그 순수성이 현실을 냉철하게 인식하지 못한 관념주의와 동전의 양면의 관계에 있기 때문이다. 분단에서부터 전쟁까지의 일련의 과정이 미국의 프로그램 안에 들어 있다는 냉엄한 사실을 직시하지 못했기 때문에 조민세들 역시 해주 지도부나 북로당 쪽과 마찬가지로 결국은 피칠갑만 하고 만 형제간의 닭싸움에 속절없이 말려 들고 만 것이다. 설사 처음에는 해방 전쟁의 측면이 있었다 하더라도 필경 이데올로기 대리 전쟁으로 추락해 버리고 만 데 대해서는 변명의 여지가 없다. 더더욱 중요한 것은 대중의 상태에 대한 정확한 인식을 갖지 못했다는 점이다. 이론과 현실이 위배될 때 틀린 것은 현실이 아니라 이론이다. 이때 이론에 집착하게 되면 귀결은 모험주의이거나 낭만주의일 뿐이다.

김원일이 애정을 갖는 인물 유형이 또 하나 있다. 유해로 대표되고 심찬정·서성구가 거기에 속할 수 있다. 유해는 정신박약아다. 심찬정·서성구는 여리고 나약한 사람들이다. 전염병이 돌 때 허약한 사람이 제일 먼저 쓰러지듯, 잠수함 속의 토끼가 산소 부족의 바로미터 노릇을 하듯, 그들은 광기와 폭력의 현실을 이겨내지 못하고 차례차례 죽음을 맞이한다. 그들이야말로 가련한 희생양들이다. (물론 아직 살펴보지 않았지만 가장 중요한 인물은 갑해이다. 갑해는 작가 자신의 유년 시절의 투영인 것이다).

이상 살펴본 여러 유형의 인물들을 가지고 작가는 숙고의 흔적이 역력한 교묘한 플롯을 만들어내고 있다. 그 플롯에서 우리는 적지 않은 전언을 읽어낼 수 있다. 우선 공간적으로 보면 진영에서 서울로, 서울에서 다시 진영으로, 라는 이동이 있다. 서울 부분의 중심에 놓여 있는 것은 주로 갑해의 눈을 통해 관찰되는 '해방된 서울'의 모습이다. 이 대목이 이 작품의 클라이맥스라고 할 수 있다. 이 대목 앞쪽에서는 남한 현실의 모순에 대한 설득력 있는 묘사가 진행되면서 '해방'과 '해방 투쟁'의 정당성이 점진적으로 고조된다. 그리하여 '해방된 서울'의 모습이 진짜 해방으로 느껴지는 게 서사 구조상 자연스럽다. 그러나 이 대목 뒤부터는 인공 치하의 문제들이 하나씩 둘씩 나타나기 시작하고, 미군기의 공습이 잦아지고 전선이 고착되면서 문제는 더욱 빠른 속도로 증폭된다. 특히 남행길에 오른 심찬수의 눈에 비친 인공 치하는 남한의 그것과 마찬가지로 광기와 폭력이 일상적으로 만연된 현실이다(지나는 김에 지적하자면, 작품 제목의 '불'은 바로 그 광기와 폭력의 상징인 듯하다). 결국 남과 북, 그리고 좌와 우 어디도 민족주의와 휴머니즘의 입장에서 볼 때 최소한의 정당성조차 인정받지 못하게 되고, 진영에 돌아온 심찬수의 입을 통해 "이번 전쟁은 쌍방이 모두 야만적인, 추악한 패자들의 허깨비 살상 놀음입니다"라는 통렬한 비판을 당하게 된다.

『불의 제전』의 플롯은 워낙 교묘해서 어느 한 인물에 초점을 맞추어 읽을 때마다 완전히 다른 소설 한 편씩을 드러내보인다. 진영에서 서울로, 다시 서울에서 진영(혹은 진영 부근)으로, 라는 공간 이동을 함께하는 인물 중 우리는 심찬수·조민세·봉주댁·갑해의 네 명을 꼽아볼 수 있다. 심찬수에 초점을 맞추어 읽으면, 이 소설은 현실과의 연결 고리를 상실했던 젊은 지식인의 갱생기로 읽힐 수 있다. 생존을 위해 인육을 먹어야 했던 극한 체험, 그리고 한쪽 팔을 잃은 불구의 몸으로 인해 냉소와 허무에 빠져 자학을 일삼던 심찬수가 진영에서 서울로 갔다가 인공 치하의 서울 체험을 한 뒤 스스로 적극적으로 나서 '일'을 떠맡는다. 배종두와 박귀란 사이의 아기 배달이를 진영의 배달이 할아버지에게 데려다 주는 것이다. 심찬수는 그의 기지와 용기를 적절히 구사하며 첩첩의 사지를 뚫고 배달이는 물론 여러 사람들을 구해 무사히 진영으로 내려간다. 이 일은 심찬수에게 현실과의 연결 고리를 회복하는 첫걸음이 된다. 진영에 와서는 주둔 미군의 만행에 항의하는 주민 시위를 지도한다. 이 일을 앞두고 지서의 강명길 주임과 언쟁하는 대목에서 우리는 새로 태어나는 심찬수의 모습을 목도할 수 있다. 한편, 조민세에 초점을 맞추어 읽으면, 이 소설은 이문열의 『영웅시대』와 유사하면서도 다른, 좌파 지식인의 혁명 투쟁의 삶과 그 고뇌에 대한 기록이 된다. 인간적 고뇌에 정직하게 대면하면서도 끝내 혁명에의 순수한 열정을 포기하지 않는 조민세의 삶은 앞에서 보았듯이 그 한계가 뚜렷하면서도 우리를 감동시키는 그 무엇이 있다. 다른 한편, 조민세의 처 봉주댁에 초점을 맞추면, 이 소설은 남편 없이 자식을 키워낸 전후 우리 사회의 억척스런 어머니상의 발생을 그린 소설이 된다. 총 맞은 큰아들 유해를 들쳐업고 뛰는 그녀의 모습은 모성의 동물적 발현이랄 수도 있겠으나, 진영에 돌아온 뒤 갖은 고초를 겪고서 눈을 살기로 번득이며 "네놈들이 이기나 내가 이기나 두구 봐. 내 두 자식 길길이 키워 설움 준 이 세상을 반드시 복수허구 말 테니"라고 중얼거리는 그녀의 모습은 분명 그녀의 변모를 시사한다. 그러나 무엇보다도 흥미로운 것은 갑해 이야기이다. 갑해에 초점을 맞추면 이 소설은 한 편의 단단한 성장 소설이 된다. 온갖 것을 목도하고 다시 진영으로 돌아온 갑해는 '어느 날 홀연히, 말이 없고 우울한, 전과 달라진 자신의 모습을 본다.' 갑해는 자연스럽게 시인이 되고 싶다는 생각을 한다. 그리하여 그는 '모든 사물을 보다 자세히 보고, 읍내 사람들의 생활과 모습도 아무렇게나 보아넘기지 않고 이제 다른 눈으로 보려' 한다.

훗날 늠름한 젊은이가 되었을 때, 나는 내가 보고 겪은 고향의 풍정, 낯선 서울살이의 생경함, 겪고 보았던 전쟁의 참상을 시로 쓸 수 있을 거라고 생각하니 갑해는 가슴이 뿌듯해온다. 자신은 정말 나이에 비해 특별난 많은 경험을 했다. 전쟁이 어서 끝나고 간난한 시절도 어서 지나가 자신이 겪은 많은 기억을 자유자재로 쓸 수 있는 나이가 되었으면 싶다.

갑해를 작가 자신의 유년과 연결짓고 보면, 『불의 제전』이야말로 바로 성인이 된 갑해가 써낸 시가 아니겠는가.

고향을 떠나 대처로 나갔다가 다시 고향으로 돌아온다는 단순하고 보편적인 이야기 구조를 가지고 이토록 복합적인 소설을 써낸 김원일의 능력에 찬사를 보낸다. 『불의 제전』은 우선 분단 소설로서 하나의 획기가 될 것임이 분명하지만 더욱 중요하게는 그냥 소설로서 독특한 세계를 열고 있다. 임시로 여기에 복합 소설이라는 이름을 붙여본다. (1997)

불의 체험과 그 기록
──『봄날』에 대하여

다섯 권 분량의 장편 소설『봄날』은 완간과 더불어 비평과 저널리즘의 집중적인 조명을 받았다. 광주 항쟁을 정면으로 다룬 최초의 장편 소설이 완성된 것이니만큼 그 집중적 조명은 자연스럽고도 당연한 일이라 하겠다. 돌이켜보면 이 장편 소설은 광주 항쟁 당시로부터 거의 18년 만에, 그리고 작가 임철우가 "오월을 소설로 쓰겠노라고 스스로에게 약속"한 지 16년 만에, 집필을 시작한 지 꼬박 8년 만에(『봄날』의 전편 격인『붉은 산, 흰 새』부터 치면 꼬박 10년 만에) 완성된 것이다. 또한 작년 11월 초부터 금년 2월 초까지 석 달에 걸쳐『봄날』다섯 권이 차례로 간행되는 도중에 대통령 선거가 치러졌고 그 선거에서 김대중 후보가 당선되었다는 사실도 의미심장해 보인다.『봄날』의 완간과 김대중 대통령의 탄생은 마치 광주 항쟁의 복권의 완성을 입증하는 두 개의 표지인 것 같은 느낌을 주기까지 한다. 그러나 과연 그럴까. 당겨 말하자면,『봄날』을 조금이라도 세심히 읽는 사람에게는 그러한 느낌이 착각이거나 허위라는 사실이 금세 분명해지리라는 게 필자의 생각이다.

『봄날』을 완간한 뒤 작가 임철우는 인터뷰와 산문을 통해『봄날』을 소설로 보지 말고 기록으로 보아달라고 독자들에게 호소했다. 이를테면 이런 식이다.

소설의 형식을 빌리긴 했지만 소설이 아니라 일종의 기록으로 읽어도 무방할 것이다. 이건 아무래도 내 작품이 아닌 것 같다. 쓰는 내내 보이지 않는 어떤 것들에 구속당해 있었다. 자유도 없었다. 십 년 동안, 자신이 파괴되는 느낌이었다. 어쩌면 나는 그저 대리인에 지나지 않았는지도 모르겠다. 그 열흘 동안, 억울하게 죽음을 당한 수많은 사람들의⋯⋯ 남들한테는 소설이지만 나에게는 아직도 현실이다. 수없이 더듬고 주물러야 하는 현실⋯⋯

여기서 임철우는 소설-허구와 기록-현실의 대립 내지 차별을 전제하고, 그 중 기록-현실 쪽을 지지하고 있다. 자신에게 『봄날』은 단지 '소설의 형식을 빌린' 것일 뿐 그 실제 내용은 기록-현실이라는 것이다. 그러나 작가 자신이 무어라고 하든, 『봄날』은 어김없이 소설이다. 이미 책의 표지에 '임철우 장편 소설'이라는 명백한 자기 규정을 하고 있지 않은가. 소설-허구와 기록-현실의 엄격한 구별은 근대 문학의 관습이었고 오늘날의 문학 환경은 양자 사이의 경계가 희미해져서 거의 지워진 상태이며, 그렇기 때문에 오늘날 장르적 정체성은 주로 작가 자신의 자기 규정에 의해 부여된다. 그런데 임철우는 이왕에 『봄날』을 장편 소설이라고 자기 규정해놓고 다시 그 자기 규정에 반해 기록-현실의 측면을 내세우고 있는 것이다. 그 의도는 명백해 보인다. 임철우에게 중요한 것은 오직 광주 항쟁의 진실인 것이고, 『봄날』의 모든 소설적 요소들은 그 진실을 드러내기 위한 것이다. 소설이야말로 총체적 진실을, 그 내포적 및 외연적 총체성에 있어서 구현할 수 있는 거의 유일한 글쓰기 양식이라고 믿는 사람들에게는 『봄날』은 소설이기 때문에 광주 항쟁의 총체적 진실의 구현이 가능한 것이 된다. 그러나 소설은 현실과 동떨어진 것, 현실과 다른 것, 꾸며낸 것이라고 생각하는 사람들에게는 『봄날』이 흥미로운 읽을 거리로만 그치기 쉽고, 미학적 고안물로서의 소설을 중시하는 사람들에게는 주로 미적 향수의 대상으로만 보이기 쉽다. 임철우가 경계하는 것은 그러한 독서 태도들로 인해 『봄날』의 진정한 의도가 전달되지 못하는 것이다. 또 작가 자신의 내면에도 일정한 억압이 존재하는 것으로 생각된다. 광주 항쟁에 대한 엄청난 부채감이 그것이다. 그것이 소설이라는 것에 대해 뭔가 한가롭고 사치스러운 어떤 것이라는 착색을 가하는 것으로 짐작된다. 그 억압에서 벗어나기 위해 작가는 거의 무의식적으로 『봄날』의 기록-현실적 측면을 강조하게 되고 '저자' 의식을 버리는 대신 '대리인' 의식을 스스로에게 부여하게 된 것이 아닐까.

그런데 도대체 광주 항쟁의 진실이란 무엇인가. 1980년 봄 광주에서 열흘 간 일어났던 일들. 그 일들은 오랫동안 은폐되고 왜곡되어왔다. 1985년부터 그 은폐와 왜곡에 맞서 '광주 사태'의 진상을 규명하라고 요구하는 시위가 꼬리에 꼬리를 물기 시작했고, 1988년에는 드디어 국회에 5·18광주민주화운동진상조사특별위원회(약칭 광주특위)가 구성되고 광주 청문회가 열려 같은 해 11월 18일부터 이듬해 2월 24일까지 17회에 걸쳐 67명이 증언했으며 MBC와 KBS에서 광주 항쟁을 다룬 다큐멘터리를 방영했고, 그뒤 수많은 우여곡절을 거쳐 1995년 12월 국회에서 5·18 특별법과 공소시효특례법이 제정되고 동법에 따라 1997년 4월, 12·12 및 5·18 사건 관련 피고들에 대한 상고심 선고가 이루어졌다. 이 일련의 과정에서 줄곧 화두가 된 것은 '진상'이라는 말이다. 주남마을 학살 사건은 공수부대에 의해 자행되었는가, 발포 명령자는 누구인가, 5·18은 쿠데타인가, '광주 사태'는 폭동인가 민중 항쟁인가 민주화 운동인가 등등을 밝히는 것이 진상 규명이라면 그런 의미의 진상은 밝혀진 것도 있고 아직까지 밝혀지지 않은 것도 있다. 그러나 지금 우리가 말하는 광주 항쟁의 진실은 그런 의미의 진상을 훨씬 넘어서는 것이다. 그 열흘 간 개인으로건 집단으로건 공동체로건 살아 있는 구체적 인간이 겪은 공포와 고통과 고뇌, 분노와 감동과 환희 등의 영혼의 체험. 그 실존적 한계 상황에서의 체험의 총체야말로 진실의 가장 중요한 내용이다. 또한 그 진실은 과거라는 시간에만 속해서 현재의 우리가 규명해내야 할 대상으로만 그치는 것이 아니다. 그것은 규명 작업의 현재에도 살아 있고, 나아가서는 미래를 향해서도 열려 있는 진실이다.『봄날』이 그리고 있는 것은 바로 이러한 진실이다.

『봄날』다섯 권은 특별한 권별 구분 없이 전체적으로 87개의 장으로 이루어져 있는바, 87개의 장들은 시간 순서에 따라 배열되고 있다. 제1장의 '1980년 5월 16일 새벽'부터 제86장 마지막 단락의 '5월 27일 아침 7시 30분'까지 12일 간의 시간을 단속적으로 포착하고, 그 뒤에 붙은「에필로그」에서는 나흘을 건너뛴 '5월 31일 06:00'의 시간을 제시한다(우리가 보통 '열흘 간'이라고 말하는 시간은 비상 계엄이 전국으로 확대된 5월 18일 0시부터 계엄군의 '진압'이 완료된 5월 27일 아침까지인데,『봄날』의 제13장부터 제86장까지가 여기에 해당된다). 약간의 예외가 있지만 대부분의 경우에는 각 장마다 그 장의 서술에서 단독 시점이 되는 인물이 등장한다. 그 인물들은 광주 항쟁의 진실을 바라보는 시각을 제공할 뿐만 아니라 그 자신의 내면의 진실이라는 실체를 제시한다. 이러한 서술 방식에는 중요한 의미가 담겨 있다. 작가에게 진실은 무엇보다도 살아 있는 개별적 실존의 영역에서의 진실인 것이다. 또한 그 진실은 여러 개인들의 진실의 복합이고 그 총체인 것이다. 따라서 시점으로 등장하는 여러 인물들의 내면은 가능한 한 꼼꼼하게 고찰될 필요가 있다. "저 봄날의 열흘이라는 시간이 만들어내는 드라마 자체가『봄날』의 가장 큰 서사적 동력으로 자리 잡고 있"고 "그 봄날의 열흘이라는 시간이 이『봄날』의 진정한 주인공인 셈"이라는 지적(서영채)은 올바른 지적이지만, 이 장편 소설에 이렇다 할 주인공이 없다고는 할 수 없다. 시점으로 등장하는 인물들은 모두 이 장편 소설의 주인공들이라 해야 할 텐데, 그 중에서도 중심적인 역할을 하는 것은 한원구와 그의 세 아들이다.

한원구와 그의 세 아들 무석·명치·명기는『봄날』을 임철우의 또 다른 장편 소설『붉은 산, 흰 새』와 연결시켜준다. 한원구와 큰아들 무석은『붉은 산, 흰 새』에서도 주요 인물로 등장했다. 작가 자신은『붉은 산, 흰 새』를 읽지 않았다고 해도 "『봄날』을 읽는 데는 무리가 없다"고 말하고 있는데, 그러나 "무리가 없"게 만들기 위한 작가의 배려가 『봄날』의 구성에 적지 않은 영향을 미치고 있다는 점이 역으로 지적될 수 있다. 가령 다른 인물들에 비해 한원구와 무석의 경우 과거와 기억의 소유량이 훨씬 더 많다거나 작품의 초반부에서 한씨 일가에 집중적인 조명이 가해지고 있다는 점 등이 그러하다. 한원구가 6·25 세대로서 6·25 및 분단이라는 과거와 광주 항쟁이라는 현재를 연결시켜주는 역할을 한다면, 세 아들은 광주 항쟁의 현재에서 세 가지 인물 집단을 대표한다. 무석은 아버지와의 갈등으로 집을 나와 공무원 시험을 준비하며 혼자 자취 생활을 하고 있다. 명치는 공수부대의 하사로서 계엄군으로 편성되어 광주로 내려온다. 명기는 대학교 신입생으로 연극반 활동을 하고 있다. 그러니까 무석은 일반 시민을, 명치는 계엄군을, 명기는 대학생을 대표하는 것이다. 그 밖의 시점 인물들도 대체로 이 세 가지 인물 집단에 따라 나누어볼 수 있다. 무석의 이종사촌이며 간호사로 일하는 수희. 무석과 같은 시민 아파트에 세들어 사는 제과 공장 여공 미순. 미순의 친구이며 미순과 함께 자취하는 술집 여급 은숙. 역시 같은 시민 아파트에 사는 목공 봉배. 봉배의 친구인 철물점 종업원 칠수. 봉배가 일하는 목공소 주인 서씨. 남편의 귀가를 기다리다가 공수부대의 조준 사격에 사망한 임신부 최미화. 이들은 일반 시민들이다. 수희의 남동생인 수길, 명기의 여동생 명옥의 친구인 현주, 봉사 활동을 하다가 주남마을 버스 총격 사건으로 사망한 연숙 등의 고등학생들도 여기에 속할 것이다. 그리고 명기의 고종사촌형이며 31사단 의무 장교로 근무하는 영준과 목공소 주인 서씨의 아들이며 전투경찰로 복무 중인 기룡도, 그들의 신분이 군인이고 경찰이지만, 넓은 의미에서 광주 시민의 자리에 서 있다고 해야 할 것이다. 계엄군 쪽 인물로는 명치 주변의 오하사·유일병·임상병·강상병·추상사 등이 있지만 시점 인물로 등장하는 것은 명치뿐이다. 그리고 대학생 쪽으로도 명기 주변의 여러 인물이 있지만 시점 인물이 되는 것은 역시 명기뿐이다. 그 밖에 가톨릭농민회 일을 비롯 이런저런 반정부 활동에 관여해온 정베드로 신부와 들불야학의 운영자이며 항쟁 지도부의 대변인으로 활동하는 윤상현이 시점 인물로 등장하는데, 이들은 대학생과 더불어 학생 운동 및 사회 운동이라는 큰 범주에 함께 속한다고 할 수 있겠다. 그리고 외부의 관찰자로서 K일보 광주 주재 기자 김상섭이 등장한다.

시점 인물들의 구성을 보면 무엇보다도 먼저 눈에 띄는 것은 일반 시민이 압도적으로 다수라는 점이다. 이는 광주 항쟁의 주체가 이름없는 다수 시민들이라는 판단과 관계된다. 그 판단은 관찰자 김상섭에 의해 다음과 같이 명료하게 진술된다.

그 항쟁의 주역들은 바로 이름없는 시민들이었다. 초기엔 소수 대학생들의 거리 시위로부터 불씨가 당겨졌으나, 그 불씨에 기름을 붓고 불길로 피워낸 것은 정작 그들 평범하고 이름없는 시민들이었던 것이다. (제61장, 제4권, p. 214)

그리하여 제1권 후반부터 제4권 중간까지, 시간상으로 보자면 5월 18일 아침부터 22일 아침까지 나흘 간의 시간은 주로 일반 시민에 속하는 다양한 시점 인물들에 의해 서술이 진행되고, 계엄군에 의해 자행된 참혹한 살육과 시민들이 당하는 끔찍한 피해, 그리고 그 살육 속에서 시민들이 어떻게 공포에 사로잡히고 어떻게 분노하며 어떻게 자연 발생적으로 저항의 공동체로 일어서는가 하는 과정이 그려진다. 분량상으로 꼬박 세 권에 달하는바, 작가의 주된 작의가 여기에 있다는 것을 우리는 어렵지 않게 짐작할 수 있다.

제4권 후반부터는, 시간상으로 보자면 5월 22일 아침 이후로는 김상섭과 정베드로 신부, 그리고 윤상현이 주된 시점 인물로 등장한다. 여기서는 계엄군이 철수하고 광주가 일종의 해방구로 된 뒤 저항 공동체가 점차 그 열기와 에너지를 상실해가는 과정이 그려지는바, 항쟁 지도부의 움직임에 초점이 맞춰지고 지식인의 시각이 전경화된다. 그런데 그 지식인의 시각은 한 차례 근본적 반성을 거친 시각이다. 윤상현이 그 시각을 대표한다.

> 지난 며칠 동안 전시민들은 목숨을 내걸고 싸워왔다. 지금껏 얼마나 많은 사람들이 고귀한 생명을 잃었고, 또 짐승처럼 끌려갔는가. 오늘의 이 승리는 오로지 그 수많은 이름없는 시민들, 특히나 도시 빈민층과 근로자, 고등학생들의 고귀한 피와 희생의 대가로 이루어졌다. 오늘의 승리는 오로지 그들의 몫인 것이다. 그러나 이 순간이 오기까지 정작 지역 내 운동 세력은 무엇을 했던가. 우리들 지식인, 이른바 청년 운동가라는 사람들은 아무런 보탬도 역할도 못 했다. 18일 이전까지 시위를 주도했던 그 많은 대학생들조차, 막상 가장 치열한 싸움이 벌어지고 있을 동안엔 대부분 시외로 도피했거나 집 안에 숨어 있었을 뿐이다. (제62장, 제4권, p. 262)

80년대의 민중주의의 뿌리였던 이 반성이 윤상현으로 하여금 "민중적 힘과 요구를 정확하게 정치적으로 이념화시키고 실천에 옮길 수 있는 실질적인 조직 결성"으로 나아가게 하고 마침내 비장한 최후를 선택하게 한다. 윤상원을 모델로 한 작중 인물 윤상현은『봄날』의 인물 구성의 구심점을 이룬다. 그는 들불야학을 운영하고 있지만 평범한 은행원 출신이다. 말하자면 일반 시민과 사회 운동가가 그 한 몸에서 겹쳐지는 것이다. 또한 그는 명기의 선배이고 무석의 친구이며 김상섭과 친구이다.

작가 임철우는 광주 항쟁의 진실을 실존적으로건 집단적으로건 불의 체험으로 파악하고 있다. 그래서『봄날』은 도처에 불의 이미지가 등장한다(처음 이 장편 소설의 삼분의 일 가량이『문학과사회』에 연재될 때 작가는 제목을『불의 얼굴』이라 붙였다). 가령 이런 식이다.

> 불씨. 그랬다. 그건 어쩌면 불씨 같은 것인지도 모른다. 소리없이 그러나

은밀하고도 집요하게 이글거리며 저 가슴 밑바닥 어딘가에서 점점 뜨겁게 끓어오르기 시작하고 있는 저항의 불씨. 그 알 수 없는 불씨가 그들 모두에게 눈앞의 공포와 두려움을 잊게 만들고, 이 순간 그들 모두를 서로 한 덩어리로 만들어놓고 있는 것이라고 명기는 생각했다. (제27장, 제2권, p. 134)

잔혹하기 짝이 없는 계엄군의 살육 앞에서 시민들이 공포에 굴하지 않고 자연 발생적인 집단적 저항의 행동으로 나아가는 장면의 묘사이다. 여기서 불씨는 저항의 표상이다. 그 불씨는 그러나 저항 이전에 먼저 인간다움의 표상이다. 제도화 이전의, 다시 말해 자연 상태의 인간이 본래적으로 지녔던 인간다움 말이다. 5월 19일 오후 2시 금남로 2가의 시위 군중을 전지적 시점으로 묘사하는 다음과 같은 대목을 보라. 다소 길지만 인용이 필요하겠다.

아주 짧은 동안, 알 수 없는 침묵이 주위를 감돌고 있었다. 잔잔하면서도 소리없이 끓어오르는 어떤 엄청난 힘을 아슬아슬하게 감추고 있는 듯한 그 침묵 속에서, 그들은 불현듯 저마다 이상한 감동을 경험하고 있었다.
불씨.
그것은 바로 불씨였다. 저마다의 가슴 밑바닥 어딘가에 지금껏 아스라하니 잊혀져 있던 한 오라기 자그맣고 희미한 불씨 하나가 이 순간 불현듯 깜박하고 깨어나, 마침내 꿈틀 피어나기 시작하고 있었던 것이다. 그 이상한 불씨가 무엇인지, 그것을 맨 처음 어디서, 언제, 누가 가져다 준 것인지는 아무도 모른다. 그건 슬픔이나 아련한 그리움 같기도 하고, 혹은 뜨거운 분노 같기도 했다. 아니, 그 전부이거나 전혀 다른 그 무엇인지도 모른다. 하지만 그들은 자신들이 기억하지 못하는 훨씬 이전부터, 어쩌면 그들이 생명을 받아 이 세상에 태어나기 훨씬 이전부터 이미 자신들의 가슴 밑바닥 어딘가에 그 불씨가 심어져 있었다는 사실만은 알고 있었다. 그리하여, 저마다의 유년의 기억이라든가 어머니, 고향 따위의 이름을 떠올리곤 할 때면, 지금껏 까맣게 잊어버리고 있었던 그 불씨의 존재를 문득문득 기억해내기도 했을 것이다.
그런데 지금 이 순간, 놀랍게도 그 불씨가, 저마다의 가슴속에서 되살아나고 있었다. 그것은 어느 틈에 소리없이 그들의 어두운 가슴을 환히 밝히면서 전신을 따뜻한 온기로 채워가고 있었다. (제30장, 제2권, pp. 177~78)

제도적 삶 밑에 묻혀 있던 자연 상태의 인간이 불씨로 되살아난다. 그 불씨가 역설적으로 제도적인 것의 가장 극악한 발현에 부딪힘으로써 되살아나는 것이다.『봄날』에 여실히 묘사되고 있는 계엄군의 잔혹한 살육은 상식으로 도저히 납득할 수 없는 야만이고 광기이다. 전쟁 중의 적도 아니고 제 나라의 국민을 향해 어떻게 그토록 잔혹할 수 있단 말인가. 설사 이민족이나 타국과의 전쟁이라 하더라도 그토록 잔혹한 살육이 민간인을 향해 대규모로 행해진 경우는 역사상 전무하지 않은가(일본군의 남경 학살이나 나치의 유태인 학살 정도가 근접할까). 광주에 파견된 공수부대는 분명 광기에 가까운 적의에 사로잡혀 있었던 것인데, 사실상 그것은 권력에 의해 의도적으로 조작된 적의였다.『봄날』은 계엄군이 몇 달 간의 소위 '충정 훈련'을 통해 어떻게 극도의 적의와 증오의 심리 상태로 내몰렸는가, 어떻게 파괴 본능의 극대화로 내몰렸는가를 명치를 시점으로 설득력 있게 그리고 있다. 전혀 비합리적으로 보이는 계엄군의 만행은 군부 독재의 권력욕에 불타던 소위 '신군부'가 권력 찬탈을 위해 추진한 합리적 기획의 소산이었던 것이니 이것이야말로 철저히 제도적인 것이었고 제도적인 것의 가장 극악한 발현태였다. 그 극악한 제도적 폭력의 충격이 가장 비제도적인, 자연 상태의 불씨를 역설적으로 일깨운 것이다. 그 불씨는 자연스럽게 놀라운 유대감의 세계를 형성한다.

울컥 목젖이 뜨거워짐을 느끼며, 그들은 저마다 등과 어깨를 마주하고 있는 주변의 낯선 얼굴들을 새삼스레 돌아다보기도 했다. 그러자 이름도 얼굴도 모르는 타인들이 불현듯 형언하기 어려운 애정과 슬픔으로 다가왔다. 이 도시에 함께 살고 있는 광주 사람이라는 것, 오직 맨주먹만으로 지금 이 자리에 자신과 함께 몸을 맞대고 서 있다는 것 — 바로 그 사실 하나만으로도 그들은 갑자기 서로에게서 형언하기 어려운 신뢰감과 동질감을 확인하는 느낌이었다. (제30장, 제2권, p. 178)

이상적인 아나키 상태가 바로 이러하지 않을까. 그것은 나중에 윤상현이 회술하는 것처럼 '지순한 인간애의 불꽃'과 '자유와 정의와 생명을 향한 찬란한 그리움의 불꽃'으로 이루어지는 세계이다. 5월 21일 밤, 불씨들은 마침내 거대한 불의 바다를 이룬다.

어느 사이엔가 윤상현은 눈앞이 아득해져왔다. 그는 지금 이 순간 거대한 바다 한가운데에 자신이 서 있음을 느꼈다. 그것은 불의 바다였다. 끝도 가도 없이 퍼져나간 드넓은 불의 바다. 수만, 수십만 개 불꽃들의 물결. 물결. 이 순간 그 불의 바다를 이루고 있는 것은 바로 저 이름없는 사람들의 가슴에서 타오르고 있는 저마다의 작은 불씨, 그 하나하나였다. (제52장, 제4권, p. 31)

그러나 이 불은 계엄군이 철수하는 것을 고비로 서서히, 그러다가 급격히 사그라들기 시작한다. 극악한 제도적 폭력의 충격이 일단 눈앞에서 사라졌고 이상적인 자연 상태란 지속되기 어려운 일종의 유토피아여서 해방구 광주에도 필요악으로서의 제도화가 나타날 수밖에 없는 데다가 무엇보다도 해방구 광주가 고립된 채 어마어마한 무력에 포위되어 위협받고 있기 때문이었다. 윤상현이 애타게 바랐던 대로 서울·부산·대전·인천·대구가 달려와주지 않는 한, 다른 도시들에서 광주에서와 같은 불씨들이 피어나지 않는 한 해방구 광주의 운명은 예정된 것이었고, 그 예정된 운명에 대한 불안이 광주의 불을 사그라들게 한 것이었다. 그리하여 불씨들은 마침내 최후의 소수 항전자들로 축소되고 그들의 산화로 항쟁은 종결된다.

하지만 한번 피어났던 불은 흔적을 남기는 법이다. 불의 체험을 겪은 인물들은 실존적 변화를 이룬다. 『봄날』의 인물들은 상처로서의 과거를 지닌 인물들이다. 가령 무석은 자신의 출생의 비밀 때문에 괴로워해왔다. 아버지인 줄 알았던 한원구가 실제로는 의붓아버지였고 자신은 어머니를 윤간한 자들 중의 누군가의 씨라는 것을, 그리고 실성한 어머니를 버린 한원구가 자신을 증오하고 있다는 것을 알게 된 무석은 집을 나와버렸던 것이다. 그런 무석이 최후의 결전을 앞두고 집에 전화를 걸고, 한원구에게 "아버지…… 아버지…… 용서해주세요…… 절, 저를……"이라고 말한다. 무석은 "차갑고 단단하게 얼어붙어 있었던 가슴이 소리없이 녹아내리기 시작함을" 느낀다. 6·25 당시의 상처로 평생을 고통받으며 살아온 한원구 역시 자신이 증오의 덫에 갇힌 채 "자기 자신은 물론이고 귀단과 무석마저 불행하게 만들어버리고 말았다는 사실"을 깨닫는다. 그는 무석의 전화를 받고 "아이고, 이 자식아! 아니다, 내가 잘못했다. 모두가 내 잘못이여. 어서 집으로 들어와라. 거기 어디냐, 응? 무석아, 내 아들, 내 아들아!"라고 흐느껴 말한다. 수희의 경우, 5월 27일 새벽 자신을 배신했던 옛 애인 닥터 윤이 어둠 속에서 울고 있는 걸 발견하고 그의 비통한 울음을 이해하며 그를 두 팔로 조용히 껴안고 낮게 흐느낀다. 불의 체험을 마이너스 쪽으로 겪은 사람들에게도 비슷한 변화가 나타난다. 어머니 귀단을 거부하고 남동생을 죽였다는 죄책감으로 인해 자기 학대와 자기 파괴의 욕구에 사로잡혀 위악을 일삼아온 명치는 최종 진압 작전을 앞두고 자신의 잔혹 행위를 후회하며 눈물을 흘린다. 운동권 핵심 멤버였던 친구가 체포되도록 한 과거를 상처로 지니고 있는 오하사는 얼떨결에 여자와 어린아이를 죽이고서 그 죄책감으로 괴로워하다가 최종 진압 작전을 앞두고 "난 더 이상 이 추악한 음모에 가담하지 않겠어"라는 유서를 남긴 채 자살한다.

그러나 불의 체험이 남긴 흔적 중 가장 문제가 되는 것은 플러스 측면에서 불의 체험을 겪고 살아남은 사람들의 부끄러움과 죄책감이다. 작가 임철우는 광주 항쟁을 불의 체험과 살아남은 사람들의 부끄러움·죄책감이라는 두 개의 축으로 파악하고 있는 것이다. 정베드로 신부와 김상섭, 그리고 명기가 그 부끄러움과 죄책감을 전형적으로 보여준다. 5월 27일 새벽, 총성을 들으며 정베드로 신부는 밤새 내내 흐느끼고, 기도하고, 고통에 몸부림치며 독백한다.

아아, 저 우박처럼 퍼붓는 총탄에 지금 젊은이들이 죽어가고 있구나. 그들만이 외롭게 쓰러져가고 있구나. 그런데도 나는 이렇게 방 안에 숨어 떨고 있다니. 나는 저들을 버린 것이다. 사제란 자가, 저 혼자 살겠다고, 저 의로운 생명들을 죽음의 구렁텅이 속에 놓아둔 채 도망쳐오다니…… (제86장, 제5권, p. 413)

5월 27일 아침, 김상섭은 도청 앞 광장의 진압 현장을 취재하던 중 도청 옥상의 확성기에서 울려퍼지는 행진곡 소리를 들으며 분노와 굴욕감에 사로잡힌다. 5월 31일 아침, 도피 중인 명기는 다음과 같이 독백한다.

아아, 나는 비겁하게 도망쳐나왔어. 순임이를, 여자들을 안전한 곳으로 피신시켜야 한다는 핑계로, 난 그들을 뒤에 버려둔 채 빠져나오고 말았어. 그때 난 완전히 공포에 질려 있었지. 점점 다가오는 그 엄청난 총성으로부터 당장 도망쳐야 한다는 생각만 했어. 윤상현형이 우리에게 나가라고 말했을 때, 내심 얼마나 반가웠는지 몰라. 그러면서도 난, 안 가겠다고, 남겠다고, 거짓말까지 했던 거야. 그리하여 나는 살아남았고, 그들은…… (제87장, 제5권, p. 435)

그 독백 끝에 명기는 목이 터져라 통곡하고 절규한다. 아마도 명기는 작가 자신의 모습이 많이 투영된 인물일 것이다. 명기는 전남대 영문과 신입생으로 소설가 지망생이며 연극반 활동을 했고 '투사회보' 일에 참여하며 윤상현에게 거짓말을 하고 남해안의 낙도로 도피한다. 작가 자신의 고백에 따르면, 임철우는 당시 전남대 영문과 졸업반이었고 물론 소설가 지망생이었으며 극단 '광대'의 단원이었으나 다른 단원들과는 달리 '투사회보' 일에 참여하지 않았고 항쟁 지도부의 친구 P를 세 번에 걸쳐 배신했으며 지레 겁을 먹고 남해안의 어느 낙도로 피신했다. 그러고 보면 김상섭에게서도 작가 자신의 모습이 나타난다. "이 모든 상황을 두 눈 크게 뜨고 똑똑히 지켜보리라. 그래서 훗날 이 엄청난 사실을 누군가에게 명확하게 전해주리라"고 다짐하며 열심히 기록하는 김상섭의 모습에 그 열흘 간 그날그날의 상황을 기록하는 것을 멈추지 않았던 임철우의 모습이 겹쳐지는 것이다. 또 총성을 들으며 밤새 흐느껴 우는 정베드로 신부의 모습에 방 안에서 이불을 뒤집어 쓴 채 울기만 한 임철우의 모습이 겹쳐지기도 한다. 정베드로 신부와 김상섭 기자, 그리고 명기에게 공통되는 부끄러움과 죄책감이야말로 등단작 「개도둑」에서부터 장편 소설 『봄날』에 이르기까지 임철우의 소설쓰기의 원동력이었던 것이다. 『봄날』을 다 쓰고 나서 임철우는 그 점에 대해 다음과 같이 고백하고 있다.

그날 이후, 나는 나 자신을 끝끝내 용서할 수가 없었다. 화해해줄 수도, 위로해줄 수도 없었다. 그렇다. 바로 그 죄책감이, 부끄러움이 『봄날』을 쓰게 만들었다. 나는 그걸로 보상하고 싶었던 것일까. 스스로 구원받기 위해서, 용서받기 위해서, 끊임없이 내 자신을 학대해가며 그렇듯 편집광처럼 지독스레 매달려왔던 것은 아닐까…… (「낙서, 길에 대하여」, 『문학동네』, 1998년 봄호)

그러나 부끄러움과 죄책감은 임철우만의 몫도 아니고 살아남은 광주 시민들만의 몫도 아니다. 그것은 우리 모두의 몫이다. 장편 소설 『봄날』을 통해 간접적으로 불의 체험을 겪는 독자들 역시 그것을 자신의 몫으로 껴안을 것이다. 그리고 그것은 승화되어야 한다. 그 승화의 길은 임철우 자신이 윤상현의 입을 통해 제시하고 있다.

이 싸움은 아직 끝나지 않았어. 설사 이 순간엔 우리의 싸움이 패배한다고 할지라도, 그것은 결코 끝이 아니라 또 다른 시작일 뿐이야. 훗날 다른 누군가가 이 싸움을 다시 시작하겠지. 그래, 아무것도 헛된 것은 없어. 우리가 꿈꾸었던 것, 사랑하고 소망하고 투쟁했던 것, 진정 그 어떤 것도 헛된 것은 없어…… (제86장, 제5권, p. 401)

그렇다. 싸움은 아직 끝나지 않은 것이다. 5월 21일, 윤상현은 "이 싸움의 진정한 승리는 그 가증스런 범죄자들을 민중의 손으로 처단하는 바로 그 순간에야 비로소 완성되리라"고 독백하거니와 그 처단이 아직 이루어지지 않았다는 것이 일차적인 이유이다. 광주 항쟁 당시 권력 찬탈자들의 음모에 의해 잔혹한 살육자로 길들여져 그 역할을 해낸 계엄군들 역시 일종의 피해자라 한다면, 광주 시민들과 계엄군들, 당시에 죽은 자들과 살아남은 자들, 그리고 고립된 광주 바깥에 무지한 상태로 남아 있던 국민들 모두를 피해자로 만든 음모자들이 진정한 범죄자들이다. 5·18 특별법에 의해 그중 소수가 약간의 처벌을 받았으나 그들이 저지른 살육에 비하면 너무나 약소한 처벌이었고 게다가 1997년 12월 22일에는(그러니까 『봄날』 다섯 권이 간행되고 있던 그 기간 중에) 주범 두 사람이 대통령 특사로 석방되기까지 했다. 혹시 김대중 정권의 성립을 그 싸움의 승리로 간주하는 사람이 있다면 그것은 대단히 잘못된 생각이다. 김대중 정권의 성립은 5·18 주범의 사면이라든지 자민련과의 연합이라든지 하는 일정한 타협의 산물에 지나지 않는다. 과도기적 상황이니 더 두고 보아야 한다는 의견에도 일리가 없는 것은 아니겠지만, 제발 권력의 논리가 광주 항쟁의 진실을 배반하는 일이 없기를 바랄 뿐이다. 그리고 그러한 배반이 일어나지 않도록 우리는 권력에 대한 비판 작업을 부단히 해나가지 않으면 안 된다.

그러나 싸움이 아직 끝나지 않았다는 더 중요한 근거는 다른 곳에 있다. 그것은 불의 체험이라는 귀중한 실존적 및 집단적 체험과 관계된다. 제도적인 것의 억압에 길들여진 제도화된 삶을 낯설게 만들고 자연 상태의 인간이라는 근원적 도덕성의 일시적 실현을 보여주었던 그 불의 체험은 설사 그것이 지속적 실현은 불가능한 것이라 하더라도 우리로 하여금 끊임없이 그것을 지향하며 그것에 가까워지도록 노력하게 만들 수는 있는 것이다. 이런 의미에서 광주 항쟁의 진실은 미래를 향해 열려 있다. 모든 국가 이론은 자연 상태를 비관적으로 평가한다. 가장 비관적인 평가는 아마도 홉스의 그것일 것이다. 하지만 "사람들이 일반적으로 도덕적인 억제를 행하고 당위에 따라 행위하는 무국가적 상황에 초점을 맞추는" 로버트 노직 역시 자연 상태를 낙관적으로 평가하는 것은 아니다. 노직이 최선의 무정부적 상황으로서의 자연 상태를 가정하는 것은 그것보다 국가 상태가 낫다는 것을 입증함으로써 국가를 정당화하고 자신의 자유주의적 최소 국가론을 주장하기 위한 것이니까 말이다. 그러나 유토피아로서의 낙관적 자연 상태는 가정될 만한 충분한 필요성과 가치가 있다. 그것은 제도(국가도 제도의 일종이다)적인 것의 억압성과 허위성을 비춰주는 거울로서의 역할을 할 것이다. 제도적인 것의 억압과 허위를 최소화하기 위해 싸우는 것이야말로 광주 항쟁의 진실을 올바르게 계승하는 것이 아니겠는가.

작가 임철우에게로 돌아가보면, 임철우가 미워하는 것은 증오와 적의라는 인간의 감정이고 그러한 감정을 부추기는 제도이다. 가령 『봄날』의 수희는 5월 16일 해진 포구에서 적의와 분노에 사로잡혀 있다. 눈앞에 보이는 세상의 모든 사물에 대해서 불끈불끈 적의가 치솟는 것이다. 그 적의는 외조부 조양재 노인의 억울한 옥사와 그 옥사를 초래한 분단과 반공이라는 경직된 제도에 의해 생겨난 적의이다. 명치는 5월 17일 '충정 훈련'을 받으면서 그 무엇이건 닥치는 대로 마구 두들겨 패고 부수고 짓이겨주고 싶은 충동을 가까스로 억누른다. 그 충동 또한 제도가 의도적으로 만들어내는 충동이다. 임철우의 불의 상상력은 그러한 감정과 그러한 제도를 녹인다. 태우는 것이 아니라 녹인다. 왜냐하면 그러한 감정과 그러한 제도는 임철우에게 금속성의 것으로 상상되기 때문이다. 금속성은 녹으면 액체성으로 변한다. 그리고 임철우의 불은 여기서 물이 된다. 불의 체험은 곧 물의 체험인 것이다. 그리하여 장편 소설 『봄날』의 마지막 장면은 다음과 같은 물 이미지로 묘사된다.

> 문득, 눈물로 어룽진 시야로 툭 트인 바다가 밀려 들어왔다. 물결은 잔잔하고 수면은 한없이 평온했다. 그 위로 비가 내리고 있었다. 바람 한 점 없는 허공을 가득히 채우며 헤아릴 수 없이 많은 물방울들이 바다로, 바다로 곧장 떨어져내리고 있었다. 그 무수한 물방울들은 거울같이 잔잔한 수면에 내려앉는 순간 흔적도 소리도 없이 소멸해버리곤 했다. 명기는 저도 모르게 아아, 낮게 탄성을 내질렀다. 수천 수만의 서로 다른 개체들이 모여 하나가 되는 기적을, 그 놀라운 일치와 화해의 신화를 명기는 보고 있었다. (제87장, 제5권, p. 436)

그리고 이 물의 체험이 명기에게 희망을 불러일으키고 "인간과 삶을 향한, 가슴 벅찬 소망과 그리움의 노래"를 꿈꾸게 한다. "눈부시게 맑은, 늦은 봄날의 아침"은 이렇게 해서 가능해진다. 그것은 미래를 향해 열려 있는 봄날이다. (1998)

공명의 소설과 감염

'신경숙 현상'은 90년대 한국 문학의 주요 현상 중의 하나임이 분명한데, 그 현상의 문학적·문화적 의미는 아직까지 충분히 검토되지 않은 것 같다. 창작집 『풍금이 있던 자리』(1993)에서부터 시작되어 장편 소설 『깊은 슬픔』(1994), 『외딴 방』(1995)과 창작집 『오래전 집을 떠날 때』(1996)를 거쳐 이번의 『기차는 7시에 떠나네』(1999)에 이르기까지 지속되어온 그 현상은 대중 독자의 취향에 대한 기왕의 통설을 정면으로 반박하고 있다. 신경숙 소설은 쉽게 읽히는 소설이 아니다. 쉽게 읽히지 않는 정도가 아니라, 사실은 읽어내기가 무척 까다로운 소설이라 할 수 있다. 그럼에도 신경숙 소설은 발간되자마자 금세 베스트 셀러가 된다. 이 현상은 어떻게 설명될 수 있을까. 더구나 신경숙 소설은 거의 언제나 저널리즘에 의해, 그리고 심지어는 비평에 의해서도 숱한 오독(誤讀)의 풍문 속에 내던져져왔는데, 그 풍문에 의지한 기대는 실제 작품에 의해 배반당하게 마련임에도 불구하고 대중 독자는 계속해서 신경숙 소설을 읽어왔다. 대중 독자가 신경숙 소설을 풍문의 지시에 따라 오독하고 있다고는 생각되지 않는다. 만약에 그러했다면 신경숙 현상은 벌써 종언을 고했을 것이다. 과연 대중 독자는 신경숙 소설에서 무엇을 보는 것일까. 이 물음에서 우리는 소위 대중 문학의 시대에 문학이 어떻게 가능한가 하는 문제를 탐색하는 데 중요한 실마리를 발견할 수 있을는지 모른다.

『기차는 7시에 떠나네』의 이야기는 비교적 간단하다. 김하진이라는 삼십 대 중반의 여성이 잃어버린 기억을 되찾는 이야기인 것이다. 김하진은 80년대 초에 오선주라는 이름으로 노동 운동에 참여한 적이 있는데, 검거된 그녀가 고문을 이겨내지 못하고 자백함에 따라 그 패거리가 모두 체포되어버렸다. 동지들을 배반했다는 죄책감과 그 와중에 대학 선배이며 노동 운동의 동지이고 동시에 애인이기도 한 유은기와의 사이에 가진 아이를 유산해버린 상실감으로 인해 그녀는 기억상실증에 걸렸다. 오선주라는 이름을 쓰던 시간의 기억만 몽땅 증발해버린 것이다. 아니, 증발했다기보다는 의식 너머의 어둠 속으로 밀어넣어졌다고 해야 할 것이다. 1997년 현재 성우가 되어 있는 김하진은 어느 날 갑자기 그 기억의 단편들이 의식 저편에서 이편으로 불쑥불쑥 모습을 드러내는 것을 느끼기 시작한다. 필경 그녀는 잃어버린 과거를 찾아 나선다. 우여곡절 끝에 유은기를 다시 만나고 유은기의 아이를 보는 순간 과거의 기억을 온전히 되찾는다. 물론 이 이야기는 시간 순서대로 서술되지 않는다. 추리 소설의 형태를 취하고 있는 이 소설은 과거의 기억의 단편들을 마치 추리의 단서처럼 곳곳에서 제시하다가 마지막에 가서 그 기억의 온전한 모습을 하나의 완성된 그물 모양으로 엮어내는 것이다. 이 추리의 과정은 그 자체로 흥미로운 점이 없지 않다. 그러나 이 소설에서 중요한 것은 그러한 추리도 아니고 지금까지 간략히 살펴본 이야기도 아니다. 약간의 과장을 무릅쓰고 말하자면, 이야기도 추리도 정작 중요한 것을 펼치기 위해 필요한 틀이나 조건 내지 배경에 불과하다고 할 수 있다.

보다 깊이 읽기 위해서는 이 소설의 뒤에 붙여진 비평가 정과리의 해설을 참조하면 좋을 것이다. 정과리는 대단히 꼼꼼하게, 그러면서 텍스트의 심층으로 파고들어가 이 작품을 읽어내고 있다. 그러나 이 짧은 글에서는 그렇게 세심히 따져볼 여유가 없으니, 대략적인 윤곽을 굵은 선으로 그려보는

데 만족할 수밖에 없겠다.

　우선, 이 소설에는 김하진과 유은기의 관계만이 아니라 다른 관계들이 여럿 등장한다. 김하진과 그녀의 가족과의 관계도 중요하겠지만 이 소설에서 그것은 부차적이다. 이 소설에서 주된 것은 남녀의 관계이다. 김하진과 유은기, 김하진과 그(1997년 현재의 애인), 조카 미란과 지환, 여자 친구인 윤과 현피디, 아버지와 어머니—사향 노루, 청취자라는 여자와 그녀의 죽은 남편 등이 모두 그러하다. 그런데 그 관계들은 모두 훼손되어 있다. 훼손의 이유는 주로 배반이거나 상실이다. 김하진과 그의 관계만은 다소 다른데, 그것의 훼손은 그 이유가 김하진과 유은기의 훼손된 관계에 있다. 김하진이 유은기와의 훼손된 관계로 인해 기억상실증과 더불어 결혼기피증에 걸려 있는 것이다(이 점에 주목하고 보면 이 소설은 김하진의 결혼기피증이 어떻게 치유되는가에 대한 이야기라고 할 수도 있다)
　그렇기는 하나 이 다소 다른 점까지를 포함해서 이 소설의 여러 남녀 관계들은 모두 동형이라고 할 수 있다. 그 동형들 중에서도 각별히 중요한 것은 김하진과 유은기의 관계와 미란과 지환의 관계 사이의 동형이다. 전자는 김하진이 배반했고 후자는 지환이 배반한 것이므로 차이가 있으나, 그 차이보다 중요한 공통점은 김하진이 그러했던 것처럼 미란 또한 일종의 기억상실증(혹은 기억거부증)에 걸린다는 것이다. 김하진에게 잃어버렸던 기억의 단편들이 꿈틀거리기 시작하는 것은 미란의 자살 미수 사건에 대한 불길한 예감과 더불어서이다. 김하진과 미란 사이에 일종의 공명이 생겨났다고 할 수 있다. 공명은 동일한 공진 주파수를 갖는 물체들 사이에서 일어나는 현상인바, 이 소설 안에서는 공명이 동형들 사이에서 일어난다. 공명은 의지적인 것이 아니다. 그것은 의지와는 관계없이 저절로 일어나게 되어 있는 자연 현상이다. 그리하여 이 소설이 도입부에서 여러 관계들의 훼손을 병렬적으로 제시하고 마지막에 가서 그것들이 훼손을 극복해가는 모습을 역시 병렬적으로 제시하는 것은 모두 공명의 자연 법칙에 의해 그 개연성과 정당성을 얻는다.

한편, 훼손된 관계의 극복은 훼손된 자아의 회복을 동반한다. 여기서 주된 것은 후자가 아니라 전자인데, 이 점은 해설에서 정과리가 날카롭게 지적하고 있다. 그렇지만 이 소설에서 자아 회복의 이야기를 읽는 것도 어느 정도는 적절한 읽기가 된다. 다만 이 경우에도 그 자아 회복 역시 단자의 상태에서 이루어지는 것이 아니라 단자들 사이의 공명을 통해 이루어진다고 할 수 있다.

그 공명은 소설과 독자 사이에서도 일어나는 것으로 보인다. 소설 속의 관계들과 인물들이 공히 지니고 있는 훼손이라는 자질이 오늘날을 대중으로서 살아가는 사람들에게도 동형으로 존재하는 것일까. 그 동형이 공명을 일으키는 것이리라. 그러나 그 공명은 우리가 지금까지 살펴본 구조나 논리의 차원에서 일어나는 것은 아니다. 신경숙 소설에서 독자와의 공명이 일어나는 차원은 문체의 차원이다. 신경숙의 징후적이고 감각적이고 특유의 아우라로 충만한 문체가 물체와 물체 사이에서 진동을 전달하는 공기와도 같은 역할을 한다고 할 수 있다. 독자는 진동을 다른 어떤 것보다도 더 잘 전달하도록 고안된 신경숙 문체를 통해 비의지적으로, 혹은 무의지적으로, 다시 말해 자기도 모르게 저절로 신경숙 소설에 공명하게 되는 것이고, 공명을 일으키며 감염되는 것이다. 그 공명과 감염의 과정에서 자신의 자동화된 일상이 낯설어지고 낯설어진 일상은 훼손의 상처와 슬픔으로 바뀌고 다시 그 상처와 슬픔은 회복의 위안으로 바뀐다.

구조와 논리의 차원에서 보자면 신경숙 소설에는 다소간의 약점이 있다고 해야 할 것이다. 가령, 한 대담에서 신경숙이 자신의 소설 『기차는 7시에 떠나네』의 세부에 대해 그 의도의 필연성을 일일이 밝히자 대담자였던 비평가 임규찬은 "이야기를 듣다 보니 신경숙씨가 자신의 작품을 자신의 관점에서 완전히 장악하고 있다는 생각을 갖게 합니다"라고 말하는데, 그 말을 뒤집어보면 신경숙의 소설쓰기는 어떤 자세한 도식을 전제한 채 이루어진다는 뜻이 될 수도 있다. 그런데 그 도식을 존중하고 보면 오히려 소설의 공명 효과가 약해진다. 다시 말하면 신경숙 소설의 공명과 감염은 작가 자신의 의도의 도식 너머에서 생성되는 것이다. 아마도 그렇기 때문에 그 공명과 감염이 그토록 강력한 것이 될 수 있었을 것이다. 신경숙 소설의 공명과 감염은 오늘날의 문화 환경 속에서 소설이 힘을 가질 수 있는 하나의 유력한 길을 암시하는 듯하다. (1999)

소설로서의 과학 소설

　이영수 혹은 듀나DJUNA의 소설집 『면세 구역』은 'SF 소설'이라는 장르적 자기 규정을 하고 있다. 'SF 소설'이라는 말이 좀 이상하기는 하다. SF는 science fiction의 줄임말이고 science fiction은 과학 소설이라고 번역되니 SF 소설이라는 말은 그 자체로 중복인 것이다. 하긴 fiction은 소설이라는 뜻으로도 사용되고 허구라는 뜻으로도 사용되는 말이므로 그중 허구라는 뜻에 중점을 둔다면 SF 소설이라는 말이, SF 영화나 SF 만화라는 말과 똑같이, 성립될 수도 있겠다. 아마도 처음에는 SF가 소설의 형태로 시작되었고 나중에 소설 아닌 다른 형태들, 예컨대 영화나 만화로까지 확장되었기 때문에 이런 용어상의 혼란이 생겨나게 된 것이 아닐까 짐작된다. 이런 점을 염두에 두고 여기서는 과학 소설이라는 말을 사용하기로 한다. 공상 과학 소설이라는 말도 있지만 이 말은 이 장르의 비현실성을 평가절하하는 의도를 짙게 포함하고 있으므로 별로 탐탁지 않다.

　과학 소설이라고 하면 흔히 '정통 소설'(좀 이상한 말이지만 편의상 사용해보자)과는 넘을 수 없는 거리가 있는 통속물로 여기곤 한다. 필자는 이런 통념에 대해서는 견결히 반대한다. 사실 말이지, 정통 소설이라는 게 어디 따로 있는 것인가. 소설 속에는 여러 하위 장르들이 때로는 서로간의 구분이 모호해지기도 하고 때로는 서로 뒤섞이기도 하며 존재한다. 가령, 과학 소설뿐만 아니라 추리 소설, 무협 소설, 환타지 소설, 연애 소설, 포르노 소설 등의 비교적 극단적인 경우들을 가지고 생각해보자. 그것들이 세계와 인간에 대한 성찰을 창조적으로 수행할 때가 있고 그러지 못할 때가 있다. 전자의 경우 그것들은 그 자체로 좋은 소설이 되는 것이고 후자의 경우는 그렇지 못한 것이다. 대체로 전자에 대해서는 소설이라는 상위 장르 개념이 강조되고 후자에 대해서는 그 하위 장르 개념이 강조된다. 말하자면, 과학, 추리, 무협, 환타지, 연애, 포르노 등은 구체적 방편인 셈인데, 그 방편을 통해 좋은 소설을 추구하는 것과 그 방편 자체에 함몰되어 그것을 독립된 실체로 추구하는 것 사이의 차이가 있는 것이다. 가령, 헉슬리의 『멋진 신세계』나 복거일의 『파란 달 아래』는 과학 소설이고, 이청준의 적지 않은 소설들은 추리 소설이고, 『수호전』은 무협 소설의 원조이고, 『서유기』는 환타지 소설이고, 『홍루몽』은 연애 소설이며, 요즈음의 중남미 소설들 중의 적지 않은 탁월한 작품들은 포르노 소설이다. 그러나 우리는 그것들이 소설임을 더 중시하고 그것들의 과학적 · 추리적 · 무협적 · 환타지적 · 연애적 · 포르노적 성격은 중요한 특징이기는 하지만 여전히 부차적인 것으로 보는 것이다.

과학 소설의 역사와 현황에 대해 필자는 자세히 알지 못한다. 그러면서도 이 글을 맡은 것은 『면세 구역』을 과학 소설이라는 지평에서가 아니라 소설이라는 지평에서 읽을 수 있다는 생각에서였다. 최초의 SF 전문 잡지인 『어메이징 스토리』(1926~) 창간호에서 편집자 휴고 건즈백은 'scientifiction'이라는 말을 사용하면서 그것을 "매력적인 로맨스가 과학적 사실 및 예언적 전망과 혼연일체가 된 소설"이라고 정의했다. 근사한 설명이지만 '매력적인 로맨스'라는 말이 마음에 걸린다. 이 말을 '세계와 인간에 대한 성찰'로 바꾸어놓는다면 비교적 설득력이 있을 것 같다. 이 점에서 브루스 프랭클린의 다음과 같은 정의가 더 적합해 보인다. "과학과 함께 자라면서 그것을 존재의 나머지 부분들에 뜻있게 연관시키는 문학이다." 과학 기술의 발전은 미래-역사를 결정하는 데 있어서 극히 중요한 역할을 하므로 과학 소설의 주된 모습이 미래-역사 소설이 되거나 혹은 그 역으로 미래-역사 소설의 주된 모습이 과학 소설이 되는 것은 자연스러운 일이다. 과학 소설의 과학적 사실에 바탕을 둔 예언적 전망 내지 미래 예측은 미래학적 관점에서도 중시될 수 있다. 이 경우 그 미래 예측의 방법적 타당성과 정확성이 초점이 될 것이다. 그러나 소설이라는 우리의 관심에서 본다면 더욱 중요한 것은 그 미래 예측 속에서 수행되는, 변화하는 것과 변화하지 않는 것에 대한 상상이 실은 오늘의 우리 인간의 삶에 대한 성찰과 맞물려 있으며 더 거시적으로는 세계와 인간에 대한 초시대적인 근본적 물음을 포함할 수 있다는 점이다. 그중 어떤 성찰과 물음들, 그리고 그 특별한 효과는 과학 소설의 형태에서만 가능할 수도 있으니 이것이야말로 소설로서의 과학 소설의 가치를 높여주는 매력적인 대목이 아니겠는가.

이영수 혹은 듀나의 『면세 구역』에는 모두 15편의 단편 소설이 실려 있다. 이것들을 시간을 기준으로 분류한다면, 가까운 미래를 다룬 것과 먼 미래를 다룬 것, 그리고 비(非)미래를 다룬 것으로 나눌 수 있다. 「면세 구역」 「스핑크스 아래서」 「나비 전쟁」 「사라지는 사람들」 「낡은 꿈의 잔해들」 「오발 행동」 들은 딱히 미래가 아니어도 무방한 이야기를 대체로 현재라고 여겨지는 시간 지평 속에서 전개하고 있고, 「기녀기담」은 과거를 시간대로 하고 있다. 이 중 「스핑크스 아래서」와 「기녀기담」은 과학 소설이라기보다는 그냥 소설이라고 하는 편이 더 적절할 것 같고, 다른 것들은 지금(혹은 아주 가까운 미래에) 만일 이러이러한 일이 일어나고 있거나 일어난다면, 이라는 가정에서 출발하는데 그 가정이 우리가 아는 현실성(특히 과학적 현실성) 바깥의 것이라는 점에서 과학 소설의 모습을 일정 정도 띠고 있다. 「타인의 눈」과 「펜타곤」은 가까운 미래를 다루며 아직 지구 위에 머무르고 있고, 「집행자」 「그 크고 검은 눈」 「비잔티움」 「로렐라이」 「숲의 제단」 「아이들은 모두 떠난다」 들은 먼 미래를 다루며 공간적으로는 지구 바깥, 태양계 바깥의 우주로 나아가고 있다. 과학 소설이라는 말에서 기대되는 모습에 가장 가까운 쪽부터 살펴보기로 하자.

「집행자」와 「로렐라이」「숲의 제단」들은 과학 소설적 장치들로 치장을 했을 뿐 그 치장을 제거하더라도 이야기가 성립되는 데는 거의 지장이 없어 보인다. 과학 소설적 장치들이 이야기와 내적으로 필연적 관계를 갖지 않고 있는 것이다. 「집행자」는 두 개의 주제가 복합되어 있다. 하나는 이질적인 문화들 사이의 충돌이고, 다른 하나는 살부(殺父)이다. 중요한 것은 살부인 데, 여기서 이질적 문화들 사이의 충돌은 그 살부에 개연성을 부여해주는 역할을 한다. 그러니 꼭 다른 행성의 공룡 종족이 아니고 예컨대 아마존 오지의 어떤 특이한 종족을 상정한다고 해도 이야기는 성립될 수 있다. 이 작품에서 오히려 주목해야 할 것은 아들의 살부가 실은 아버지 자신이 계획하고 유도한 것이라는 사실이다. 이는 오이디푸스 신화의 의미 있는 변형이라고 생각된다. 「로렐라이」는 로렐라이 전설의 과학 소설 판이고 「숲의 제단」 역시 전설의 번안인 것으로 보인다. 각각 치명적인 매혹과 어머니 대지의 복수를 주제로 하고 있는데, 여기에 행성이니 우주선이니 하는 장치들이 꼭 필요하다고는 생각되지 않는다. 「비잔티움」은 비교적 과학 소설적 필연성을 갖추고 있다. 생명의 창조에 대한 흥미로운 가정을 제시하고 있는데, 예술이냐 생명이냐 하는 이분법이 좀 억지스럽고 그중 생명을 선택하는 귀결이 그 앞의 이야기에 비해 다소 진부하다. 「그 크고 검은 눈」과 「아이들은 모두 떠난다」는 필자가 읽은 몇 되지 않는 과학 소설 중 아더 클라크Arthur Clark의 『유년기 끝날 때』와 관련이 있다. 『유년기 끝날 때』는 종말과 변신(혹은 진화)을 주제로 하고 있고 개체냐 전체냐 하는 사상적 문제를 제기하고 있다. 이 사상적 문제는 1953년 당시의 사상적 동향 속에서 핵심적인 문제였던 것인데 그 문제성은 오늘날에도 여전하다. 「그 크고 검은 눈」은 개체냐 전체냐 하는 문제를 클라크로부터 계승하고 있다. 행성의 바다 전체가 거대한 하나의 생명체이고, 그것은 지식을 습득하기 위해 자신의 몸의 일부를 떼어내어 다른 생물로 위장시켜 은하계 이곳저곳에 파견하며, 세월이 흘러 그들의 머리가 새 정보들로 가득 차면 그들은 다시 원래 그들이 그 일부였던 행성으로 돌아간다. 그 생명체 본래의 입장에서 보자면 독립적인 자아란 일시적인 것이고 전체 안에 통합되는 것이 진정한 삶이 되겠지만 독립적 자아의 입장에서 보면 전체 안에 통합되는 것은 죽음이 된다. "우리는 저항할 수 없는 육체의 명령과 이성 사이에 어정쩡하게 끼인 채로 내려오는 요트를 그저 바라보고만 있었다"라는 마지막 문장에서 보듯, 작가는 전체에의 통합을 본능과, 독립적 자아를 이성과 연결시킴으로써 나름대로의 답을 제시한다. 「아이들은 모두 떠난다」는 클라크의 종말과 변신(혹은 진화) 주제를 계승하고 있다. 생물학적으로 인간이라는 종은 정희 세대에서 끝나고 다음 세대인 아이들은 이주한 그 행성에 적응하여 다른 종으로 변신한다. 고치를 찢고 나비가 날아가듯, 아이들은 인간의 껍질을 찢고 중력의 법칙이나 유체 역학 따위에 영향을 받지 않는 초록색 생물로 변하여 날아가버리는 것이다. 『유년기 끝날 때』에는 이 두 가지가 하나로 통합되어 나타났다. 즉 인간의 다음 세대가 근본적인 변신(혹은 진화)을 하는데, 그것은 동시에 개체로서의 독립에서 전체로의 통합으로 나아가는 것이기도 하다(클라크는 독립된 개체로 남아 변신 혹은 진화의 막다른 골목에 부딪힌 오버로드를 지극히 애상적으로 그림으로써 자신의 사상적 경향을 간접적으로 드러내었다). 이영수 혹은 듀나는 그 통합을 둘로 나누어 따로따로 접근하고 있는 것이다. 이 구분이 「그 크고 검은 눈」에서는 비교적 성공적인 결과를 낳았다고 생각되지만, 「아이들은 모두 떠난다」에서는 이야기를 세대 차이에 관한 우화로 단순화시켜버린 점이 있다.

「타인의 눈」과 「펜타곤」은 가까운 미래를 다루며 아직 지구 위에 머무르고 있는데, 이 두 작품은 자아의 문제를 집중적으로 다루고 있다는 점에서 공통된다. 「타인의 눈」은 일종의 텔레파시 현상을 장치로 삼아 멀리 떨어져 있는 두 사람 사이의 감각의 교통이 초래하는 결과를 그리고 있다. 그런데 여기서 두 사람 사이에는 계급적 차이(이질적 문화 사이의 차이라고 보기에는 양자 사이에 대등성이 너무 없다)가 크고 이 점이 쌍방 간에 다른 결과를 낳는다. 한국의 소녀 정아는 맹인이지만 지적 수준이 높고 미국의 공장 노동자 버크먼은 정상인이지만 지적 수준이 낮다. 그리하여 정아는 버크먼의 눈을 통해 보고 심지어 버크먼을 간섭하고 조종하기까지 하지만 버크먼은 사태를 제대로 이해하지조차 못한다. 결국 정아가 인조 눈으로 시력을 찾은 뒤 버크먼을 추방해버리자 버크먼은 자살하고 만다. 그는 자신을 조종하는 고급스러운 영혼이 지금까지 잊고 있던 또 다른 자신이라고 생각했던 것이다. 「타인의 눈」이 계급적 차이 내지 불평등 문제를 부각하는 데 반해, 자아에 대한 문제 제기라는 점에서는 「펜타곤」이 훨씬 본격적이다(어쩌면 엽기적이기까지 하다). 죽은 사람의 뇌에 담겨 있는 정보를 부분 복제한 뇌에 옮기고 그 뇌를 뇌사자의 몸에 심는 시술이 가능한데 전사 과정에서 누락이 생기는 탓에 완전한 기억을 보존하기 위해서는 다섯 개의 뇌가 필요하다는 가정을 전제로 이 작품은 같은 기억을 가진 다섯 사람을 등장시킨다. 기억의 원주인인 김은수는 죽었고 성별도 나이도 종족도 다른 다섯 사람이 김은수의 기억을 공유하는 사태가 벌어진 것이다. 이 다섯 사람은 대체 누구인가. 서로 죽이고 죽는 그들은 다섯 명의 김은수인가. 극단적 상황을 상정함으로써 자아의 정체성의 근거에 대한 물음이 아주 극명해진다.

비(非)미래를 다룬 작품들은 전형적인 과학 소설과는 적지 않은 거리가 있다. 그중 그래도 비교적 과학 소설적 모습을 지니고 있는 「오발 행동」과 「나비 전쟁」「면세 구역」, 그리고 「사라지는 사람들」「낡은 꿈의 잔해들」들을 먼저 살펴보자. 앞에서도 말했듯이, 이 작품들은 지금(혹은 아주 가까운 미래에) 만일 이러이러한 일이 일어나고 있거나 일어난다면, 이라는 가정에서 출발하는데 그 가정이 우리가 아는 현실성(특히 과학적 현실성) 바깥의 것이다. 「오발 행동」은 우주에서 정체 불명의 거대한 생명체가 지구를 찾아오면서 지구인들에게 미친 영향에 대한 이야기이다. 그 생명체는 짝짓기의 환희를 기대했지만 지구상의 생명체들이 자신과 너무 다르다는 것을 알고는 실망한 채 지구를 떠나는데, 이 과정에서 지구인들은 성적 흥분과 관계되는 온갖 집단 히스테리 증세를 보인다. 아주 대담한 상상이지만 오해된 커뮤니케이션에 대한 과장된 우화 이상이 되지는 못하는 것 같다. 「나비 전쟁」은 소위 나비 효과를 한번 뒤집어 거기에 미래에 대한 예측 불가능이 아니라 반대로 예측 가능이라는 의미를 부여하고, 그런 의미의 나비 효과의 인과의 사슬을 꿰뚫어보며 그것을 조작하는 능력을 가진 사람들을 등장시킨다. 미래를 놓고 그들 사이에 벌어지는 전쟁이 나비 전쟁이다. 사실상 미래 예측과 미래 조작은 논리적으로 양립할 수 없는 것들인데, 작가는 양자 사이에서 윤리적인 물음을 던지는 것으로 이 흥미롭고 위태로운 발상을 마무리짓고 있다. 「면세 구역」은 현실 너머에 차원이 다른 공간이 존재한다는 이야기이다. 복잡한 대도시 속에 숨어 있는 그 공간이 '면세 구역'이다. 이 면세 구역을 발견하고 출입하는 것은 소수의 선택받은 사람들에게만 가능하다. 그 능력은 마법과 같은 것이고 그것을 표징하는 것은 고양이다(옛부터 고양이는 마법과 관계되는 짐승으로 여겨져왔다). 작가는 왜 그 공간에 면세 구역이라는 이름을 붙였을까. 세금은 제도의 가장 핵심적인 요소이니 면세라고 하면 제도 바깥의 자유를 뜻한다고 할 수 있을 것이다. 제도 바깥의 자유가 복잡한 제도의 한복판에 이차원(異次元)의 공간으로 존재한다는 상상은 유쾌하기까지 하다. 더구나 그 공간은 임계치를 넘어선 복잡성이 스스로 만들어낸 여벌의 복잡성이다. 「사라지는 사람들」은 현실 세계와 가상 세계의 역전에 대한 우화이다. 다른 사람이 보이지 않는 증세의 원인이 무엇인지는 설명되지 않고 있지만, 어쨌든 몇몇 사람들에게서 시작된 그 증세가 인류 전체에 확산되고 그리하여 마침내 사람과 사람 사이의 접촉은 오직 디지털 신호로 구성된 가상 공간 안에서만 이루어지는 간접적인 것이 되어버린다. 지금까지 현실 세계라고 알려져온 것이 실은 가짜 세계이며 집단 환상의 소산일 뿐이고, 이 간접적 접촉의 가상 세계가 실은 진짜 세계라는 주장까지 나온다. 이 우화가 최근의 현실적 추세에 대한 통렬한 풍자라는 점은 아주 명백해 보인다. 「낡은 꿈의 잔해들」은 진짜와 가짜의 전도라는 점에서「사라지는 사람들」과 맥락이 같지만 이 작품은 자아의 정체성에 대한 물음이라는 또 다른 심각한 물음을 수반하고 있다. 일인칭 화자는 자신과 꼭 닮은 여자를 보고 충격을 받는다. 처음에는 그 여자가 혹시 자신의 쌍둥이 자매가 아닐까 생각도 해보고 자신의 소망의 표현이 아닐까 의심도 해본다. 이쯤 되면 독자는 그 여자가 '나'의 일종의 분신일 것 같다는 암시를 받게 되는데, 결말의 반전에서 실은 그 여자가 실재이고 '나'는 그 여자의 어린 시절의 소망이 인격화된 것임이 밝혀진다. '나'가 가짜이고 그 여자가 진짜인 것이다! 이 전도는 단순한 트릭이라고만 볼 것이 아닌 것이, 자아의 정체성에 대한 확고한 믿음을 뿌리째 뒤흔드는 독서 효과를 낳기 때문이다.

「스핑크스 아래서」는 과학 소설이라기보다는 그냥 소설이다. 필자로서는 「낡은 꿈의 잔해들」과 더불어 이 작품을 가장 흥미롭게 읽었는데, 이 작품 역시 진짜와 가짜의 전도를, 아니, 애당초 진짜가 없으니 가짜가 그 자체로 진짜가 되는 조작과 가짜의 자기 증식 과정을 그리고 있다. 한 사람이 장난 삼아「스핑크스 아래서」라는 가상의 영화를 조작하여 IMDb에 올린 뒤 인터넷 공간의 수많은 사람들이 그 가상의 영화를 완벽한 진짜로 만들어버리는 것인데, 이 이야기는 현실적으로 개연성이 높을뿐더러 보드리야르가 역설하는 시뮬라시옹의 핵심적 전언을 꿰뚫고 있다. 한편,「기녀기담」은 이것이 만약 과학 소설이라면 과거를 배경으로 한 과학 소설이라는 점에서 아주 특이한 경우가 되겠는데, 필자가 보기에 이 작품은 결코 과학 소설이 아니다. 과학 기술의 윤리성이라는 중요한 문제 제기를 포함하고 있지만 그것이 과학 소설의 징표가 되는 것은 결코 아니다. 이 작품은 춘추 전국 시대 중국의 제자백가 중 묵자를 희화화하고 있다. 작가 자신이 밝히고 있듯이 이 작품의 도입부는 루쉰(魯迅)의 단편 소설「비공(非攻)」의 종결부에 의지하고 있는데, 그러나 묵자에 대한 작가의 태도는 루쉰의 태도와 상반된다. 루쉰의 묵자는 진지하고 성실하며 현명하다(말미에서 약간 희화화되지만 그것은 묵자를 풍자하는 것이 아니라 송나라의 정권을 풍자한 것이다).「기녀기담」의 묵자는 오만하고 경망하며 답답하다. 「비공」 역시 과학 기술의 윤리성 문제를 포함하고 있는데 루쉰은 묵자의 손을 들어준다. 그에 반해 「기녀기담」은 공수반의 손을 들어주고 있다. 루쉰의 묵자가 과학 기술의 정당한 윤리성을 의미한다면 「기녀기담」의 묵자는 과학 기술에 대한 보수주의적 폐쇄성(윤리성의 이름을 내걸고 있지만)을 의미한다. 사실상 「기녀기담」의 묵자는 묵가가 아니라 유가의 모습에 가깝다 할 것이다. 묵자는 그 자신이 기술자였고 주로 전쟁에서의 방어 무기를 발명하는 데 탁월한 능력을 보였다. 작가가 이 점을 무시한 것은 동의하기 어려우나, 윤리성의 이름으로 치장한 보수주의적 폐쇄성을 비판하고자 하는 의도를 구현하기 위해서는 이런 식의 변형이 불가피했으리라는 점도 충분히 인정된다. 기녀(機女), 즉 여성 인조인간이 등장하는 에피소드의 내용은 작가의 그러한 의도를 관철시키기 위한 방향으로 잘 조직되었고, 의고체의 문체도 훌륭하며, 전체적으로 잘 쓴 소설이라고 평가할 수 있겠다(그리고 보니 좀 이상하다. 이 작품의 기녀 에피소드를 전에 언젠가 읽은 적이 있는 것만 같다. 데자뷔 현상인가?).

『면세 구역』에 실린 15편의 소설은 주제상으로나 방법상으로나 상당히 다양한 편이다. 그러나 그 다양성 속에서도 약간의 경향성은 발견된다. 우선, 먼 미래를 다룬 것들 이외의 작품들은 대부분 일인칭 서술로 되어 있고 일인칭 화자가 한결같이 여성으로 설정되어 있다는 점이 눈에 띈다. 한편, 먼 미래를 다룬 6편 중 4편이 남성 일인칭 화자가 다른 사람에게 들은 이야기를 전하는 간접적 형태로 되어 있다는 점도 눈에 띈다. 이 형태상의 특징이 어디서 비롯되는지를 설명하기에는 정보가 부족하지만 단순히 우연이라고 보기는 어려울 것이다. 이 작가에게서 특히 인상적이었던 것은 자아의 정체성 문제를 제기할 때와 진짜와 가짜의 전도 문제를 다룰 때 보여준 깊이 있는 사유와 진지한 태도였다. 이 대목에서 이 작가의 과학 소설은 그 자체로 이미 훌륭한 소설이 되고 있다. 여기서 과학 소설의 장치는 소설 내적 필연성을 획득하고 있다. 이 작가가 실패하는 경우는, 과학 소설적 장치가 그 필연성을 얻지 못하고 외적 장식으로 그칠 때, 그리고 작품이 단순한 우화에 머무를 때이다. 또 하나 인상적이었던 것은 이 작가가 각 작품의 말미에 붙인 짤막한 후기에서 그 작품의 상호 텍스트성을 일일이 밝히고 있다는 점이다. "때로는 표절범으로 몰리기 전에 자기 패를 미리 펴보이는 것도 필요하다"라고 능청스럽게 말하며 "나태한 모방"이니 "예의바른 모방"이니 심지어 "성급한 표절"이니 하고 밝히고 있지만 기실 그것은 작가의 소극적 전략일 뿐만 아니라 자신감의 반어적 표현이기도 한 것 같다.

 마지막으로 언급할 것은 이 작가가 개인이 아니라 집단이라는 점이다. 이영수 혹은 듀나는 이 작가 집단의 명칭인 것인데, 그 구성원이 몇 명인지, 그중에 이영수라는 이름의 구성원이 있는 것인지(아니면 이영수는 순전히 집단의 명칭으로 작명된 것인지), 그들의 작업 방식은 구체적으로 어떠한지, 이를테면 구성원마다 따로따로 작품을 맡아 쓰는 것인지 아니면 일부 몇 명이, 혹은 전원이 각 작품을 공동으로 쓰는 것인지 필자는 알지 못한다. 『면세 구역』에 실린 작품들의 다양성 중 일부는 그 문체로 보나 발상으로 보나 같은 사람의 것이 아닌 것처럼 느껴지기도 하는데 이는 그들의 작업 방식과 연관될 것 같다. 종래 우리는 작가라는 단위가 개인의 것임을 너무도 당연하게 여겨왔고 한 작가의 작품 세계에는 어떤 통일적 정체성이 있다고 생각해왔다. 아니, 작품 세계라는 말 자체가 그런 전제 위에서 성립되는 것이다. 이영수 혹은 듀나처럼 개인이 아니라 두 사람 이상으로 이루어지는 집단이 작가의 단위가 되는 경우가 많아지면 종래의 우리의 생각도 바뀌어야 하는 것일까. 하지만 필자로서는 『유년기 끝날 때』의 클라크처럼 개인으로서의 작가를 끝내 포기하지 못할 것 같다. (2000)

가짜의 진실과 복화술의 소설

젊은 작가 박성원의 두번째 소설집 『나를 훔쳐라』를 읽노라면 우리는 낯선 말들과 무수히 마주치게 된다. 너무 낯설어서 어떤 것들은 이 작가가 만들어낸 말이 아닐까 싶을 정도인데, 그러나 국어 사전을 찾아보면 대부분은, 이른바 '사전에 나오는 말'임이 분명하다. 「중심성맥락망막염」과 「실마리」 두 작품에서 눈에 띄는 대로 가려내보면 다음과 같다. '뙤록하게' '가량가량히' '아등그러질' '아름작거리던' '아근바근' '나달대는' '살강거려' '야지랑스러워' '희붐하게' '자춤거리더니' '여낙낙해져' '꺼무슥한' '함함하게' '다따가' '포달스런' '되알진' '몰강스럽기' '무무하게' '더퉁아리' '자긋자긋하게' '야질러진' '날짱거리며' '핀둥거리며' '허우룩한' '지짐지짐' 등 (그중, '야질러진'은 '이지러진'의 약한 말 '야지러진'의 잘못된 표기인 것 같다). 일일이 살필 여유는 없지만, 다수가 의성어나 의태어라는 점, 그리고 많은 경우 보통 사용하는 말보다 약한 말이라는 점이 눈에 띈다. 이는 역으로 우리말이 너무 센말 위주로 사용되고 있다는 사실을 시사해주는데, 이 작가가 굳이 약한 말을 사용하는 데는 센말 위주의 우리말 관습에 이의를 제기하려는 의도가 있을 수도 있겠고, 약한 말의 사용을 통해 어떤, 넓은 의미의 철학적 주장을 하려는 의도가 있을 수도 있겠다. 하지만, '별안간' 대신에 '다따가'라는 귀에 선 말을, '빈둥거리며' 대신에 '핀둥거리며'라는, 어감은 비슷하지만 잘 안 쓰이는 말을 사용하는 것을 함께 아우르고 보면,

이 작가가 노리는 바는 낯설게 하기라고 말할 수 있을 것이다. 우리가 그 낯선 말들에 부딪칠 때, 자연스러운 읽기의 흐름에 제동이 걸리고, 그러지 않아도 비일상적인 이야기가 더욱더 비일상적으로 느껴진다. 필자의 모국어 능력이 빈약한 데 이유가 있는 경우도 적지 않겠지만, 많은 경우 그 낯선 말들은 사전을 찾아보고 그 뜻을 알게 된 뒤에도 여전히 낯설다. 마치 모국어가 아니라 외국어인 것처럼 말이다. 좌우간, 이 낯선 말들은, 그것을 통해 더욱 낯설어지는 이야기와 함께, 우리의 자동화된 의식에 딴지를 건다. 사실을 말하자면 그 딴지걸기가 이번 소설집의 전체적 주제라고 하겠는데, 낯선 말의 의도적 사용은 그 딴지걸기를 시각화하고(눈으로 읽을 때) 청각화하며(소리 내어 읽을 때) 그것의 효과를 극대화시킨다(사멸되어가는 우리말 단어들을 되살리고자 하는 의도가 있으리라는 것은 너무도 명백하지만, 명백한 만큼 또한 진부하기도 하여 여기서는 별로 언급할 필요를 못 느낀다.)

「댈러웨이의 창」부터 읽는 것이 좋으리라 생각된다. 왜 그런가는 나중에 저절로 밝혀질 것이다. 「댈러웨이의 창」은 가짜가 진짜가 되는 시뮬라크르에 관한 이야기를 골자로 한다. 한 사진 작가가 댈러웨이라는 이름의 가공의 인물을 만들어내고 그에 관한 소문을 퍼뜨렸는데, 지금은 사람들이 소문 속의 댈러웨이가 실재한다고 믿고 있다. 신비로운 사진 작가 댈러웨이의 사진은 사진 예술이 도달할 수 있는 한 궁극의 경지를 보여준다고 사람들은 생각하고 있다. 이 소설은 한 아마추어 사진 작가를 일인칭 화자로 내세워 그로 하여금 댈러웨이 신화에 접하게 하고, 그 신화에 매혹되게 하고, 마침내 그 신화의 정체를 밝혀내게 하는 것으로 기둥 줄거리를 짜고 있다. 댈러웨이라는 가공의 인물이 이제는 그를 만들어낸 '사내'로부터 독립되어 실체성을 얻고 있다는 점에 주목하고 보면, 이 소설은 예컨대 듀나의 「스핑크스 아래서」와 흡사하다(「스핑크스 아래서」는 조작된 가공의 영화가 조작자로부터 독립되어 실체성을 얻게 되는 과정을 서술하고 있다). 그러나 이 소설은 그러한 시뮬라크르 현상에 대한 비판에 그치지 않고 또 다른 중요한 의미 맥락을 가지면서 소설 구조를 한층 복잡하게 만들고 있다. 댈러웨이를 만들어 낸 '사내'에 주목할 필요가 있다. '사내'는 컴퓨터로 사진을 조작하는 일을 직업으로 하고 있다. 그는 자신의 일이 "원본 사진에 없는 사실을 덧붙이는 것"이고 따라서 "진실을 외면하고 거짓을 만들어내는 것"이라고 생각한다. 그 자책에서 벗어나기 위해 그가 만들어낸 것이 댈러웨이라는 가공의 사진작가이다. 댈러웨이의 사진은, "사진 자체보다는 스푼이나 병, 그리고 안경이나, 눈동자처럼 사진 속에서 반사되는 또 다른 눈을 통해서" 찍는 사진이며, 그래서 댈러웨이는 "평범해 보이지만 고도의 기술과 주제 의식이 들어간 최고의 작가"라는 것이다. 물론 댈러웨이의 사진이라고 알려져 있는 것은 실은 '사내' 자신의 사진이고, 원본 사진이 아니라 컴퓨터로 합성된 사진이다. 그러니까, 댈러웨이의 사진이라고 알려져 있는 것이 '사내' 자신의 사진일 때 그것은 한갓 조작된 거짓 사진에 불과하지만, 댈러웨이의 사진일 때 그것은 완벽한 경지의 진짜 사진이 되는 것이다. '사내'의 욕망의 대상은 완벽한 경지의 진짜 사진이다. 박성원의 첫 소설집에 대해 논하면서 김태환이 기대었던 르네 지라르에 비추어본다면, '사내'의 욕망은 중개자가 없는 독자적이고 직접적인 것으로 나타나고 있는 듯한데, 그러나 좀 더 생각해보면 여기서는 댈러웨이라는 가공의 인물이 중개자 역할을 하고 있다. '사내'가 스스로 만들어낸 중개자 댈러웨이는 동시에 욕망 실현의 매개 내지 통로가 되기도 한다. 욕망의 대상이(완벽한 경지의 진짜 사진이) 그에 반대되는 것을 통해(컴퓨터로 합성된 가짜 사진을 통해) 성취되거나 추구되는 것인데, 그것이 가능한 것은 댈러웨이라는 가공의 인물이 그 사이에 있기 때문이다. 이 특이한 구도는 '사내'의 분열증을 기초로 성립된다. 하지만 서술의 현재에서의 '사내'는 이미 그 분열증에서 벗어나 있고, 따라서 위의 구도는 이미 작동하지 않는 것이 되어 있으며, '사내' 자신은 이 세상은 온통 거짓으로만 이루어져 있다는(그리고 직접 언명되지는 않지만, 욕망은 결코 진정으로 실현되지는 못한다는) 허무주의적인 태도를 취하고 있다. 남은 것은 이제 독립적으로 실체화된 댈러웨이가 사람들에게 하는 작용이다. 사람들은 댈러웨이를 중개자로 하여 욕망하고 그 욕망은 그들을 신경증으로 몰고 간다. 다만, 작중 화자는 이 모든 내막을 알게 되므로 '사내'와 같은 결론에 도달한다. "창을 통해서 사각의 벽 속에 있는 실제를 엿볼 수 있다고 했지만 그것은 실제가 아닌 그림자일 뿐"이고 "창은 다만 진실을 향한 허망한 갈망일 뿐"이라는 것이 작중 화자의 결론이다. "똘똘 뭉쳐 거짓을 믿는 도시"에 대해 '사내'와 '나'는 일종의 특수한 계몽자, 계몽을 포기한 계몽자이며, 진실은 애당초 없거나 있다 해도 우리가 절대로 거기에 도달할 수 없는 것이라는 게 그들이 깨달은 진실이다.

그 자체로 진짜가 되는 가짜, 라는 것에 김주연식으로 '가짜의 진실'이라는 이름을 붙여준다면, 박성원은 가짜의 진실을 해체하고 전복하는 작업을 수행하고 있다고 할 수 있다. 박성원의 첫 소설집 『이상 이상 이상』이 가짜와 진짜의 구분이 분명치 않은 이른바 포스트모던적 상황 속에서 어떻게 진짜를 인식하고 실현할 수 있는가 고뇌하고 있었다면(그 고뇌의 내용을 김태환은 르네 지라르의 욕망의 삼각형에 기대며 진정성/허위의 대립 구도로 풀이한 바 있다), 두번째 소설집 『나를 훔쳐라』는 가짜의 진실이라는 전면적 현실이 이미 주어져 있고 그 주어진 현실을 해체하고 전복하는 데 주력하고 있다. 두 소설집의 세계를 연결시켜주는 작품이 앞에 살펴본 「댈러웨이의 창」이다.

『나를 훔쳐라』에서 수행되는 가짜의 진실과의 싸움은 주로 정체성 층위에서 행해진다. 「이상한 가역 반응」이 대표적인 예가 되겠다. 이 작품은 "내가 집에 도착했을 때"로 시작되는 마지막 장면이 없다면 해석의 지평이 비교적 명료해질 것이다. 병원에서의 실험이 끝난 뒤 의사가 하는 말이 그 해석의 지평을 결정해준다. 의사는 실험에 참가한 사람이 '나' 한 사람뿐이었다고 말하는 것이다. '나'는 분명히 다른 두 사람(H라는 여자와 H라는 사내)과 함께 실험에 참가했던 것이니, 그렇다면 의사의 말이 거짓이거나 아니면

'나'의 기억이 사실이 아니라 환상이거나 둘 중의 하나이다. 의사가 거짓말을 할 이유는 별로 없고, 게다가 '나'의 기억으로는 원래 병원에 가는 길에 노상 강도를 당하면서 뒤통수에 큰 상처를 입었는데 지금 만져보니 상처 자국도 없고 그저 맨살이다. 이렇게 되면 '나'의 기억은 신뢰성을 잃게 되고, 실험에 대한 기억뿐만 아니라 그전의 노상 강도 기억까지 사실이 아니라 환상이었던 것이 된다. 이쯤에서 우리는 실험 때에 나왔던 H라는 여자와 H라는 남자가 실은 '나'의 내면에 감추어진 또 다른 자아일 것이라고 해석하고 싶어지고 실제로 그런 해석도 충분히 가능해 보인다. 뒤통수의 상처 문제까지 고려하면 '나'의 정신 상태가 불안정하고 일종의 착란이나 망상 증세가 있는 게 아닌가 하는 생각까지 든다. 물론 이러한 생각들은 의사와 '나'의 대화의 현실성을 확고한 것으로 믿는 데 근거를 둔다. 하지만 이 작품의 마지막 장면은 그 앞에서의 현실성 판단의 근거까지를 완전히 의심스러운 것으로 만들어버린다. 마지막 장면은 모든 게 뒤죽박죽이다. 아내는 '나'의 말이 들리지 않는 것처럼 아무 반응이 없고, '나'의 뒤통수에서는 다시 피가 흐른다. 이 마지막 장면까지 포함해서 이 작품의 서술 내용을 일관되게 설명하기 위해서는 작중 화자에 의해 진술된 이야기에 참말과 거짓말이, 사실과 환상이 뒤섞여 있다고 보지 않을 수 없고, 그 뒤섞임을 합리적 질서를 기준으로 분별해내지 않을 수 없다. 그렇게 해보면 우리는 몇 가지 설명을 생각해볼 수 있다.

1) 의사와 '나'의 대화를 확고한 현실로 볼 때: 마지막 장면은 '나'의 착란 내지 망상이다. 뒤통수에서 다시 피가 흐르는 것은 망상일 수도 있고, 집에 와서 어딘가에 부딪혀 상처를 입은 것일 수도 있다. 실험이 '나'의 이미 있던 착란 내지 망상 증세를 악화시켰는지도 모른다.

2) 거슬러 올라가서 실험 중의 어딘가까지만 현실이라고 볼 때: H라는 여자와 H라는 남자의 등장부터(혹은 그 두 사람이 실험을 포기하여 '나' 혼자 남았을 때부터) 마지막까지가 전부 실험 도중에 겪는 환상이 된다.

3) 더 거슬러 올라가서 노상 강도를 당할 때까지만 현실이라고 볼 때: 영화「식스 센스」와의 관계 속에서 보자면, '나'는 노상 강도를 당했을 때 죽었고 그 이후는 '나'의 영혼이 자신이 죽은 줄 모르고 돌아다닌 것이다. 집에 와서 '나'의 뒤통수에 다시 피가 흐르는 것은 '나'의 영혼이 자신의 죽음에 직면하게 되었다는 뜻인데, '나'의 영혼은 그 직면과 함께 혼란에 빠지고 그리하여 마지막 대목의 독백을 하게 된다. 혹은 죽은 것은 아니고 의식을 잃은 상태에서 겪는 꿈이나 환각이라고 볼 수도 있다.

4) 아예 처음부터 끝까지 전부를 환상이라고 보는 것도 가능하지만, 이렇게 보는 것은 전혀 유용성이 없겠다.

이러한 가능한 설명들을 이 소설은 모두 모호성 속에 녹아 있는 상태로 버려두고 있다. 사실상 그 모호성이 대결을 벌이는 상대는 합리성이다. 이 대결에서 합리성은 흐물흐물해져서 온갖 이질적인 것들과 구별 없이 뒤섞이고 결국 그 자신도 혼돈을 구성하는 한 요소가 되어버린다. 이 소설은 우리의 삶의 진실이란 혼돈이 아닌가 하고 묻고 있는 것인데, 그 혼돈의 중심에는 정체성의 혼돈이 있다. 정체성에 대한 의심은 그 옛날 이미 장자(莊子)의 호접지몽에서부터 제기되었던 것이지만, 이 작품에서는 양자택일 정도가 아니라 아예 해체이고 붕괴이며 혼돈이다. '나'가 스스로를 '나'라고 생각했던 것이 실은 가짜였다는 것, 그렇다고 무슨 진짜 '나'가 따로 있었거나 있는 것도 아니라는 것이 드러난다. 그래서 작중 화자는 마지막에, "애당초 나라는 인간이 있었는지…… 아니면 나는 없고 속성만 있는지…… 나는 그 모든 것을 알 수 없었다"라고 독백하는 것이다.

이 소설집에서 가장 주목되는 작품은 「실마리」이다. 가짜의 진실을 파괴하고 정체성의 혼돈(혹은 혼돈의 정체성)을 드러낸다는 점에서 「이상한 가역 반응」과 유사하면서, 이 작품은 카프카와의 상호 텍스트 관계 속에서 매우 독창적인 서사를 만들어내는 데 성공하고 있다. 처음에 등장하는 이상하게 생긴(마치 사람처럼 생긴) 벌레가 사건의 발생을 암시하고, 그 벌레가 완전한 사람의 모습으로 나타나면서부터 사건이 발생한다. 카프카에게서는 벌레 같은 삶을 살던 사람이 실제로 벌레가 되어버리면서부터 사건이 발생하지만, 박성원에게서는 가치가 전도되어, 사람이 된 벌레가 오히려 양지를 갖추고 있고 그 벌레와 마주친 사람은 정체성의 위기에 봉착한다. 작중 화자 '나'는 아침에 일어나 아내가 사라진 것을 알게 되고 이어서 정체 불명의 남자(사람이 된 벌레)를 만나게 되는데, '나'는 그 벌레-남자에게 자신의 정체성을 증명하려고 하지만 자신을 증명할 증거나 단서를 찾지 못한다. 무엇보다도 기억이 사라져버렸다. 벌레-남자의 말대로 기억이야말로 한 사람의 정체성을 결정지을 수 있는 단초이다. 그런데 작중 화자가 마지못해 베이비를 기억해내고 또 아내와의 사건을 기억해내는 것을 보면 실제로 '나'에게서 기억이 다 사라져버린 것은 아니다. 이 장면을 '나'의 도덕적 죄의식과 그로 인한 강박적 기억 상실로 설명하는 것도 얼핏 가능해 보이지만, 그것은 이 작품의 의미 맥락과 별로 관련이 없는 것 같다. 만약 그러하다면 왜 하필 두 여자에 대한 기억이 남고 다른 것들은 사라져버린단 말인가. 그 역이 아니라 말이다. 오히려 '나'에게 도덕적 부채가 되는 기억만 남아 있다는 것이 '나'의 정체성의 위기에 대해서는 적절한 설정이 되는 것으로 보인다. 그 기억들은 '나'의 정체성을 증명하는 데 하등의 도움이 되지 못한다. 결국 '나'는 아무런 기억도 없이 벌레-가족에 편입되어버린다. 그런데 이런 결과가 되기까지, '나'가 자신을 증명할 증거나 단서를 찾기 위해 노력하는 과정에서 중요한 의미 단위들이 나타난다는 점을 주목할 필요가 있다.

  1) '나'는 베이비를 경멸했는데, 그 주된 이유는 베이비가 타인에게 지배당하는 삶을 살면서 자신이 자신의 삶을 지배하는 줄 알고 있다는 데 있다. "베이비는 자신이 좋아하는 것을 스스로 선택한다고 믿겠지만 내가 보기엔 베이비는 최면에 걸린 아이와 다를 것이 없었다."

  2) '나'는 자신이 베이비와 다르다고 자부했고, 자신은 소설을 씀으로 해서 세상을 자신이 만들어나가는 것이라고 굳게 믿었다.

하지만 2)의 자부와 믿음에 균열이 온다. 베이비에 대한 집착과 작은 젖꼭지에 대한 편집의 이유를 아무리 생각해봐도 알 수가 없는 것이다. "어쩌면 그것은 누군가 내 머릿속을 비집고 들어와 그렇게 생각하도록 보이지 않게 강요한 것인지도 모른다"라는 진술에서 보듯, '나' 역시 베이비와 마찬가지인 것이다. 또한, 아내에게 자위 행위를 강요한 '나'의 충동 역시 마찬가지 성격의 것일 터이다. 이 균열은 사건이 발생하기 이전에 이미 일어난 균열이다. 그러니까 벌레-남자의 출현과 '나'의 기억의 상실은 우연이 아니고 이미 예비되어 있었던 것이라 할 수 있다. 정체성에 대한 의심이 치명적인 것이 되는 것은 '나'가 사건 발생 이전에 컴퓨터에 써놓았던 소설을 읽고서이다. 사건 발생 이후의 '나'와 똑같은 주인공이 등장하는 소설을 읽고서, '나'는 혼돈에 빠진다.

〔……〕나는 오늘 하룻동안 내가 쓴 소설을 현실로 착각하고 있었고, 어떤 충격으로 내 뇌가 뭔가를 착각하는 것인지도 모른다. 〔……〕
하지만 그렇다고 하기엔 너무나 생경해서 어쩌면 나는 실제 생명체 '나'가 아닌, 만들어진 한낱 소설 속의 인물일지도 모른다는 생각까지 들었다. 〔……〕
아, 나는 마음을 도스를 수도, 또 아무것도 추측할 수 없었다. 분명 아내와 베이비와, 이발사를 만난 것 같은데 그것이 모두 소설 속의 이야기였다면 내 기억은 어디에 있는가. 그렇다면 대체 나는 누구란 말인가. 그저 모든 것이 투미하기만 해 쓰러질 것만 같았다. 이 모든 혼란이 내가 아무것도 제대로 기억할 수 없다는 데서 오고 있었다. 만일 내가 이전에 있었던 일들을 적확하게 기억하고 있다면 나는 내가 누구인지, 또 그들은 누구인지, 그리고 아내는 어디에 있는지를 알 것이지만 나는 기억할 수 있는 게 아무것도 없었다.

이 기억 상실과 정체성 상실의 이야기는 전체적으로 액자 속에 들어 있다. '서'에서는 왜 이 이야기를 기록하는가를 밝히고 있다. "이 기록은 언제 다시 닥쳐올지 모르는 내 존재의 가변성에 대한, 하나의 증빙물로써, 그리고 그 존재의 변별력을 가늠할 수 있는 지표로써, 또한 출발을 담보할 수 있는 매개물로써, 의 작용을 할 것"이라는 것이다(이 대목은 영화「토탈 리콜」을 연상시킨다. 그러고 보면 박성원은 16mm 필름 연구소에서 영화 활동을 해왔다. 아마도 영화에서 많은 것을 가져왔으리라 짐작되지만 그것을 다 따라갈 도리가 내게는 없다). '결'에서는 "그렇게 나는 나에 대한 아무런 지배력도 없이 또다시 태어나게 되었다"고 쓰고 있다. "타인의 '나'만이 나를 지배"하는 이 '나'의 상태가 바로 현실의 우리 자신의 상태라고 작가는 말하고 싶은 것이다. 작중의 '나'는 그렇다는 것을 아는 데 비해 현실의 우리는 대부분 그렇다는 것을 모르고 있을 뿐이라는 것이다.

표제작인「나를 훔쳐라」는 "타인의 '나'만이 나를 지배"하는 상태를 극적으로 표현하고 있다. 이 작품에서 아내는 나를 지배하는 타인을 대표하는 존재이다. 타인의 '나'에 의한 나의 지배는 이 작품에서 화석화라는 이미지로 표현된다. 그래서 아내는 화석전을 기획하고 있고, 작중 화자는 화석이 되어가고 있다. 황광수는 이 작품을 호의적으로 논평하면서, "보이지 않는 손으로 치밀하게 기획되어 있는 세계에서 한 사나이가 조금씩 미라로 굳어가는 순간순간을 극사실적으로 묘사함으로써 인류가 처해 있는 비극적 상황에 몸의 실감을 부여하고 있"다고 요약한 바 있다. 황광수가 몸의 실감의 부여라고 설명한 것, 그것을 우리 문맥에서 보자면 가짜의 진실이 가짜임을 드러내고 거짓 정체성이 거짓임을 드러내는 일이라고 하겠는데, 이 일의 수행을 박성원의 소설은 자임하고 있는 것이다. 이와 관련하여「왈가닥 류씨」는 흥미로운 모티프를 보여준다. 왈가닥 류씨의 주변 인물들은 일인칭 화자까지 포함하여 모두 가짜의 진실을 만들어내는 일을 하는 사람들이다. 왈가닥 류씨는 '그들'의 협조자이거나 '그들'에게 이용당하는 사람이다. 왈가닥 류씨가 복화술사라는 점은 흥미롭다(류씨의 인형 이름이 바로 왈가닥이다).

복화술 역시 일종의 가짜의 진실을 만들어내며, 그 점에서 왈가닥 류씨와 '그들' 사이에 공통점이 마련되고, 함께 사기 행각을 하게 되는 근거가 생겨난다. 그러나 왈가닥 류씨의 복화술은 그들의 사기술과는 다르다. '그들' 중의 한 사람인 지영의 키노 드라마가 서브리미날의 최면 효과를 사용한 사기라는 것을 다른 관중들은 다 모르지만 왈가닥 류씨가 알아차리는 것은 그가 복화술사이기 때문이다. 왈가닥 류씨는 "사기다"라고 말한다. 아니, 류씨가 아니라 왈가닥이 말한다. 바로 이 왈가닥이 소설인 것이다. 류씨가 작가라면 왈가닥은 소설이다. 소설이야말로 가짜의 진실을 만들어낸다. 그러나 소설이 만들어내는 가짜의 진실은 다른 가짜의 진실의 '사기'를 간파해내고 그것이 '사기'임을 밝히는 능력을 갖고 있다. 박성원의 소설은 바로 이런 의미에서의 복화술의 소설이다. 박성원의 복화술이 보다 다채로워지고 보다 친근한 것이 되기를 바란다는 말로 서투른 해설의 마무리를 갈음하기로 한다. (2000)

이데올로기 너머의 화해와 그 원리
──황석영의 『손님』에 대하여

  1970, 80년대 한국 문학의 성과를 돌이켜보면 그 중심에는 항상 황석영이 있었다. 거기에서 황석영은 때로는 기원이고 때로는 전형이며 때로는 최대치였다. 그런 그의 문학이 1989년부터 10여 년 간 중단된 것은 안타까운 일이 아닐 수 없다. 주지하듯, 황석영은 1989년에 북한을 방문했다가 귀국하지 못하고 독일·미국 등지에서 체류했으며 1993년 귀국 이후에는 투옥되어 1998년 석방되기까지 옥중 생활을 했다. 그동안 그는 한국 문학에서 동시대의 작가가 아니라 점차 문학사적 과거가 되어가는 것처럼 보였다. 1990년대의 한국 문학은 전시대의 그것과 날카로운 단절을 이루면서 전과는 아주 다른 모습을 갖게 되었는데, 그 변화가 급속히, 압도적으로 진행되는 동안 황석영 문학은 공백으로 존재했던 것이다. 그러나 황석영은 장편 소설 『오래된 정원』과 『손님』을 2000년과 2001년에 잇달아 발표함으로써 10여 년의 공백을 단숨에 건너뛰었고 그러면서 그 공백이 단순한 공백이 아니었음을 알려주었다. 『오래된 정원』은 5년 간의 옥중 체험 없이는 씌어지지 못했을 것이고 『손님』은 북한 방문과 해외 체류의 경험 없이는 씌어지지 못했을 것이다. 『손님』의 경우, 작가 자신이 밝힌 바에 따르면, 북한 방문시 호적상의 원적이며 부친이 소년기에 살았던 황해도 신천군을 방문하고 그곳에 있는 '미제 학살 기념 박물관'을 참관한 경험, 베를린 장벽의 붕괴를 보면서 시작한 작품 구상, 미국에서 만난 류 아무개 목사의 소년 시절의 목격

담, 그리고 옥중에서의 작품 형식에 대한 고민 등이 이 작품을 낳았다. 그러니까 1989년부터의 10년 간의 삶은 작품 발표의 부재라는 점에서는 공백이지만 새로운 작품들의 온양(醞釀)이라는 점에서는 생성인 것이다. 당겨 말하면, 이 공백—생성의 건너뛰기에는 1980년대 문학과 1990년대 문학의 대립을 변증법적으로 지양하는 새로운 한국 문학의 계기가 잠재되어 있다. 물론 그 계기가 반드시 긍정적인 형태로만 있는 것은 아니고, 그렇기 때문에 그 계기를 온전히 드러내기 위해서는 적절한 비판 과정이 필요할 것이다.

우선, 『손님』은 1970, 80년대의 분단 소설의 연장선상에서 파악될 수 있다. 분단 소설로서의 『손님』에 특징적인 것은 좌우 이데올로기의 대립에서 우익 쪽을 기독교로 설정하고 있다는 점이다. 이는 종래의 수많은 분단 소설들에서는 찾아보기 어려운 설정이다. 한국에서의 좌우 이데올로기 대립의 내용이 사실상 그렇게 명료한 것만은 아니다. 그것은 시간적으로 해방 직후부터 한국 전쟁까지로 제한하고 보아도 여전히 그렇다. 그래도 좌익 쪽은 상대적으로 명료하다고 할 수 있다. 마르크스주의·사회주의·공산주의·스탈린주의 등 몇 가지 명명이 다 가능하지만 그것들은 차이에도 불구하고 분명한 일관성을 갖는다. 하지만 우익 쪽은 그렇지 않다. 자유주의·민주주의·민족주의라고 흔히 이야기되지만 기실 그것은 전체주의·식민주의와 맞물려 있으며 스스로 뚜렷한 이데올로기적 정체성을 갖는다기보다는 반공주의라는 대타적 자기 규정이 더 강하다. 그렇기 때문에 우익 이데올로기의 내용은 경우에 따라 상당히 다르게 파악될 수 있는 것이다.

『손님』에서의 이데올로기 대립은 마르크스주의와 기독교의 대립으로 나타나고 있다. 엄밀히 말하자면 기독교는 이데올로기가 아니라 종교이므로 마르크스주의/기독교라는 이데올로기 대립 구도의 설정은 그다지 적절하지 못하다고 지적될 수 있다. 확실히 종교와 이데올로기 사이에는 보편성/특수성, 전통적/인위적, 피안/차안이라는 뚜렷한 차이가 있는 것이다. 일찍이 마르크스가 "도덕, 종교, 형이상학, 그 밖의 이데올로기와 그에 상응하는 의식 형태들은 이로써 더 이상 자립적이라는 가상을 유지할 수 없게 된다"라고 말했을 때, 여기서 이데올로기는 도덕, 종교, 형이상학 등을 포괄하는 일종의 상위 개념으로 사용되었다. 하지만 이러한 마르크스의 관점이 황석영의 근거는 아닐 것이다. 오히려 우리는 현대 사회에서 뚜렷이 나타나고 있는 종교와 이데올로기 사이의 유사성과 상호 연관성의 증대를 황석영을 위한 근거로 제시할 수 있을 것 같다. 『손님』이 그리고 있는 1950년 늦가을의 신천 양민 학살 사건에서 종교와 이데올로기는 유사성과 상호 연관성을 확연히 나타내고 있는 것이다.[1]

그러나 황석영 자신의 의도에 비추어보면, 그가 중시한 것은 마르크스주의와 기독교가 함께 갖는 외래성이라는 성격이다. 「작가의 말」에서 황석영은 다음과 같이 쓰고 있다. "기독교와 마르크스주의는 식민지와 분단을 거쳐오는 동안에 우리가 자생적인 근대화를 이루지 못하고 타의에 의하여 지니게 된 모더니티라고 할 수 있다." 황석영에게는 양자의 차이나 양자 사이의 대립보다도 그것들이 "하나의 뿌리를 가진 두 개의 가지"라는 점이 더욱 중요했고, 그래서 그는 기독교와 마르크스주의를 다 같이 '손님'이라고 규정했던 것이다. 이렇게 되면 마르크스주의/기독교의 대립은 그보다 더 넓은 범위에서의 대립, 즉 본래적인 것/외래적인 것의 대립('손님'이라는 비유를 사용하자면, 주인/손님의 대립)의 한 항목으로 수렴된다. 여기서 우리는 잠깐 이의를 제기해볼 필요가 있겠다. 그 이의는 본래적인 것이란 무엇인가 하는 물음과 관련된다. 본래적인 것을 전통적인 것에서 찾는다면 지금 우리

---

[1] 이 문단에서의 종교와 이데올로기에 대한 논의는 페터 지마(허창운·김태환 공역), 『이데올로기와 이론』, 문학과지성사, 1996, pp. 50~58을 참조하였다. 다만 지마가 두 개념이 동의어로 사용되어서는 안 된다는 점을 강조한 것과 달리 지금 우리는 양자의 유사성과 상호 연관성의 측면을 강조하고 있다

가 전통적인 것이라고 생각하는 것이 과거에는 외래적인 것이었다는 반론에 부딪힌다. 유교가 그렇고 불교가 그렇다. 뒤집어 말하면 지금 외래적인 것이 미래에는 전통적인 것이 될 수도 있다는 말이 된다. 그래서 황석영이 찾은 본래적인 것은 유교와 불교 이전의 고대로부터 계승되어온 샤머니즘이다. 오해 없기를! 지금 말하는 샤머니즘은 넓은 의미의 문화로서의 샤머니즘이다. 그것은 본래적인 토착 문화, 토착적 공동체의 문화적 정체성을 내용으로 한다. 이런 의미의 샤머니즘은 오늘날에도, 물론 독립적이고 순수한 형태로는 아니지만, 우리 삶의 기층에서 작용하고 있다. 이데올로기의 대립을 극복하고 화해에 도달할 것을 모색하며 그 화해의 원리로 근대적 인간을 제시하는 것이 종래의 분단 소설의 주류였다. 샤머니즘적 계기가 채용된 경우도 적지만은 않았지만 그 채용은 부분적이었다. 그러나 황석영은 샤머니즘적 계기를 전면화하고 있다. 마르크스주의와 기독교의 대립에서 초래된 신천 양민 학살 사건의 쌍방 당사자들, 그들은 한편으로 피해자인 동시에 다른 한편으로 가해자이기도 하다. 그들의 영혼은 한(恨) 맺힌 영혼이다. 그 한은 샤머니즘적 동질성 속에서 해소된다. 여기서 기독교/마르크시즘의 대립은 부차적인 것이 되고 양자의 '손님'이라는 공통점이 앞으로 나선다. 서로간에 가해자이면서 동시에 피해자인 그들은 '손님'에 의한 똑같은 피해자인 것이다. 기독교/마르크시즘의 대립은 그 대립 너머에서 화해를 이룬다. 외래적인 것의 부정과 본래적인 것으로의 회귀가 그 화해를 가능하게 하는 것이다. 이제 남는 대립은 외래적인 것/본래적인 것의 대립인데, 이 대립은 전자에 대한 부정과 후자에 대한 긍정이라는 가치 판단이 분명하게 전제되어 있는 대립이라는 점에서 기독교/마르크시즘의 대립과 구조적으로 다르다. 여기서 우리는 중요한 질문을 제기해야 한다. 본래적인 것으로서의 샤머니즘 또한 이데올로기일 수 있지 않은가 하는 질문이다. 샤머니즘을 말의 엄밀한 의미에서 이데올로기라고 할 수는 없겠지만, 마치 기독교가 이데올로기와 유사성 및 상호 연관성을 가질 수 있는 것처럼 문화로서의 샤머니즘 역시 그러할 것이다. 좌우 이데올로기 대립 너머의 화해의 원리를 근대적 인간에서 찾는 많은 분단 소설들의 경우, 좌우 이데올로기는 모두 이데올로기라는 점에서 공통되지만 근대적 인간이라는 원리는 비(非)이데올로기적인 것이 보편적인 것임을 전제하고 있다. 그러나 근대적 인간이라는 것이 과연 그 자체 보편적인 것인가. 그렇지 않다는 것을 우리는 잘 알고 있다. 문맥과 상황에 따라 그것은 얼마든지 이데올로기와 연관될 수 있다. 본래적인 것으로서의 샤머니즘 역시 그 점에서 다르지 않다.

다음으로 주목할 것은 『손님』의 서술 형태이다. "문체나 구성에 대해서 이른바 '객관성'이란 무슨 의미를 가지고 있는가"에 대한 반성이 이 작품의 서술 형태의 출발점이었다. 「작가의 말」에서 작가 스스로 인용해놓은 자신의 창작 노트를 다시 인용해볼 필요가 있겠다.

> 과거의 리얼리즘 형식은 보다 과감하게 보다 풍부하게 해체하여 재구성해야 된다. 삶은 놓친 시간과 그 흔적들의 축적이며 그것이 역사에 끼어들기도 하고 꿈처럼 일상 속에 흘러가버리기도 하는 것 같다. 역사와 개인의 꿈같은 일상이 함께 현실 속에서 연결되어야 한다고 생각한다. 주관과 객관이 분리되어서도 안 되고, 화자는 어느 누군가의 관점이나 일인칭·삼인칭으로 고정된 것이 아니라 등장 인물 각자의 시점에 따라 서로를 교차하여 그려서 완성시켜줄 수 있을 것이다. 한 인물과 사건을 두고도 모든 등장 인물들이 보여주는 생각과 시각의 다양성으로 자수를 놓듯이 그릴 수는 없을까. 객관적인 서술 방법도 삶을 그럴싸하게 그린다고 할 뿐이지 삶을 현실의 상태로 재현하는 것은 불가능한 노릇이다. 삶이 산문에 의하여 그대로 재현되는 것이 아니라면, 삶의 흐름에 가깝게 산문을 회복할 수는 없을까 하는 것이 나의 형식에 관한 고민이다.

여기서 '객관적인 서술 방법'이라고 얘기되는 것은 전통적 리얼리즘 소설의 서술 방식을 가리킨다. 이 서술 방법은 삶을 현실의 상태로 재현하는 것이 불가능하다는 소극적 측면을 지닐 뿐만 아니라 그것이 삶을 그럴싸하게 그린다고 할 때 그 그럴싸함은 이데올로기적 왜곡을 뜻한다는 적극적 측면도 지닌다. 그것은 19세기 유럽에서는 시민적 이데올로기를 내용으로 했고 20세기의 사회주의 리얼리즘에서는 교조적 마르크시즘(그 극단적인 예는 스탈린주의 · 모택동주의 · 김일성주의 등이다)을 내용으로 했다. 오늘날의 한국 사회에서는 아마도 중산층 이데올로기가 그 주된 내용이 될 것이다. 앞의 인용에 나타나는 황석영의 고민은 귀중한 고민이다. 그것은 황석영 리얼리즘의 근본적 발전의 가능성을 암시한다. 이 고민과 새로운 탐색이 낳은 성과가 『손님』의 서술 형태이다. 과연 『손님』은 시간 순서에 따른 선조적 서술을 하지 않고 현재와 여러 층위의 과거가 부단히 교차되는 서술을 하고 있으며, 한 인물에 시점을 고정하지 않고 여러 인물들 각각의 시점을 부단히 교차시키고 있다.

그런데 이 교차 서술에서 우리는 적어도 두 가지의 원리를 발견할 수 있다. 하나는 다성적 구조이다. 하나의 사건을 여러 인물들 각각의 시점으로 반복 서술함으로써 빚어지는 이 다성적 구조는 각각의 인물들 사이에 대화적 관계를 형성시키고 각 인물들 자신에 대해 반성적 작용을 일으킨다. 다른 하나는 전체적 구조이다. 우선, 12개 장의 구성이, 작가 자신이 밝힌 바에 따르면, 황해도 진지노귀굿 열두 마당의 구성에 상응한다는 점을 주목해야 한다. 교차 서술의 진행은 얼핏 무질서해 보이지만 가령 그 각각의 단편들의 선별과 배치가 엄정히 통제되고 있는 데서 보듯 사실은 전체적인 치밀한 계획 아래 이루어지고 있는데 그 계획은 진지노귀굿의 구성에서 나온 것으로 생각된다. 이미 죽은 자의 영혼들이 시점이 되고 있는 것도 진지노귀굿의 형식을 채용한 결과이다. 이 대목이야말로 전통적 리얼리즘의 개연성의 원칙과 정면으로 위배된다. 이 두 가지 원리의 결합에 의해 산 자들뿐만 아니라 죽은 자들도 등장하고(오히려 죽은 자들의 등장에 더 큰 비중이 실린

다) 그들의 상호 이해와 자기 반성이 가해/피해의 대립을 넘어서는 화해를 가능케 한다. 이렇게 보면 『손님』의 주제 의식과 서술 형태는 필연적인 관계를 맺고 있음이 분명하다. 흔히 말하는 내용과 형식의 통일의 모범적인 예라고도 할 수 있을 것이다.

이상으로 이데올로기 너머의 화해와 그 원리에 대해 큰 윤곽은 살펴보았다고 하겠다. 그러나 우리의 고찰은 좀 더 세밀해질 필요가 있고 그러기 위해서는 류요섭 목사라는 인물에 초점을 맞추지 않을 수 없다. 이 작품은 류요섭의 꿈에서 시작해서 꿈으로 끝난다. 처음의 꿈의 내용은 어린 시절 고향에서의 기억의 단편들이고 마지막 꿈에서는 사람들의 끝없는 행렬이 들판을 지나 큰 산맥으로 이어진 구불구불한 길을 가는 모습, 즉 망자들이 한을 풀고 저승으로 건너가는 모습을 본다. 이 두 꿈 사이에서 벌어지는 일은 류요섭이 미국을 떠나 북한에 가서 고향을 방문하는 것이다. 그가 미국을 떠나기 직전에 형 요한이 죽고 요섭은 요한의 뼈 한 토막을 가지고 가 그것을 고향 땅에 묻는다. 영혼이 나타나는 것은 이미 미국에서부터이다. 죽기 직전 요한이 순남이 아저씨의 귀신을 보고 귀신과 대화하는 것이다. 요한이 요섭에게 말해주는 바에 따르면 요한은 옛날 서울에 있을 때도 가끔 귀신을 보았고 최근 3년 전부터는 수없이 귀신을 보았다. 요섭이 영혼을 보는 것은 이륙한 비행기 안에서 시작되는데 그것은 요한의 영혼이다. 그러니까 요섭은 요한의 뼈 한 토막뿐 아니라 요한의 영혼과 함께 고향을 방문하러 가는 것이다. 죽은 자들이 모두 등장하여 산 자와 함께 대화하는 일은 제8장에서 이루어진다. 신천 양민 학살 사건 당시의 각자의 체험이 번갈아가며 고백된다. 서로간에 가해자이며 동시에 피해자인 죽은 자들은 그 대화가 끝나자 저승으로 간다며 사라진다. 이때 요한은 요섭에게 "이제야 고향 땅에 와서 원 풀고 한 풀고 동무들두 만나고 낯설고 어두운 데 떠돌지 않게 되었다. 간다. 잘들 있으라"라고 말한다. 요섭이 요한의 뼈를 고향 땅에 묻는 것은 그 다음날의 일이고, 그런 뒤 요섭은 마지막 꿈을 꾼다.

제8장에서 죽은 자들의 영혼과 산 자가 함께 대화할 때 그 자리에 참가하는 산 자는 요섭과 요섭의 외삼촌 두 사람이다. 두 사람 사이에는 공통점이 있다. 북한에서 한편으로는 당원으로 다른 한편으로는 회개하는 기독교인으로 살아온 외삼촌은 사건 당시 남을 해치지 않았고, 어린 소년이었던 요섭 역시 그랬던 것이다. "저나 삼촌은 가해자가 아니잖습니까?"라는 요섭의 물음에 외삼촌은 "가해자 아닌 것덜이 어딨어!"라고 말하지만, 좌우간 직접 개인적으로 죄를 짓지는 않았다는 의미에서 두 사람은 무죄한 사람들이다. 무죄한 사람들이기 때문에 그들은 귀신을 보고 귀신과 대화할 수 있고, 또 영혼의 해원을 가능하게 해주는 매개가 될 수 있다. 다성적 구조에도 불구하고 요섭이 주인공이 될 수밖에 없는 이유일 것이다.

이 작품을 요섭을 전체적으로 일관된 시점으로 하여 현실적으로 서술된 것으로 읽을 수 있다면 우리는 아주 다른 해석에 도달할 수도 있다. 즉 다른 인물들(산 자든 죽은 자든)을 시점으로 서술한 부분들을 전부 요섭의 간접 진술이나 환상으로 본다는 것이다. 물론 이렇게 보는 데는 많은 난점이 있다. 가령 죽기 직전의 요한을 시점으로 서술된 부분은 요섭이 결코 알 수 없는 일이니 요섭의 간접 진술은 불가능하다. 또 죽은 자들과의 대화 부분이 만약 요섭의 환상이라면 그 고백 내용의 객관적 진실성은 상실된다. 그것이 객관적 진실이 되기 위해서는 요섭이 그 내용들을 미리부터 알고 있었어야 되는데 이 작품의 서술은 그런 가능성을 조금도 암시하지 않는다. 그러니 이 작품은 샤머니즘의 틀을 수락하고 초현실적이거나 환상적인 여러 장면들을 서술된 그대로 받아들여 읽지 않을 수 없는 것이다. 그럼에도 불구하고 요섭을 일관된 시점으로 한 현실적 서술로 읽는 데에 미련이 남는 것은 요섭이라는 인물과 관련하여 이 작품이 강렬한 메시지를 전달하고 있기 때문이다. 처음의 꿈에 나오는 바이올린 소리의 정체가 밝혀지는 것은 제8장에 가서이다. 그 바이올린 소리는 어린 소년 요섭이 숨겨주었던 인민군 누나들이 연주하던 것이다. 그 누나들과의 만남은 어린 요섭에게는 일종의 원초적 체험이었다고 할 수 있다. 그 대목은 다음과 같이 서술되고 있다.

바이올린은 고음으로 올라갈 때 더욱 흐느끼는 것 같았고 노랫소리는 여운을 길게 남겼다. 나는 얼굴이 뜨거워지면서 갑자기 목젖이 아프고 눈물이 울컥 몰려나왔다. 옷소매로 얼굴을 쓰윽 닦고 코를 훌쩍 들이마셨다. 아아, 갑자기 다른 세상이 보이는 것만 같다. 나무도 바위도 하늘도 모두 다르게 보인다. 세 사람 모두 제각기 다른 생각을 하고 있는지 아무도 말이 없다.

그런데 이 원초적 체험은 은밀한 죄의식과 연결되어 있다. 자신에게서 인민군 누나들의 은신처를 캐물은 형 요한이 그녀들을 살해해버린 것이다. 바이올린 소리의 꿈을 꾸고서도 결코 그 일을 회상하지 않던 요섭이 마침내 묻어두었던 기억과 다시 마주치는 것은 다른 인물들이 돌아가며 자기 고백을 하는 제8장에 와서이다. 그렇다면 요섭 역시 무죄한 인물은 아니다. 그 역시 그 은밀한 죄의식으로 40여 년을 내면 깊숙한 곳에서 고통받아온 것이다. 제2장의 비행기 안에서 요섭은 "갑자기 자신이 타인인 듯한 느낌"이 든다. 이 느낌은 이중적 의미를 지닌다. 한편으로는 자신에게 들린 형 요한의 귀신을, 다른 한편으로는 오랫동안 묻어두었던 죄의식의 기억의 활성화를 뜻하는 것이다. 요섭이 그 죄의식에서 놓여나는 것은 제11장에서 꾸는 꿈 이후의 일이다. 그 대목은 다음과 같이 묘사되고 있다.

류요섭 목사는 또 새벽에 꿈에서 깨어났다. 아직은 떠날 시간이 안 되었다. 그는 커튼을 젖히고 인적이 없는 거리를 내다보았다. 평양은 가로등까지도 모두 꺼진 채로 캄캄했다. 맞은편 아파트 건물에는 중간쯤과 꼭대기 부근에 불빛이 보인다. 누군가 새벽부터 일 나가려고 일찍 일어났을까. 빈 도로에 자동차 한 대가 천천히 지나갔다. 그는 유리창에 희끄무레하게 비친 자신의 모

습을 바라보았다. 세상에서 가장 낯익은 사람의 모습이었다. 〔강조: 인용자〕

　요섭의 자기 회복은 비록 그가 지금 나이 50이 넘었지만 일종의 성장인 것처럼 읽힌다. 『손님』의 지엽에서 이처럼 성장 소설의 구조를 발견하는 필자에게는 아마도 필자 자신도 의식하지 못하는 어떤 깊숙한 마음의 움직임이 있는 모양이다. 이 마음의 움직임이 필자로 하여금 이 작품을 자꾸 분열적으로 읽게 만든다.
　샤머니즘의 틀을 온전히 수락하고 초현실적이거나 환상적인 여러 장면들을 서술된 그대로 받아들여 읽는 것이 작가의 의도에 부합되는 독법일 것이다. 그러나 이러한 독법은 반성의 기제를 희석시킨다는 문제가 있다. 그것은 이데올로기 너머에 있는 보편적인 것에 대한 의심 없는 믿음과 상응한다. 필자로서는 샤머니즘이라는 원리보다는 이 작품의 서술 형태가 보여주는 다성적 구조에서 더욱 설득력 있는 원리를 발견한다. 이데올로기적 대립은 상호 대화와 자기 반성을 통해서 극복과 화해가 가능할 것으로 생각되기 때문이다. 그것은 좌우 대립뿐만 아니라 외래적인 것과 본래적인 것 사이의 대립에서도 그러할 것이다. (2001)

변경과 중심의 변증법

1. 형태와 리얼리즘

현기영의 소설을 1970년대 이후 우리 리얼리즘 문학의 대표적 성과 중의 하나로 평가하는 데에 이의를 제기할 사람은 별로 없을 것이다. 하지만 그렇게 평가할 때 그 평가에 실제로 어떤 관찰과 판단들이 함축되고 있는지에 대해 우리는 차분히 되돌아볼 필요가 있다.

1975년에 단편 「아버지」가 동아일보 신춘 문예에 당선되어 등단한 현기영은 1978년에 「순이 삼촌」을 발표하고 이듬해 그 작품명으로 표제를 삼은 첫번째 창작집을 펴내면서 우리 리얼리즘 소설에 새로운 지평을 연 작가로 크게 주목받기 시작했다. 그 지평이란 다름 아닌 '4·3 사태'의 역사적 진실의 형상화였는데, 그 리얼리즘적 성과는 역설적으로 작가에게 창작집의 판매 금지와 정보 기관에 의한 연행·조사라는 고초를 가져다 주기도 했다 (「위기의 사내」에 그 일단이 그려지고 있다). 그러나 현기영은 그뒤로 '4·3' 의 역사적 진실에 대한 성찰을 더욱더 치열하게 밀고 나갔다. 현기영의 소설을 리얼리즘 문학이라고 할 때 그것은 일차적으로 '4·3'이라는 소재 측면을 지칭한다고 할 수 있고, 다음으로는 역사적 진실의 형상화라는 그 주제 의식 내지 작가적 태도를 지칭한다고 할 수 있다. 가령, 염무웅(「역사의 진실과 소설가의 운명」, 1994)이 "현기영의 제주도는 작가가 어린 시절을 보낸 고향의 구체적 지명인 동시에 분단과 동족 상잔, 지배 권력의 야만적 폭압과 외세의 무자비한 냉전 논리, 요컨대 민족 모순이 최고도의 파괴적 광기 속에 관철된 민족사의 핵심적 현장이다"라고 말했을 때 그가 염두에 둔 것은 앞의 두 가지 측면인 것이다.

그런데 흔히 리얼리즘이라고 하면 이러한 소재와 주제 의식의 측면 이외에도 형태의 측면에 대한 일정한 판단도 함축된다. 염무웅이 현기영의 단편 소설 중 「마지막 테우리」와 「쇠와 살」을 예로 들어 앞의 것이 "전통적 사실주의 기법에 입각한 빈틈없이 완결된 단편 소설"이고 뒤의 것이 "다큐멘터리의 몽타주 기법을 연상시키는 매우 파격적이고 실험적인 형식의 소설"이라고 했을 때, 거기에는 형태상 앞의 것은 리얼리즘이고 뒤의 것은 모더니즘이라는 판단이 전제되어 있는 것이다. 염무웅이 이 두 작품이 "동일한 정신의 산물, 똑같이 치열하고 엄정한 투쟁의 소산임을 이의 없이 인정"하며, 그리하여 "아마 우리는 이 두 작품의 비교를 통해서 문학 작품에 있어 형식 문제의 본질은 무엇인가, 그리고 소설 기법으로서의 실험적·전위적 요소와 리얼리즘은 어디에서 만나고 어디에서 배치되는가에 관한 심오한 성찰을 할 수 있을 것"이라고 언명하면서도 종국에는 "「쇠와 살」은 다시는 되풀이되지 않을 현기영 예술의 마지막 모더니즘의 꽃일 것"이라고 선언하게 되는 것은 그러한 판단의 전제 때문이다.

그러나 선입견 없이 현기영의 작품들을 찬찬히 들여다보면 우리는 거기에서 전통적 사실주의 기법에의 충실성보다도 오히려 다양한 형태적 탐색이 부단히 수행되고 있는 모습을 발견하게 된다. 특히 문체와 구성에 대한 현기영의 천착은 소위 모더니즘 작가들보다 더욱 치열했으면 치열했지 결코 덜하지 않다. 현기영의 절제되고 압축된 문장, 정련된 문체, 치밀한 구성은 보기 드문 것이라고 하지 않을 수 없고, 가령 「마지막 테우리」의 경우만 해도 '의식의 흐름' 기법이 대단히 풍요로운 문학적 효과를 빚어내며 세련되게 사용되고 있다. 이 점에서 황광수(「진실 드러내기와 숨기기」, 1994)의 다음과 같은 지적은 경청할 만하다.

> 현기영에게 제주도의 민중사, 그 가운데서도 특히 4·3에 대한 조명은 그의 글쓰기의 중심 과제이다. 그러나 이 사건에 대해 그가 쓴 글들은 모두가 중단편들이다. 그러므로 그는 동일한 주제의 다양한 측면들과 그것들에 깃들인 의미들을 새로운 시각과 형식으로 드러내는 데 남다른 주의를 기울이는 것으로 보이며, 「마지막 테우리」는 그러한 예의 대표적인 경우로 생각된다.

위 인용은 현기영의 다양한 형태적 탐색에 대한 아주 적절한 이해의 예가 될 것이다. 현기영의 형태적 탐색은 그 자체로 주제 의식의 최적의 형태화를 의도한 것이라 할 수 있고 많은 경우 성공적이라고 할 수 있다. 당겨 말하면 현기영은 사실주의적 기법과 비사실주의적 기법을 두루 포용하며 자신의 주제 의식을 관철시키기 위한 최량의 형태를 중단 없이, 특정 형태에의 안주 없이 계속적으로 추구해온 것이다. 매우 파격적이고 실험적인 형식의 「쇠와 살」도 예외가 아니다. 4·3에 대한 각기 다른 26개의 장면과 8개의 주석으로 이루어져 있는 이 작품의 형태적 탐색은 최근작인 장편 소설 『지상에 숟가락 하나』(1999)의 개성적 형태로 계승 발전되었다. 이 장면에서 우리는 다시금 원론적인 문제를 상기하게 된다. 아마도 리얼리즘은 기법이 아니라 정신이 아니겠는가. 현대의 삶은 사실주의적 기법만으로 그 진상을 드러낼 수 있을 만큼 단순하지도 원만하지도 않다. 그것은 복잡하고 분열적이며 숨어 있는 것이어서 비사실주의적 기법의 개척과 활용이 필수적으로 요구된다. 염무웅의 표현대로, "역사적 현실의 핵심적 진실을 드러내고자 하"는 정신이 그 개척과 활용의 적절성을 통해 관철되고 실현될 때 오늘날의 리얼리즘이 구현되는 것일 터이고, 그렇다면 현기영을 말의 참뜻에서의 리얼리스트로 평가하는 데 우리는 기꺼이 동의할 수 있다.

2. 역사적 진실과 현재적 삶

먼저 현기영 소설의 핵심이라 할 '4·3 사태'에 대해 살펴볼 필요가 있겠다. 「쇠와 살」의 도입부에서 현기영은 다음과 같이 간략하게 4·3의 발발을 설명하고 있다. 4·3 이전에 3·1이 있었다: 1947년 3월 1일, 3만 군중이 모여 외세 없는 진정한 독립을 고창했고 이에 대해 경찰이 발포하여 6명이 죽었다; 이 사건 이후로 육지부에서 들어온 서북청년단(서청)과 경찰 응원대가 거의 일 년 동안 도처에서 살인·고문·약탈·겁간을 자행했고, 쫓기는 젊은이들이 더 이상 숨을 데가 없는 절박한 상황에서 부득이하게 무장 투쟁의 길로 들어섰으니 그것이 바로 4·3의 봉기였다. 이 설명에는 4·3과 좌익 및 남로당의 관계에 대한 언급이 없다. 같은 제주 출신의 작가 현길언은 그 관계를 다음과 같이 설명한 바 있다.

해방이 되어 외지에서 귀향한 젊은이들은 섬의 새로운 변모를 시도하기 위해 민중 운동을 계획하고 있었다. 항상 외세 속에 수탈만 당해오던 섬사람들은 이제 스스로 생존을 위한 방법을 모색해야 할 때라고 생각하였다. 당에서는 이 기회를 사상적으로 유효적절하게 이용하도록 지시를 내렸다. 민중의 의식 속에 잠재해 있는 생존에의 열망과 그것을 쟁취하려는 본능적 욕구를 의식화시켜서 혁명의 도화선으로 만들 전략을 세우도록 하였다. 그래서 다소 민족의 생존적 본능이 짙게 깔려 있는 개혁에의 의지를 사상적으로 재개편하는 데는 무엇보다도 학습의 필요성을 인식하고 지혁을 보내었다. (「미명」)

이 설명은 얼핏 보면 4·3의 비극의 책임을 좌익에게 지우는 것처럼 읽힐 수 있다. 물론 현길언의 의도는 그렇게 단순한 것은 아니다. 현길언에게 본질적인 것은 "민중의 의식 속에 잠재해 있는 생존에의 열망과 그것을 쟁취하려는 본능적 욕구"이고, 그 열망과 욕구를 억압하거나 왜곡한다는 점에서 좌익 이념과 우익 이념은 다를 바가 없다. 현길언이 보기에 4·3 사태는 제주도 밖에서 강요된 이념적 양자택일(그것은 제주 내적 삶과 무관한 것에 의한 제주의 삶의 왜곡이며 거기에 가해진 폭력일 뿐이다)의 결과이다. 현길언의 이러한 설명이 얼마나 타당한가는 별도의 논구가 필요하겠지만, 여기서 확인하고 싶은 것은 이러한 설명이 일종의 거대 담론에 해당한다는 점이다. 현기영은 그러한 거대 담론 쪽으로는 나아가지 않는다. 현기영의 시각은 완강하게 미시적이다. 중앙의 군 수뇌부가 미 군정에 의해 철퇴를 맞아 몰락하고 이제까지 중립적 입장을 취했던 경비대 제주연대의 연대장이 갈리면서 군의 토벌 작전이 시작되는 데서부터 현기영의 미시적 시각은 예민하게 작동한다.

게릴라는 이삼백 명에 불과했다. 백살일비, 양민 백을 죽이면 그 중에 게릴라 한 명이 끼어 있을 것이고 양민 이삼만을 죽이면 이삼백의 게릴라는 완전히 소탕될 것이다. 그리하여 수만의 양민이 희생된 것이다. (「쇠와 살」)

위 인용은 '백살일비(百殺一匪)'라는 소제목이 붙여진 단락의 전문인바, 현기영은 바로 그 수만 양민의 희생의 구체적 양상들에 대해 말하는 데 주력해온 것이다. 그 구체적 양상들을 종합했을 때 다음과 같은 서술이 나온다.

그리하여 한라산과 해변 사이 중산간 지대의 백삼십여 개의 마을들이 불에 타 사라졌다. 불바다와 함께 대살육극이 시작되었으니, 주민들 절반은 산으로 달아나 폭도라는 누명 아래 사살의 대상이 되고 절반은 명령에 따라 해변으로 소개했으나, 그중에 많은 부로(父老), 아녀자 들이 폭도 가족으로 처형당했다. 사람들뿐만 아니라 마소도 닥치는 대로 학살되었다. (『지상에 숟가락 하나』)

죽은 자는 물론이고 살아남은 자도 폭도라는 억울한 낙인이 찍힌 채 평생을 그늘에서 살아야 했으며, 진실은 오늘날까지도 밝혀지지 않은 채 은폐·억압되어 있다. 현기영은 오로지 그 미시적 진실을 밝히는 데 전력해온 것이다. 4·3에 관한 거대 담론이 이념적이거나 지식인적인 데에 비해 현기영의 미시적 시각은 철저히 민중적이라 할 수 있는바, 여기에 현기영 리얼리즘의 큰 특징이 있다.

현기영이 미시적 진실에 접근하는 방식은 앞에서도 말했듯이 다양하다. 최초의 작품「순이 삼촌」에서는 학살 당시의 후유증으로 30년 동안을 피해망상에 시달리다 마침내 자살로 마감되는 한 여인의 비극적 생애를 관찰자에 의한 회상의 방식으로 폭로했고,「도령마루의 까마귀」(1979)에서는 4·3 당시를 서술의 현재로 하여 소개(疏開) 지역 피난민 여자의 의식 세계를 묘사했으며,「해룡 이야기」(1979)에서는 어머니의 상경 소식을 계기로 4·3 당시의 기억을 자기 은폐로부터 되살리는 한 남자의 의식 세계를 묘사했다. 한편 1980년대의 작품인「길」(1981)과「아스팔트」(1984)는 역시 사태 당시의 회상이 몸통이 되고 있으나 여기서 문제가 되는 것은 오히려 현재이고 현재의 화해이며, 두 작품 모두 가해자의 뉘우침이라는 모티프가 나타난다는 점이 주목된다.「길」의 일인칭 화자는 박춘보 노인을 만나러 가는데 이미 노인은 임종을 맞이한 뒤이다. 사태 당시 일인칭 화자의 아버지를 죽게 만든 장본인이 바로 박춘보 노인인바, 노인에게 직접 진실을 듣는다는 것은 여기서 그 자체로 화해의 등가물이 된다.「아스팔트」의 경우, 경찰의 정보원 노릇을 함으로써 자기 목숨을 부지했던 강씨가 이제 임종을 맞아 사과하기 위해 창주를 부르고 창주는 그 유언을 들으러 밤길을 간다. 여기서도 유언의 자리에서의 만남은 화해의 실현을 의미한다. 그런데 그 밤길은 아스팔트로 덮인 길이다. 이 아스팔트는 진실을 은폐하는 아스팔트이고 강인한 불모성으로 특징지어지는 아스팔트이다. 그것이 창주에게 세월의 풍화 작용을 받지 않은 채 견고하기만 한 집단적 편견을 상기시킨다.「길」에서의 길은 아직 아스팔트 길이 아니고 포장되지 않은 옛 모습 그대로이지만 그러나 화해의 전망은 「길」이 「아스팔트」보다 더 어둡다. 박춘보 노인의 빠른 죽음으로 인해 화해가 실현되지 못하는 것이다. 「길」에서는 진실과 화해의 내용에 대해 당사자들 말고는 아는 사람이 없지만 「아스팔트」에서는 주위 사람들이 그 내용을 미리 알고 있다. 아스팔트의 상징이 창주가 강씨의 유언을 듣지 못하게 될지도 모른다는 암시를 주지만 그 암시에도 불구하고 결말부의 묘사가 화해의 분위기로 충만하게 되는 것은 그 때문이다.

세번째 창작집인 『마지막 테우리』(1994)에 이르러서 현기영의 탐색 방식은 훨씬 더 다양해진다. 「거룩한 생애」(1991), 「목마른 신들」(1992), 「쇠와 살」(1992), 「마지막 테우리」(1994)의 순으로 살펴보자. 「거룩한 생애」는 잠녀 출신으로 강인하고 당당한 민중적 생명력을 발휘하며 온갖 역경을 거슬러 살아온 한 여인이 폭도로 몰려 허망하게 처형당하기까지의 일생을 시간순서대로 서술하고 있다. 「목마른 신들」은 열일곱에서 스무 살에 이르는 4년 세월, 싱싱한 생명력으로 충만해 있어야 할 나이에 너무도 많은 죽음을 보아버렸고 그리하여 심방의 길로 들어선 한 늙은 심방을 일인칭 화자로 하여 "반성할 줄 모르는 무도한 가해자가 40여 년 만에 피해자 앞에 무릎을 꿇"은 신명나는 원혼굿을 소개하고 있다. 「쇠와 살」은 앞에서도 말했듯이 26개의 각기 다른 장면들과 8개의 주석들의 몽타주로 구성되어 있는데, 각 부분들의 서술 방식과 서술 내용이 아주 다양함에도 그 다양함 위에 전체적으로 통일적인 4·3상(像)이 강력히 떠오르고 있다. 「마지막 테우리」는 4·3 당시 제가 죽인 소가죽을 뒤집어쓰고 수없이 많은 소들을 찾아다니며 죽인 도살자였고 결과적으로 일가족을 죽음으로 몰아넣은 밀고자였으며 사태 이후 한라산의 테우리로 남아 평생을 홀로 산 한 노인의 의식의 흐름을 추적하여 사태 당시에 대한 회상과 현재의 제주도의 변화에 대한 관찰을 차분히 묘사하고 있다. 이 정도의 간략한 요약만으로도 탐색 방식의 다양화가 뚜렷이 드러난다. 네 편이 다 각각 다른 모습을 하고 있는 것이다. 특히 주목되는 것은 「길」과 「아스팔트」의 주인공들이 현재 교직자이며 4·3 때 유소년이었고 가족이 피해를 입었으며 그 가해자들과의 현재적 관계가 문제가 되고 있는데 이러한 틀이 『마지막 테우리』의 네 작품에서는 나타나지 않는다는 점이다. 「길」과 「아스팔트」의 주인공들에게서 우리는 은연중 작가 자신의 모습을 발견하는 것이지만, 『마지막 테우리』의 네 작품에서는 「쇠와 살」의 일부를 제외하면 그러한 자전적 모습이 자취를 감춘다. 이것은 현기영 리얼리즘의 성숙의 징표일까. 특히 놀라운 것은 「마지막 테우리」와 「목마른 신들」에서 테우리와 심방이라는 두 작중 인물의 내면이 참으로 실감나게 싱싱하게 살아 움직이고 있다는 점이다. 그런 점에서 이 인물 설정의 문제를 놓고 단순히 객관화 경향이라고 할 수는 없을 것이다.

최근작인 장편 소설 『지상에 숟가락 하나』는 두번째 작품집 『아스팔트』에 실렸던 단편 「잃어버린 시절」(1983)의 자전적 성격과 「쇠와 살」의 몽타주 형식이 종합되고 확대되어 낳아진 작품이다. 그러나 이 작품은 성장 소설이라는, 현기영으로서는 새로운 형태를 빚어내고 있다는 점에서 여타의 작품들과 구별된다. 이 작품에 대해서는 다음 절에서 다시 살펴보기로 한다.

현기영에게는 4·3이 전면에 나타나지 않고 주로 현재의 삶을 소재로 하고 있는 작품들도 적지 않다. 하나도 빠뜨리지 않고 그물질을 하기는 어렵지만, 대체로 말하자면, 이 작품들은 불의한 권력 앞에서의 양심의 문제를 천착하고 있다는 점에서 공통되며 여기서 양심과 소시민적 순응 사이의 고뇌와 갈등이 묘사되고 중산층 허위 의식이 고발되고 풍자된다.[1] 지금 우리

---

[1] 우리의 문맥과는 다소 거리가 있지만 「나까무라씨의 영어」(미발표작으로서 1986년에 간행된 창작집 『아스팔트』에 직접 수록됨)는 근자의 미국 중심의 세계화와 관련하여 정곡을 찌르는 진술이 나오는데 지나는 김에 지적해두고 싶다. 옛날에는 일본어를 숭상했고 지금은 영어를 숭상하는 교장 선생이 학생들의 명찰을 영어로 바꾸라고 지시하자 젊은 영어 선생이 다음과 같이 항변한다. "언어가 인간을 지배한다는 것은 아무도 부인할 수 없는 진리예요. 영어에 의한 오염은 자라는 이세를 정신적 무국적자로 만들어버릴 공산이 커요. 후진국에서 영어가 필요하다면 그것은 말영어가 아니라 글영어예요. 글을 통해서는 바람 직한 선진 문물이 들어올

의 문맥에서 주목할 것은 이 작품들 중 다수에서 다루어지는 현재적 삶이 4·3 체험이라는 거울에 비추어짐으로써 일정한 의미가 부여되고 일정한 방식으로 해석된다는 점이다. 가령, 「겨울살이」(1985)의 일인칭 화자가 유신시대에 교사로서 살아가는 모습의 배후에는 4·3 체험의 그림자가 짙게 드리워져 있다. 「위기의 사내」(1988/1990)의 한기웅은 경찰서에 연행되어와 수배자 명단에 후배 네 명이 끼어 있는 걸 보고서 이렇게 생각한다. "30년 전 고향의 비극은 아직도 끝나지 않았던 것이다. 그것은 때때로 망령처럼 무고한 사람들을 덮쳐 부당한 혐의로 심신을 피폐시키는 현재적 사건이었다." 그에게는 1980년 5월의 광주 사태도 4·3의 되풀이로 먼저 인식된다. 그러나 이를 두고 현기영이 너무 과거에만 얽매여 있다고 말한다면 그것은 정당한 판결이라고 말하기 어렵다. 누구에게나 원초적 체험이라는 것이 있는 법이어서 그것을 통해 보고 느끼고 사유하는 것 자체는 조금도 퇴영적인 것이 아니다. 문제는 그것을 통해 어떻게 보고 어떻게 느끼고 어떻게 사유하며 그 봄·느낌·사유를 가지고 어떻게 현재에 작용하느냐에 있는 것일 따름이다. 가령, 중국의 루쉰은 신해 혁명 체험을 원초적 체험으로 가지고 있었고 그리하여 5·4 운동에서부터 1930년대 사회주의 운동에 이르기까지의 곡절 많은 역사 현실에 대한 대응을 그 신해 혁명 체험을 통해 수행했지만 그의 대응이야말로 그 시대에 가장 의미 있는 것이 될 수 있었고 오늘날까지도 생명력을 갖는 것이 될 수 있었다. 현기영 역시 마찬가지다. 「겨울살이」의 일인칭 화자가 "먼저, 내가 젖줄 대고 자란 척박한 섬땅, 침탈과 대학살과 가난으로 찌든 고향의 모태로 정신적 귀향을 감행해야 하리라"라는 깨달음에 도달하는 모습이나 「위기의 사내」의 한기웅(이 이름은 작가 자신의 이름 현기영의 변형이다)이 시민 항쟁의 격전장을 향해 달려가는 모습에

수 있지만 말을 통해서는 민족혼을 좀먹는 저들의 저급 문화, 저질의 풍속이 들어와요." 민족주의의 문제만이 아니라 여기에는 이미 탈식민주의적 통찰이 들어 있고 또 말과 글에 대한 첨예한 문제 제기가 들어 있다.

서 우리는 그 가능성을 엿본다.

「겨우살이」에서 제시된 '정신적 귀향'의 당위성에 대한 깨달음과 관련하여보면 기실 그 깨달음의 문학적 실천이 바로 현기영의 소설쓰기인 것으로 보인다.「겨우살이」의 일인칭 화자는 작가 자신의 모습이 짙게 투영되어 있는데, 그는 한편으로는 "구미의 부조리 문학이나 내면 소설 따위에 지독히 중독되어 그런 유의 소설이나 희곡을 창작하고 싶"었고, 다른 한편으로는 "내 체험, 내 얘기를 하기가 싫"었다. 개헌 투표 때문에 생긴 고뇌와 청계천 둑방 판자촌과의 만남이 그러던 그를 변화시키고 그에게 '정신적 귀향'의 깨달음을 가져다 준다. 이 깨달음이 현기영의 데뷔작「아버지」를 낳은 것이다.「아버지」가 그리고 있는 고향에서의 어린 시절의 한 장면에 대한 회상은 그 자체로 "내가 젖줄 대고 자란 척박한 섬땅, 침탈과 대학살과 가난으로 찌든 고향의 모태"로의 귀향이라고 할 수 있다. 이 귀향은「초혼굿」(1975)에서는 '못 닿는 고향'으로 그려졌고,「해룡 이야기」(1979)에서는 섬사람으로서의 정체성을 회복하고자 하는 열망으로 표명되었으며,「귀환선」(1984)에서는 일가족의 귀향으로 나타났다. 그 귀향 추구는 마침내『지상에 숟가락 하나』에서 완성된다.

이 자리에서 데뷔작「아버지」에 대해 좀 더 살펴볼 필요가 있겠다. 처음에 심미주의적·심리주의적 성향이 짙다는 이유로 평가절하된 뒤 이 작품은 재조명의 기회를 얻지 못했던 것 같다. 그러나 우리가 보기에는 이 작품이야말로 현기영 문학의 여러 면모를 포괄적으로 잠재하고 있는 작품이다. 이 작품은 처음과 끝에 일인칭 화자의 현재의 독백을 배치하고 그 사이에 어린 시절의 한 장면에 대한 회상을 현재적으로(시제는 과거이지만) 서술하고 있다. 이 회상 장면에 대한 서술이 심미주의적이고 심리주의적이라는 것인데, 적어도 그 심리 묘사와 의식의 흐름에 대한 예민한 포착은 현기영에게 리얼리즘 작가로서의 평가를 가져다 준「도령마루의 까마귀」나「해룡 이야기」를 비롯하여 이후의 많은 작품들에서도 널리 발견되는 것이다.「아버지」의 경우, 다소 작위적이고 생경하며 과잉된 점이 없는 것은 아니다. 비밀로 지켜야 하는 연못의 존재와 아버지의 행방이 상응하며 이 두 가지 비밀에 대한 강박관념이 어린아이의 의식을 억압하고, 가뭄, 더위, 질식할 것 같은 폐쇄적 분위기 등이 그 억압된 의식을 한층 강렬하게 만드는데, 그 억압된 의식은 확실히 과장되어 있다고 할 수 있다. 그러나 이런 점을 "구미의 부조리 문학이나 내면 소설"에의 중독을 완전히 벗어나지 못했기 때문이라고만 말해버릴 수는 없다. 이는 1970년대 중반 당시에 '말할 수 없는 것'(즉 금지된 것)을 말하기 위한 문학적 전략과 관계되는 것이며, 무엇보다도 "내 체험, 내 얘기"를 쓰고 있는 것이기 때문이다. 이는 오히려 현기영의 형태적 탐색이라는 맥락에서, 그 적절성의 정도를 두고 비판할 수는 있겠지만, 적극적으로 이해되어야 할 것이다.

3. 변경과 중심의 변증법

『지상에 숟가락 하나』는 전체적으로 보아 기억의 시초에서부터 중학교 3학년의 사춘기 때까지의 성장 과정을 서술한 성장 소설이라고 할 수 있다. 그런데 이 성장 소설은 여러 가지 점에서 특이한 성장 소설이다.

우선 여기서 성장이란 것이 부정적 의미를 띠고 있다는 점이 지적되어야 한다. 여기서 성장은 곧 자연 상실이다. 한 인간 개체가 자연의 한 분자로 태어나서 자연아로서의 본능과 순진성을 지니고 있는 시절에서 자연을 상실하고 부정한 세속적 삶으로 이행해가는 것이 성장이라고 화자는 말하고 있는 것이다. 그래서 다음과 같은 진술이 나온다.

지금의 나에게 과거란 오직 고향 땅에서 보낸 유년·소년 시절만이 광휘를 발할 뿐, 나머지 세월은 무의미한 일상의 연속처럼 여겨진다.

다음으로 지적되어야 할 것은 그 빛나는 유소년 시절이 그러나 동시에 폐허의 그것이기도 하다는 점이다. 그렇게 된 현실적인 이유는 4·3 체험에 있다.

나는 아직도 그 무서운 1948년의 초토의 불길과 함께 내 존재의 일부도 불타버린 듯한 상실감을 어쩌지 못한다. 막막한 어둠뿐인 장소, 거기에서 보낸 내 생애의 최초 6년도 먹칠로 지워져버린 듯한 느낌인 것이다.

그러니까 '나'의 유소년 시절은 행복의 그것인 동시에 상처의 그것이기도 한 것이다. 대체로 4·3 체험 이전의 유년은 행복의 그것으로 포착되는 데 반해 4·3 이후의 유소년은 행복과 상처의 모순이라고는 하지만 실제로는 거의 전적이라 할 정도로 상처의 그것으로 회상되고 있다. 그 유소년이 다시 광휘를 되찾기 시작하는 것은 대체로 4·3에서 4, 5년이 지난 뒤 육지에서 건너온 피난민 아이들과 어울리면서부터이다.

또, '나'의 유소년기가 아버지의 부재로 특징지어진다는 점도 주목되어야 한다. 아버지가 돌아오는 시점은 '나'의 자연아 시절이 마감되어갈 무렵과 일치한다. 그리고 이 점은 이 성장 소설이 이제 오십대 후반의 나이가 된 '나'가 아버지의 죽음을 계기로 유소년기에 대한 회상으로 나아간다는 전체적인 구조와 맞물린다. 이 구조에 대해서는 좀 더 자세한 고찰이 필요할 것이다. 이 소설의 첫번째 절은 '아버지'라는 소제목이 붙어 있고 아버지의 죽음을 서술하고 있다. 두번째 절부터 회상이 전개되고 다시 마지막 절에 가서 현재로 돌아온다. '귀향 연습'이라는 소제목이 붙은 마지막 절에서 '나'는 고향에 돌아와서 다시 발견하는 자연에 대해 이야기하고, 아버지와의 관계의 변화에 대해 이야기한다. 한때 '나'에게 야만·무지·변경과 같은 말이었고 극복해야 할 장애물일 뿐이었던 자연이 이제는 "변수의 변화에도 불구하고 결코 변하지 않는 항수가 내부에 있"는 것으로 인식된다. 그것은 "생성 최초의 것, 그 섬 고장의 풍토가 만들어놓은 깊은 속의 단단한 씨, 그 무엇으로도 변화시킬 수 없는 본질적인 것"이다. 한편 아버지는 이제 '나'와 동일시된다. 아버지의 죽음 이후, '나'의 얼굴은 점점 아버지의 영정 모습을 닮아간다. 아버지의 죽음이 "나를 바로 아버지의 그 자리에 옮아가게만" 든 것이다. 그렇다는 것은 "다음의 죽음은 내 차례라는 뜻"이다. 그리고 '나'는 "죽음은 궁극적으로 나를 자연으로 데려다 줄 것"이라고 생각한다. 여기서 아버지=죽음=자연=제주라는 상식적으로는 납득이 잘 안 되는 등식이 성립된다. 이 등식의 성립은 합리적으로는 잘 설명되지 않지만, 혼란스러워 보이는 이 등식이 그 바로 뒤에 이어지는 다음과 같은 진술에 단호한 설득력을 부여해준다.

내가 떠난 곳이 변경이 아니라 세계의 중심이라고 저 바다는 일깨워준다.

'내가 떠난 곳'은 지리적으로는 제주이고 의미 내용으로는 자연이다. '나'의 유소년기는 제주를 중심으로 하고 자연과 화해롭게 일체화되었던 시절이다. 그때 아버지는 없거나 없는 것이나 마찬가지였다. 불행하게도 이 시절에 4·3 체험이 주어짐으로써 행복의 유소년은 동시에 상처의 유소년이 되기도 했지만 말이다. 아버지가 다시 있게 되고 자연을 상실하게 되면서 이제 제주는 변경이 되어버리고 그리하여 '나'는 변경을 떠나 중심인 육지로, 서울로 갔다. 그러나 '나' 자신이 늙은이가 되어버린 현재, 아버지는 다시 없게 되었고 '나'는 제주-자연이 변경이 아니라 중심이라는 것을 재발견하게 되었다. 이렇게 보면 이 변경과 중심의 변증법에는 다음과 같은 세 가지 의미의 차원이 겹쳐 있다고 하겠다. 1) 오이디푸스 콤플렉스의 차원, 2) 자연과 인공의 대립이라는 차원, 3) 섬과 육지의 대립이라는 차원. 이 세 가지 차원은 사실상 서로 다른 차원이어서 동일 평면에 완벽히 겹칠 수 있는 것들이 아닌데, 현기영은 그것들을 한 평면에 겹쳐놓음으로써 이 작품에 독특한 의미망을 형성시킨다.

　2)와 3)은 비교적 쉽게 이해된다. 자연과 섬은 모두 유소년의 행복과 순수, 유의미에 상응하고, 인공과 육지는 성년의 불행과 타락, 무의미에 상응한다. '귀향'은 인공-육지에서 자연-섬으로의 귀환, 즉 불행-타락-무의미에서 행복-순수-유의미로의 귀환을 뜻한다. 그런데 문제는 유소년의 자연-섬이 온전히 행복-순수-유의미만으로 이루어진 것이 아니라는 데 있다. 그것은 동시에 고통스러운 상처와 함께하는 것이고, 그 상처는 4·3과 불가분의 관계에 있다. '나'의 현재의 귀향은 그 상처의 치유 내지 극복, 혹은 그것과의 화해 위에 비로소 가능해진다. 그러니 떠나온 곳과 돌아가는 곳은 사실은 꼭 같은 것이 아니다. 돌아가는 곳은 새로운 형성인 것이지 상실된 것을 회복하는 것이 아니다. 한편, 1)의 경우는 좀 더 복잡하고, 상대적으로 4·3과 분리가 가능하다(이 점을 강조하면 이 작품은 4·3 이야기와 아버지 이야기의 결합이라고 할 수도 있을 것이다). 『지상에 숟가락 하나』 이전의 현기영에게서는 아버지가 부재의 상태로 존재한다. 「순이 삼촌」에서 아버지는 4·3 당시 이미 일본으로 건너가서 지금까지 그곳에서 살고 있고, 「해룡 이야기」에서 아버지는 산에 들어가서 다시 돌아오지 않는다(아마 죽었을 것이다). 데뷔작인 「아버지」에서는 두어 달에 한 번쯤 몰래 찾아오다가 결국 행방불명된다(죽었으리라 추측된다). 「잃어버린 시절」의 아버지 역시 종내 돌아오지 않는다. 「아스팔트」의 아버지는 징용에 끌려간 뒤 다시 돌아오지 않고, 「길」의 아버지는 4·3 때 살해당한다. 아버지가 온전히 등장하는 것은 아마도 『지상에 숟가락 하나』에서가 처음인 것 같다. 앞에서 살펴보았듯이, 아버지의 부재시에 행복의 유년이 있었고 아버지의 존재와 함께 그 행복의 유년은 끝난다. 현기영에게 아버지는 극단적 억압인 모양이다. 전작들에서의 아버지의 부재가 그 억압에 대한 회피로 읽힐 수 있다면, 『지상에 숟가락 하나』에서의 아버지의 등장은 그 억압에 대한 성찰로 읽힐 수 있을 것이

다. 냉정하게 말하면 그 성찰을 가능하게 해준 것은 아버지의 죽음이다. 행복의 유년에서와 마찬가지로 이제 아버지가 부재의 상태로 되었는데, 그러나 유년 시절의 아버지의 부재와 지금의 그것 사이에는 커다란 차이가 있다. 유년 시절의 그것이 억압 이전을 의미 내용으로 한다면 지금의 그것은 억압으로서의 아버지와의 화해를 의미 내용으로 하기 때문이다. 그 화해 위에 아버지와 '나'의 동일시가 이루어진다(혹은 그 역이다). 이 대목에서 우리는 현기영의 중심이 적어도 비(非)근대적인 것이 아닐까 하는 생각을 해볼 수 있다. 억압 이전이든 화해 이후이든 억압 없음을 특징으로 하는 그것에서, 우리는 근대에 대한 비판적 태도와 중심으로서의 섬 공동체에 대한 무비판적 태도라는 양가성을 발견하는 것이다.

그러나 그 양가성에도 불구하고 변경과 중심의 변증법의 세 차원 중 지금 필자에게 각별히 울림을 일으키는 것은 섬과 육지의 대립이라는 차원이다. 이 대립은 흔히 이야기되는 주변과 중심의 대립과는 다소 성격이 다르다. 보통 말하는 주변과 중심의 대립은 지방과 중앙의 대립이다. 하지만 여기서는 섬과 육지 전체가 대립쌍을 이룬다. 여기서 섬의 정체성은 무엇인가. 혹시 섬과 육지를 포괄하여 상정한 정체성이란 것이 허구가 아닐까, 하는 의심이 드는 것이다. 제주의 역사는 육지에 의한 수탈의 역사였고 지금도 그렇지 않다고 말하기 어렵다. 4·3의 경우는 수탈 정도가 아니라 육지에 의한 제주의 학살이었다고도 할 수 있다. 가령, 현기영이 자주 언급하는 제주의 장두 이야기를 보게 되면, 왕조 시대의 장두들은 오히려 자신이 희생이 되어 민생을 구했는 데 비해 현대의 장두는 자신이 희생이 될 뿐만 아니라 민생을 구하는 데도 실패했다. 「변방에 우짖는 새」가 그리고 있는 이재수의 난과 4·3을 비교해보면 그 점 너무도 분명하다. 4·3과 비슷한 학살이 있었고 제주와 비슷한 역사적 경험을 가진 대만에서 주장되는 대만 독립론에 일정한 정당성이 있다는 점을 생각하면 우리는 4·3은 물론이요 제주의 수탈의 역사에 대해 맹성(猛省)을 해야 한다. 가령, 현기영 소설 중의 다음과 같은 대목들을 보자.

1) 그리하여 그날의 십자가와 함께 순교의 마지막 잔영만을 남긴 채 신화는 끝이 났다. 민중 속에서 장두가 태어나고 장두를 앞세워 관권의 불의에 저항하던 섬 공동체의 오랜 전통, 그 신화의 세계는 그날로 영영 막을 내리고 말았다. (『지상에 숟가락 하나』)

2) 사실이 그러했다. 한 마을의 모든 주민은 한통속이었고, 섬땅의 모든 마을 또한 한통속이었다. 그 땅은 각성받이 핏줄이 가로세로 촘촘히 그물처럼 얽힌 혈연 공동체였다. 그런데 그 질긴 혈연의 그물을 섬 밖에서 들어온 침략자들이 갈가리 찢어놓았다. 그 무서운 학살극이 그렇게 만들었다. 상부상조로 똘똘 뭉쳐왔던 천년 공동체에 기상천외의 분열 현상이 일어났으니〔……〕(「쇠와 살」)

3) 단지 젊다는 이유 하나만으로 경찰에 쫓기다가 겨우 경비대 내에 피난처를 구했건만, 그것이 도리어 총부리를 동족을 향해 겨눠야 하는 처지로 뒤바뀌고 만 것이다. 그 기막힌 운명에 그들은 분노했고 그렇게 해서 조성된 반란의 기운은 일부 대원의 집단 탈영·입산 사태를 낳고 급기야는 연대장 암살로 이어졌다. 그후 섬 출신 대원들을 한통속으로 싸잡아 의심하여, 한때 무기를 빼앗고 격리 수용하기까지 했다. (『지상에 숟가락 하나』)

4) 저 들판의 억새 무리와 닮은 토착의 인간들, 온 잎새가 칼날 되어 휘몰아쳐오는 하늬북풍을 갈가리 베어내던〔이 얼마나 빼어난 이미지인가! 풀의 비유에 새로운 경지를 열었다: 인용자〕 그 검질긴 생명력은 관광 개발의 포크레인의 삽날에 찍혀 뿌리뽑혀나가고 섬땅은 야금야금 먹성 좋은 육지 부자들의 입으로 들어간다. (「목마른 신들」)

위 인용들의 문맥 속에는 섬 공동체의 정체성에 대한 확신이 얼마나 절절히 배어 있는 것인지! 그 확신 뒤에는 또한 얼마나 고통스러운 수난의 누적이 있는 것인지! 사정이 그러하다면 "내가 떠난 곳이 변경이 아니라 세계의 중심이라고 저 바다는 일깨워준다"라는 진술은 아주 강력한 정치적 울림을 울릴 수도 있는 것이 아니겠는가. 그 정치적 울림에의 공명이 현기영이 제기하는 '변경과 중심의 변증법' 속으로 필자를 깊숙이 잠겨들게 한다. 현기영의 중심이 갖는 양가성에도 불구하고 그 공명은 강력하다. (2000/2002)

지금-여기에서 존재 탐구가 뜻하는 것

　나는 이 글을 '정찬은 놀라운 작가이다!'라는 감탄으로 시작하고 싶다. 1983년 무크지 『언어의 세계』에 발표한 중편 「말의 탑」, 1988년 계간 『문예중앙』에 발표한 단편 「푸른 눈」, 그리고 1989년에 나온 첫 작품집 『기억의 강』에서부터 지금 우리 앞에 놓여 있는 바로 이 작품집에 이르기까지, 즉 자그마치 20년이라는 시간 동안 정찬은 일관된 소설적 탐구의 모습을 보여주고 있는데 이는 놀라운 일이 아닐 수 없는 것이다. 이것이 발전 없는 정체(停滯)라거나 단순한 동어 반복이라면 '놀랍다'는 말은 물론 적합하지 않겠지만, 정찬의 소설은 그런 것과는 거리가 아주 멀다. 정찬 소설의 일관성에서 우리가 보는 것은 시류의 변화에 영합하지 않고, 다시 말해 유행에 휩쓸리지 않고, 자기 세계를 지키는 엄격하고 치열한 태도이다. 자기 세계를 지킨다는 것은 무엇일까. 여기서 '지킨다'라는 어사는 적합하지 않을 수도 있겠다. 오히려 작가로서의 어떤 내적 필연성에 대한 충실이 결과적으로 '지킨다'라는 말로 묘사되는 그런 모습을 낳은 것이지 기왕의 것을 그저 지키기 위해서 지킨 것이 아니기 때문이다. 이 대목에서 혹자는 이 작가의 자기 세계가 외부 세계와 단절된 자폐적 세계가 아닌가 하고 물을 수도 있겠다. 그렇지 않다. 정찬 소설의 내적 필연성은 외부 세계와의 상호 작용 속에서 부단히 새롭게 형성되어왔다. 지난 20년 간 세상은 참으로 많은 변화를 겪었거니와 정찬 소설은 결코 그 변화의 바깥에 동떨어져 있었던 것이 아니다. 다만 그 변화에 일관된 태도로 대응해왔을 뿐인 것이다. 그리하여 정찬 소설의 일관성은 변하는 것과 변하지 않는 것의 변증법을 다른 누구보다도 잘 보여준다. 변하는 것에 현혹되어 변하지 않는 것에 맹목이 되어버리는 경우가 너무도 흔한 요즈음 이러한 정찬의 소설 세계는 귀중하다 아니할 수 없다.

    정찬 소설의 일관성은 '존재 탐구'라는 말로 요약될 수 있다. 이 작가의 첫 작품집이 나왔을 때 비평가 홍정선은 "정찬의 소설이 집요하게 추구하는 가장 중요한 테마는 권력과 말의 관계에 대한 것이다"라고 설명했고 그 뒤로 이 작가에 대한 이해는 기본적으로 이러한 방향으로 이루어졌다. 「말의 탑」 「수리부엉이」 「기억의 강」 세 작품을 놓고 볼 때 그 설명은 확실히 옳다. 홍정선의 설명처럼, 거기서 권력이란 것은 순수한 말의 타락, 다시 말해 이데올로기화한 말이 낳은 결과이다. 그리고 권력과 말의 관계라는 이 테마는 1980년 봄의 광주 학살과 80년대 현실에 대한 비판적 성찰과 긴밀하게 연관되어 있다(그 점은 「기억의 강」과 「푸른 눈」에서부터 직접적으로 드러난다). 그런데 여기서 주목할 것은 정찬의 비판이 폭력적인 권력에 대한 저항이라는 지평에서 그치지 않고 그 너머로 더 나아간다는 점이다. 이 점을 홍정선은 "그(정찬)는 오히려 폭력의 피해를 입은 사람들의 내부에서 자라나는 증오를 경계한다"고 지적했다. 그 이유는 폭력적 권력의 문제를 포괄하는 보다 근원적인 문제로서 언어의 타락이라는 문제가 있기 때문이다. 저항하는 자의 증오 역시 그 언어의 타락 속에 들어 있는 것이다. 정찬에게 중요한 것은 순수한 말, 혹은 절대적으로 순결한 언어에 대한 추구이다(정찬에게 소설쓰기는 바로 그 추구의 실천이다). 그런데 바로 이 순수한 말, 순결한 언어는 존재 탐구의 맥락에 놓여 있는 것이라고 할 수 있다. 「말의 탑」에서 작가는(사제의 입을 빌려) 그것을 '인간의 영혼'이라고 부르고 있다.

    왜 인간이 타락한 줄 아십니까? 그것은 말 때문입니다. 거짓된 말, 오염된 말 때문입니다. 그 옛날 말의 탑이 말의 탑이었을 때 말은 인간의 영혼이었습니다. (『기억의 강』, p. 289)

여기서 영혼이란 것은 존재의 다른 이름이며 순수한 말, 순결한 언어는 존재의 현전으로서의 언어인 것이다. 또한 그것은 인간의 말인 동시에 신의 목소리이다. 「수리부엉이」에서 작가는(요셉스의 입을 빌려) "하느님의 말은 인간의 가장 순결한 말인 것입니다. 아브라함이 들었던 신의 목소리는 권력에 의해 더럽혀지지 않는 가장 순결한 인간의 말이었습니다"(『기억의 강』, p. 79)라고 쓰고 있다.

폭력적 권력에 대한 비판과 존재 탐구의 결합은 최근까지 정찬 소설에 일관되는 구도이다. 가령 근작 장편 소설 『광야』는 80년 봄 '해방 광주' 체험의 재구성 속에 그 결합을 관철시키고 있다. 그런데 여기서 주목되는 것은 초점의 상대적인 이동이다. 『기억의 강』에서는 폭력적 권력에 대한 비판을 존재 탐구에 근거하여 수행하였다면, 『광야』에서는 역으로 폭력적 권력에 대한 비판을 통해 존재 탐구를 수행하고 있는 것으로 보인다. "이 소설이 일상, 혹은 땅 위에서의 '광주'가 아니라 궁극적으로는 하나의 거대한 영혼적 메타포로 놓인 '광주'를 탐사하고 있음을 알 수 있다"라는 비평가 백지연의 지적은 확실히 일리 있는 지적이다. 그러나 이 초점의 상대적인 이동이 섣부른 폄하의 대상이 되어서는 안 될 것이다. 평가 이전에 문맥을 꼼꼼히 읽는 일이 필요하겠는데, 그 문맥은 지금 우리 앞에 놓여 있는 정찬의 새 작품집 『베니스에서 죽다』가 잘 보여주는 듯하다.

대체로 90년대 후반 이후에 씌어진 것으로 보이는 11편의 작품 중 「섬진강」 1편을 제외하면 광주 학살 내지 해방 광주 이야기는 발견되지 않는다. 꼭 광주 항쟁이 아니더라도 권력과 언어라는 테마도 거의 발견되지 않는다. 「섬진강」의 광주 이야기 또한 직접적인 이야기가 아니라 작중의 소설이나 작중의 작중 인물 이야기로 등장한다. 「섬진강」의 주인공 '그'는 소설가인

데 거의 작가 자신의 모습과 흡사하다. 이 작품은 작가 정찬의 자기 인식 내지 자기 고백이라고 할 만하다. '그'는 광주 항쟁을 그린 장편 소설을 탈고하고 지리산 여행을 나선 길이다. '그'의 상념은 자신이 작가를 꿈꾸던 때부터 시작해서 자신의 광주 체험, 그로부터 비롯된 소설쓰기가 지금에 이르기까지 어떤 과정을 거쳐왔는가를 돌이켜본다. 젊은 시절 '그'에게 문학은 "차갑고 어둡고 불가해한 세계 속에서 고요히 빛나는 별"이었고 '그'는 그 별에 이르는 길을 찾고자 했다.

언어로 이루어진 그 길은 영혼의 성소를 품고 있었다. 언어는, 영혼의 성소를 품고 있는 언어는 삶의 황야에서 유일하게 빛나는 보석이었다.

이 꿈이 역사와 만난 것은 광주 항쟁 때였다. 광주 항쟁에서 '그'는 '정화된 영혼의 힘'을 보고 동시에 또 '언어의 타락'을 보았다. 언어와 권력의 문제를 천착하는 '그'의 소설쓰기는 여기서부터 시작되었다. '그'가 그 천착을 멈춘 것은 1991년이었다. 그것을 '그'는 "관념의 깊은 뻘밭에서 빠져나"와 "지상 위로 조심스럽게 발을 디뎠다"고 묘사한다. 지상에서 '그'가 본 것은 여전히 광주 항쟁 속의 인물들인 J와 P이다. 그러나 여기서 J와 P는 권력과 언어라는 맥락에서가 아니라 존재론이라는 더 넓은 맥락에서 문제적인 인물이다.

생물학은 인간을 짐승으로 간주한다. 하지만 존재론은 인간을 짐승과 엄격하게 구별한다. 인간의 영혼은 인간이게끔 하는 본질을 품고 있다. 이 본질을 잃어버린 존재가 짐승이다.

이상과 같은 상념을 거쳐 피아골 산장에 도착한 '그'의 상념은 존재 탐구의 새로운 핵심어에 도달한다. 그것은 '시간'과 '기억'이다. 사실 '시간'과

'기억'은 초기의 정찬에게서도 그리 낯선 단어가 아니다. 가령 첫 작품집에는 표제작 「기억의 강」이 실려 있고 또 「시간의 덫」이라는 제목의 작품도 실려 있는 것이다. 뿐만 아니라 첫 작품집의 「서문」 전반부에서는 시간의 파괴성에 대해 길게 쓰고 있기까지 하다.

파괴된 시간의 축에서 뿜어져나오는 시간의 힘은 한 그루 나무에 닿는 길을 철저히 은폐시킵니다. 생명은 이 시간과의 가혹한 싸움에서 이겨야만 은폐된 길을 찾을 수 있습니다. 나무의 향기를 맡을 수 있으며, 나무가 드리우는 그늘 속에서 과실의 즙으로 갈라진 입술을 축일 수 있는 것입니다. 그러나 이것이 가능한 일일까요?

여기서 '나무'는 곧 존재의 은유일 것이니 그렇다면 나무에 닿는다는 것은 존재의 현전을 이른다고 할 수 있겠다. 존재의 현전은 시간의 파괴성에 의해 저지되는데 그 시간과 어떻게 싸워 이길 수 있는지 모르겠다고 쓰고 있는 것이다. 그러나 「서문」의 후반부에서 작가는 바로 권력과 언어의 문제로 건너가버린다(아닌 게 아니라 첫 작품집은 권력과 언어에 대한 탐색인 것이니 이 「서문」은 옳게 씌어진 것이라 할 수 있다). 이처럼 첫 작품집에서 제기만 되고 그친 '시간'의 문제가 이번 작품집에서는 핵심적인 것으로 대두된 것이다. 「섬진강」에서 작가는 시간과의 싸움에 대해 다음과 같이 쓰고 있다.

인간에게 시간만큼 절대적 권력을 행사하는 존재가 또 있을까. 어떤 권력도 시간의 권력을 능가하지 못한다. 절대 권력 앞에서 인간이 취하는 자세는 부복이다. 인간은 시간 앞에서 부복한다. 이 부복의 공간 속에서 인간에게 허용된 유일한 반란이 있다. 기억이다. 기억은 인간으로 하여금 한 번 흘러가면 결코 되돌아오지 않는 시간의 강을 거슬러 올라가게 한다.

존재의 현전을 저지하는 시간을 거슬러 기억의 힘으로 존재를 찾아가는 탐색. 이번 작품집은 바로 이 탐색을 수행하고 있다. 「은빛 동전」은 이 탐색의 특이한 모습을 보여준다. 「은빛 동전」은 기억 속으로의 여행 이야기이다. 어머니가 탕수육을 사주던 유년의 기억. 그 기억을 찾아 주인공 '그'는 어린 시절에 살던 동네를 찾아간다. 몇 년 전에 다녀간 적이 있어 옛집도, 탕수육을 먹던 중국 음식점 만루장도 모두 없어졌음을 잘 알면서도 한때 그것들이 있던 공간을 찾아가는 것이다. 옛집도 만루장도 모두 없어졌지만 이 여행은 '그'의 기억을 세세히 되살려준다. 뿐만 아니라 없어졌으리라 예상했던 우물이 그대로 남아 있고, 오히려 예전처럼 맑은 물이 고여 있다. 그 우물의 맑은 물은 어린 시절 잃어버린 은빛 동전을 찾아 저문 길을 걷고 또 걸었던 아이의 모습을 되살리고 그 아이에게 은빛 동전을 되찾아준다. 그런데 여기서 흥미로운 것은 기억이 되살아나는 방식의 특이성이다. 며칠 전 길에서 우연히 본 낯익은 얼굴의 중년 남자; 그날 밤 컴퓨터 앞에 앉아 글쓰기의 세계에 잠겨 있을 때 들려온 물소리와 물에서 피어오른 향기로운 냄새; 그 향기가 손이 되어 기억의 문을 열고 그러자 펼쳐지는 추억의 풍경. 마지막에 추억의 풍경(만루장에서 어머니가 탕수육을 사주던)이 펼쳐지고서야 비로소 물소리와 냄새의 정체가 밝혀지고 그 다음에 낯익음의 정체가 밝혀진다.

길 속에서 들은 물소리는 운동장 뒷담의 도랑물 흐르는 소리였고, 물에서 피어오른 향기는 만루장의 탕수육 향기였음을 깨닫는 순간 중년 남자의 정체가 확연히 떠올랐다. 만루장 주인의 얼굴이었다. 물론 당사자가 아니고 기막히게 닮은 얼굴일 뿐이었지만.

이것은 일종의 사후성(事後性)의 세계인 것으로 생각된다. 현재성의 시각에서 보자면 만루장 주인과 닮은 얼굴을 본 것이 계기가 되어 탕수육 냄새와 물소리가 상기되고 다시 그것들로부터 어머니의 기억이 되살아나는 것이 자연스러울 것이다. 하지만 여기서는 그 반대이다. 추억의 풍경이 펼쳐지기 이전에는 물소리와 냄새도, 그리고 중년 남자의 낯익음도 그냥 아무 것도 아닌 것일 뿐이다. 그것들은 추억의 풍경이 펼쳐짐으로써 나중에 비로소 의미있는 것으로 작용하기 시작하는 것이다. 기억이 존재에 가 닿는 방식은 바로 이런 것이라고 작가는 암시하는 듯하다. 그렇다면 존재는 항상 사후성으로만 가능한 것이라는 말이 되고, 기억의 힘 없이는 존재 탐구가 불가능하다는 말이 된다.

「은빛 동전」 이외에도 이 작품집에 수록된 대부분의 작품들에서 시간의 문제는 중요하게 등장한다. 「깊은 강」의 하진우는 '틈의 시간' '둥근 시간'에 대해 말하고, 「죽음의 질문」의 청년은 "시간을 끊임없이 토막내"는 인간들을 비난하고, 「저문 시간」의 작중 화자는 시간을 정지시키는 사진에 대해 생각하고, 「베니스에서 죽다」의 작중 화자는 상상 속의 L선배의 방을 "은백양숲으로 둘러싸인 시간의 내부"라고 느낀다. 조금씩 의미가 다르지만 요컨대 직선적이고 토막토막 분할되며 과거를 삭제하는 시간의 파괴성을 어떻게 이겨낼 것인가 하는 문제를 둘러싸고 시간에 대한 다양한 고찰과 상상이 제시되는 것이다. 하지만 시간의 파괴성을 이겨낼 방법으로 가장 많이 제시되는 것은 역시 기억이다. 「죽음의 질문」의 청년은 "이 비극적 상황을 일깨우는 유일한 길은 기억입니다. 기억은 토막난 시간을 이어주며, 더 나아가 영원을 보여줍니다"라고 말한다. 「깊은 강」의 작중 화자는 기억을 되살리려고 애쓰고, 「적멸」의 강선중은 "최초의 세계"에 대한 기억을 모색하고, 「저문 시간」의 '나'는 기억 속에서 '최초의 시간'을 본다. 이 최초의 시간(혹은 세계)은 다름 아닌 존재의 현전이다. 그러고 보면 현전의 장면이 이 작품집에는 꽤 자주 등장하는 편이다. 아래 예문들에서 보듯 그 현전은 기억 및 시간과 직접적으로 관련되는 경우도 있고(1, 2) 그렇지 않은 경우도 있다(3, 4). 하지만 그렇지 않은 경우도 간접적으로는 역시 시간과 연관된다고 할 수 있을 것 같다.

   1) 한 아이가 보였다. 남루한 옷을 입은 그 아이는 어디론가 가고 있었다. 아이 앞에 펼쳐지고 있는 시간은 정지해 있지 않았다. 끊임없이 움직이는 그것은 아이에게 언제나 최초의 시간이었다. 아이는 걸음을 재촉하고 있었다. 발자국 소리가 멀어지면서 주위가 어두워지기 시작했다. 빛이 어슴푸레해져 갔고, 아이의 몸은 조금씩 조금씩 지워지고 있었다. 〔……〕
   어둠이 흔들리고 있었다. 출렁이는 검은 물처럼 흔들렸다. 어둠과 함께 내 몸도 흔들렸다. 물과 물 사이에서 빛 같은 것이 언뜻 보였다. (「저문 시간」)

   2) 그의 입에서 낮은 탄성이 새어나온 것은, 빛이 물처럼 보이는 순간이었다. 푸른 물 속에 잠긴 세계는 장엄했다. 삶과 죽음의 차이, 보이는 것과 보이지 않는 것의 차이, 들리는 것과 들리지 않는 것의 차이를 일시에 무화시키는 우주적 장엄이었다. 아무것도 일어나지 않는 시간 속에서 모든 것이 일어나고 있었다. (「섬진강」)

   3) 광막한 우주 공간에서 별들의 빛은 느리게 흘러내리고 있었다. 나는 어떤 힘에 이끌리듯 밖으로 나갔다. 빛이 몸에 닿는 것을 느꼈다. 몸을 떨었다. 강렬한 정화의 느낌이 몸을 관통하고 있었다. 영혼이 무엇에 의해 씻기는 듯한 느낌이었다. 그것은 고통스러우면서도 달콤했다. 세상의 모든 길이 별빛 속으로 사라져가는 것을 나는 아득한 눈으로 보고 있었다. (「적멸」)

   4) 빛은 천천히, 아주 천천히 사라져갔소. 나는 저 너머로 사라져가는 사물들을 하나씩 하나씩 집어 가슴속에 집어넣었소. 〔……〕 마지막 빛이 꺼지고 세계가 캄캄해졌을 때 가슴속에 집어넣었던 것들을 하나씩 하나씩 끄집어내기 시작했소. 여기서 놀라운 일이 일어났던 거요. 사물들이 변신해 있었소.

내가 한 번도 보지 못한 형상이었소. 놀랍게도 그것은 최초의 형상이었소. 누구의 눈에도 보이지 않았고, 어떤 욕망에도 더럽혀지지 않았던 형상들이 어렴풋한 빛에 싸여 눈앞에서 어른거리고 있었소. (「시인의 시간」)

여기서 우리는 한 가지 질문을 던지지 않을 수 없다. 위 인용들에 묘사되고 있는 존재의 현전은 너무 쉽게 도달되고 있는 것이 아닌가, 하는 질문이다. 시간의 파괴성과 싸우며 존재에 도달하려는 기억의 싸움은 험난하기 짝이 없는 싸움일 것이다. 입장에 따라서는 존재 탐구 자체를 로고스 중심주의적인 형이상학적 사유의 소산이라고, 그리고 그 사유는 근대 이후의 자본주의 사회의 분열을 땜질하는 알리바이라고 비판할 수도 있겠고, 이러한 입장에서 볼 때에는 위 인용들에 나타나는 존재의 현전의 묘사는 아름다운 허위에 불과한 것이 된다. 물론 정찬에게 이러한 비판이 꼭 적합하다고 하기는 어렵다. 왜냐하면 시간과 기억에 대한 정찬의 문제 제기는 알리바이로서의 존재론과 스스로를 구별짓고 있는 것이기 때문이다. 더욱이 「은빛 동전」이나 「깊은 강」에서 보듯 기억 자체의 사후성에 대한 정찬의 조심스러운 고찰은 그 구별을 보다 분명히해주고 있다. 하지만 그렇다고 해서 위 인용들과 같은 대목들이 의혹에서 완전히 자유로울 수는 없다고 생각된다. 허위라기보다는 위안 쪽에 가깝겠지만 그러나 문제 제기의 엄혹성에 비추어볼 때 필요한 것은 위안이 아니라 더 많은 고뇌와 고통일 것이다.

정찬의 존재 탐구가 80년대 현실에서는 폭력적 권력에 대한 비판의 근거였다면 지금은 무엇일까. 소설 속에서 작가 자신이 너무 친절하게 설명을 해놓아서 오히려 긴장을 약화시킨 게 불만스럽기는 하지만, 어떻든 「섬진강」의 말미는 이 질문을 예상이라도 한 듯 다음과 같이 쓰고 있다.

자본의 욕망은 빠름을 요구한다. 빠름이 낳은 것은 시간을 단축시키는 삶, 시간에 의해 추적당하는 삶이다. 뒤를 돌아보는 자는 도태한다. 귀중한 본질은 과거에 있지 않다. 지금 여기에 있다. 〔……〕 과거는 들어갈 수 없는 땅이다. 들어갈 수 없는 땅은 땅이 아니다. 그들에게 과거란 부재의 세계다. 그러니 과거의 넋이 있을 턱이 없다.

그렇다. 그것을 무엇이라고 부르든(후기 자본주의 사회든, 소비 사회든, 정보화 사회든, 혹은 다른 무엇이건 간에) 오늘날의 자본주의 사회의 이데올로기를 비판하고 그것과 싸우는 일이 지금-여기에서 정찬의 존재 탐구가 뜻하는 것이다. 다만 여기서는 비판의 근거가 되는 것이 아니라 그 탐구 자체가 비판이 된다. 풍부한 고통이 그 탐구와 비판을 더욱 예리하고 더욱 힘있게 만들어줄 것이다. (2003)

사랑의 재신화화(再神話化)
—— 채영주의 마지막 소설집에 부쳐

1988년 겨울에 등단하고서부터 2002년 6월에 타계하기까지 13년 반 동안 채영주는 세 권의 소설집과 다섯 권의 장편 소설을 펴냈다. 소설집 『가면 지우기』(1990), 『담장과 포도넝쿨』(1991),[1] 『연인에게 생긴 일』(1997), 장편 소설 『시간 속의 도적』(1993), 『크레파스』(1993), 『목마들의 언덕』(1995), 『웃음』(1996), 『무슨 상관이에요』(2002) 들이 그것들이다.[2] 이 목록에 이제 또 한 권의 소설집이 추가되는 것인데, 이것이 아마도 채영주의 마지막 소설집이 될 것이다. 단편 소설 1편과 중편 소설 1편을 수록한 이 소설집은 엄밀히 말하면 온전한 의미의 유고집이라고 할 수는 없다. 단편 소설 「미끄럼을 타고 온 절망」은 『연인에게 생긴 일』에 이미 수록되었던 작품이기 때문이다. 중편 소설 「바이올린맨」은 그 전반부가 2002년 여름(그러니까 작가의 타계 바로 직전)에 발표되었고 후반부는 미발표 원고 상태로 남아 있었던 작품이므로 유고라고 할 수 있겠다. 그렇다면 이 마지막 소설집을 이렇게 구성한 의도는 무엇일까(이 유고집에는 전반부를 「바이올린맨 1」, 미발표된 후반부를 「바이올린맨 2」로 나누어 싣고 있다). 추측건대 그것은 「미끄

---

1) 이 책은 장편 소설 『담장과 포도넝쿨』을 4편의 단편 소설(말미에 첨부된 '후기를 대신하여'는 그 자체로 완결성을 지닌 단편 소설이라 할 수 있다. 작가 자신도 '흔들리는 초상'이라는 제목을 붙여주고 있다)과 함께 싣고 있으므로 소설집으로 보는 게 옳겠다.
2) 그 밖에도 무협 소설과 동화가 있지만 여기서는 논외로 하겠다.

럼을 타고 온 절망」이라는 작품의 특이성에 주목한 때문이리라 생각된다. 이 작품은 1996년 여름에 발표될 당시, '자전 소설'이라는 타이틀을 달고 있었다. 뒤에 자세히 살펴보겠지만 채영주 소설에 폭넓게 나타나는 하나의 독특한 구조가 이 작품에도 나타나고 있는데, 작가 자신이 '자전 소설'이라는 타이틀을 붙였으므로 아마도 이 작품의 이야기가 비교적 전기적 사실에 가깝지 않겠는가, 라는 짐작이 가능해진다. 그렇다면 공시적으로는 채영주 문학의 원천과 관계되는 정보를 담고 있을지 모르는 이 작품과, 통시적으로는 채영주의 마지막 작품이 되어버린 중편 소설 「바이올린맨」, 이 두 작품의 맥락에서 채영주의 소설 세계를 전체적으로 다시 조망해보는 작업이 성립될 것 같고, 이 작업이 채영주의 마지막 소설집에 부치는 글에서 필자가 할 수 있는 일인 듯하다.

「미끄럼을 타고 온 절망」은 일인칭 화자가 스물한 살 시절을 회상하는 형식으로 되어 있다. 화자를 1962년생인 작가 자신과 결부지어본다면, 회상되는 시간은 1982년경이 된다. 아마도 휴학 중인 대학생일 화자는 '알 수 없는 젊음의 열병'에 사로잡혀 여행 중이다(방랑 중이라고 하는 편이 더 적합할지도 모르겠다). 그는 음악을 좋아하고(씨씨알과 다이어 스트레이츠, 저니의 「오픈 암스」, 블론디의 「콜 미」가 거명된다. 저니의 「오픈 암스」가 이 작품에서 중요한 모티프가 되고 있기에 필자는 이 노래를 인터넷을 통해 다운로드하여 들어보았는데 큰 감흥은 없었다. 역시 젊었을 때 들었던 곡이 아니어서일까), 그림그리기를 좋아한다. 그는 저니의 「오픈 암스」에 이끌려 한 룸살롱에 들어가고 거기서 '그녀'를 만난다. '그녀'는 「오픈 암스」에 맞추어 노래 부르는 시늉을 하고 있다. 「오픈 암스」와 '그녀'가 그로 하여금 그 룸살롱에서 웨이터 일을 하도록 만든다.

이 작품의, 말하자면 주인공은 그와 '그녀' 두 사람이라고 할 수 있다. 그의 '알 수 없는 젊음의 열병'은 "현재의 나를 벗어나고 싶다는 것"과 관련된다. 이 점을 그는 다음과 같이 독백한다.

이유는 한 가지, 현재의 나를 벗어나고 싶다는 것이었다. 아니 그래야 한다는 것이었다. 이십일 년의 삶을 버텨오는 동안 나는 단 한 차례도 내 두 어깨에 지워진 기대들로부터 자유로워져본 적이 없었다. 나는 마치 동물원의 돌고래처럼 좁은 수영장을 돌며 약속된 재주나 부려대는 삶에 절망하고 있었던 것이다.

'현재의 나'라는 것은 말하자면 타자의 욕망을 욕망하는(혹은, 타자의 욕망의 대상으로 '나'를 제공하는) '나'라고 할 수 있다. 그 '나'를 벗어나기 위해 그는 집을 떠나 방랑하는 것이지만 그렇다고 다른 '나'(즉 주체의 진정한 욕망)를 아직 찾지는 못한 상태이다. 이 점은 '그녀' 역시 마찬가지이다. '그녀'는 삶이, 그리고 타인(친구와 가족, 특히 엄마)이 그녀에게 요구하는 '집착'을 벗어나기 위해 가출했고, 그렇지만 양품점 점원 일을 할 때부터 룸살롱에서 술 따르는 일을 하는 지금에 이르기까지 여전히 타인의 집착을 벗어나지 못하고 있다. 어느 의미에서 그와 '그녀'는 분신의 관계인 것처럼 보이기도 한다.

룸살롱 식구들이 피서를 떠났을 때 혼자 남은 그는 근처 화실에서 그림을 그리면서 심정의 변화를 느낀다. "내 삶의 이지러진 모퉁이에서는 파릇한 새싹이 돋아나고 있었고, 나는 다시 세상을 사랑할 수 있을 것만 같았다"라고 그는 독백한다. 기실 이 변화는 그림그리기에서만 비롯된 것은 아니다. '그녀'의 존재, 그리고 시간적 순서는 바뀌어 있지만 '그녀'와의 관계가 그 변화의 주된 원인이다. 「오픈 암스」를 전자 오르간으로 연주하는 법을 가르치고 배우면서 두 사람 사이에는 점점 교감이 깊어진다. 그 교감의 관계에 사랑이라는 이름을 붙인다면, 이 사랑은 그러나 이루어지지 못하도록 예정되어 있는 사랑이다. '그녀'에게 집착하는 '그 도시 회장님의 아들'이라든지 두 사람의 관계를 질시하는 룸살롱 식구들도 이유가 되겠지만 무엇보다도 두 사람 사이에는 결정적인 차이가 있는 것이다. '그녀'는 '정해진 계단을 오르는 삶'과 '미끄럼을 타고 추락하는 삶' 두 가지밖에 없다고 생각하는 데 반해 그는 다른 삶이, 이를테면 "그녀를 생각하면 어김없이 찾아오는 내 가슴의 두근거림 같은 삶"이 가능할 거라고 생각한다. 이 차이는 「오픈 암스」에 대한 해석에서도 그대로 나타난다. 「오픈 암스」는 두 팔을 벌린다는 뜻이고 그것은 누군가를 껴안고 싶다는 뜻이며 그는 그 뜻을 알면서 그 노래를 좋아했지만, 그녀는 그것을 "껴안았던 사슬을 풀고 자유롭게 한다는 뜻"으로 생각하고 좋아했던 것이다. 마지막으로 만나던 밤에 그와 '그녀'는 둘 다 망설이기만 하고 아무도 사랑을 고백하지 못하며, "여자랑 자봤니?" "아니" "옛날 여자 친구가 펠라티오를 해준 적은 있어"라는 조심스러운 대화만 나누고서 헤어진다. 그는 '그녀'를 끌어안고 싶다는 생각으로 두 다리가 떨릴 정도였지만 휘적휘적 밤거리 속으로 사라지는 '그녀'를 단지 바라만 볼 뿐이다.

그리고서 파국이 온다. 그날 밤 그의 꿈 속에서 '그녀'가 목을 매어 자살하는 것이다. 잠에서 깬 그는 그것이 꿈이었는지 현실이었는지 혼란스럽다. 가서 '그녀'에게 무슨 일이 있었는지 확인해보아야 한다고 생각했지만 결국 가지 못하거나 가지 않고 그 도시를 떠난다. 떠나는 버스 안에서 그는 두 팔을 감싸안고 떨고 있다.

이루어지지 못하는 남녀 관계는 채영주 소설에서 자주 등장하는 모티프이다. 가령, 「당신을 찾아드립니다」(『연인에게 생긴 일』, 이하 『연인』으로 표기)에서 일인칭 화자인 남자는 여자가 목욕하는 사이에 그녀의 집에서 나와버리고, 기대되었던 섹스는 포기, 혹은 연기되어버린다. 그날 이후 몇 번을 더 만난 뒤 남자는 여자에게 작별을 고하고 그 도시를 떠난다. 여기서도 남자는 방랑 중이고 지방 도시의 룸살롱에서 웨이터 일을 하는 중이며 근처 다방에서 디스크자키 일을 하는 여자를 음악을 매개로 하여 만났다. 「도시의 향기」(『연인』)에서는 일인칭 화자인 남자(그는 미술가이다)가 함께 살자는 여자의 요구를 거부하다가 자신의 친구에게 여자를 빼앗긴다. 「연인에게 생긴 일」에서는 남자(그는 대학을 중퇴하고 위장 취업을 한 노동 운동가이다)가 7년 간 관계를 가져온 여자(그녀는 간호사이다)에게 작별을 고하고 떠나는데, 이를 여자의 옆방에 사는 일인칭 화자(그는 그림을 그린다)가 서술한다. 똑같이 이루어지지 못하는 남녀 관계 이야기이지만 적지 않은 편차로 변주되고 있음이 확연하다. 이 변주의 양상을 따져볼 필요가 있겠는데, 그러려면 한 작품을 더 읽어보아야 한다. 그것은 『담장과 포도넝쿨』에 '후기를 대신하여' 실은 단편 소설 「흔들리는 초상」이다. 여기서 일인칭 화자인 남자는 대학 시절에 여자 친구에게서 빌린 노트의 한 귀퉁이에 "생명을 포기하는 모든 것에 축복이 있나니"라고 썼고 그로부터 며칠 뒤 여자가 자살한 일이 있었다.

    채영주의 맥락에서 어느 작품이 먼저일까. 필자의 마음은 「흔들리는 초상」으로 이끌리지만 일단 작가 자신이 자전 소설이라고 밝힌 「미끄럼을 타고 온 절망」에서부터 시작해보자. 왜 그는 떠나는 버스 안에서 두 팔을 감싸안고 떨고 있었을까. 그것은 두려움일까, 죄책감일까. '그녀'의 죽음에 대한 모호한 서술은 '그녀'의 죽음이 단지 꿈속에서의 일일 뿐이었을 경우와 꿈이 아니라 현실이었고 사실을 회피하고 싶은 그가 그것을 꿈이라고 믿어버렸을 경우로 나누어 생각해볼 수 있다. 기실 이 장면에서 중요한 것은 둘 중 어느 쪽이냐가 아니라 두 가지 읽기를 모두 성립시키는 서술의 이중성 자체이다.[3] 그는 우선 사실 여부를 확인하는 것이 두렵고 이 모든 사태에 대해 죄책감을 느끼는 것이다. 그런데 「흔들리는 초상」을 참조해보면 우리는 죄책감 쪽에 중점을 두지 않을 수 없다. 「흔들리는 초상」에서의 남자는

---

3) 이러한 서술 방법은 이미 채영주의 등단작인 「노점 사내」에서부터 뚜렷이 나타났던 것이다. 「노점 사내」에서는 일인칭 화자가 사내를 죽이는 것이 현실로 서술되고 있는데, 뒤에 그 사내가 멀쩡히 살아서 나타난다. 그러니 사내 살해와 사내의 재출현, 둘 중의 하나는 환상인 것임이 분명한데 어느 쪽이 환상인지를 텍스트는 분명하지 않고 있다. 다만 개연성을 중시하는 독자가 사내 살해 쪽을 환상으로 읽을 뿐이다.

여자가 자신의 낙서를 보고 자살했다고 생각했고 그래서 휴학계를 내고 어딘가로 떠나버렸다(남들이 보기에는 실종이겠고 남자 자신으로서는 방랑이었을 것이다). 이 작품은 갑작스런 방문객의 취재라든지 죽은 여자의 영혼이 나타난다든지 하는 비현실적 설정을 하고 있는데 이는 자기 심문의 알레고리라고 할 수 있다. 이 알레고리는 숨김과 드러냄의 변증법적 긴장을 구성 원리로 하면서 이를 통해 죄책감으로 인한 내면의 고통을 더욱 강렬하게 표현하는 데 성공하고 있다. 만약 죄책감이 중심적인 기제라면 「미끄럼을 타고 온 절망」을 다시 읽어볼 수도 있다. 즉 죄책감의 원인은 그 꿈(혹은 꿈으로 위장된 현실) 이전에 이미 있었던 것이 아닌가 하는 것이다. 그렇다면 그가 '그녀'의 '같이 자자'는 암시를 무시하고 휘적휘적 사라지는 '그녀'를 붙잡지 않고 그냥 보내버린 것에 대해 죄책감을 느꼈고 그 죄책감이 꿈으로 표현된 것이거나, '그녀'를 그냥 보내버린 것이 '그녀'의 자살의 동기가 되었다는 죄책감으로 인해 현실과 꿈의 착종이 결과된 것이라고 볼 수 있지 않겠는가.

채영주의 소설에서 이루어지지 못하는 남녀 관계의 실질적인 원인은 주로 남자의 회피에 있다. 그 이유를 「연인에게 생긴 일」의 화자는 "자기 속의 불확실성에 대한 환멸 때문에 아무것도 책임 있게 사랑할 수 없었던" 것이라고 설명하고, 「도시의 향기」의 남자는 "내 속에는 또 다른 한 인간을 받아들일 자리가 없었다. 내 삶에는 애당초 인간들에게 할당된 부피가 있었다. 그런데 그 부피는 나 자신만으로도 이미 넘쳐나고 있었으므로 도무지 또 한 사람을 구겨넣을 여지가 없었던 것이다"라고 설명한다. 회피가 「미끄럼을 타고 온 절망」에서 보듯 죄책감으로 이어지는 것이지만 그러나 그 회피의 이유에는 진정성이 있다. 이는 그 반대의 경우를 보면 금세 알 수 있다. 가령, 「도시의 향기」에서 여자를 빼앗아간 친구는 "사람들 사이에서 사람들이랑 부대끼며 살아야 하는" 체질인데 난폭하고 속물적이며 비열한, 결코 긍정적으로 평가할 수 없는 인물이다. 그는 화자에게 "난 도대체 자네를 이해할 수가 없어. 이렇게 아름답고 돈도 많은 여자를 한사코 마다한 이유가 무엇이었냐"라며 비아냥거린다.「당신을 찾아드립니다」에서는 이모가 반대되는 인물로 나온다. 그래서 화자는 세상에서 가장 간단명료한 사람인 이모의 충고와는 반대로 행동한다. 긍정적으로 평가할 수 있는 유일한 반대 인물은 「연인에게 생긴 일」의 남자이다. 이 남자는 자신이 임신시킨 공장의 여직원을 책임지기 위해(아마도 작중의 이 진술은 사실일 것이다. 다시 말해 여자와 헤어지기 위해 갖다 붙인 거짓 명분은 아닐 것이다) 7년 간 관계해온 여자와 헤어진다. 하지만 이들을 관찰하는 화자(그는 채영주 소설의 전형적인 남성 인물이다)는 "그는 이제 과연 사람들과 더불어 사는 법을 체득한 것이었을까"라고 자문한다. 이 자문에는 부러움과 회의가 함께 들어 있다.

　남녀 관계, 혹은 사랑의 문제는 채영주의 장편 소설에서도 중요한 모티프로 출현한다. 그런데 그 출현 방식이 다분히 통속적인 성격을 띠는 게 주목된다. 가령, 최근의 장편 소설인『무슨 상관이에요』의 일인칭 화자는 대학 시절의 애인이었고 행방불명된 지 19년이 되는 성연을 잊지 못한다. 청소년 상담소 직원으로 일하는 그는 은소라는 여자 아이를 상담 일로 만나게 되는데 이 아이가 성연을 꼭 닮았다. 은소가 성연의 딸일지 모른다는 생각에 그는 성연의 행방을 추적하고 결국 은소는 성연의 딸이 아니며 성연은 이미 죽었다는 사실을 확인한다. 은소는 그에게 사랑을 고백하고 그는 은소를 한 여자로 받아들일 마음의 준비를 한다. 이 이야기는 채영주 단편 소설들의 이야기의 속편에 해당된다고 할 수 있다. 그런데 단편 소설들의 고뇌에 비하면 화해가 너무 쉽게 이루어지며 다분히 멜로드라마적이어서 이를 단편 소설들이 제기한 남자의 회피라는 문제에 대한 극복이라고 보기는 어려울 것 같다. 마지막에 은소가 그의 곁을 떠남으로써 그와 은소의 결합은 2년 간 연기되고 불확실한 미래만이 남지만, 이 결말이 붙었다고 해서 앞의 이야기 전체의 성격이 바뀌지는 않는다. 채영주의 첫 장편 소설인『담장과 포도넝쿨』의 경우는 재벌집 딸과 조실부모한 가난한 남자 사이의 이루어지지 못하는 사랑을 그리고 있다. 소재로 보면 전형적으로 멜로드라마적이라고 할 수 있다. 그런데 작품 속에서 채영주는 자신의 창작 의도를 분명히 밝히고 있는데 이 대목을 주의할 필요가 있다.

> 그는 아직 그 선생만큼 해박한 지식을 지닌 사람을 보지 못했다. 어느 날 그는 그녀에게 진짜 문학과 통속적인 대중 소설의 차이를 물어본 적이 있었다. 그로서는 경계를 짓기가 모호한 일이었으므로. 그때 그녀는 이렇게 대답했다. 간단히 예를 들자면 스탕달의 「적과 흑」이 진짜 문학이라고 할 때 에릭 시걸의 「러브 스토리」는 대중 소설일 뿐이라고 말할 수 있을 것이다. 두 소설은 모두 엄청난 부자와 엄청난 가난뱅이의 사랑을 소재로 다루고 있다. 「적과 흑」은 그 상황에서 일어날 수 있는 참된 상황을 꾸며나가며 가장 비열하고 가장 구차한 치부들을 드러내고 있다. 반면에 「러브 스토리」는 얄팍한 홍미에 치중되어 있다. 비열하고 구차한 치부들은 건드리지도 않은 채 겉포장만을 그럴듯하게 만든 싸구려 감상물일 뿐이다.

남자의 조카인 세현의 말이다. 세현은 이어서 대중 소설보다 진짜 문학을 좋아하지만 삼촌의 사랑만큼은 대중 소설에 가까워지기를 바란다, 설령 현실감이 적더라도 아름다운 사랑의 이야기가 되기를, 이라고 말한다. 이 대목을 통해 보면 작가의 의도가 대중 소설적인 설정과 장치들을 가지고 진짜 문학을 쓰겠다는 것임을 어렵지 않게 알아챌 수 있다. 여자의 자살, 남자의 농민 운동 참여, 남자의 타살로 이어지는 비극적 결말은 당연히 그 의도로부터 나온 것이다. 그러나 그 비극성에도 불구하고 이를 대중 소설(혹은 대중 문화)의 성공적 전복이라고 말하기는 어려울 것 같다. 똑같이 이루어지지 못하는 사랑이지만 그 이루어지지 못함이 내면에서 오는 것이 아니라 외부에서 오는 것이라는 점에서 채영주의 단편 소설들과는 확연히 구별되는 것이다.

그러고 보면, 앞에서 살펴본 채영주의 단편 소설들은 확실히, 사랑을 주제로 한 대중 소설들에 대한 전복이라고 말할 수 있다(장편 소설과 단편 소설이라는 장르상의 차이는 있지만). 채영주의 마지막 작품이 된 중편 소설 「바이올린맨」역시 같은 맥락에서 읽을 수 있다. 이 작품은 어린아이의 시선으로 비극적 사랑의 과정과 결말을 관찰한다. 어린아이의 시선이기 때문에 내면의 미묘한 갈등을 섬세하게 드러내지는 않고 비교적 단순하게 그리고 있는데, 그 단순함이 오히려 사태를 분명하게 해주기도 하는 듯하다. 이 작품의 여자(윤주누나)는 어머니의 병환 때문에 빚을 지고 술집에 나가고 있다. 남자는 한쪽 다리를 절며 바이올린 만드는 일을 한다(그래서 별명이 바이올린맨이다). 두 사람은 선량하고 순수하다는 점에서 공통된다. 처음에는 자신이 남자의 짐이 될 것이므로 받아들일 수 없다던 여자가 결국 남자의 구애를 받아들이지만, 주변의 악의적인 인물들로 인해 이들의 사랑은 비극적인 최후를 맞이하게 된다. 그들은 두 남녀의 사랑을 이용해서 돈벌이를 하려 들고 결국 남자를 죽음으로 몰아넣으며 남자의 죽음은 여자의 자살을 부르는 것이다. 이 과정을 지켜보는 시선의 주인인 어린 일인칭 화자에게 이 일련의 사건은 '악몽'이고 '비현실'이다. 말미에서 성인이 된 일인칭 화자가 옛 비극의 장소를 다시 찾아오는데 그 장면은 다음과 같이 묘사된다.

> 마지막으로 나는 이층으로 올라가는 계단을 밟았다. 야릇한 두려움으로 가슴을 졸이며. 그러나 이층의 내부로 들어가는 출입구는 굳게 잠겨 있었다. 일 분쯤 문을 두드렸지만 마찬가지였다. 아무런 대답도 인기척도 돌아오지 않았다. 굳게 굳게 잠긴 채. 그건 마치 이렇게 말하는 것 같았다. 과거는 없다. 악몽도 없다. 모든 지독했던 기억들은 잊어버리고 현실로 돌아가라. 기다랗게 심호흡을 하고 나는 천천히 계단을 내려왔다.

이 장면이 아닌 게 아니라 바이올린맨과 윤주누나 이야기를 '비현실'로 만드는 듯하다. 돌이켜보면, 화자의 기억 속의 인물들은 어느 의미에서 비현실적인 인물들이라고 할 수 있다. 바이올린맨과 윤주누나의 선량함·순수함은 현실적이라기보다는 상당히 추상적이고, 심지어 악인 역할을 하는 삼촌이나 술집 사장의 순전한 사악함도 역시 그러하다. 어린 화자의 여자 친구 시은이 형태의 입술을 물어뜯는 장면도 그런 느낌을 준다. 이 인물들은 성격이 단면적이고 평면적이며 자의식이 없다. 그렇다면 우리는 화자의 기억 속의 이야기를 본래적 의미에서의 하나의 신화로 볼 수 있지 않을까. 앞에서 살펴본 단편 소설들과는 달리 이 이야기 속의 바이올린맨은 자의식도 없고 실존적 고뇌도 없으며 따라서 '남자의 회피'가 없다. 윤주누나가 오히려 회피의 태도를 보이지만 「미끄럼을 타고 온 절망」의 '그녀' 같은 그런 내면이 없고 결국 남자의 구애를 받아들인다. 말하자면 단편 소설들에서 보았던, 이루어지지 못하는 남녀 관계의 내적 원인들이 여기에서는 아예 부재한다. 그렇다고 이들이 「도시의 향기」에서의 여자를 빼앗아간 친구나 「당신을 찾아드립니다」의 이모와 같지 않은 것은 말할 나위도 없다. 여기서는 인물들의 욕망이 타자의 욕망에 대한 욕망과는 전혀 무관한 곳에, 그것에 침윤되기 이전의 상태에, 다시 말해 그런 것이 가능하다면 일종의 원초적 상태에 있는 것으로 보인다(그렇다는 것은 이들이 현실적인 존재가 아니라 신화적 존재임을 다시 한번 시사해준다). 그럼에도 불구하고 바이올린맨과 윤주누나는 사랑을 이루지 못한다. 아니, 이렇게 말하는 것은 옳지 않겠다. 그들은 사랑을 이루었다. 다만 외부의 힘에 의해 그 사랑의 이룸을 누리지 못했을 뿐이다. 그렇다면 이 신화는 사랑의 이룸에 대한 신화이며 많은 신화들이 그러하듯 비극적 방식의 이룸에 대한 신화인 것이다.

신화라는 말을 본래적 의미가 아니라 롤랑 바르트적인 의미에서 사용하자면, 오늘날 우리를 포위하고 있는 대중 문화의 바다는 온통 사랑의 신화로 가득 차 있다. 순수한 사랑, 고난 끝에 성취하는 사랑, 때로는 좌절하여 독자를(혹은 시청자를) 가슴 아프게 하는 사랑…… 이 사랑들은 이미 본래적 의미의 사랑이 아니라 새로운 의미로 대체된 사랑이다. 실제 내용은 중산층 이데올로기의 선전에 지나지 않으며 온통 진부하고 상투적이고 때가 겹겹이 끼어 있다. 그러나 무서운 것은 이것들이 그럼에도 불구하고 우리에게 불가피한 효과를 불러일으킨다는 점이다. 채영주의 소설은 사랑이라는 기호를 도둑질한 중산층의 신화를 다시 도둑질하여 재신화화하는 작업이라고 할 수 있겠다. 때로는 성공적이고 때로는 그렇지 못한 것으로 보이지만, 「미끄럼을 타고 온 절망」의 회피와 죄책감, 그리고 「바이올린맨」의 비극적인 방식의 사랑의 이룸은 그 재신화화의 좋은 예가 된다. 그 재신화화를 통해 채영주는 사랑이란 '나'와 '너'의 쌍방의 문제인 동시에 근본적으로 '나'의 '진정한 욕망'의 문제라는 점을 깨우쳐준다. 안타깝게도 채영주는 이미 피안으로 건너갔지만, 그가 남긴 글들은 대중 문화의 지배에 문학은 어떻게 대응할 것인가, 하는 회피할 수 없는 물음으로서 우리에게 계속 작용하며 살아 움직일 것이다. (2003)